教育部社科司中华优秀传统文化专项课题（A类）重点项目
项目批准号：23JDTCA005

言子研究文献丛书

常熟言氏家谱资料二种

李　烨　付凤娟　整理

苏州大学出版社

图书在版编目(CIP)数据

常熟言氏家谱资料二种／李烨，付凤娟整理. --苏州：苏州大学出版社，2024.3
（言子研究文献丛书）
ISBN 978-7-5672-4718-5

Ⅰ.①常… Ⅱ.①李… ②付… Ⅲ.①家谱-史料-常熟 Ⅳ.①K820.9

中国国家版本馆 CIP 数据核字（2024）第 057728 号

书　　名：	常熟言氏家谱资料二种
整　　理：	李　烨　付凤娟
责任编辑：	史创新
出版发行：	苏州大学出版社（Soochow University Press）
社　　址：	苏州市十梓街1号　邮编：215006
网　　址：	www.sudapress.com
邮　　箱：	sdcbs@suda.edu.cn
天 猫 店：	https://szdxcbs.tmall.com
印　　装：	苏州工业园区美柯乐制版印务有限责任公司
邮购热线：	0512-67480030
销售热线：	0512-67481020
开　　本：	787mm×1 092mm　1/16　印张：21.75　字数：427千
版　　次：	2024年3月第1版
印　　次：	2024年3月第1次印刷
书　　号：	ISBN 978-7-5672-4718-5
定　　价：	68.00元

凡购本社图书发现印装错误，请与本社联系调换。服务热线：0512-67481020

言子研究文献丛书编委会

学术顾问　许　霆　曹培根
主　　任　周　晓　徐　正
副 主 任　钱　强
编　　委　（按姓氏笔画排序）
　　　　　王　燕　韦剑章　方忆涵
　　　　　付凤娟　朱原谅　许　霆
　　　　　孙士现　李　烨　吴岳聪
　　　　　吴建平　张幼良　陈　颖
　　　　　周　晓　孟　伟　钱　强
　　　　　徐　正　黄　斐　曹培根
　　　　　冀运鲁
丛书主编　王　燕　陈　颖

总　序

言偃，字子游，孔子唯一的南方高弟，后人尊其为先贤言子。言子特精于礼乐，以文学著名，列名孔门十哲，世称"南方夫子"。但是，言子既无学术专著传世，又缺乏较多事迹记载，终使其学其行并不甚显，生平事迹谜团众多，这直接影响到言子在中华文化史中地位的评价，可谓儒学研究史上的一大憾事。

进入新时代以后，言子研究成为先秦儒学研究的重要话题。其主要原因有三：首先，20世纪90年代中期一批战国楚简出土，其中儒学简书关涉战国思孟学派，表明子游学派与思孟之儒为一系，"言偃上承孔子，下启思孟"的论断并非虚妄，言子在儒学道统中的重要地位得到普遍认同。其次，我国将中国梦定义为"实现中华民族的伟大复兴"，中国梦既体现了今天中国人的理想，也反映了历史上先人们奋力追求进步的传统，因此，言子与孔子对话的《礼记·礼运》篇所述社会理想引起人们的高度重视。最后，我国在推进中国式现代化进程中，强调传承优秀传统文化，通过创造性转化、创新性发展推进历史文化与当代文化融合，因此，各地重视区域历史文化研究，言子与江南文化的关系成为学者研究的热门话题。新时代的言子研究，是人们重新评价言子历史地位的过程，也是人们重新发现言学思想价值的过程，它提示了当前开展言子研究的学术意义和当代价值。新的研究成果表明：言子在中华文化史上的地位特殊而重要，若论思想的创造性，则言子在孔门弟子中是难有人能够望其项背的，新时代的言子研究具有强烈的现实意义和鲜明的当代价值。

常熟是言子故里，历史上曾以"弗崇弗彰，为邑之耻"为理念，形成了尊言学贤的历史传统，"上以接先贤之正传，下以发潜德之幽光"，直接影响了常熟文化的历史走向和内涵特质。进入新时代以后，常熟更加重视言子文化的传承和弘扬。2019年，常熟言子旧宅重新修复开放，中国孔子研究院常熟研究基地挂牌，常熟文庙修复工程荣获中国风景园林学会科学技术奖金奖，文庙中的言子祠获批国家级文物保护单位。2020年，常熟市政府以"言子与江南儒学"为题，举办虞山文化论坛，论文汇集成《言子思想的当代传承和价值》出版。2021年，常熟重建言子研究会，在言子旧宅建成政德教育基地，常熟市与常熟理工学院创作并演出音诗画剧《南方夫子》。2022年，常熟市政府以"言子与江南文化"为题，再次举办虞山文化论坛，论文汇集成《言子与江南文化》出版；同时，市有关部门联合出版言学研究著作《言子与江南文化》。

新组建的常熟市言子研究会为了推动言子研究持续开展，组织力量编撰"言子研究文献丛书"（以下简称"丛书"）。首批选题包括：（1）言子文学录集释新编，重辑言子言行录，并汇编历史上关于言子言行的经典注疏；（2）言氏家谱（家乘）两种，辑入言梦奎《（雍正）言氏家谱》和清末《重修言氏家乘》；（3）历代典籍文献中的言子，全面辑录经史子集、地方文献、诗词歌赋中的言子资料及赞语；（4）言子研究论著题录，即国内外期刊、报纸和图书中的言子研究成果辑目，并分别撰写论著题录和分期研究综述；（5）言子文化遗存资料汇编，辑录全国各地言子物质文化遗存资料，包括文字及图片资料，并形成对主要遗存的研究成果。在丛书编撰的基础上，集成既有言子相关研究成果和文献资料，建立言子文化特色资源数据库，面向社会公众开放。言子研究文献资料中，有相当一部分关涉珍贵的言子文化遗产，包括物质遗产、精神遗产和文献遗产，对这些遗产的整理和保护，是实现言子文化遗产现代价值的重要举措。言子文化既是常熟的，更是中国的，从一定意义上说还是世界的，常熟的学者能够成为这一珍贵文化遗产的整理者和保护者，是莫大荣光的事。当然，丛书的编撰，更重要的是为深入研究言子提供基础性文献资料。此前言子研究文献资料处于零星、分散的状态，影响了言子研究水平的提升。如果说前人有鉴于此，南宋常熟知县王㷍首辑《言子》三卷，明代常熟知县耿橘主持重辑并自注《言子文学录》，清代学者冯云鹓《圣门十六子书》辑有《言子书》三卷，清代言族裔孙言如泗增辑《言子文学录》三卷，都极大地扩大了言子的思想传播，推动了子游传统的弘扬，那么，当代常熟学人集体合作编撰丛书，必将更好地推动言子思想的研究和言子文化的传播。

一种可持续的研究，必须建立在扎实、充分的文献资料之上，言子研究的深入自然也应循此规律。做好了基础性文献资料工作，后续的言子研究就有了新的学术生长点，就有了新的研究立足点。儒学毕竟产生于两千多年前的先秦社会，随着历史的发展和社会的变革，对自身始终保持批判精神，正是儒学能够不断守正创新、与时俱进的重要经验。这也是习近平总书记对中华传统文化提出"创造性转化"和"创新性发展"科学判

总　序

断的深层原因。因此，丛书编撰的另一重文化意义，就是让历史掩映中的言子研究文献走到社会公众面前，在现代精神烛照下活化起来，在与社会现实的结合中更好地呈现当代价值，从而有效地推动中国式现代化的文化事业建设。

文献资料整理是默默奉献、劳心劳力的工作。值此丛书出版之际，感谢所有编撰者和参与者对丛书的精心策划及为每部书稿付出的艰辛劳动。丛书的出版，是所有编撰者和参与者学术智慧的结晶与学术情怀的彰显，我们应该为之点赞。

言子研究文献丛书编委会

2024 年 1 月 7 日

言公家在旧琴声

（代序）

"东南文学先贤启"，言偃学道南归，在三吴地区开教传学，传播并发扬光大孔子儒学思想，一洗蛮荒之地的鄙陋风气。他的思想寻找到了生长的土壤，从此奠定了二千多年江南文化的基础，也决定了江南文化的基本走向，对整个中国文化格局的形成起到了重要作用。

常熟是言偃生命的起点与终点。他去世之后，长眠在虞山东麓。他的后裔克绍先志，始终遵循言偃的教诲，言规行矩，家族和睦，在常熟繁衍生息，绵延不绝，过着平淡安定的耕读生活，把读书作为立业之基、立身之本。

言氏重视修纂家谱，把它作为维系血缘关系、管理家族内部的重要手段，从而达到巩固家族地位的目的。早在汉代言成大创修家谱之后，大规模的增续、重修有十六次。到晚清民国初，虽然家族已处于分崩离析状态，但言氏仍然坚持搜集整理资料，编撰了家乘，尽可能把家族传统延续下来。尽管绝大部分的言氏家谱由于战乱、时局动荡等原因没有保存下来，现存家谱也残缺不全，但还是给后人留下了非常丰富的家族信息，弥补了地方志书中的记载不足。

从家谱中可见家族的历史。言偃之后，言氏家族依然保持着贵族的大家风范和潇洒气质，面对错综复杂的社会环境沉着应对，冷静相处，笑谈人生。

例如，东汉时的十六世言成大（57—123），字德弘。为人正直，处事果断，里中或族内有事发生时均请他决断处理。刺史闻其名，任命为河南襄城令。在任三年，言成大处处以言偃为榜样，铲除地方恶势力，政务处理井然有序，后因不附权贵而辞职。离开当天，百姓罢市，主动相送，依依不舍。

东晋时的二十六世言既孝，善下棋，名噪一时。东晋著名的政治家、军事家谢安得知他的名声，邀请他切磋棋艺，请教下棋之道，既孝说："弈如治民，无使失所而已。"谢安认为他的见解非常独到，后让他担任浙江永嘉簿。任命刚下，言既孝便把随身携带的棋具统统丢到河中。大家看到后非常惊讶，问他原因，他表示下棋是娱乐游戏，是为了陶冶心情，为官后便不能再沉溺其中；再说弈棋如同二军对垒，必有输赢，易动心火。到任后，言既孝问民疾苦，清理苛捐杂税，减轻百姓负担，亲力亲为，任劳任怨，后因操劳过度而卒于任。

唐朝，言氏家族人才辈出，三十八世言大章（628—714），字云汉，号退夫。咸亨年间授朝散郎，累官至秘书少监，是第一位在中央政府任职的言氏家族成员。弟言大典（629—717），字子常，号潜夫，高宗朝时，通过荐举拜左拾遗。四十三世言思贞（896—963），字周道，号潜轩，别号我醒居士。为人恬退寡营，视富贵为浮云，慕陶渊明，在言子墓下的影娥川南边结庐，名"容膝轩"。著有《潜轩诗集》八卷、《逸民备考》四卷、《百花谱》二卷、《四时行乐说》一卷。四十五世言克光，字显夫。唐朝末中进士，除句容令，累官至尚书郎。有政声。言克光也是家谱中记载的第一位进士。

宋代兴理学，政府重视教育，而这个时期言氏呈现衰落趋势。针对这一现象，地方政府采取了一系列的振兴措施和优惠政策，希望提振言氏家族。庆元三年（1197），常熟县令孙应时为了鼓励学者，在学宫讲堂东建吴公祠。庆元五年（1199），孙应时请自己的老师、宋代大儒朱熹撰文勒碑。开禧三年（1207），县令叶凯修庙学。端平年间，县令王爚上任，见学宫破败不堪，遂仿苏州郡学重建，左庙右学，规制宏敞。他又发现言氏家族中不少人已放弃读书而从事耕耨，便专门设象贤斋，命人画圣贤像挂在斋中，把言氏子孙集中起来，免费供给食宿，买书延师；又拨出四百亩田作为祠田，五百亩田作为聘请老师的教育费用。王爚还有一大贡献就是搜集《论语》《家语》《礼记》中的言偃言论，刊刻《言子》三卷。四十八世言瑮，字伯秩。绝意功名，在家中搜集古今人物资料，分上、中、下三卷编辑成《古今人物榜》，晚年著《经济必读》。五十一世言腾，字子襄。平生著述丰富，有《拨反集》八卷、《东轩集》四卷。

元朝时，六十一世言福孙，字尚德，号养正先生。至正年间担任常熟州儒学训导。他与名士相砥砺，中兴常熟教育，提振士风，成为常熟教育的中流砥柱。

明初，言氏子孙四散。洪武三年（1370），朱元璋下诏把言氏子孙编列儒籍名册，由户部给札凭证。朱元璋要求地方向朝廷推荐人才，六十二世言信，字以实，以宾兴擢入胄监，居上舍。后在朝廷任工科给事中。言信在任上尽心尽责，弹劾不避权贵，后以议论不合被免职归里。明成祖朱棣时，方孝孺因拒绝合作被诛十族。言信闻讯后，赶到京师面见皇帝为方孝孺伸冤，皇帝大怒，处死言信，子女充军。言信事件对家族而言是一大打击，令家族元气大伤。正统元年（1436），朝廷免除言氏子孙差役，并把可用之才登记在户部，有志读书的报送参加考试。嘉靖二年（1523），优免杂泛差役和丁役。这种优待使言氏家族的境遇有了改变。

元朝之后，社会动荡加剧，家族内部纷争不断，言氏家族稳定的局面被打破，家族成员开始分化，因出继外姓、加入军籍、流放和外出谋生而向外迁徙，开始分支立派。进入清代以后，人口流动加速，言氏家族向各地发散，各奔东西。

言氏主要的几次外迁及形成的支派如下：

迁江苏常州：六十世言勤学，元朝至元年间迁往武进北乡青城镇。此后形成了许多分支。从家谱记载看，迁往常州的言氏勤俭持家，从事耕读，亦农亦商亦学，过着田园生活，不为名利所羁。

迁浙江绍兴：六十二世言烨的第二个儿子在元末迁往浙江绍兴。清代绍兴建有言子祠，直到"文革"前被拆除。此支在余姚、仁和也有后裔。

迁江苏江宁（今属南京市）：有一支迁到江宁上元县。

迁湖南：六十二世言信被永乐帝诛杀，受其牵连，其子言盛的第二个儿子即六十四世言贵二，一名寿二，字德永，讳志学，代替父亲从军，被发配到湖南长沙府茶陵。从明洪武起至今，言姓在株洲已有六百余年历史，如今株洲还保留着建于明末清初的言氏宗祠。1925年最后一次纂修的《言氏六修家乘》，现保存于湖南省图书馆。

据言如泗撰文载，明初受言信牵连，言氏有一支被发配到贵州黎平五开卫。

江西南昌新建县西山镇有言家村，这支言氏是否是从湖南迁移的，待考。

迁江苏苏州：六十六世言弘德为苏郡学道书院分支始祖，但真正迁居苏州的是明隆庆年间六十九世言仲文，字墨泉，由常熟迁到苏州学道书院旁。

在常熟的六十一世言顺孙为大宗之祖。六十六世言弘业为常熟文学书院分支始祖，散居常熟乡区大义、冶塘大河、耦渠等地的言姓大多为此支。

明代，七十世言绍庆为城东家庙长支始祖。清康熙年间，又从其中分出分支，七十三世言德坚为世职宗派始祖。

太平天国时，为避战乱，言氏有从常熟逃难到无锡的，此后一直居住在无锡，无锡石塘湾附近有言巷。

山东邹平等地有言氏后裔，是否是言偲次子言盈留在山东的后人，待考。

言氏家族以定居县东街言子家庙的这支（称县东家庙支）为最显，可谓人才济济，后代遍及天津、北京、上海、河南、西安、内蒙古等地。他们顺应时代潮流，从旧家族中走出来，或兴办实业，或从事教育，或熟习文艺，实现了成功转型。

七十五世言如泗（1716—1806），乾隆三年（1738）恩贡生，曾任垣曲、闻喜等县知县，后擢保德直隶州知州，又调任解州直隶州知州、湖北襄阳府知府，晚年以一人之力、数十年之功纂成《常昭合志》十二卷。

七十六世言朝楫，乾隆二十七年（1762）举人，历任安徽婺源、贵池县知县，代理池州府知州。后调任浙江浦江、山阴县知县，杭州府总捕同知。人称循良吏。工书法，著有《渔隐庄诗集》。卒年七十八。言朝标（1755—1837），乾隆五十四年（1789）与阮元、孙星衍为同榜进士，与洪亮吉、张问陶为知交。授刑部湖广司主事，升刑部员外郎。乾隆六十年（1795），典试广东，升郎中，总办秋审。先后任四川夔州府、江西南安府及广西梧州府、柳州府、镇安府知府。著有《孟晋斋诗集》四卷。

八十一世言敦源（1869—1932），民国时期被任命为内务部次长、代理内务部部长，是常熟人在北洋政府中任最高职位者。

清顺治元年（1644），朝廷为了体现对儒家文化的重视，下诏凡是圣贤子裔悉照旧例，对各地的先贤坟墓加以守护，由此产生了言氏的一个支脉，即世职宗派支。在其后的发展中，这支言氏无论是修养、人望还是地位都比其他支系要高，成为言氏家族的标杆。言氏共世袭九任五经博士。1935年，国民政府下令废除清朝世爵，"衍圣公"改为"奉祀官"，"世袭翰林五经博士"制度退出历史舞台。

六十六世言弘业，字昌之，号思远。他看到山塘泾岸有一块空地，便出资买下，建家庙、书院，建得宽敞明亮。这所名"文学书院"的家族式书院，由此开始。言氏分出一支文学书院支，这支在文学艺术领域很有建树。书院不仅是传承文化思想的平台，也有凝聚家族的功能。

六十九世言喜，一作禧，字无嗔，号扬里。庠生，为人孝悌，读书过目不忘，为县令耿橘赏识。早年阅读大量书籍，研究天文历法，经常半夜起来观察天象，不论寒暑。他通过自学成功制作了浑天仪，自己推算的历法与钦天监颁布的《崇祯历书》完全一样。著作有《诗经解》《天文说》。常熟是天主教在我国传播较早的地区，言喜可能与天主教传教士有交往，学习并掌握了西方天文学知识，甚至加入了天主教。他是一位民间天文学家，可惜有关他的史料非常少。

七十五世言登浚（1796—1839），喜研究碑帖，学习书法，初学"二王"，后学褚、欧、米三家。自制鸡毫笔，运柔得刚，腕力直贯毫巅。邑中书法家翁苞封对其称赞不已："离形入妙，直造晋唐，今人无此书矣。"后来他应翁心存之请到江西担任翁同书、翁同爵的老师。著有《瓿余集》《弦歌楼诗钞》《梅花诗百首》等。登浚长子言南金投曾国藩门下。同治十一年（1872），言南金担任安徽凤颍同知，下车伊始便协同地方各界人士清理旧资，募集新捐，积极从事恢复古睢书院工作。经过五年努力，终于重兴书院。著有《可亭诗稿》。登浚次子言朝鼎（1831—？），官江西广信府通判。擅画花卉，工篆刻。有《言卓山印存》传世。

七十七世言尚炽，字依山，号竹樵，家谱称字启昌，号竹泉，是一位戏曲家。平生手不释卷，嗜诗酒，与孙原湘交游。嘉庆十五年（1810）著《才人鉴》传奇，孙原湘《天真阁集》中有《题言依山参军尚炽〈才人鉴〉传奇诗》，可惜手稿在太平天国时散佚。著有《诗存》一卷。

宋代以前，言氏子孙以振兴家学为己任，既恪守儒家传统，又保持着特立独行的风格，基本体现了言偃的精神风貌，可看作言氏家族的第一个时期。宋、元、明时期，言氏家族衰落，内部分化，沦为平常百姓，家族影响力逐步减弱，但仍基本完整保存了家族，是第二个时期。清代至今，可称第三个时期，言氏家族顺应时代的变化，向四处扩散，完成从家族向家庭的转变。

言氏家族始终坚持独立的人文个性家风，这种家风可归纳为以下几点：一是坚持以诗书传家立身。他们并不尊崇学而优则仕的古训，而是学而不求仕，仕而不求名，读书没有功利思想。二是讲究气节名声。在大是大非面前坚持原则，不趋炎附势，讲操守，维护家庭荣誉和人格尊严。他们了解底层百姓的生活状况，不少言氏子孙也生活在底层，对百姓的疾苦有切身的感受，所以能够洁身自好，为百姓服务，大部分留下了较好的口碑。三是尊师崇教尚文。普及教育是儒家基本价值观之一，主张通过教育"学其事""穷其理"，达到改变人气质的目的。所以启发民智、培养人才是言氏家族始终坚持的共识。无论身在何处，都坚持以教育为根本，以育人为己任，这是非常有远见的。四是温文尔雅谦逊。行为合乎礼节和道德规范，无论是在顺境还是在逆境中，始终如一地保持良好的心态。五是家族之间和睦相处。一方有难，全力相助。

家族的发展有其自身的规律，大多经历由初创到繁荣，再由盛而衰，直到消亡湮没在历史中化作尘土的过程。"衍庆千百年，敬信如一日"，言氏家族能够延续两千多年是由其家族自身的生存之道决定的，这个生存之道就是以礼仪来规范族人的言行，以读书来提高族人的文化修养，以奉行孝道来凝聚家族之间的团结，以忠义来强化对社会的奉献与责任。内在的根本因素在于坚守言偃所创立的思想体系，不断适应社会环境的变化与发展，不因循守旧，不墨守成规，在社会发展过程中发挥正能量。

李　烨　付凤娟
2023年8月26日

编辑说明

一、本书收录整理的《言氏家谱》和《言氏家乘》均为未刊之稿本。《言氏家谱》四册，收藏于常熟博物馆，由言梦奎于清雍正九年（1731）编纂，所记从言氏第一世起到第七十四世止，主要是常熟言氏世系，不及他地。家谱原为两册，均有抄录者姓名。每册封面都钤有常熟县和昭文县两县官印，卷首有当时著名画家唐俊画言子像和言子墓图二幅。康熙四十四年（1705），言德坚携该谱赴扬州面呈康熙皇帝阅览，得到康熙的赞誉。康熙亲笔御书"文开吴会"祠额，言德坚也因此获得"五经博士"这一称号并由言氏嫡孙世袭。清末修谱时改装成四册。《言氏家乘》五册三十卷，现存十七卷，即卷七、卷八、卷十至卷十六、卷二十三至卷三十，藏于常熟图书馆，编纂者为言氏文学书院支后人，修于清光绪二十年（1894），所记自言氏第一世到第八十一世。除常熟世系之外，对苏州和常州武进两地的言氏支系均有详细记载。家乘虽有残缺，但在内容上与家谱正好起到互补作用，合在一起能较为完整地反映整个言氏家族二千六百多年来的历史发展脉络，具有较高的学术史料价值。

二、本次整理使用规范的简体字，仅保留姓名中出现的异体字。

三、对家谱中的错字、衍字、漏字，整理时稍作改动。家谱中收录的资料与原作稍有不同，为保持家谱原貌未作改动。同一资料前后内容有不一致的，因缺乏佐证资料，也未作改动。

四、除了收入的两种家谱之外，常熟图书馆还藏有清末言敦默《言氏家乘新编》一卷，止于同治年间。另尚有江苏江宁公盛堂光绪二十八年（1902）重修的《言氏宗谱》和湖南株洲1925年纂修的《言氏六修家乘》。限于篇幅，本书都没有收入。

目 录

言氏家谱

- 言氏家谱序 ……………………………………………………………………… 3
- 历代像赞 ………………………………………………………………………… 4
- 言氏大宗图 ……………………………………………………………………… 5
- 言氏统宗图 ……………………………………………………………………… 8
- 言氏六礼 ………………………………………………………………………… 34
- 历代谱序 ………………………………………………………………………… 35
- 古迹志 …………………………………………………………………………… 40
- 祭祀仪注 ………………………………………………………………………… 43
- 历代恩典 ………………………………………………………………………… 47
- 历代崇贤奏疏 …………………………………………………………………… 50
- 历代名人记序碑铭 ……………………………………………………………… 57
- 历代名人题咏 …………………………………………………………………… 94
- 历代名人扁额、对联 …………………………………………………………… 101
- 人物录 …………………………………………………………………………… 104
- 贞节录 …………………………………………………………………………… 123
- 驱除异类录 ……………………………………………………………………… 135
- 言氏家谱跋 ……………………………………………………………………… 138

言氏家乘

- 重修言氏家乘序 ………………………………………………………………… 143

言氏家乘卷七	144
言氏家乘卷十	145
言氏家乘卷十一	205
言氏家乘卷十二	218
言氏家乘卷十三	221
言氏家乘卷十四	228
言氏家乘卷十五	234
言氏家乘卷十六	241
言氏家乘卷二十三	257
言氏家乘卷二十四	260
言氏家乘卷二十五	277
言氏家乘卷二十六	280
言氏家乘卷二十七	290
言氏家乘卷二十八	297
言氏家乘卷二十九	312
言氏家乘卷三十	317

言氏家谱

言氏家谱序

　　余于甲寅秋初秉铎琴水。莅任之始，衙斋颓败，不堪托足，因于山塘泾岸税屋而居。门相对而邻者，乃言氏世袭翰博之第。次日，互相修谒，见其祖孙济美，善气迎人，始叹圣贤之裔超出寻常万万。其族多君子，而表表庠序间者，字聚西，名梦奎。其为人也，醇古处，谨言行。貌则修髯优鬒，飘飘如神仙。齿与余仿佛。来谒时，犹恂恂执弟子礼，盖其谦尊而光天性然也。先是余有侄，客游山左，遇海虞庠秀言圣修，为聚西嫡弟。余侄邮寄家书，极言圣修，常道其兄鸿才盛德。及见面，与闻名相符不爽，不觉心焉契之，遂成莫逆。自后，晦明风雨，无日不促膝谈心。师弟也，不啻骨肉焉。近出其新修《言氏家谱》相示，条分缕析，支派秩如，兼载古迹、祀典、历代恩荣及名人记序、铭跋、诗篇、匾对，触目琳琅，诚洋洋大观。谁家无谱，有如此之光远而有耀哉？有祖如子游夫子，固极人世之难事。而子游夫子有如此之贤子孙，则又难中之难已。圣贤之裔，超出寻常万万，信不诬也。余幸托君子之乡，沐学道之遗教，故叙与言氏相交始末如此。至其门第之高大，家学之渊源，古今之所景仰，天下之所咸知，固无庸余之多赘尔。乾隆五年岁次庚申相月谷旦，兰陵后学吕屏书拜题。

历代像赞

宋太祖：

御制像赞载在国史，容考。

宋高宗：

道义正己，文学擅科。为宰武城，教以弦歌。割鸡之试，牛刀谓何。前言戏耳，博约则多。

赵安仁宋时人：

鲁堂登科，睹奥将圣。武城之小，可以观政。澹台之举，行不由径。追进上公，素风逾盛。

傅著明潞州知州、吴郡人：

大哉宣圣，尼山降神。懿哉子游，崛山委真。维圣阐教，洙泗之滨。维贤衍道，大江之濆。三千济济，七十彬彬。北学中国，南方一人。伟哉豪杰，圣道克遵。得圣一体，昭礼五仁。孝敬是励，大道且聆。文学斯擅，弦歌则闻。莞尔之笑，圣心实忻。牛刀割鸡，戏尔前言。赫赫国朝，先师实尊。爰致祠祀，及兹仲春。勖尔俊髦，裕尔后昆。刻像琬琰，播德烝民。星辰河岳，有烨斯文。

言氏大宗图

宗以大名，以别于小宗也。宗之小者，仅得祖其分派之祖，而惟嫡长子孙，则自我而父，父而祖，而直上接乎先贤，是先贤之继体也。噫！为先贤之继体，夫岂易哉！而不可不勖哉！作大宗图。

一世：偃
二世：偲
三世：丰
四世：昊
五世：球
六世：宜
七世：楷
八世：休
九世：以宪
十世：惟精
十一世：苣
十二世：谦
十三世：庆
十四世：罕
十五世：敏
十六世：成大
十七世：富玉
十八世：绩
十九世：豪
二十世：继祖
二十一世：崇武
二十二世：定国
二十三世：琳
二十四世：明问

二十五世：黼

二十六世：既孝

二十七世：一乘

二十八世：惠

二十九世：学颜

三十世：正

三十一世：之行无子，以侄英继宗

三十二世：英

三十三世：拱极

三十四世：庚

三十五世：寅恭

三十六世：真儒

三十七世：庭规

三十八世：大章

三十九世：省

四十世：恢

四十一世：端操

四十二世：谂

四十三世：思本

四十四世：毁

四十五世：克常

四十六世：旭

四十七世：若虚无子，以侄瑮继宗

四十八世：瑮

四十九世：希圣

五十世：硕

五十一世：玄

五十二世：道民

五十三世：公怡

五十四世：斌

五十五世：彦绪

五十六世：仁温

五十七世：义

五十八世：礼

五十九世：文蔚

六十世：时学无子，以侄顺孙继宗

六十一世：顺孙

六十二世：烨

六十三世：墉

六十四世：铭

六十五世：江

六十六世：世恩

六十七世：祐

六十八世：谏

六十九世：序

七十世：绍庆

七十一世：森

七十二世：煌

七十三世：德垕

七十四世：锦

言氏统宗图

物之含生负气者，其类不一，而要必本乎天；族之支分派别者，其分虽殊，而要必本乎祖。是故顺而推之，则一人之身分而为千万人之身，逆而溯之，则千万人之身实始于一人。千万其身可以千万其心也，一人之身可以千万其心乎？阅是图也，而敦本睦族之心自有不能已者矣。或操戈同室，骨肉参商，亦独何哉！作统宗图。

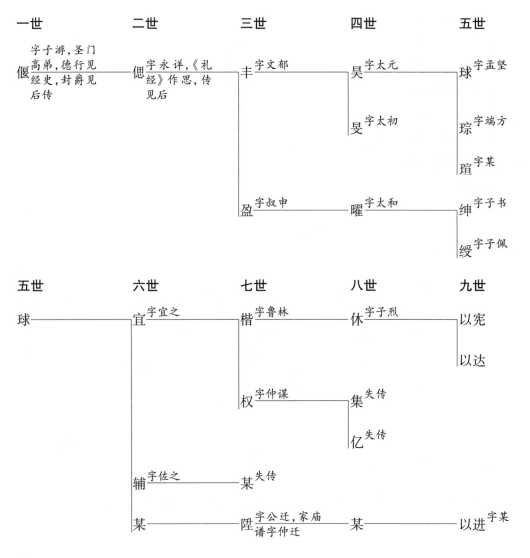

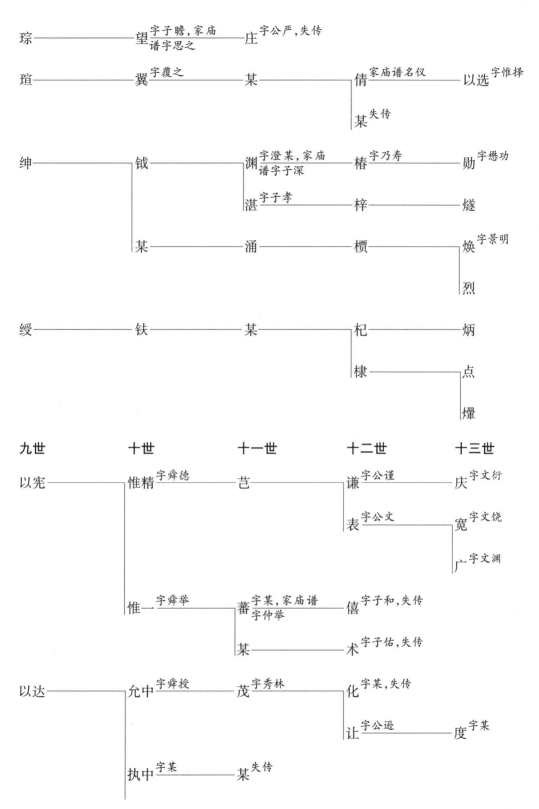

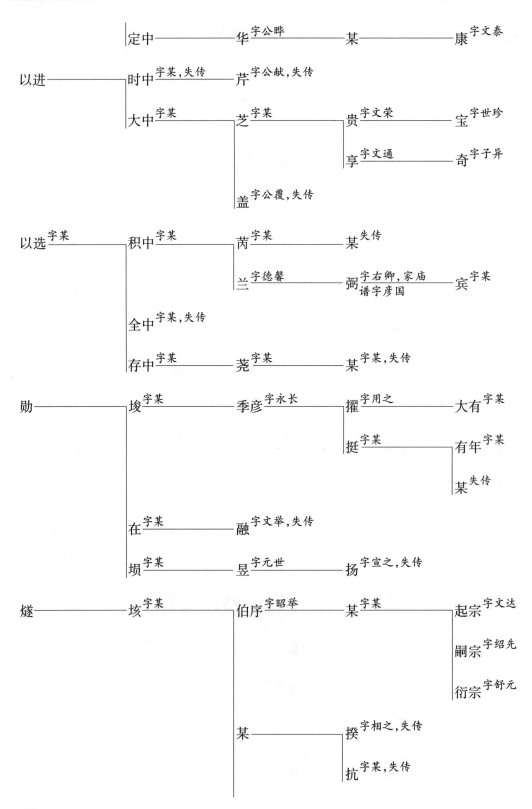

言氏家谱

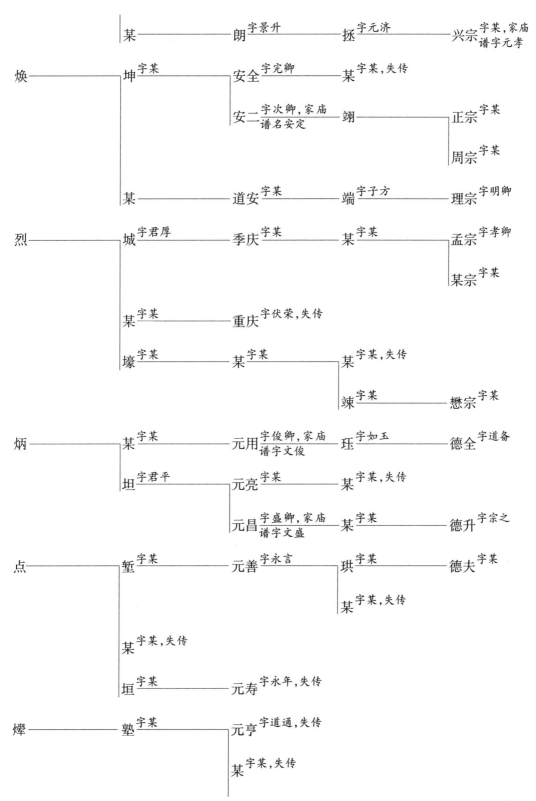

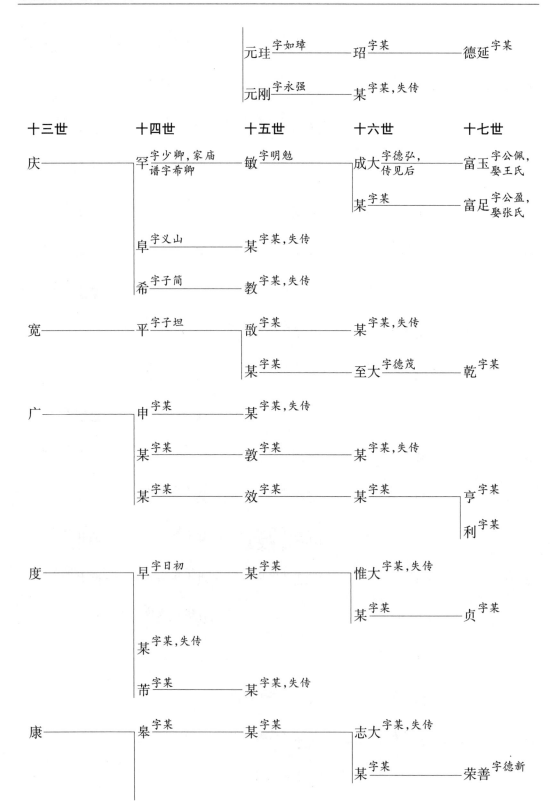

言氏家谱

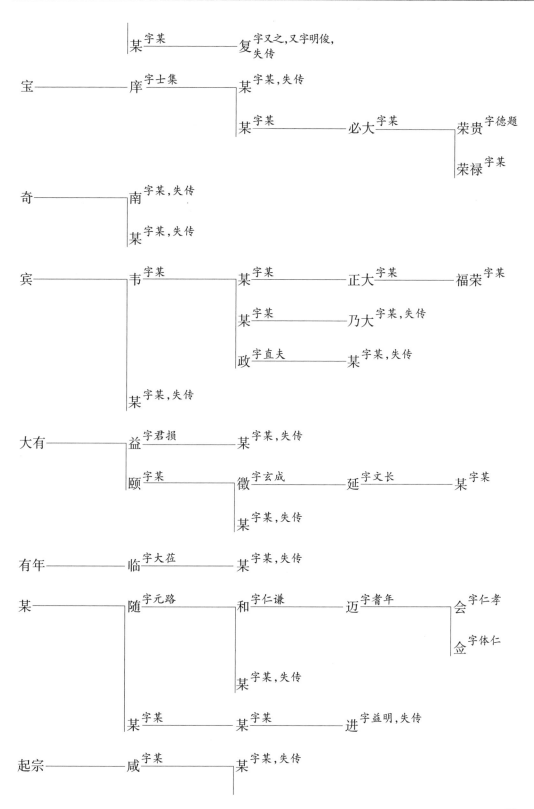

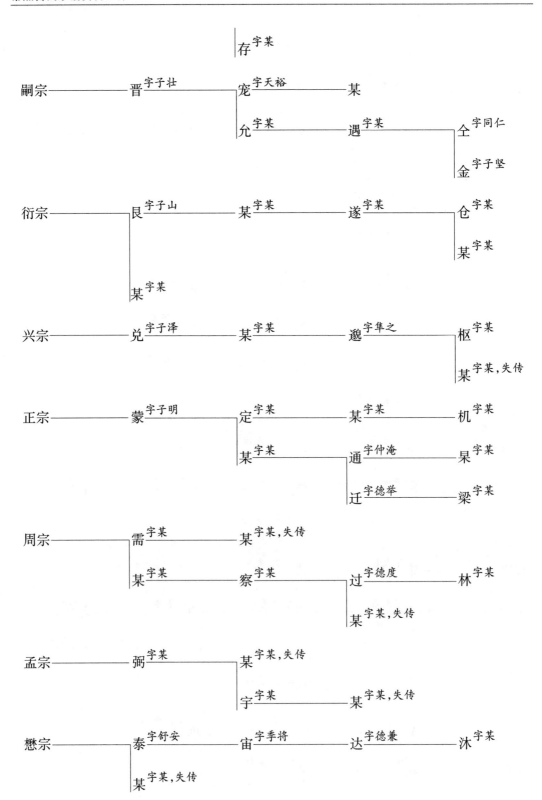

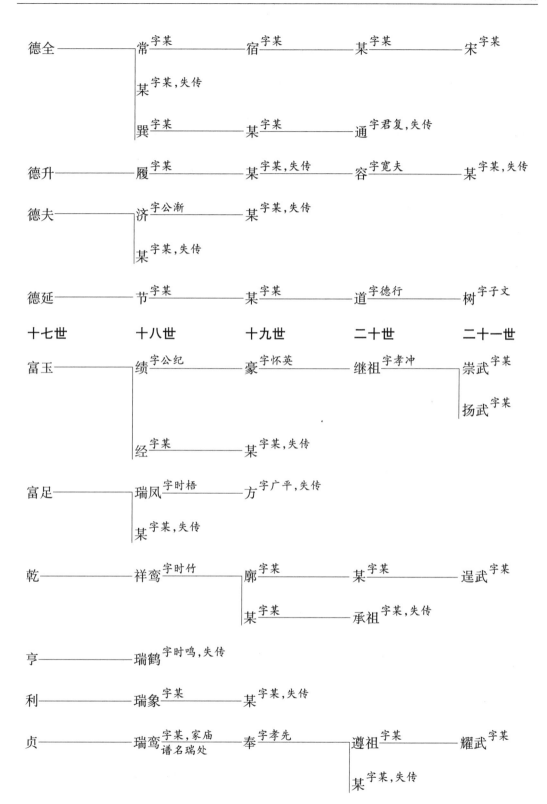

言氏家谱

| 十七世 | 十八世 | 十九世 | 二十世 | 二十一世 |

德全 ── 常(字某) ── 宿(字某) ── 某(字某) ── 宋(字某)
　　├─ 某(字某,失传)
　　└─ 巽(字某) ── 某(字某) ── 通(字君复,失传)

德升 ── 履(字某) ── 某(字某,失传) ── 容(字宽夫) ── 某(字某,失传)

德夫 ── 济(字公渐) ── 某(字某,失传)
　　└─ 某(字某,失传)

德延 ── 节(字某) ── 某(字某) ── 道(字德行) ── 树(字子文)

富玉 ── 绩(字公纪) ── 豪(字怀英) ── 继祖(字孝冲) ── 崇武(字某)
　　　　　　　　　　　　　　　　　　　　　　└─ 扬武(字某)
　　└─ 经(字某) ── 某(字某,失传)

富足 ── 瑞凤(字时梧) ── 方(字广平,失传)
　　└─ 某(字某,失传)

乾 ── 祥鸾(字时竹) ── 廓(字某) ── 某(字某) ── 逞武(字某)
　　　　　　　　　　　└─ 某(字某) ── 承祖(字某,失传)

亨 ── 瑞鹤(字时鸣,失传)

利 ── 瑞象(字某) ── 某(字某,失传)

贞 ── 瑞鸾(字某,家庙谱名瑞处) ── 奉(字孝先) ── 遵祖(字某) ── 耀武(字某)
　　　　　　　　　　　　　　　　　　　　　　└─ 某(字某,失传)

- 荣善 —— 应祥(字某) ┬ 廷璋(字季玉) —— 某(字某) —— 性(字宝理)
                    └ 廷圭(字某,失传)

- 荣贵 —— 应瑞(字某) ┬ 某(字某,失传)
                    └ 廷琏(字子器) —— 某(字某,失传)

- 荣禄 —— 应显(字某) —— 廷器(字某) —— 某(字某,失传)

- 荣福 —— 瑞祯(字某) —— 廷玉(字某) —— 某(字某) —— 怀(字宝思)

- 会 —— 嵋(字某) —— 某(字某,失传)

- 佥 ┬ 竑(字某) ┬ 某(字某) ┬ 溱(字某) —— 镇(字永安)
    │   │   └ 某(字某,失传)
    └ 某(字某,失传)

- 仝 —— 靖(字季恭) —— 嵩(字功骏) ┬ 洎(字某) —— 镒(字某)
                                └ 某(字某,失传)

- 金 ┬ 蹲(字某) —— 某(字某) —— 沂(字某,失传)
    └ 某(字某,失传)

- 仓 —— 燮(字某) —— 岳(字某) —— 某(字某) —— 镭(字某)

- 某 —— 焯(字某) —— 岩(字某,失传)

- 枢 —— 肇(字某) ┬ 某(字某) —— 天叙(字某) —— 可学(字时习)
                └ 巍(字功成,失传)

- 机 —— 律(字某) —— 峰(字功立) —— 某(字某,失传)

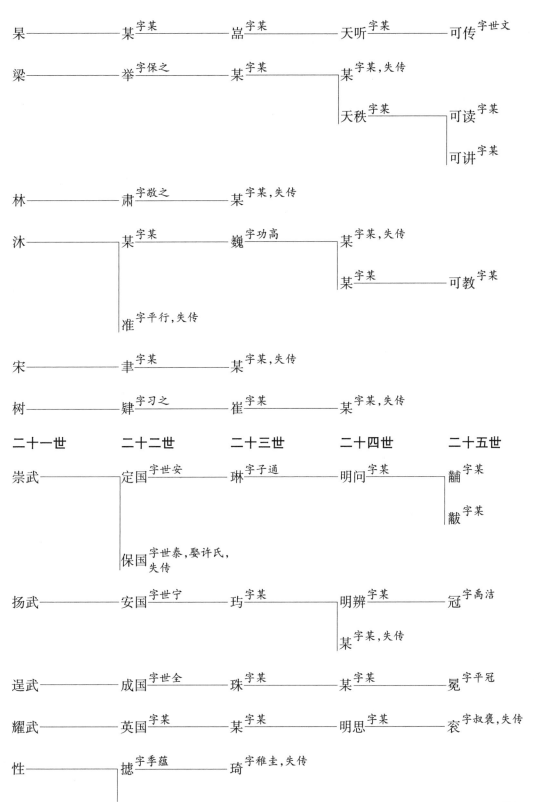

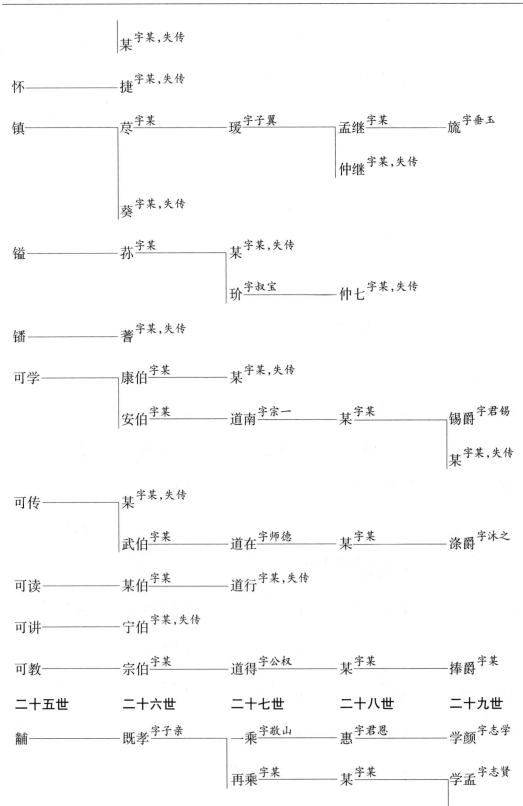

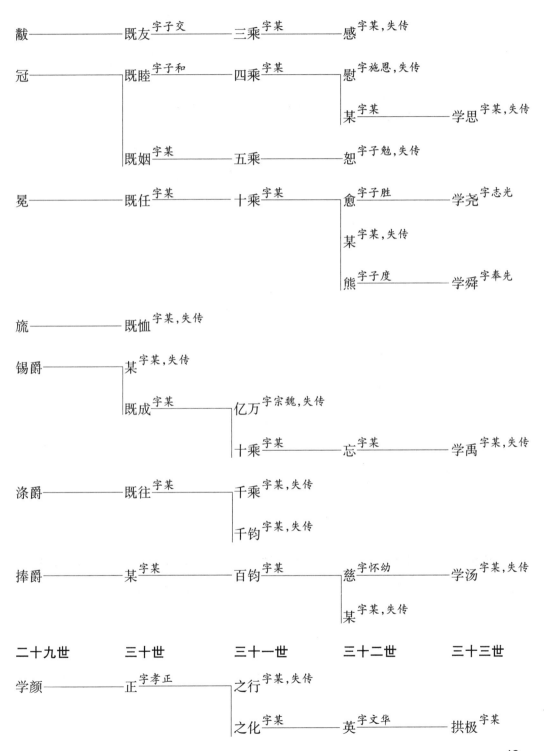

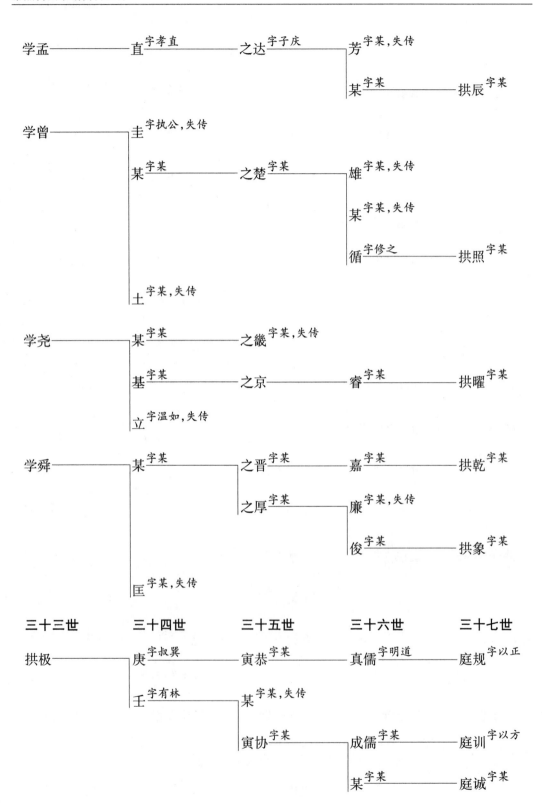

拱辰 —— 辛(字克勤,娶浦氏,失传)

拱照 —— 甲(字某) —— 寅正(字蚕功) —— 大儒(字某) —— 庭问(字某,失传)

拱曜 —— 丙(字某,失传)

拱乾 —— 某(字某) —— 寅敬(字某) ┬ 先儒(字某) —— 庭箴(字某)
                                    └ 某(字某,失传)

拱象 —— 戊(字某) ┬ 某(字某,失传)
                    └ 寅缘(字某) —— 名儒(字某) —— 庭试(字某)

三十七世	三十八世	三十九世	四十世	四十一世

庭规 ┬ 大章(字某) —— 省(字惟察,娶周氏) —— 恢(字弘之) —— 端操(字维持)
     └ 大典(字某) ┬ 某(字某,失传)
                   └ 疏(字某) —— 某(字某,失传)

庭训 ┬ 大韶(字舜乐) ┬ 量(字某,失传)
     │   └ 称(字某) —— 惇(字厚之) —— 端立(字子正)
     └ 某(字某,失传)

庭诫 ┬ 大夏(字某) ┬ 某(字某) —— 忱(字诚之) —— 端肃(字子敬)
     │   └ 羡(字某,失传)
     ├ 大雅(字某,失传)
     └ 大诰(字某) —— 渐(字惟升) —— 恂(字信之) —— 端已(字子方)

庭箴 —— 大武(字某) —— 确(字君宝) —— 文仲(字经父,失传)

· 21 ·

庭试 ── 某 字某 ┬ 某 字某,失传
              │
              ├ 大射 字某,失传
              │
              ├ 繁 字君冗,失传
              │
              └ 某 ── 武仲 字常父 ── 端直 字子培

四十一世　　四十二世　　四十三世　　四十四世　　四十五世

端操 ── 谂 字某 ── 思本 字正道 ── 羧 字某 ┬ 克常 字永夫
                                          └ 克纲 字弘夫

端立 ── 讴 字某 ┬ 思古 字志道 ── 某 字某,失传
                │
                ├ 某 字某,失传
                │
                └ 思政 字近道 ── 载 字子厚 ── 克绍 字勉夫

端肃 ── 谔 字某 ┬ 某 字某,失传
                │
                ├ 思则 字允道,失传
                │
                └ 思迪 字凝道 ── 戬 字某 ── 克允 字仲夫

端己 ── 某 字某 ── 思举 字贡道 ── 某 字某 ── 克修 字允夫

端直 ── 燃 字某 ┬ 思贞 字周道,失传
                │
                └ 某 字某 ── 戡 字方举 ── 克光 字显夫

四十五世　　四十六世　　四十七世　　四十八世　　四十九世

克常 ── 旭 字永延 ┬ 若虚 字公实,无子,以侄琛继宗
                  │
                  └ 某 字某 ── 琛 字伯秩 ┬ 希圣 字士贤
                                        └ 希范 字士则

言氏家谱

四十八世	四十九世	五十世	五十一世
	若愚 字公仪	瑰 字某,失传	
克纲 — 某 字某,失传			
克绍 — 诵 字仲勖	若谷 字公应	某 字某,失传	
		琥 字某	希先 字士昭
克允 — 扶 字仲渊	若拙 字公智,失传		
	某 字某	珪 字德璋,失传	
克修 — 某 字某	若见 字某,失传		
	若水 字公汉	瑀 字汤光	希英 字士彦
克光 — 澍 字君德,失传			

四十九世	五十世	五十一世	五十二世	五十三世
希圣	硕 字士夫,家庙谱字德夫	玄 字康成	道民 字行之	公怡 字友文,娶钱氏
		某 字某,失传		
希范	某 字某	约 字示信	逸民 字隐之	公才 字义文,娶印氏
				公森 字灿文,娶朱氏
希先	颖 字某	寓 字广成	某 字某,失传	
		接 字某	福民 字善之	公谊 字融伯,失传
	奂 字休文,失传			
希英	休元 字应绪	腾 字子襄,传见后	遗民 字某,失传	

五十三世	五十四世	五十五世	五十六世	五十七世
公怡	斌 字子慎,娶陈氏	彦绪 字修之,娶曾氏	仁温 字德厚,娶瞿氏	义 字宜斋,娶吴氏

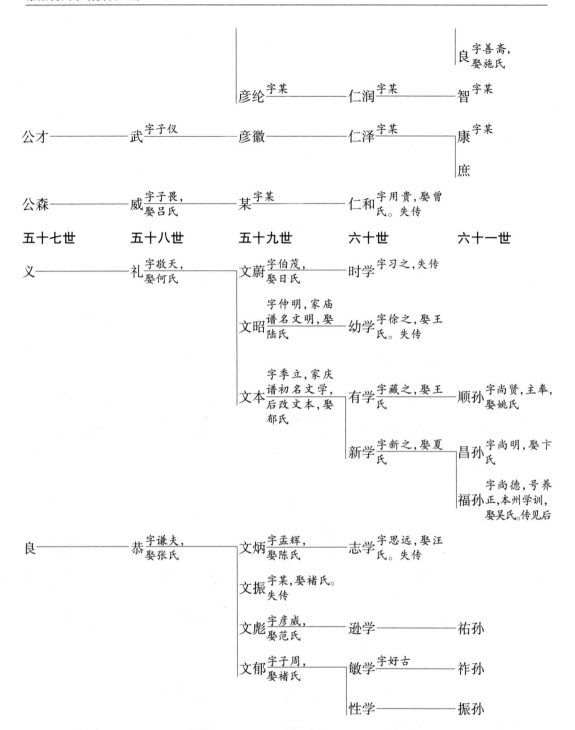

言氏家谱

六十一世	六十二世	六十三世	六十四世	六十五世
顺孙	烨 字仲辉,主奉,娶卜氏	埔 字永坚,娶曾氏	铭 字景彝,号隐庵,娶殷氏,继周氏。主奉	江 字惟瀚,号守儒,娶钱氏,继徐氏。传见后
				淮 字惟东,娶陈氏
				汉 字惟宗,娶萧氏
				澜 字惟涌,娶虞氏
				藩 字惟郡,娶毛氏
			钅容 字景容,娶高鉴氏,传见《贞节录》。失传	
			钦 字景尧,娶顾氏	滋 字某
				润 字惟泽,娶钱氏
				沾 字惟德,娶张氏,继杨氏
		某 字某,或云迁于绍兴,遂家焉		
昌孙	敬 字以诚,娶程氏。失传			
福孙	忠 字以善,娶贾氏			
	信 字以实,娶章氏,任工科给事中,以直谏死节,传见后。失传			
佑孙	宣 字著卿	用 字庸之		
振孙	实	通	能 字才侯	书 字翰宰,失传
		达 字某,失传		

六十五世	六十六世	六十七世	六十八世	六十九世
江	世恩 字承庆,号慕儒,娶季氏。主奉	祐 字吉甫,号墨溪,娶贡氏,继杨氏。主奉	谏 字明善,娶曾氏	序 号凌衢,娶邵氏。隆庆十三年乙酉宗师房寰案临昆山,考入府庠四十六名
			谱 字明德,娶钱氏。万历十六年学院柯批给衣巾,奉祀。失传	
淮	世荣 字某,娶朱氏。失传			
	世泽 字某。娶张氏。庠生,失传			
汉	世惠 字某,娶王氏。失传			
	世美 字某,娶某氏。庠生。失传			
澜	世清 字承素,娶黄氏	襗 字显甫,娶仲氏。失传		
	世源 字承流,娶王氏	祈 字求甫,娶杨氏。失传		
	世澄 字某,娶冯氏。失传			
藩	世洁 字某,娶叶氏。失传			
	世杰 字子才,娶韩氏。家庙谱字国贤。失传			
滋	承业 字新之,娶谭氏,旧谱载乳名周	鹏 字时用,娶弓氏,《苏谱》载龚氏	存诚 字某,娶时氏,继某氏。《苏谱》名臣,号佑墨,娶徐氏	必忠 字近墨,娶黄氏。失传
			惟诚 字某,号少薪,娶崔氏。主奉	有章 字某,主奉
				有德 字某,失传
		鹗 字时腾,号德薪,娶杜氏。庠生。续陆氏	性诚 字某,号敬薪,娶颜氏,《苏谱》载孙氏	有恒 字某

言氏家谱

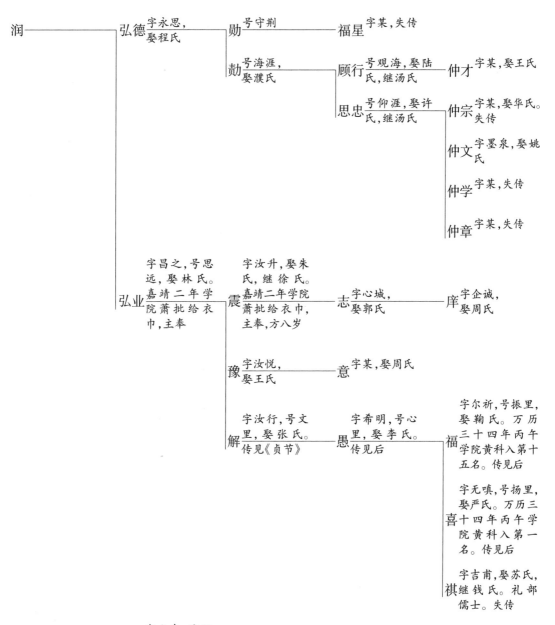

六十九世	七十世	七十一世	七十二世	七十三世
序	绍庆 字仍衢,娶张氏。万历二十七年学院陈批给衣巾,主奉	森 字君确,字翘楚,娶华氏。主奉,敕赠五经博士。传见后	煌 字宗文,娶浦氏。主奉,敕赠五经博士	德垕 字静方,娶某氏。主奉
				德基 字履功,娶王氏。主奉
				德坚 字侣白,娶王氏。康熙二十七年宗师高裔,岁入第三名,年补廪。康熙五十年学院张光臣题请钦授翰林院五经博士
				德重 字礼庄,娶陈氏,继某氏
				德垂 字继可,娶华氏
		林 字君实,娶吴氏	灯 字宗宣,娶程氏	德坤 字资禄,娶邓氏
有章	继祖 字其武,娶某氏。万历二十八年学院陈批主奉。失传			
	绳祖 字其皇,娶某氏。失传			
有恒	訚如 字公和,娶某氏,烈妇	仍新 字无垢,失传		
仲才	师皋 字迈德,娶某氏。失传			
	师燮 字虞曾,失传			
仲文	象先 字绳甫,娶屠氏。节妇	长春 字寿之,主奉。娶吴氏,妾浦氏、俞氏	伟锡 字聚星,一字虞山,主奉。娶邓氏,继曾氏	芳治 字峰山,娶周氏
			仙锡 字琴山,娶杨氏,浦出。失传	
			纯锡 字粹中,娶裘氏,俞出	文藻 字采章,娶倪氏

言氏家谱

```
                                          ┌ 宗洵  字成章,娶沈氏
                              ┌ 圣锡 字洙传,娶尤氏,甫出 ┤ 景濂  字希周,娶华氏
                              │                     └ 潜   字师陶
                              
      ┌ 逢尧  字际唐,赘昆山沈氏,遂家焉。万历二十七年宗师陈案临宜兴,考入三十二名。传见后
      │         ┌ 明选  字公抡,娶顾氏。崇祯三年宗师李懋芳案临江阴,科入昆庠 ── 某  字某,娶某氏。失传
      │         │                                                    ┌ 某  容查
      │         └ 建   字公树,娶顾氏。主奉 ── 永培  字久宁,娶钱氏 ┤
      │                                                               └ 某  容查
庠 ───┤
      │         ┌ 遵道  字公路,娶黄氏 ┬ 某   字某,娶某氏。失传
      │ 遇尧    │                     ├ 某   字某,失传
      │ 字宾之, │                     ├ 载昌 字子复,未娶。失传
      │ 娶黄氏  │                     └ 廖昌 字诏宣,未娶。失传
      │
      │         ┌ 国辅  字公寀,娶陆氏,无子,以继光长子易文嗣 ┬ 易文  字刚中,孙出,娶陆氏。康熙五十一年宗师胡润,考入武庠第十四名,庠名吴让,五十七年复改今名。宗师谢履厚案临昆山,岁入文庠第十七名,庠姓吴 ── 春荣 字枝繁
      │ 述尧    │
      │ 字明之, │
      │ 娶李氏。 │
      │ 传见后  └ 继光  初名廷,字公觐,又字筵谦,娶钱氏,继娶孙氏。康熙二十一年宗师赵仑案临昆山,入第四名。传见后 ── 毓祯 字祥先,孙出,娶王氏。康熙五十一年学院张元臣批给衣顶,奉祀。无子,以易文长子春林嗣 ── 春林 字枝茂
```

```
福 ── 恂如 ┬ 端 ┬ 时昌 (字方来,娶徐氏。失传)
         │   │
         │   ├ 世昌 (字序皇,娶钱氏。失传) ── 承烈 (字藻伦,娶钱氏,继顾氏。失传,以履昌子祖德嗣世昌后)
         │   │
         │   └ 连昌 (字贞符,娶徐氏。失传)
         │
         ├ 竑 ── 复昌 (字中行,娶吴氏) ┬ 祖武 (字步先,娶周氏。失传)
         │                           └ 祖嘉 (字元礼)
         │
         └ 廉 ┬ 梦奎 ┬ 宗可 (字因之,张出,娶陈氏)
             │      ├ 弦可 (字诵之,张出)
             │      ├ 歌可 (字声之,包出)
             │      ├ 世可 (字法之,张出)
             │      └ 长可 (字久之,张出)
             │
             ├ 永锡 ┬ 道可 (字贯之)
             │      └ 凤可 (字树之)
             │
             └ 黄封 ── 学可 (字济之)
```

恂如：字恭模,娶金氏。崇祯四年宗师李懋芳,岁入府庠五十六名。传见后

端：字吕又,金出,娶许氏。顺治九年宗师苏批给衣顶,奉祀

竑：字学海,屈出,娶邵氏

廉：字古矜,一字姚思,又字若澄,金出,娶徐氏、李氏。康熙二十二年宗师赵仑批给衣顶,奉祀,传见后

梦奎：字聚西,娶陶氏,继娶张氏,妾包氏。康熙三十九年宗师张泰交案临昆山,岁入第二名。徐出

永锡：字会英,徐出,娶王氏。康熙四十二年宗师张廷枢案临昆山,岁入第十四名

黄封：字日三,娶顾氏,李出

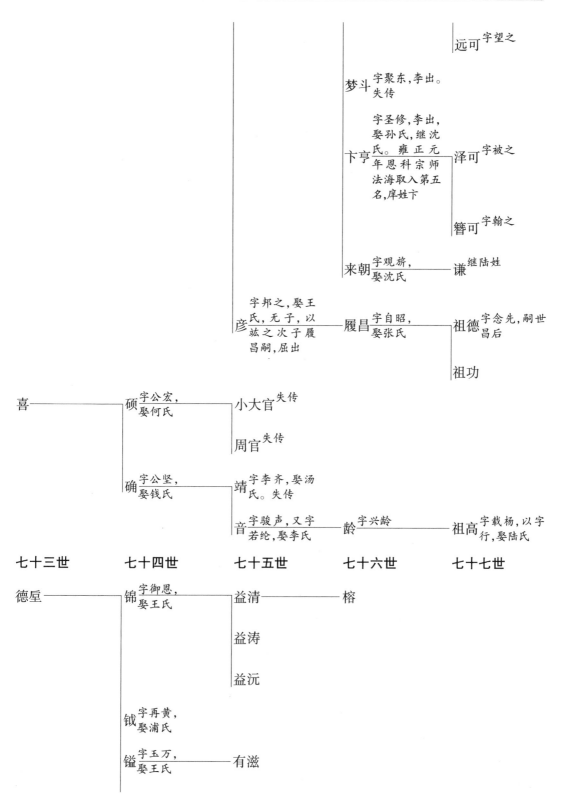

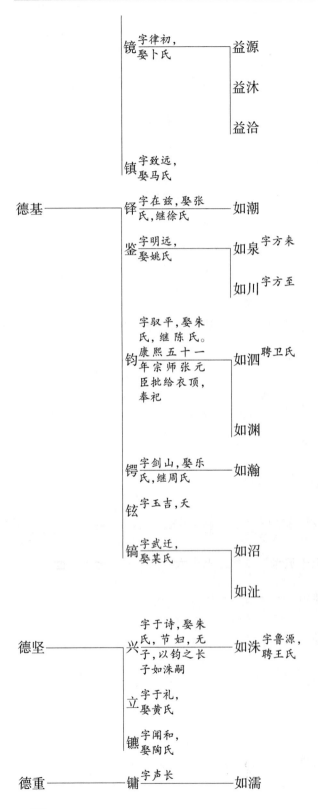

德乘————┬——文园 字仪先
　　　　└——文圃 字晓先

德坤————————永祯 字孝思

芳洽————————松承 字鹤亭————仁烨

文藻

言氏六礼

一隆祭祀：礼莫重于祭。庙或缺祀，非所以尊祖也。今定例以长至日致祭，其费出于祭产，其事掌于大宗孙。物从其丰，仪极其肃。有怠若事者，族众共攻之。有越于礼者，族众共纠之。其祭祀仪注另载在祀典，不复赘。

一重嫡长：祭莫重于宗。凡祭必以嫡派大宗孙主之。祭文序其名为首，另置一单于前。大宗孙奠爵帛于此，其余旁支俱从后陪祭，不得以分尊而妄行混乱。

一定宗纲：凡一族之事，统于宗子。其宗子不逮者，于合族中不拘尊卑长幼，择一忠厚正直、孝友无亏、可称族望者，立为宗纲。凡出纳贤否，尊祖敬宗，须严立约束，着实体行。如有徇私不公，合族即另议推举。既得其人，必白之县，陈之学，告之庙，然后任事。毋得苟且，以开废弛。

一均恩泽：祭田之设，奉祭祀，亦恤贫族也。泽之不均可乎？嗣后着为定例，择田之肥者四千亩，付大宗孙掌管，以备祭用，再听不科。肥田十亩，每年收米堆置砖瓦，以备修葺庙宇。其余贫族、鳏寡孤独及有志读书者，均各授田十亩，仍着宗纲掌管。每岁秋成后，宗纲率众孙眼同收租分给。其有恒产及为商贾者，俱不准授田；或游佚无度，玷及祖宗者，亦不准其拨授。

一明惩劝：言氏子孙式微，向进者少。今子弟中有不忠、不孝或淫佚者，宗纲及其父兄率诣祖前，痛加责勉。祭之时合族共饬之，不悛则举之学，又不悛则呈之县，虽贫不授田。仍于家庙中立两碑，书其名，东曰"劝善"，西曰"惩恶"。生则刻石，没则载谱。刻后能改者，仍志其美。其有玩视宗法、徇己灭宗者，宗纲既核其情，即与族众共刻之石。

一严教育：子孙之贤，由于教育。凡有子弟者不徒教以诗书，须使之习规矩，养忠厚，服习祖宗家法。其通章句、知文艺者，宗纲课其业，有进益奖以纸笔。其有不务实学，或习险薄者，罚跪祖前以警之，甚则朴责，并斥其父母之纵子为非者。

历代谱序

世之作谱者，必欲得学士大夫之一言以为重，盖将以夸诩于当时，而亦思藉是以垂之不朽。然再传焉，而散轶者有之矣；或数传焉，而覆瓿者有之矣。此无他，其人本无可传，虽有笔如椽不能使之传也。吾祖诞生常熟，北学孔门，得斯道之传，为东南文学之祖，子姓绵绵，宗支井井。其为谱也，当与尼山之谱并垂千载，亦何藉人以传？而当世之学士大夫仰其流风，沐其余韵，每以得序其谱为幸，锦绣联篇，汇而成帙。是谱本不藉人以传，而学士大夫之所以序之者，又皆必传之文也。是谱也，吾知与天地相为久长也已。录历代谱序。

言氏旧谱前序
干文传

予观司马迁之表列侯，先叙其爵，后叙其子孙，则知汉人象贤之意。又观欧阳公之表宰相，先列其职，次列其谱系，则知唐人世禄之典。吁！乔木旧望，见者兴念；甘棠遗爱，去之感思。则席勋业旧著之观瞻者，岂可无久长之念哉？言吴公之在圣门，号高弟。今吴之常熟以子游名巷，以文学名桥，其为公之故里无疑也。公殁千有七百余年，而其子孙繁衍，迄于顺孙，考诸旧谱，重编葺之，自公以下凡六十一传。其源流之远，履历之详，与夫崇报之典，靡不悉备。且夫风雨有晦冥，而其道无变迁；时世有污隆，而遗泽无转移，吴公之迹陈矣。自周、汉、晋、唐以迄于今，续其统，振其绪，导其源，浚其流，上以接先贤之正传，下以发潜德之幽光。所谓根之茂者其实远，膏之沃者其光华，而衍庆当无穷矣。夫公之祠，庆元间邑令孙君应时，后令王君爚，前建后修复，即学宫西斋，扁之曰"象贤"。聚言族子弟，官给养赡，延师训诲，择其派之长者而主公祀。则二令念吴公之遗泽，崇尚先贤，维持道统，意固隆矣。至若后代宗派绵绵，山斗拳拳，稽古而志于学，有益于身心，以光大其国家，而不泯于颓靡之中，庶无负于"象贤"之意矣！而顺孙字尚贤者，以是谱求序于予。予闻夫子集群圣之大成，为百王之师表，其子孙衍庆，至于今未已也。圣人之泽固有异于他人矣！吴公为圣师之门人，得圣人之一体，传至于今亦已远矣，而其子孙当与先圣之子孙相为久长也。予与尚贤交处十有余年，每见其恪守礼法，和而不流，慎择交游，不为邪媚所惑。言氏家法有如此者，非徒不忘其本，又能推及敦祖敬宗之意，非习于礼教，其能然乎？予乐为之，书其梗概，而系于篇首。至元庚辰岁二月既望，嘉议大夫、礼部尚书致仕干文传谨序。

旧谱序
六十一世孙顺孙

谨按旧谱，言氏之先谓虞舜命龙作纳言之官，故赐以言为氏。显于吴者，自始祖子游始。按，始祖讳偃，字子游，诞生常熟，为圣门高弟，列于四科，为宰武城，卒葬虞山之椒。唐开元间，追封为吴侯。宋政和中，加封为丹阳公。淳熙间，改封吴公。传至一十六世祖成大，始创其谱。至二十六世祖既孝，辑而上之。三十五世祖寅恭、四十三世祖思本、五十四世祖斌，累代修葺。至元丙子，邻灾回禄，延及毁庙，致令遗书散轶，谱牒毁伤。顺孙随按旧本重复鼎新，间有名讳阙疑，不敢妄补，径书曰"某增入"。五十六世祖仁温以下，列而为图，仍题曰"言氏家宝"，俾子孙永保守之。至元（系顺帝之至元）四年岁次戊寅孟春既望，六十一世孙主祀顺孙谨识。

谱后序
徐梦吉

学之于人大矣！贤者虽贵生质之美，尤贵于学知所用力。盖质系乎天，而学由乎人。质美矣，非学则无以成之。夫勾吴，南蛮也。言子，吴人也。使其不自拔于流俗，则未免为乡人而已耳。乃殷然悦仲尼之道，北学中国，卒令弦歌之声深契于夫子，转朴鄙之风为文学之邑，岂惟其质之美哉？学实为之也。夫言子之在吴，道在夫子。及其得圣人为之依归，学在言子。后之人绳祖武，以其心为心，将见流风余韵，千载一日也。公之六十一世孙名顺孙，字尚贤者，过予以族谱见示。与之语，知其持身行己，不敢有愧于道，其知学者欤！言氏子孙之贤者，其在兹乎？予故嘉之，辄题其谱之末。尚贤勉乎哉！尚贤勉乎哉！至正乙酉岁春三月既望日，儒学教授钱唐徐梦吉书。

言氏旧谱后序
邵原性

类族合谱，圣王之制，所以派同异、别亲疏也。三季之衰，司商废而民姓未繇稽，司民亡而孤忠无繇协。百姓黎民，听其自本自根，于六合之内，出入往来，如鲂鲤之于河渚。惟志古初尊祖敬宗者，乃能自别其姓氏，以求异于庶物。夫姓氏之设，先民以为天胙，要亦长人者，为之制也。厥初生人不过数姓，有异生同德而同姓，同生异德而合姓。不有圣贤，孰知其所始？是故古有宗法以统其族，有燕礼以申骨肉之好，又有展墓会族叙谱之礼，以表天理民彝之至情。厚之道也，是家也。予于常熟言氏之家见之谱，按所载言氏之先，谓虞舜命龙作纳言之官，故其子孙以言为氏，自吴公始显于吴，号孔门高弟。朱紫阳记常熟公之乡邑，已历千七百余年。其谱累世增修，自六十一世孙讳顺孙者编辑后，今烨又重修之。则其尊祖敬宗，后先济美，诚无愧于先贤之后矣！吾闻大同之人，不独亲其亲，长其长者。夫孰使之元气混沌，孝在其中，大人孝龙负图，庶人孝林泽茂，感通一气，如地如天，惟皇锡福，必首好德。烨也，先贤之后，承颜左右，翼如一肉卮酒，欢然以同天下之乐，何以易此？且家不虚兴，必有与立圣人之道；万世不竭，文武周公是实照临。常熟言氏，有是先师德望倡于前，又有是贤父子孝慈继于后，是其为心也。岂徒族之谱？实骨肉之谱。以是亲情肉谱，视之贾弼之《姓氏簿状》，贾镜之《姓氏要状》，李素之"肉谱"，柳冲之《姓系》，传述不一，惟叙昭穆，使之不昧，婚姻得之而有别，亲属得之而有属。谱牒之所系，讵小补哉！言氏之谱，祖基之子构之，孙承之不改其道，虽万世子孙未艾，可也！洪武戊寅秋八月望日，金华后学邵原性叙。

谱后叙

张 洪

言吴公游学东鲁，在圣门以文学著科。《檀弓》称其"知礼"，《孟子》又谓"得圣人一体"。汉史记仲尼七十二弟子，公在身通六艺之列。太史公著公为吴人。自唐封为吴侯，宋封丹阳公，最后赠为吴公，至元加封吴国公。《吴郡志》载公之宅在常熟，墓巷、桥坊各有攸著。公为吴人无疑矣！公六十一世孙讳顺孙，字尚贤，由是庠彦命掌公祠，以典祀事。惧族属繁衍而或失昭穆之伦，紊长幼之序，又虑世代浸远，后之人莫知，或忘继述而自暴弃，汲汲焉以尊祖敬宗为己任。爰自公之子讳偲，字永详，而下凡五十五传，尚贤增入五十六世祖讳仁温，厥后次第为之图，甚详悉。礼部干先生为之序，附录紫阳朱子、鹤山魏公并《教育言氏诸孙记》于前，次及有元诸大儒之文于后。锦绣联篇，奎壁辉映，以昭示后来，得无意乎！盖欲其知大儒之所以表彰而景行于前人者，有在矣。公六十二世孙名信，字以实。由象贤斋弟子员宾兴于朝，擢居胄监上舍，寻选近侍，任为给事中。虽以直谏见罪，而忠鲠之名著闻朝野，亦庶几不昧乎文学之传，不背乎礼法之正。或谓君子之泽五世而斩，而其家流风遗烈犹有存者欤！余谓吴公得圣人为之依归，有圣人之一体，获配享于庙庭，其遗泽将与圣人同乎？天地之长久，孰得以世代而窥哉？为子孙者，当思以尚贤之心为心，而以继述为自任，暴弃为自戒，景行乎前人之德业为自励，则必将有出为时用，以表白文学礼度而显著其家乘者矣！尚贤之从弟曰尚德，号养正先生，复以所得皇明馆阁诸词臣之文埒诸方册，尝谓余曰："请子之言书之谱后以自勉，并得以勉诸后昆，俾继继相承，毋敢失坠。"余以薄宦未遑书，其嗣子忠，以余近得致政归闲，遂以养正先生遗命复来请，因为书之末简，是亦延陵季子挂剑于冢树之意也。宣德壬子三月望日，翰林院修撰、承务郎张洪书。

言氏谱系图序
赵承谦

言氏重修族谱既成，而属余序其事。余观之曰："言氏辑其谱哉，一谱而五善具矣。"夫谱者，所以合族明伦，述前而信后也。是故世必详焉，宗必立焉，派必别焉，事必核焉，文必忠焉。何也？世异则殊，殊则涣而不合。君子患其涣也，于是乎有类族之道。宗本，法也。又尊而主之也，不尊而主则忘本，无法而亲则离矣。君子患其离也，于是乎有大小宗之礼。派者，如水之支流也，犹江淮河汉，殊其派而同出于源者也。支派不分，族属无别，而子姓兄弟混乱，而无统矣。君子患其混也，于是乎有昭穆之伦，正其名讳，列其纪传。家之有谱，犹国之有史也，而或妄焉。君子患其妄也，于是乎有实录之修。言以文之也，而或溢焉，则无尊亲恻怛之实，是为不忠。不忠则不信，后世何观焉？于是乎无虚美之文。尽此五者，可以作谱已。言氏之谱，自吴公为始，以迄于汉唐，下迨宋元，历世增修，掇拾补缀，谱存兴存，谱亡兴亡，何敢赘也！入我国朝，其宗统之传，至于无穷，世次详矣。孰为大宗、小宗之图，有本有法，可尊可主，宗法立矣。何者为正派、支派，如水之流，脉络分明，族属别矣。谱列是图，所以纪事迹也。遗像示之如在也，世系纪其后也。碑文志建修，托于石，示久也。恩泽恤其后裔也，奏疏臣下达于上焉者也。赞咏仰而思之，歌以宣之，情之正也。祀典所以报功也，则前者有所据，而后者得其实矣。旧有晦庵朱子之记，鹤山魏公之文，礼部干先生之序，其言切而无虚美之词，忠矣！是帙也，非一谱而五善具耶？吁！由是而知守其世业之传，谨其名讳之称，保其体魄之藏，继志述事，光前裕后，无非尊亲之念也。然则谱之之功，岂小小哉？今六十七世孙讳祐，字吉甫，乃公之嫡胄也。世承衣冠，以主祀典。因见旧谱自尚贤修葺之后历年已久，族系绵绵，吉甫敬念先德，志果力勤，以为修葺之举，此固合族之盛事也。吉甫其贤矣乎！予忝姻末，不能辞其请，谨为之序。嘉靖戊午岁菊月既望，赐进士第、朝列大夫、广东等处承宣布政使司参议赵承谦识。

旧谱序
六十七世祐

吾宗之有谱也，由来旧矣。自六十一世祖讳顺孙修葺后，阅今又二百余年，楮朽字磷者什居二三。祐恐久而愈毁，将有不可考稽者，因复谨依旧谱缮写，增入自六十四世祖铭以下凡五世。至于国朝之恩泽、科道之奏章、抚按之批词、图像之遗迹、士大夫之赞咏、春秋之祀典，并附之，以垂不朽云。明嘉靖丁巳十月朔，六十七世主奉孙祐重修敬识。

谱 序
耿 橘

余披言氏谱，吴公有一子偲，偲以下子若孙若族，相传俱居虞。六十二世孙烨，烨之子或流于绍兴，其名埔者仍居虞。埔生铭，铭生江，江生世恩，世恩生祐，祐生谏，谏生序，序生绍庆，皆大宗也。顾为族不甚蕃，而亦鲜显德之人，仅存不绝之血胤而已。余至虞，得福、禧、逢尧三生，俱有美质而笃于学，禧尤称绝伦焉。福、禧，俱愚之子；愚，解之子；解，弘业之季子，小宗也。逢尧，庠之子；庠，志之子；志，震之子；震，弘业之长子，亦小宗也。弘业，润之子；润，钦之子；钦，时埔之季子，而烨之孙。余在虞四年，三生斯迈斯征，学日益明矣，文日益成矣。顾学非特为举业科名之具，立身行道，希圣希天，总之在此。三生勖哉！吴公崛起荆蛮，为孔门之上弟，三吴学脉，开辟一人。三生为而后裔，宁不念之？念之真，信之笃，行之力，吴公其不磨矣。勖哉！瀛海耿橘拜书。

言氏宗谱跋
张 鼐

尧舜禹汤，文武孔子者，天地间大宗派也，不待谱而传也。无论六七圣人，只此末世之人，卓然自见本体而能信受者，是亦圣人之支属也，亦不以谱而传。言氏之系，因言氏有也，谱之可谱者也。圣贤脉络在千万世，如人气血行于一身，顶踵发肤无处不到，可得谓顶是而踵非，肤亲而发疏乎？虽谓千万世，学道之人尽是言氏、曾元可尔。而言氏之裔居于此地千百年，言子之脉络非第传于不可知之人。而言氏生其乡，习其世之遗能，超然风尚而不尽受变于习气者，盖言子之泽大而远也。夫谱其可谱者，以兴起其苗裔，而系其卓然信受之人心，是信而征之之道也。夫虞山之教大矣！慎无据。此为言氏谱焉。

古 迹 志

地以人传，爱其人必并爱其地。昔人驻马之坡，筹笔之驿，偶一憩足，人遂传为美谈，至今称道勿绝。况先贤芳躅，灵爽冯依，略而弗志，非所以尊祖也。志古迹。

始祖故宅 在县治北一百九十步，文学桥今俗名醋库桥，西五十三步子游东巷内。旧名子游遗址见元杨刚中《文学书院记》。按《吴地记》载，言偃宅在郡城北，离郡几十几里几十几步。后因言氏中微，废为民居。顺治间，西教踞为天主堂。雍正二年，奉旨辟除西教，署县祖某、儒学洪力行详请复。今在。

墨井 在始祖故宅内。《吴地记》云："言偃宅有井，井边有浣衣石，故物也。"《舆地志》载："石为梁太守萧正德取去，井在。"

始祖墓 《史记·吴世家》注："子游墓与仲雍冢并列。"又，《索隐》云："仲雍冢在常熟西虞山上，与言偃冢并列。"东至官街，西至齐女墓，南至路，北至三元堂。嘉靖二十七年，巡按陈公九德重修。嘉靖三十七年，知县冯公舜渔重修。崇祯丙子年，按宪路公振飞重修。康熙三十五年，署粮道松江知府龚公某重修。康熙三十九年，粮守道王缛重修。

言氏家庙 按，家庙始于有宋，元顺帝至元丙子毁，今故址已不可考。明宣德八年，巡抚周公忱即六十五世孙惟瀚公所居复建家庙，在县东北一里许，文学桥之南。至成化三年丁亥，知县甘公泽捐俸鼎新。弘治五年又毁。弘治十年乙未，邑令杨公子器重建，邑人桑悦记之。至万历二十一年又毁。清顺治己亥，七十一世大宗孙森呈请县令周公敏捐俸重建。今在。

文学书院 始于宋庆元间，相传在儒学东。元至顺三年，邑人曹善诚重建于县治东北本张洪《重建学道书院记》。今亦未知其处，至正间废。宣德九年春，县令郭公世南即公馆室宇为之，巡抚庐陵周公忱改名"学道书院"，在儒学之西本周木奏疏及赵用贤《射圃记》。年久倾废。弘治某年，吏部郎中周木奏请重建，肖像其中，名"吴公世祠"。年久又废。嘉靖四十四年乙丑，知县王叔杲购地于虞山之麓，去祖墓二百步，在两宪院之间，纵横共八亩瞿昆湖《书院记》又云："得元废书院一区。"未知何故。意此地即曹善诚所建书院之故址，不然系他姓之书院废址，王公购之，以建文学书院，亦未可知也。姑存之，以俟考订，建屋若干楹详碑记中，复名曰"文学书院"。万历八年，权相张居正议毁天下书院，涉及祖祠，仅存一殿，地为官卖，六十八世孙志、愚共捐银二百两赎回。万历十七年戊子，朝议既息，乃稍复旧制之什一，则志一人之力，厥子不逮。日割月削，以俱沽酪之需，祠宇之外复为他人有。万历三十五年丙午，知县耿公橘捐俸广募，复地重建，糜金钱一万两有奇详碑记中，建屋三百余楹详书院志中，为一邑巨观。天启六年再毁于魏阉，一如张居正时。六十九世孙福典揭百出，纳银七十四两三钱八分，仅赎其地之半，为亩三亩七分一厘。时有鳄绅孙姓者，欲取为别业，百计图占，福以死争，乃止。崇祯御极，有旨恢复书院，而费无所出。先是生员何允泓捐银二百三十六两，置田书院中，以供士子膏火薪水之费。福因请此项银两构学道堂三楹、有本堂三楹、莞尔堂三楹，稍存书院规模。康熙二十五年，奉部文为饬修天下圣贤读书处，所事县令杨振藻奉文重新。康熙四十五年，粮守道马公逸姿重修正殿。

言子专祠 宋庆元二年，邑令孙公应时建于学宫西偏。宝庆元年，迁于学之左。端平二年，邑令王公熽徙于礼殿之后。天顺三年，邑令唐公礼重修。成化丙午，侍御胡公汉同邑令祝公献改建于学宫之东，启圣祠之前，即今之专祠也。康熙二十九年，邑令赵公浚、教谕程公孟重修。康熙三十二年，邑令陶公澴重建祠门。

文学言公祠 在山塘泾岸上，县治之西南，建于明嘉靖二年五月。此非书院，亦非专祠，并非家庙，乃六十六世孙名弘业者即家为庙建之，以自别于齐民耳。庙门则揭以曹善诚所建文学书院之旧额，因比时书院已废，故即移其额于斯，重故物也。不久为监生王鲁所得。嘉靖二十四年乙巳，巡按吕公光洵按虞，闻其事大怒，责鲁而夺璧还之，益宏新制，揭扁曰"文学言公祠"。后鲁孙某中式，复夺去，祠遂废。

吴中书院 在郡城中普贤子院，直锦帆泾之上。宋咸淳间，郡守赵顺孙奏请建，未成而召去。后守王镛落成之，名曰"学道书院"。元初夺于豪僧。至元间，山长和一作祖宗震、金德修辈买高氏园地改创之，在徐贵子桥。元末，复夺于豪僧。明嘉靖四年乙酉，郡守胡缵宗夺吴县黄鹂坊桥景德寺改为书院。万历八年，权相张居正议毁天下书院，奉行者逐贤位于门外，不拆而送于时相申时行。六十九世孙仲文奉先贤位及历朝碑碣奔控上台垂三十余年，上台怜之，申亦悔过，捐助银若干，买鲁指挥基房复建造焉。祠在鲚鱼桥之西堍下。今在。

阙里坊 在阜民门内，弘治间邑令杨公子器重修，掌县事通判焦希程重修。嘉靖三十八年，本府掌县事通判张牧重修。顺治年间毁于回禄。康熙二十五年丙寅，邑令杨公振藻详请巡方废署牌坊重建，工废半途。三十年，粮守道刘公懋藻捐俸落成，改名故里。天下止有尼山考亭，虞山三阙里改故里，非康熙某年裔孙翰博德坚改正。

西城书院 在东岳行宫之东，与关帝殿邻并。康熙二十五年丙寅有旨，敕修天下圣贤祠宇，适抚宪汤公斌题毁天下淫祠，吾邑故有五庄淫祠，亦在毁内。邑令北平杨公振藻因即详请西庄淫祠改为始祖书院，以便城西之读者，于是年八月望日亲送木主入祠致祭以妥之。载入邑志。今在。

支塘书院 在支塘镇长桥圯下。祠故祀五显邪神。康熙二十五年丙寅，巡抚汤公斌题毁天下淫祠，祠在毁中。里中士民朱绣等呈请改为始祖书院，为朔望会文之所。载入邑志。今在。

文学里 在文学桥西子游东巷口。今废。

言子桥 在子游东巷转北，与文学坊相对，某年重建，今俗呼为"帘子桥"。今在。

文学桥 在县治东北，子游东巷口，旧名"言偃桥"。宋庆历五年，录事夏秀建。明洪武间，里人陈贞重建。按《图经》言："偃桥在县东一百五十步，文学桥在县东北一里。县志并二桥为一。宋壶山黄士毅有铭。"今桥虽在，而俗竟呼为"醋库桥"，且上覆以屋，供奉真武，亦可笑也！

子游东西巷 东巷在县治之北，景言巷后，西巷在县治之西，北寺巷后。今俱在。

象贤斋 宋端平二年，邑令王公燏建于学宫西偏，聚言氏子孙于其中，延师教之，官为衣食见张洪《〈言氏家谱〉序》，与诸生一体应试。明永乐中尚存。今废。

影娥亭 始祖墓下有清水一泓，名曰"影娥川"。弘治间建亭其上。今废，川亦淤塞。

景言巷 在县治后。旧墨井在此，井大而水黑墨井的在子游东巷内，而耿公作《书院志》又云在景言巷，未知何故，故存之，以备参考。

景言阁 阁与巷相接，宋宝庆丙戌县令惠畴建。今废。

新墨井 井在书院弦歌楼前。邑人按使徐待聘凿，立碣其上，亦忾羊之意也。今为道署所占，井湮没无存。

报功亭 在始祖墓旁。嘉靖三十七年知县冯公舜渔建。今废。

莞尔亭 在致道观来云石上。邑人都御史陈察撰记。今废。

观德堂 在虞山东南麓，旧三皇庙址也。正统间废。弘治间，邑令杨子器即其地为射圃。提学陈公琳讲射于此，颜曰"观德"。旧北向。万历丙午，县令耿公橘重建，改西向，更名"智圣"，在弦歌楼后。今废。

弦歌楼 在县治西南二十步许。令叶凯易名"百花堂"，后改"赏心亭"。今废。

兴贤池 在虞山之巅乾元宫左。宋嘉定间浚池，得石，刻有"兴贤池"三字，水清不涸。

仰高亭 在墓道北。嘉靖十八年，巡按舒公汀给银三十三两重建，改名"崇祀堂"。今废。

祭祀仪注

祭贵备物也，贵尽礼也。物不备则为亵，亵则神弗歆之矣。礼不尽则为慢，慢则神将吐之矣。物既备矣，礼既尽矣，神乃格焉。《诗》曰："惠于宗公，神罔时怨，神罔时恫。"《礼》曰："致爱则存，致悫则著。"此物此志也。录祭祀仪注。

专　祠

每岁春秋二仲上丁日举祭。本于下丁致祭，康熙四十七年，奉藩宪宜厘正祀典，饬县于上丁日至祭文庙，后随亲祭始祖祠，永为定制。

献官：知县。陪献官：学官。

先期一日斋戒。晚刻省牲，毛血用盘盛，待次早瘗。届期五鼓致祭。

通赞唱："起鼓三通。执事者各司其事，陪献官就位，献官就位。启户，瘗毛血，迎神。鞠躬，拜，兴，拜，兴，拜，兴，拜，兴，平身。奠帛，行初献礼。"

引赞唱："诣盥洗所，酌水，净巾。司樽者举幕酌酒。诣先贤言子神位前，跪，奠帛，献帛，搢爵，俯伏，兴，平身。诣读祝位，跪。"

通赞唱："众官皆跪。"

引赞唱："读祝文。"

通引合唱："俯伏，兴，平身。"

引赞唱："复位。"

通赞唱："行分献礼。"

引赞唱："诣盥洗所，酌水，净巾。司樽者举幕酌酒。诣两庑配享神位前，跪，奠帛，献帛，搢爵，献爵，俯伏，兴，平身，复位。"

通赞唱："行亚献礼。"

引赞唱："诣酒樽所，司樽者举幕酌酒。诣先贤言子神位前，跪，搢爵，献爵，俯伏，兴，平身，复位。"

通赞唱："行终献礼。"

引赞唱：仪同亚献。

通赞唱："饮福受胙。"

引赞唱："诣饮福位，跪，进福酒，饮福酒，进福胙，受福胙，俯伏，兴，平身，复位。"

通赞唱:"鞠躬,拜,兴,拜,兴,拜,兴,平身。撤馔,送神,鞠躬,拜,兴,拜,兴,拜,兴,平身。读祝者捧祝,奠帛者捧帛,各诣瘗所,望燎,阖户,揖,礼毕。"

祝文:维某年岁次,某某月,某朔越祭日丁。某某县知县某,敢昭告于先贤言子之神,曰:惟神文学名科,礼乐为教。弦歌聿兴,启我后人。今兹仲春、秋,谨以牲帛醴齐,粢盛庶品,式陈明荐,尚飨。

祭品:羊一口,净肉三十斤。猪一口,净肉一百五十斤。芹、韭菜,三斤。代兔鸡,一只。烛,三斤。黍稷、稻粱,二升。帛,一匹。桃、枣、栗,三斤。醢肉,八两。柏香,一炷。庭燎,四个。藁鱼,八两。净巾、抹布,二方。火柴,五十斤。酒、米,一升。

家　庙

每岁长至日举祭。

主祭:大宗孙。陪祭:众子孙。

先期一日斋戒。晚刻省牲,毛血用盘盛,待次早瘗。届期夜半子时致祭。

通赞唱:"执事者各司其事,陪祭孙就位,主祭大宗孙就位,瘗毛血,迎神,鞠躬,拜,兴,拜,兴,拜,兴,拜,兴,平身。奠帛,行初献礼。"

引赞唱:"诣盥洗所,酌水,净巾。司樽者举幂酌酒,诣始祖先贤神位前,跪,进帛,献帛,搢爵,献爵,俯伏,兴,平身。诣读祝位,跪。"

通赞唱:"众孙皆跪。"

引赞唱:"读祝文。"

通引合唱:"俯伏,兴,平身。"

引赞唱:"复位。"

通赞唱:"行亚献礼。"

引赞唱:"诣酒樽所,司樽者举幂酌酒,诣始祖先贤神位前,跪,搢爵,献爵,俯伏,兴,平身,复位。"

通赞唱:"行终献礼。"

引赞唱:仪同亚献。

通赞唱:"饮福受胙。"

引赞唱:"诣饮福位,跪,饮福酒,受胙,俯伏,兴,平身,复位。"

通赞唱:"鞠躬,拜,兴,拜,兴,拜,兴,平身。撤馔,送神,鞠躬,拜,兴,拜，兴，拜，兴，平身。读祝者捧祝，奠帛者捧帛，各诣瘗所焚燎，礼毕。入寝室，序齿坐定，卑幼为长举觯酒数巡，宗长率族众诣祖前，四揖，出。"

祝文：同专祠，惟"先贤言子"换"始祖先贤"，"子游惟神"换"惟祖"。

祭品：同专祠。

书　院

释菜：每岁孟春，择吉，县官送诸生入书院，具祭品行礼。

献官：知县。陪献官：学官。

先期一日斋戒。晚刻省牲，毛血用盘盛，待次早瘗。届期平明致祭。

通赞唱："陪献官就位，献官就位。瘗毛血，迎神，鞠躬，拜，兴，拜，兴，拜，兴，平身。行献礼。"

引赞唱："诣盥洗所，诣酒樽所，酌酒。诣先贤言子神位前，跪，献爵，俯伏，兴，平身。诣读祝位，跪。"

通赞唱："众官皆跪。"

引赞唱："读祝文。"

通引合唱："俯伏，兴，平身。"

引赞唱："复位。"

通赞唱："送神，鞠躬，拜，兴，拜，兴，拜，兴，平身。礼毕。"

祝文：维年月日，某县知县某，敢昭告于先贤言子之神曰：惟神至文体圣，大本提宗，礼乐明备，弦歌化成。菁华启秘，千古师承。卓哉虞岭，洋洋式灵。某叨令是邦，职司提调，倡率诸生讲学，会文尚异，造就真才，以匡国家之治。兹当一岁鼓箧之初，恭修释菜之礼，尚飨。

祭品：兔、栗、枣、菁俎、酒、香、烛。

释奠：每岁春秋二仲下丁日举祭。

献官：知县。陪献官：学官。

先期一日斋戒。晚刻省牲，毛血用盘盛，待次早瘗。届期平明致祭。

通赞唱："陪祭官就位，献官就位。瘗毛血，迎神，鞠躬，拜，兴，拜，兴，拜，兴，拜，兴，平身。行献礼。"

引赞唱："诣盥洗所，诣酒樽所，酌酒。诣先贤言子神位前，跪，奠帛，进馔，献爵，俯伏，兴，平身。诣读祝位，跪。"

通赞唱："众官皆跪。"

引赞唱:"读祝文。"

通引同唱:"俯伏,兴,平身。"

通赞唱:"行分献礼。"

引赞唱:"诣杨、王二公神位前,奠帛,献爵,俯伏,兴,平身,复位。"

通赞唱:"行亚献礼。"

引赞唱:"诣酒樽所,司樽者举幕酌酒。诣先贤言子神位前,跪,搢爵,献爵,俯伏,兴,平身,复位。"

通赞唱:"行终献礼。"

引赞唱:仪同亚献。

通赞唱:"饮福受胙。"

引赞唱:"诣饮福位,跪,饮福酒,受胙,俯伏,兴,平身,复位。"

通赞唱:"鞠躬,拜,兴,拜,兴,拜,兴,拜,兴,平身。撤馔,送神,鞠躬,拜,兴,拜,兴,拜,兴,拜,兴,平身。读祝者捧祝,进帛者捧帛,各诣瘗所焚燎。礼毕。"

祝文:维年月日,某县知县某,敢昭告于先贤言子之神曰:惟神至文体圣,大本提宗,礼乐明备,弦歌化成。菁华启秘,千古师承。卓哉虞岭,洋洋式灵。今兹仲春、秋,谨以牲帛醴齐,粢盛庶品,式陈明荐,尚飨。

祭品:羊一、猪一、帛一、黍稷、稻粱、栗、桃、枣、菱米、芡实、闽笋、藁鱼、醓鱼、醓肉、和羹、白盐、香、烛、酒。

杨、王二公祭品:帛、藁鱼、醓肉、黍稷、稻粱、芹、韭、蕹菜、桃、枣、栗、香、烛、酒、祝文板。

历代恩典

源远者流长，德盛者报厚。吾祖之德久而弥光，而累代之所以报其德者，亦进而弥渥。或崇其身，或恤其子孙。恩礼之加，未易仆数。噫！为子孙者蒙国恩，可勿念祖德哉？录历代恩典。

唐开元间，追爵先贤子游为"吴侯"。

宋开宝间，御制像赞。

大中祥符间，追爵为"丹阳公"。

绍兴间，御制像赞，设奉祀生四员，骏奔在庙。

淳熙间，改封为"吴公"，赐冕旒。春秋遣官致祭，行庭参三献礼，如文庙仪。

端平间，设象贤斋于学宫，以居言氏子孙，官为衣食，延师教之，择其贤良者贡之国学擢用。有《教育言氏诸孙碑记》，在儒学仪门东首。

元某年间，追爵为"吴国公"。

明洪武三年，赐子孙编列儒籍，给户部札付。正统元年，奉旨优免言氏子孙差徭，所在儒学作养，择其材质可用者量加甄录。先贤祠墓官为修葺。

弘治间，知县杨子器捐俸买田四十亩，给三元堂道士陆允修等收管，以供春秋祭扫之费。

嘉靖二年，直隶巡抚李题给文学书院门仆一名，岁给工食米三石六斗。马夫一名，岁给银三两六钱。至崇祯末年裁。

嘉靖九年，奉旨追称"先贤言子"，赐祭田三百亩，内不科田若干亩，办粮田若干亩。比照山东邹县孟庙规制，改建庙庭，春秋遣官致祭，用庭燎四个。优免子孙杂泛差徭，成丁即寄学作养，择其材质可用者量加甄录。有志读书与童子试者，由学县府起送督学考试。

计开祭田丘头细数：

四十五都二四图，田十二亩五分七厘。"官"字号：第七丘田一亩九分二厘，第八丘田一亩六分。"火"字号：三十一丘田二亩三分五厘，三十一丘田二亩五分七厘。"帝"字号：十五丘田二亩四分三厘。

四十六都六图，凌家圩田一十亩。"赏"字号：二十九丘、三十丘、三十丘，以上三丘共田十亩。

四十七都，杜浩田四十二亩二分五厘。"特"字号：六十七丘田三亩四分九厘七毫，八十二丘内田四亩四分三厘一毫，六十六丘内田一亩九分二厘。"犊"字号：二丘田九亩，一丘田二亩五分三厘三毫。"特"字号：八十七丘，八十八丘田二亩二分九厘一毫，七十一丘田三亩七分二厘一毫，九十一丘田二亩五分八厘三毫。"骇"字号：四十亩九分，共四丘。

四十九都五图。"传"字号：十四丘内田四亩六分四厘，六丘内田九分三厘。"名"字号：二十丘内祭田四亩五分一厘。"覆"字号：二十四丘内田三亩。

十一都二图。"羌"字号：第二丘内田二亩，二行十四丘内田二亩，十三行十一丘内田三亩。

三都三图。"奏"字号：十六丘内田四亩四分三厘。

五都四图。"熟"字号：四十六丘田三亩九分二厘。"渠"字号：十二丘内田四亩四分五厘，十三丘内田五亩三分三厘，二十丘内田二亩四分四厘，三十丘田三亩一分。"历"字号：第一丘田九亩二分八厘，第二丘田五亩二分，第六丘田三亩三分五厘，第七丘田三亩二分三厘，七十四丘田二亩三分一厘。"欲"字号：二十七丘田二亩二分九厘，二十八丘田九分七厘，二十九丘田七分一厘。"新"字号：第六丘田六亩九厘，十一丘田五亩二分一厘，十二丘田四亩六分二厘，十三丘田三亩八分一厘，十四丘田三亩二分一厘，十五丘田五亩六分一厘。"大"字号：二十四丘田二亩六分五厘，二十七丘田三亩九分五厘，二十八丘田三亩一分四厘，二十九丘田七亩五分，三十丘田四亩八分，三十四丘田二亩二分六厘。

十都三图。"仰"字号：十六丘三亩六分。

四十都十六图。"姑"字号：二十四行第四丘内田二亩一分，一百五十四行第三丘内田一亩五分。

四十四都二图。"所"字号：九十二丘内田一亩六分，二百四十七丘内田二亩四分五厘，二百四十四丘内田一亩九分九厘一毫，二百四十九丘内田四分五厘九毫。

八都六图。"启"字号：三行十丘田三亩一分八厘。

十三都六图。"振"字号：二十三丘即八丘内田五亩。

十二一图。"忘"字号：九号十三丘内田四亩八分。

十五都一图。"寒"字号：九丘田四亩一分。

十五都四图。"柏"字号：八十丘田三亩八分六厘，第十丘田一亩二分，十九丘田二亩七分五厘六毫，二十丘田二亩六分四厘，二十一丘三亩四分一厘。"赤"字号：二十三丘即五十三丘内一亩九分，七十丘内田一亩五分。

四都四图。"俊"字号：十三丘田五亩二分八厘一毫，十七丘田三亩二厘四毫。

"微"字号：第三丘田四亩三分九厘，第四丘田五亩三厘七毫。

二十六都十图。"育"字号：圩田三十六亩。

以上祭田细数与总数未合，未知何故，今仍其旧云。

隆庆三年，巡抚海忠介公题给家庙、书院、专祠、坟墓四处，奉祀生膳米，每名二十四石，至崇祯末年裁。

崇祯元年，奉旨恢复书院。

皇朝顺治元年，钦奉登极恩诏内开一款：凡圣贤祀典，悉照旧例举行。

顺治二年，钦奉郊天恩诏内开一款：凡古帝王陵寝、圣贤坟墓所在，有司保护，禁民樵采。

顺治十年，巡抚周公批给奉祀生膳米九十六石，至康熙十三年，兵饷告急，与圣祭并裁。

康熙二十二年，为行查事，奉旨查取先贤言子庙墓、祠院及祭田、家谱，造入《会典》。

康熙二十五年，为饬修天下圣贤读书处，所事奉旨重新书院。

康熙二十六年，江宁巡抚汤斌檄县查复奉祀生膳米，知县杨振藻申详抚院赵将，无碍，抵补。

康熙三十七年二月，学院张榕端檄县优恤贤裔，优免杂泛差徭，有志童试者由学县府起送院试。子姓田地另立先贤图办粮，奉祀生员与诸生一体优礼，给帖世守。

康熙四十四年四月十五日，圣驾南巡，特召裔孙德坚，陛见行宫，御书"文开吴会"四大字，赐为先贤子游庙额，额用"康熙御笔"之宝印。

康熙四十八年，奉藩宪宜讳思恭檄县厘正专祠祀典，春秋二丁务必县正印官亲临致祭，不得委官草率，并饬勒石祠中，永为定例。

康熙五十一年□月，奉旨特授七十三世裔孙德坚世袭翰林院五经博士。

历代崇贤奏疏

上有明主，下有贤臣。登高之呼，捷于影响。唐宋以来，圣王代作，道学昌明，其所以右文而重道者，靡不至其所以报功，而崇德者亦无不周。而一时之学士大夫皆向风慕义，或请追崇其庙祀，或请存录其子孙，恳恳勤勤，入告尔后。非纳交也，非要誉也，盖懿德之好，有出于天理、民彝之不可掩者。所谓饮泉水不敢忘其原，袭衣冠不忍迷厥指也。夫一饭之德，古人往往铭心焉。是疏也，所以光先德，裕后昆者。于是乎在，而敢忽诸？而忍忘诸？录历代崇贤奏疏。

请录先贤后裔疏
顺天府推官徐郁

谨题为褒崇道学事。伏睹圣朝崇尚先圣、先贤之道，推恩及其子孙。孔氏宗祖承袭封爵，其余子孙皆免差徭，与颜、孟二代之后专设教授，以司训诲，俾习仁义道德，无坠先业，此则希世之盛典也。惟宋时衍圣公孔端友父子，扈从高宗南渡，虽是去远宗国，君臣大义所在，亦未为失。今其子孙流寓浙江衢州府居住，未得均沾恩泽，与民一体当差，有司不加优容，甚至将作贱役一概差遣。及照先贤有道国公周敦颐、豫国公程颢、洛国公程颐、温国公司马光、徽国公朱熹，上继往圣，下开来学，有功圣门。后世是赖，虽从祀庙学，子孙亦皆沦杂编氓，祠墓不免夷圮。伏惟皇上大兴文治，将于变斯民，如敕该部转行各处，将圣贤子孙体访上闻，照例优免差役。另于所在儒学作养，择材质可用者量加甄录。应有祠墓，官为修葺、置守。庶使人知君子之泽悠久不替，感发兴起，有补世教，则比屋可封之美，亦可以驯至矣。缘系褒崇道学事理，未敢擅便，谨题请旨。正统元年正月十九日题。二月十五日，奉圣旨：说的是。六部、都察院还计议停当，来说吏部等部尚书、都察院等官，吴题为褒崇道学事，内开看得：顺天府推官徐郁题称"圣贤子孙流寓失所，未得均沾恩泽，与民一体当差，有司不加优容，甚至将作贱役一概差遣……子孙亦皆沦杂编氓，祠墓不免夷圮……优免杂差……"一节，是亦崇先德以隆圣治之至意。合无俟命下之日，札行各处，乞将圣贤子孙查勘明白，照例除纳税粮外，其余差徭一体优免。择其材质可用者量加甄录。祠墓倾颓，官为修葺，以示朝廷尊师重道之美。奉圣旨"是。钦此钦遵"外，拟合就行。本司转行所属，照例依奏奉内事理施行。正统元年十月二十七日。本县奉本府帖文：该奉户部行在，苏字一百四号，勘合札付，遵依给帖，付与六十四代孙主奉言铭。准此。

请复建先贤子游祠院疏
周 木

　　谨奏为崇表先贤，以裨文教事。窃照天生圣贤，产于中华者实多，惟大江以南，千百年来，古之遗逸止有泰伯、虞仲，圣门高弟止有言公子游。吴中向设至德祠祀泰伯，而仲雍来隐虞山，殁即葬焉，故邑号、山名皆以虞著。子游后仲而起，北游师事孔子，至今桥有名"言子"者，名"文学"者，巷有名"东、西子游"者，及墨井遗迹，历历在焉。是仲雍、子游并峙于东南，而其清风高节、礼乐渊源尤称著于常熟，莫敢轩轾者也。粤稽仲雍之后，自周章衍派，臣先世相传，实其统系。故入国朝以来，臣祖御史周士良陈请立祠表章，该臣续有建言抚议设春秋二祭，及简族人俊秀者给与衣巾，奉祀守护祠墓外。今照子游学宗大成，产由常熟。夫常熟素号荆蛮，诗书礼乐焉能家喻户晓？自子游特起，得圣道精华，倡教于东南，如论学必崇本抑末，为政以学道率人，论丧贵其致哀，取士务其正大，规友戒其难能，得圣一体，列名四科，东南藉以移风易俗。而常熟尤为耳濡目染，迄今士行彬彬，民重廉耻，弦歌雅化，恍然可挹！虽有仲雍植标于前，而无子游映发于后，安所得声名文物之盛，垂于此一方也？其从祀文庙，位列十哲之中，此我国家崇表先贤盛典，宇内之公祀也。但宇内有公祀，既与宇内共崇表之矣。乃其启文献于东南，而奋迹于常熟，桑梓之地宜更有以崇表之焉！臣尝奉表南还，道谒颜子祠庙，规制宏敞，该地士民瞻仰讲习有赖。若子游与颜子同居四科，况在生长之区，即恢扩其庙貌，与颜子颉颃，不为过也。今学宫之旁虽旧有子游祠址，然规制狭小，难以妥神。而本祠之外又有书院一所，年久颓废，日渐侵削。及今不为之修复，将使旧迹愈湮，作兴无地，何以耸动士民观听，而光我国家之文教乎？伏惟陛下圣神，文武千载，一时仰异，显微阐幽，崇儒风世，特乞敕下该部会议。如果臣言不谬，请命有司整饬旧祠，量扩其地，增建庙宇，树植坊牌，庶以示推崇至意。如谓逼于文庙界限有定，则书院遗式宛然在也，合无考求故址，设处工价，照旧修复，院宇中奉神像。广励学官，每朔望谒庙之后，即群集多士讲学肄业，虽村野愚民闻风兴起者，不妨使之得预观听。更念祠宇克复之后，不得后裔之贤者以世守之，终难垂久，合无追寻的裔，简拔俊髦，予以冠，给以廪饩，设法世守。则庙貌奕世重新，士民仰止无致，诗书礼乐之教，不替于常熟而旁溢于东南，化行俗美，其于国家右文兴教盛治裨益非浅鲜也！臣系直隶苏州府常熟县人，幸生虞仲、子游之里，与乡邦共为矜式，见其公祀之外未荷特示推崇之典，不胜惓惓，故敢冒昧上陈，无任瞻天待命之至。弘治某年月日题。奉旨：该部议奏。吏部尚书张悦等议曰："谨考言偃字子游，孔门之高第弟子也。孔子生于尧舜禹汤文武周公之后，不得行道于天下，乃继往圣，开来学，以传道后世。当时从游者三千，率多北人，惟子游生长南方荆蛮之地，说孔子之道而北学中国，遂著名文学，与颜闵辈并称，诚所谓豪杰之士也！观其言行，见于《论语》者，类皆崇本务实，简易宏远。治邑以礼乐为教，取人以正大为贤。自古迄今，南方之学得其精华者实自子游始也。列位十哲，从祀孔庙，天下固已知所崇重矣！但其生长地方尤宜崇重，况故有书院，岂可废而不修？今吏部郎中周木奏有前祠，合无准其所言，行令彼处有司，相度事宜，照旧修建，以奉神位。仍访其有无后裔，有则免其徭役，俾主祠祭；无则量金门子常川看守，庶几永终不坠，以慰乡邦后学景仰先哲之意。"奉圣旨：是。钦此。云云。

请给五经博士疏
直隶提学御史张鳌山

　　题为褒崇先贤，以隆圣化事。据直隶苏州府常熟县儒学申照得：自古圣贤有功于吾道者，必享无穷之报，所以崇先贤，劝后学也。窃见本县先贤吴公言偃，当春秋南壤之产，北学中国，得圣人之一体。其遗迹、故址，载文公朱子、鹤山魏公所撰祠记，俱可考见。其嫡派子孙传衍于本土者，至今不绝，但微弱不振，山野鄙朴，不称圣贤之胄。自古虽有主奉及生员在学，亦各年迈物故。近蒙选取嫡派子言弘业、言鹗在学作养，以为盛举。但揆之当朝，表章先贤之典较之吴公尚有未厌。查得宋儒朱熹子孙在建宁者，蒙朝特赐世袭五经博士一员，奉承祭祀。若吴公之在圣门，虽其传道之功未及颜、孟，于朱熹意或过之。而祠宇仅存，苗裔微弱，杂居民伍。乞为上请于朝，量加恩荫，庶使圣贤之后不至泯灭，来学有所激励。等因到职。臣窃惟太史公《记》称："孔门弟子多东州之士，独偃为吴人，而县有巷名'子游'，桥名'文学'。"《图经》载"偃之故宅在县治西北，而旧井尚存。其不绝如线之绪，虽齿于编氓而尚有一邑之望"。宋儒朱熹《记子游祠》云："三代之前，帝王之兴，率在中土。故德行道艺之教，行于近而入人者深。若勾吴之墟，尚服要荒，鄙朴不文。而公生其间，乃能悦周公、仲尼之道，北学于中国，得圣人之一体。"魏了翁谓："三代典章之遗，赖子游以有存。且当时《论语》从难诸贤，列子游于文学之科目。自唐以来，列十哲配享。"则子游之在孔门，视颜、曾或不及，而视宋时朱熹因典籍以求圣贤之道，存著述以启来学之功，则已过之。况我朝表章先贤，以朱熹辈俱有世袭五经博士，则子游之后，似亦相应。伏望皇上特敕该部查照朱熹事例，札行该抚勘保言氏嫡派子孙一人，起送赴部，除授五经博士之职，使统率宗族，世承祭祀。仍行比照山东邹县孟庙规制，改建祠宇，使得展盘辟、周旋之礼，容笾豆、器数之仪。庶见先贤之后异于齐民，而圣朝之治亦有休焉！缘系比例褒崇先贤，以隆圣化事，未敢擅便，为此具本专差。舍人张鉴谨题请旨。正德十四年四月初十日，奉圣旨：礼部知道。礼部覆题：时值南征，武事方殷，遂寝不报。

请给五经博士疏
刑科给事中沈汉

题为崇先贤，录后嗣，以隆圣治事。臣闻昔人有言，自天子以至于庶人，其功德在人者，必求其嗣而奉之，政如子文不可使无后于鲁，君子以为知言。又况造斯道之阃奥，得文学之精华，上有以继夫往圣，下有以开夫来学，其功德出于万万者，顾使之无后哉？窃照吴公言偃，苏之常熟人，《图经》载之故宅在县治西北，巷名"子游"，桥名"文学"，其遗踪故址可考也。勾吴在春秋时，目为区区之国，荆蛮之邦，鄙朴不文，尚未与中国通也。公生其间，乃能独悦周公、仲尼之道，北学中国，卒之得圣人之一体，为孔门之高弟。故太史公《记》称"孔门诸子多东州之士，独偃为吴人"。而魏了翁、朱熹亦以三代典章赖之有存，皆以豪杰之士称之。自是以来，东南学者始知圣贤之道，而不惑于他歧，彬彬然人才辈出，而其后遂甲于天下。溯本穷源，实吴公用夏变夷之功也。微斯人，吾其被发左衽矣！夫立万世之功者，必当尊崇其祭祀；垂无穷之泽者，必当录用其子孙。吴公之功，万世之功也；吴公之泽，万世之泽也。今其嫡派子孙传衍于本土者，微弱不振，下同编氓，贫穷不能自立。其祠宇仅存，则亦规模卑隘，日就倾颓，弗称祀事，甚非我国家尊师重道之心，崇德报功之典也。臣查得颜、孟、朱熹子孙，朝皆录一人世袭为五经博士。近日御史王完又以朱熹子孙在建宁者恩典已隆，其在婺源者乞再录荫一人以主祀事，节该礼部覆题：奉圣旨，是。朱墅准与做翰林院五经博士奉祀。钦此。此诚一代之殊恩，旷古之盛举也！吴公之在圣门，方之颜、孟、朱熹，其造诣浅深，有非后学所敢轻议者。至论其兴起斯文，主张吾道之功，则不敢有所轩轾也。今褒崇之典，独子游不及焉，诚圣朝之阙典也！前直隶提督学政御史张鳌山巡历其地，深悯圣贤之后泯没无闻，即具本言之。时值先帝南征，武事方殷，遂寝不报。士林失望，每怀忾然。臣吴人也，沐吴公之化为最深，被吴公之泽为甚厚，深用愧悚，故揭愚衷为陛下言之。伏乞特敕该部议处，比照颜、孟、朱熹事例，札行该府奏保言氏嫡派子孙一人，除授五经博士，使得世袭，以掌祭祀。再乞比照山东邹县孟庙规制，改建庙庭，务令广大，仍为量置祭田数百亩，命主祀者掌之。供祀之外，其羡余则周给族之不足者，用敦礼让之风，以为士民之望。夫然，则圣贤之后，不至下同于齐民，而褒崇之典，真能高出于往古矣！斯文幸甚！缘系崇先德，录后嗣，以隆圣治事。未敢擅便，谨题请旨。嘉靖二年七月初一日题。初三日奉圣旨：礼部知道。礼部尚书臣汪浚等题：为崇先德，录后嗣，以隆圣治事，内开看得：给事中沈汉题称，吴公言偃乞要比照颜、孟、朱熹事例，勘保言氏嫡派子孙一人，除授五经博士世袭，以掌祭祀。再乞比照山东邹县孟庙规制，改建庙庭，仍量置祭田，命主祀者掌之供祀一节，亦尊师重道之至意。所据将言氏子孙比照颜、孟、朱熹事例世袭五经博士，遽难轻议。合无候命下之日，札行该府查勘。原祠果系卑隘不堪，即行修葺。仍区祭田一二百亩，令其子孙管业，以为祭祀、修葺、养赡之资。有司仍与优免一应杂差，以示朝廷崇祀先贤之美。嘉靖二年八月二十四日。覆奉圣旨：是。准修葺庙宇，量给祭田，着他子孙管业，还优免杂泛差徭。嘉靖七年二月初十日，本县奉府帖：该奉礼部行在，苏字一百四号，勘合札付，钦遵施行。

请录先贤后裔疏

江南巡抚汤斌潜庵

奏为请录先贤后裔，以彰圣化事。据江苏布政司呈详前事等因到臣。据此，该臣看得，历代贤主莫不褒崇儒学，优礼先贤，而本朝尤为明备。孔、颜、曾、孟及先贤仲由、先儒朱熹子孙皆世袭五经博士。我皇上崇儒重道，复录程颢、颐子孙。圣驾东巡，录周公子孙。近又录周敦颐子孙，皆世袭博士。圣贤后裔，尽承异数，甚盛典也！臣躬逢圣朝，愧无以仰助文治。谨按：臣属苏州府常熟县，为先贤言偃故里。偃以文学著称，弦歌之化，深契圣心，其"学道爱人"一语，可为治行之准。所称"行不由径，非公不至"，可为取人之法。盖以诗书礼乐为教，孜孜以人才风俗为先务，视有勇足民精粗不侔矣。尝考《礼记·檀弓》所载，时人问礼者，十有四皆以子游一言为可否。盖其考礼论道，必贵知本，不仅在器数仪文之末，可谓得圣学之精华者矣。且孔门诸贤，多产鲁、卫，密迩圣居，兴起为易。独偃生长勾吴，政教之所不通，乃能奋起遐荒，北学洙泗，开东南数千年人文之盛，其功之所及尤大且远。而后裔未获邀一命之恩，实为缺典。恭惟我皇上神圣天纵，集尧舜以来之大成。既已海内乂安，治化蒸蒸，更修明典礼，表章先哲。文治之隆，万古为昭。倘蒙圣恩，思念偃之贤，比例仲由，录其子孙，于光大治化，昭示来兹，裨益良匪浅鲜矣！抑臣更有请者，孔门弟子，如闵损、冉耕、冉雍、端木赐、卜商、有若诸贤，其造诣虽不无浅深，要亦颜、曾之流亚。若蒙敕下礼部会同翰林院详加酌议，行各直省访其子孙，量赐录用，补前代未有之典章，实熙朝不朽之盛事也。臣又考宋太祖、真宗皆尝亲制孔子及诸弟子像赞，故一代儒臣号称最盛。我皇上道本生知，学深邃密，天文炳焕，辉丽日星，薄海臣民莫不颙仰！倘万几之暇，挥洒宸翰，御制先圣、先贤像赞，颁示天下学宫，传之史册，当与典谟并重。熙朝人文之盛，必将驾汉逾唐，比隆三代，岂近世所敢望哉！臣因诸生之请，据布政司呈祥前来，谨会同总督臣王心命、提督学政臣李振裕合词具题，伏乞睿鉴施行。康熙二十五年三月十九日题。四月初七日，奉旨：该部议奏。本月初八日，礼部尚书某议：康熙十三年五月,衍圣公孔毓圻将子张子嫡孙颛孙好贤援仲氏例请给五经博士。臣部覆"仲氏承袭博士无案可稽,应无庸议"在案。今巡抚汤题请先贤言偃等子孙量赐录用,应无庸议。其请御制像赞,查康熙二十三年驾幸阙里,御书"万世师表"之额,则尊崇圣贤无逾此矣。今该抚汤所请御制像赞,亦无庸议。康熙二十五年四月二十四日题。奉旨:九卿、詹事、科道会议。康熙二十五年闰四月初四,九卿、詹事、科道覆题:该抚请给五经博士,应如礼部原题,无庸议。又请御制圣贤像赞,应如其所请,万几之暇御制孔子及颜、曾、思、孟像赞颁发学宫,以示推崇。其余诸贤之赞,应照礼部原题,仍无庸议。本月初六日,奉旨:依议。

疏　稿
言德坚

奏为文教普天,光被宇恩,一体优恤事。臣伏见皇上治迈唐虞,德宗洙泗,尊崇太学,褒扬阙里,先圣、先贤之后裔,无不收录。自孔、颜、曾、孟四氏及仲由、朱熹子孙,既世袭五经博士,又录周公、闵损、端木赐、程颢、程颐、周敦颐、张载、邵雍子孙,亦皆世袭博士,此百王未有之异数,千载难得之一时也。伏念臣祖言偃,生于吴地,游学圣门,列文学之科,兴弦歌之化。司马迁《史记》载:"孔子弟子多东州鲁卫士,惟偃为吴人。"宋臣朱熹《吴公祠记》谓:"当日勾吴之墟,尚为要荒之城,子游乃能北学中国,身通受业,可谓豪杰之士。自汉唐宋元明以来,凡荆楚吴越人文之盛,实开于此。"今常熟为臣祖诞生之地,祠墓、书院、里巷坊名历历可据,子姓延至臣已七十三世矣。臣生长盛朝,沐浴圣泽,身列黉序,仰慕勋华,幸遇皇上南巡,普天同庆,臣踊跃鼓舞,思觐天颜。前三月十二日特赍《历世图谱》一册,《虞山书院志》十五卷,从扬州三汊河恭进御前,获邀睿览,实为平生至幸,亘古奇荣!窃念臣祖在圣门,与闵损、端木赐同居十哲之列,今闵氏、端木氏俱蒙圣恩,特赐世袭五经博士,而臣祖言偃尚未邀恩,用敢冒昧陈请,伏乞俯念臣祖倡道东南之功,敕谕该督抚学臣,验明嫡裔,俾与诸贤诸儒后裔一体以博士录用,不独一门,世世顶戴高厚,而于圣朝振兴文学之化亦愈有光矣。臣草莽愚昧,干冒天威,无任惶悚,战栗之至。谨具奏闻。康熙四十四年四月十二日奏。本月十五日,奉旨召对行宫,御书"文开吴会"四大字为先贤言子庙额。

题请言氏子孙五经博士疏
江南学院张元臣

请录先贤后裔,以光文治事。臣惟江南文献大邦,溯厥渊源,其来甚远。盖自子游以文学著，而其流风渐被，骎骎日盛，歌咏之声遂甲天下，亦势所必至，无足异者。史称子游为吴人，实居今之苏州府常熟县。言氏子孙历传蕃衍，往往习礼明诗，犹有祖风。然或沦于编氓，或获在士类，未有能发闻于世者，天下之人几不知子游之尚有后矣。臣伏见皇上诞敷文德，崇重先贤，隆其祀典，恤其后昆，所以风励天下者，既详且备。近又特赐闵子、子贡之裔世袭五经博士，右文之盛，亘古未有。臣愚以为子游既与闵子、子贡配享文庙，则其子孙亦应同沐国恩。伏乞敕下江宁抚臣查明子游嫡裔，缮册进呈，恭请特简一人，予以五经博士，俾得世袭。不惟言氏子孙益当绳其祖武，仰答天恩，而普天之下愈颂圣德于无疆矣。伏乞皇上睿鉴施行，为此具本，谨题请旨。康熙五十年七月十三日题。八月□日，奉旨：该部知道。康熙五十年八月十九日，礼部题覆：江学张请录先贤后裔等事，援三十九年东抚王题闵子、端木子后裔世袭例云云。今子游在圣门十哲之列，与闵子、子贡相同，应如学臣所请，行文江抚，会同衍圣公，确查子游后裔嫡派应授之人，取其宗谱，并通族甘结，印结保送，具题再议可也。奉旨：依议。

历代名人记序碑铭

有德者必有言。言其所存者，至言也。无所存而惟外之，是求巧为状而张大之，言之不根者也。至言，言其信；不根之言，言其疑。惟信而言，故能抉圣贤之秘密，而动乎人心不已之生机。如是言，斯可载而述也。今夫学道者，必信于其中，而后道德为真道德，事业为真事业，其为文章也，亦为真文章。若仅仅收誉于众口，儆动乎流俗，雕绘金石而图度千秋，则虽有盖世美业，政如俳优装演，戏弄一场，于真本色了无干与。立言君子必不以自待，而亦不以待人。夫记序碑铭，乐其成而纪其盛者，皆当世之有道闻人也。其发挥也，不在名实赞毁之间。其乐而纪之也，皆写其中之所存，而为言也必不华。是以备而载之，令读者油然见作者之意，而吾道大明焉。夫有德之言，其补于世教也大矣，是虞山之真文献也。录历代名人记序碑铭。

丹阳公祠堂记 碑在吴公专祠内仪门东首，碑阴有张洪记
朱熹 宋儒

平江府常熟县学吴公祠者，孔门高第弟子言偃子游之祀也。按太史公《记》："孔门诸子多东州之士，独公为吴人。而此县有巷名'子游'，桥名'文学'，相传至今。"《图经》又言："公之故宅在县西北，而旧井存焉。"今虽不复可见，而公为此县之人，盖不诬矣。然自孔子之没以至于今，千有六百余年，郡县之学通祀先圣，公虽得腏食，而乡邑未有能表其事者。庆元三年七月，知县事、通直郎、会稽孙应时乃始即其学宫讲堂之东偏作为此堂，以奉祠事。是岁仲冬长至之日，躬率邑之学士大夫及其子弟，奠爵释菜，以妥其灵，而以书来曰："愿有记也。"熹惟三代之前，帝王之兴，率在中土，以故德行道艺之教，其行于近者著，而人之观感服习，以入焉者深。若夫勾吴之墟，则在虞夏五服，是为要荒之外。爰自泰伯采药荆蛮，始得其民。而端委以临之，然亦仅没其身。而虞仲之后，相传累世，乃能有以自通于上国，其俗盖亦朴鄙而不文矣。公生其间，乃独能悦周公、仲尼之道，而北学于中国，身通受业，遂因文学以得圣人之一体，岂不可谓豪杰之士哉！今以《论语》考其话言，类皆简易疏通，高畅宏达。其曰"本之则无"者，虽若见诎于子夏，然要为知有本也。则其所谓文学，固宜有以异乎今世之文学矣。既又考其行事，则武城之政，不小其邑，而必以诗书礼乐为先务，其视有勇足民之效，盖有不足为者。至使圣师为之莞尔而笑，则其与之之意，岂浅浅哉？及其取人，

则又以二事之细,而得灭明之贤,亦其意气之感,默有以相契者。以故近世论者,意其为人,必当敏于闻道,而不滞于形器。岂所谓南方之学得其精华者,乃自古而已然也耶?矧今全吴通为畿辅,文物之盛绝异曩时。孙君于此,又能举千载之阙遗,稽古崇德,以励其学者,则武城弦歌之意,于是乎在。故熹喜闻其事,而乐为之书。至于孔门设科之法,与公之言所谓本、所谓道,及其所以取人者,则愿诸生相与勉焉,以进其实,使此邑之人,百世之下,复有如公者出,而又有以一洒夫偷懦惮事、无廉耻而嗜饮食之讥焉,是则孙君之志,而亦熹之愿也。公之追爵,自唐开元始封"吴侯",我朝政和礼书已号"丹阳公",而绍兴御赞犹有唐封,至淳熙间所颁位次,又改称"吴公"云。淳熙五年六月甲申望日,朝奉大夫致仕、婺源县开国男、食邑三百户、赐紫金鱼袋朱熹记。

文学桥铭
黄士毅

鲁邹而降,道为绝学。千五百年,起濂续洛。寥寥闽派,久几复绝。再起沧洲,教修日揭。无极二五,在人一源。故不同地,时生圣贤。吴通上国,公即游鲁。胡然历世,莫踵公武。睹迹亦昧,吁方肇祠。是用作记,意严洒讥。嗟予小子,世闽产吴。敢诵所自,沧洲之徒。登桥而思,刻铭述记。斯我同心,如水荐至。能令后学,本末易明。伪行不作,踵公自今。

大成殿碑记节文_{碑在儒学礼门内东首向北}
魏了翁

常熟县学之始,图乘放失,仅有屋梁,书至和纪年,余无所考。庆元三年,县令孙应时以言游里人也,始祠于学。新安朱子既为证其事实。宝庆元年,祠迁于学之左,而孔堂阙坏,莩不加治。今令会稽王爚始至,大惧无以崇化善俗,约缩浮蠹,逾年更而正之。属邑士胡洽、胡淳庀其役,以孔庙居左,庙之南为大门,北为言游之祠,又东北为本朝周子、张子、二程子、朱文公、张宣公之祠,以明伦堂居右,东西为斋庐四以馆士,为塾二,东以储书,凡祭器、祭服藏焉,西以居言氏之裔。通为屋百有二十楹,而为垣以宫之。且增田四百亩有奇,岁助供养之费。凡言氏之裔,官为衣食,延师以教之。别为田五百亩,以给其费。白于郡于部使者,为廪以贮之。经始于端平二年之冬,竣事于明年之秋。乃八月丁亥,释奠于新宫。属郡人叶辅之叙其役,以求记于了翁。窃惟朱子尝记子游之祠矣,如《鲁论》所载二三事,皆已发挥无余。藐兹孤陋,安敢复措一辞?然尝读礼书,窃有见焉。因记庙学之成,并附其说。夫《檀弓》不知何人所作,而一篇之书，独于子游极其称誉，虽于孔门诸子率多讥评，又以言、曾并列。其是言而非鲁者非一，几若偏于抑扬。然节其书以考之，大抵当典礼讹阙，无所考订之时，人之有疑弗决者，以质诸子游。故前后典礼所关者十有四，皆以言游一言为可否，亦足以见其为时人之耳目。虽"汰哉！叔氏"之一语，若讥之而实尊之，然则游以习礼列于文学，兹其为文为学，盖三代典章之遗，赖游以存者。呜呼，信其为豪杰之士矣！昔柳宗元谓《论语》所载弟子，必以字，惟曾子有子不字，遂谓是书出于曾门。盖字与子皆得兼称，如门人之于孔子，进而称子，不敢氏；退而称仲尼，不言子。其次亦有既子且字，如闵子之等，不一二人，或子或字者，又数人。然渊、弓至游、夏，最号高弟，字而不能子也。有子曾子，子而不得字也。就二者而论，则字为尊。盖子虽有师道之称，然系于氏者，不过男子之美称耳。故《孝经》字仲尼，而子曾子；《礼运》字仲尼，而名言偃。至于子思字其祖，孟子字其师之祖，相传至于今。人之字仲尼者，无敢以为疑。仲尼作《春秋》，二百四十二年间，字而不名者，仅十有二人。而游夏诸子之门人，亦各字其师。相承至于汉初，犹未敢轻以字许人。即是而观，则子游以勾吴孤远之士，遂得字而不子，以列丁高弟之目，此又岂易易然者？今吴门密迩行都，而常熟为壮邑，有如子游之北学洙泗，遂以习礼辈行颜闵，寥寥千载间，岂终无其人耶？或者狃于习俗，未有以自振。我朱子《记》尝表其事以风励之，予又何言？独惟山川风气，古今犹夫人也，诵先圣之书，服先贤之训。呜呼！其必有闻风兴起，以毋负建学尊贤之意者，士其勉之。端平三年十月戊戌，资政殿学士、通议大夫、提举临安府洞霄宫、临邛郡开国侯、食邑一千五百户魏了翁记并篆额。朝散大夫、试中书舍人、赐紫金鱼袋袁甫书。

常熟县教育言氏诸孙记 碑在儒学礼门东首斋屋内，年久屋坍，碑亦仆地，雨淋日晒，渐致剥落。年九月七十二世孙梦奎倩人移竖祭器库旁壁内

袁 甫

按《琴川图志》，言偃字子游，旧宅在县治之西北。唐开元追爵封吴侯，本朝升为公。庆元间，县令孙君应时即学宫建祠于明伦堂之东偏。后令迁其祠，祀事弗饬。有识嗟惋。今邑大夫王君燧移书谂余曰："圣道蓁芜，心甚愧之。今且一新矣，东庙西学，前殿后祠，奠荐攸序，既顺且严。尝访公裔孙，则降在编氓，罕修儒业。繇是即新学西斋，扁曰'象贤'，聚言族子弟于其中。县给养赡之资，买书延师，朝夕训导。择齿长者主公之祠宇。又虑岁月浸远，美意难继，则为之节冗费，得缗钱八千五百，买田以亩计者五百有二十，岁收米以斛计者三百有八十。庶贻永久，愿有记焉。"余叹息曰："是举也，可谓知礼矣。礼，天之经，地之义，人道之所由立，而国家所以恃为元气者也。昔者，夫子与于蜡宾，实有感于鲁，喟然发叹。子游遂问礼，而夫子历言上古、中古与

后世之变，而断以礼之废兴。子游凡三问，而夫子三答，皆所以极言礼也。异时燕居从容，子游、子张、子贡侍，纵言至于礼，而子游又发'领恶全好'之问，夫子然之。考诸《檀弓》所载，以曾子之任道，尚推子游为习礼，其辨裼袭一节，则曾子慊然自知其过。与他所论礼，皆精入毫发，独得圣人之传。至于论子夏之门人，则谓仅可当洒扫、应对、进退之末，而本之则无。然则知本，斯可谓知礼。此正夫子所以大林放之问，而未可以子夏之论小之也。且子游，吴人也，泰伯端委以治周礼，其源流有自来矣，而况讲习于洙泗之间，巍然在四科之列，武城弦歌之风，回视断发文身，裸以为饰者，其气象果何如？故子游之言曰：'直情径行者，戎狄之道也。礼道则不然。品节斯，斯之谓礼。'呜呼！一日无礼，则沦入于夷狄，甚可惧也。"故始之创祠，知礼也；后之迁祠，废礼也。今王君大修学宫，祠先贤而教养其后裔，于是乎能复礼。而言氏子孙藏修其间者，又能夙夜服习。则礼之兴也，其庶矣乎？《传》曰："礼不明则上下昏，何以长世？"然则斯举也，于国祚亦有关焉，是不可以无述，乃为之书。嘉熙改元四月癸未，朝散大夫、试中书舍人、赐紫金鱼袋袁甫撰并书。朝奉大夫、焕章阁待制、知平江军府事兼管内劝农使、节制许浦都统司水军、赐紫金鱼袋王篴题盖。

常熟令王公崇贤政迹碑记

赵师简 宋常熟令

碑在专祠内，始祖像记之，碑阴志宋丞相、前常熟令王公讳爚之崇贤政迹也。从前修谱时因碑字剥落，未经载入。但念吾言氏中微，混迹氓庶，几不知为先贤之后，赖王公崇重先贤，广为搜访，建象贤斋以居之，置田亩以养之，延师儒以教之，始得列于士类。今味碑中语，意似为王公去后追思前事而立，虽碑字磨灭，可无载乎？载之所以志德也。剥落处则阙之字句，可疑处则仍之，不敢妄改，所以阙疑也。雍正九年正月二十四日，七十二世孙梦奎记。

志同气合，诵诗可以晤对；行异好乖，连屋不相往来。（下有剥落数字）学道爱人。是以为政子文明以告奚益（句疑有误）。会稽王君昔领此邑，余虽非亲交，以鼋止去三蛰（句疑有误，下有剥落处数二十字）。雷尔田畴（句疑有误），墙屋依然，沟洫林木；户庭清闳，隐然有闻遗音。弦直冰彻，父老说不离于口。高山仰止，景行行止，窃有感焉。虽然，政也，非教也，每谒夫子庙，咏叹不息。殿学栋宇，如翚斯飞，规制弘敞，端自胸中所积发之（句疑有误）。汉元成间，增学言弟子，后无以给而辍（二句疑有误）。今良畴接畛，不吝锡予，圆冠峨如，大裙襜如。文物如才（句疑有误），廪稍有羡，是有天下之力，不如一邑之有余力。兴学育士，犹曰只应尔（二句疑有误）。丹阳公，里神（神字疑系人字）。坠绪弗振，世有气力得位者（句疑有误），顾任昉后，几何时反眼不相识？矧千六百年之遥，拔其裔孙，赎以模铸（句疑有误），饬斋寝，别田园（别字疑误），丹雘祠宇，俾修常事。仁至义尽，兹为专美。记事者谓斯举为知礼，于国祚有关。至哉斯言！夫以儒为吏，不以吏为吏，如官群玉府，弗类曰缠朱墨，两汉以下，循吏当敛衽（"如官"二字起至"敛衽"二字止，疑有误）。事有符于余心。人之有技，若己有之，况仰承高躅，幸不为前羞。兹遂赋归，仰典型力也。焕麒像于黉，特为表而出之（"兹遂"起至"之者"二字气不接续，意不可解。疑有剥落，或豕亥之误）。昔庙学窄小，廪庖不继，儒效必至疏阔。今诸生酬酢，笑语升降，出入于此，谈道德性命，思期命辨说，悦怿于俎豆，钟鼓管弦（二句疑有误），惟适所安。庸可昧厥从幸，相与固其祠宇，贻诸悠久？吁，单父一邑，戴星出入，日夜不居，其视鸣琴从容、堂阶不下者为孰胜？承平百年，雨露渗洒，气调时豫，邑计有裕，三载之间，触目事殊，旱蝗水溢，适当其会。虽难易在时，要折（折字有误）才器有利钝，不无劳逸之时尔（句疑有误），宁不太息于斯？君讳燯，字伯晦，贵名日起，远业未易量，其可龟藏而自晦，蠖屈而不伸耶？并记而刻诸石。淳祐三年二月壬子，奉议郎、知平江府常熟县、主管劝农公事兼兵马都监赵师简记并书，迪公郎、新彬州州学教授、充主学周彧题额。

学道书院记
郡城书院陈宜中

昔者夫子讲道齐鲁之郊，从游多北方之士，由勾吴之墟登圣门者，独吴公子游一人。今常熟，其故里也。宋兴，崇文尚治，吾夫子之祠遍天下。虽以关洛大儒、乾淳诸老得圣学于千载之后，凡其过化之乡，悉示表章，存矜式。吴为金吾郡，公实东南学道之宗，邑故有祀，紫阳朱先生尝记之矣。而郡未有讲堂，非前此司人风者阙欤？今枢密赵公顺孙守吴，日卜地于府城文正坊之南，甫经始而召余友黄侯镛继之，鸠工度材，命元僚陈宗亮董其事。三越月而堂成，请于朝，扁以"学道书院"，取爱人易使之义，而嘱余记之。余按公以文学列四科，嘉言善行可传者不一，独此二语乃亲得于圣人而见于用。夫学而为儒者事，人所知也。武城弦歌乃将合君子小人而爱使之，既有闻于斯道，夫子莞尔之笑，又直与说开，与点意同。是其为义，岂不与后之言学者异哉？思昔盛际，圣教流行，满天地之间无非道，举天下之人无非学。康衢童子如咏舞雩，中林武夫如见大宾，汉广游女如在汶上。由后世言，虽若未尝学问，而其所得见训诂章句，岂能传之哉？流风未远，列国遗民涂歌巷咏，发乎情而止乎。先王之泽，夫子拾断句残篇而存之，非但疏越遗音，寥寥删后，而其吟咏性情于辞意之外，亦非寻行数墨者所能及也。道在天地，终古常新，何昔能为天下公，而今几为君子隐耶？此余所以慨然正学绝续之际，想弦歌之声而不可得闻，犹幸登斯堂者能有感于命名之义。人心未丧，斯文或因之而兴起也。嗟夫！知学则知道，虽窗草池莲亦足以起吾意，何异亲得圣人而师事之欤？其白首穷年而卒，无得于此，曾不若日用不知于耕凿之中者，琢磨虽未加焉，而璞固存也。吴亦泰伯所居，邦人至今质而无华，伯之遗也。《记》曰："甘受和，白受采。"吴人有其质矣。使知以公之学而文之采进于道者，其不彬彬矣乎？余故乐书之。庶居是邦者，人人有士君子之行云。咸淳七年四月朔日，朝奉郎、新除尚书户部侍郎兼中书舍人、同修国史修撰兼侍读陈宜中记。

文学书院田记

黄溍元儒

昔州县未有学，先儒或择胜地建精舍以讲授，为政者辄就而褒表之，号曰"书院"。宋初，天下四书院而已，然惟白鹿、睢阳之有田，仅见于传记。皆上之人以是而厚其养，未有以一乡之善士专任其事者。其后命州县咸立学，而学校之宫遍于天下，书院之创置日亦增多。我朝尊右儒术，以风励乎海内，闻者莫不知劝。有力而好事之家，往往购广厦以崇礼祠，辍良田以丰廪食。其为书院者，遂与州县学参立，而布满四方。既奉濂洛、乾淳二三大儒以为先贤，而于前代名臣、山林高蹈之士，有所弗遗。凡尸祝之者，非其仕国，则其乡邑。孔子之门，从游三千，速肖七十，独子游为吴人。今常熟州实其所居里。南州之先贤，孰有加于子游者乎？寥寥千载，莫有能表显之者，盖阙典也。州故为县时，余姚孙侯应时知县事，尝为位于学宫讲舍之西偏，率学士、大夫及其子弟行释菜礼，而未克为专祠。后百五十年，为今至顺三年，州人曹善诚始买地作祠宇，而辟讲堂于其后，列斋庐于其傍。有司因为请于中书，设师弟子员，而揭以新额曰"文学书院"。曹君既赡以田一千六百亩有奇，恐旱干水溢之不虞，将割田以继其不足，又虑或者疑为苟避征徭，未敢自言。大名王侯侃来守是州，力劝相之，于是曹君益畀以田二千六百亩有奇。事闻于郡，未报，而王侯以秩满去，曹君亦入橡太师府。今守武昌张侯衍阅故牍而得其颠末，亟命佐史贾天瑞诣郡关白。自是其田有苗税而无力役，春秋之事得不匮乏。为士者亦有所蒙赖，而优游于诵弦俎豆间。乡贡进士达里新署其山长而未上。摄书院事者，儒学教授徐梦吉，以为曹君之有功于名教，与两侯之成始终，皆不可以无述，爰状其实，嘱溍记之。溍窃观孙侯举旷古之阙典，意甚美而为事殊简略，特以先师朱子之《记》传之。至今曹君乃能不爱其所有，而汲汲焉致力于孙侯之所不及，固已不易，以一乡之善士而专任乐育人材之责，亦古所无有也。顾欲以溍之蒙陋，嗣为之记，而自附于朱子之末，安敢犯是不韪哉？惟朱子之文，天下学者莫不家传户诵之，况为其州之士而群居于此，岂无闻其绪言而兴起者？诚能相与勉焉，朝益暮习，而无苟利乎？为养之厚，必有异于今世之所谓文学，而不为昔人之所谓贱儒。此则朱子之所望于来哲，潜无庸以剿说为也。他见于杨内翰刚中所《记》者，兹不复赘述焉。中顺大夫、秘书少监致仕黄溍撰。承务郎、镇江路金坛县尹兼劝农事知渠堰事段天祐书。荣禄大夫、集贤大学士致仕吴直方篆额。

平江路常熟州文学书院记
杨刚中

至顺三年十月甲子，新作文学书院于常熟，专祀吴公子游也。子游为圣门之高弟，常熟为子游之乡邑，见诸传记既炳炳，其不诬。况其以字名巷，以文学名桥，以遗址名其故居者，又其来有自。虽春秋之事，获俎豆于夫子之堂者遍天下，然其乡无书院以专祀之，则于理有不当然者。于是州人曹君善诚慨然以为，贤哲攸居，分在兹土，不表励而尊显之，何以彰吾乡尚贤之义，吾独不能发己资而自营之乎？遂将即其遗址而建祠焉。市氓据安，求贾莫得，乃更卜吉，考宜择材，命役禀承，协励上下，合谐畚筑，既登架构，惟翼植礼，殿而中巍伉弘，祀而左峙，庭除夷密，门庑靓深，仪像孔严，丹垩交焕，宴栖讲隶咸廊其程，盥荐献陈悉备，其高广周详一与侯泮之制，比而无不如。既设训导以淑其人，别辟斋以教言氏之后与其乡之来学者。复捐田一十六顷有奇，以其入给时祀而廪师生。自起迄终，逾年乃具，由是有司上其事，省部翕其从，又为之置山长以职其教。嗣而至者集庆，陆士元以其举千载百年之阙遗，新州闾里鄈之观听，名弘而实伟矣。乃谋琢石以纪其成，来以《记》请。盖自道德之统绪弗延，而俗化之陵夷靡极，虽贤哲之昭迹具存，亦皆莫或顾省芜翳欲无（句疑有误）。今不惜恢数晦之，规而祠之，榃桷有严，裸馈加恪，使人瞻其容范之光、冠黻之度，而洙泗之渊源可想也，岂不亦可尚矣哉？且子游之学，讲于仪节者，固详矣。然道则隆乎本而不末之从，礼则一乎情而靡质之越，至于笃信圣贤，以政陶俗，又份焉。礼乐之盛，虽三代之治可几已及所推进，而师表于时者亦为从数百人（句疑有误）。其德化之洋洋何如也，顾独以文学称乎？今而后藏修于其中者，其亦征贤哲之所至范，其颖然高明而不滞于形器，其确然敦固而有郁于风化，趾其出于遐邦蕞邑，而能杰然以道德著于中州，不徒假经训以名学而为口耳之言，极材力以事文，而隆词藻之技，使气质之变有加天理之融，无外庶几有出而绳贤哲之化于将来者，则书院之设，又不亦大有功于名教哉！是其肇始之勤，垂后之远者，固不可以不书。曹君字彦明，好古而敬贤，知方而向道，尝以材植之良举而官将仕郎、丞嘉兴路嘉兴县。其父名济满，字楫卿，从事郎、常州路宜兴州判官。元至元丙子三月望日，翰林院待制、承务郎兼国史院编修官杨刚中撰。平江路常熟州文学书院山长陆士元立石。

子游像记 碑在专祠内

潞州知州傅著

圣人之道，天地日月也；贤者之德，星辰河岳也。天地之覆载，日月之照临，亘万古而靡息；星辰之照明，河岳之流峙，将愈久而益彰焉。其先师子游氏之神乎？子游，吴之常熟人也。孔子阐教东鲁，弟子盖三千焉，率多中州之士。自南而北学者，子游一人耳。其志行卓越，豪杰之立，孝敬以励其德，务本以推其学，遂得圣人之一体。其见于设施，教民必以道，俾君子小人，爱人而易使。其于师道，固昭昭矣。然于时尤以习礼闻，故葬以即远，有进无退，曾子多其论；裼裘以吊，袭裘而入，曾子服其礼。大道之行，天下为公；大道既隐，天下为家。孔子既详语之。欲学则学，欲知则问，欲善则详，欲给则豫，孔子又深许之。其嘉言善行，载于《礼记》《家语》者实多。而尤深究夫礼，其足为后世师法者，秩秩也。洪惟国朝以武戡文治，崇德报功，以承上下，肇称禋祀，咸秩无文。爰访地灵，用弘国典，实始称先师子游氏之神。以仲春次丁，祀以刚鬣，礼实尊焉。载稽先代祀先圣先师，周公南向，孔子东向。至唐开元二十七年，追谥孔子文宣王，南向，赠弟子公、侯、伯。至于我朝，以昔称孔子、称子游，亦既尊矣。所谓贤者之德，犹星辰河岳，愈久而益彰者乎？敬而赞曰：大哉宣圣，尼山降神。懿哉子游，虞山委真。维圣阐教，洙泗之滨。惟贤衍教，大江之濆。三千济济，七十彬彬。北学中国，南方一人。伟哉豪杰，圣道克遵。得圣一体，昭礼五仁。孝敬是励，大道且聆。文学斯擅，弦歌则闻。莞尔之笑，圣心实忻。牛刀割鸡，戏耳前言。赫赫国朝，先师实尊。爰至祠祀，及兹仲春。最尔俊髦，裕尔后昆。刻像琬琰，播德烝民。星辰河岳，有烨斯文。奉训大夫、潞州知州吴郡傅著述。

睹河洛者思禹，入清庙者思文。过文学之里，谒大贤之庭，此所以有子游之思也。况受其罔极之恩者乎？苏州府同知曹桓以公事至常熟，过先师子游氏之神祠，俨然有思。问及遗像，本县试主簿王诚、典吏赵维俾儁访求后人烨得之，遂以其像刻之石，以垂永久，庶几河洛、清庙之思焉。吴人王儁敬识。

重建学道书院记 碑在吴公专祠内东首

张洪 止庵

常熟有文学书院，旧在县治东北。元至顺三年，邑人曹善诚建，至正间废。宣德九年春，县令郭公世南即公馆室宇增饰之，为堂为寝，为庑为庖，层门深窈，不近喧市。巡抚至则居之。其在郡中，尝居鹤山书院，故于其至止之处，亦名为书院。巡抚侍郎庐陵周公，因"文学"旧名改为"学道"。县令郭公世南暨丞、簿诸公，请记其事。予谓创始改作，完旧益新，皆载于县志，不必复书。请畅其名之之义焉。书院一也，昔谓"文学"，今谓之"学道"，何也？以子游为邑人，北学于中国，圣师目其所长，故曰"文学"。及为武城宰，施其所学于民，故子之武城，闻弦歌之声，形莞尔之笑，有牛刀之戏。而子游以学道为对，言君子学道，必推己以及人，故能爱人；小人闻道，知职分之当为，故亦易使。然则弦歌者，学道之具，非以道为弦歌也。古者，春秋教以礼乐，冬夏教以诗书。弦歌者，乐之属，举乐以该四教。四教者，诗以理性情，书以道政事，礼以谨节文，乐则荡涤其邪秽，消融其渣滓。忽不知入于圣贤之域，于君臣、父子、夫妇、长幼、朋友之交，各致其道矣。诗以兴起于前，乐以涵养于后，故以弦歌为学道。但子游之学道，本末兼该，重在小人，故以之为教于邑中。周公之学道，先用力于根本，重在君子，故以标名于书院。古今人品不同，其为学难易亦不同，要必体立而后用有以行。吾邑之大夫，当深求"学道"之意，以为出治之本可也，尚勉旃哉！宣德九年春，翰林院修撰、邑人张洪记。

子游祠记

张 洪

常熟县学有子游祠。宋庆元三年，县令孙应时建在明伦堂之东。晦庵朱夫子仍其旧封，为《丹阳公祠堂记》。端平元年，县令王爚徙于礼殿之后，其碑尚存，字画剥落不可读。宣德十年，县令郭世南、县丞李子廉惧其久而湮没也，既重刻之，请识于碑之左。按《史记·仲尼弟子传》，子游吴人，盖自吴而学于鲁，擅文学之名于圣门，而不为书以传后世。若思孟氏之为者，思得孟而道益明，孟得万章之徒，而言以存书，非思孟氏为之，其徒为之也，子游之无闻焉。所可见者在《论语》，则有武城之弦歌，而知灭明之为贤。论子夏之为人，则曰本之则无。称子张之难能，则曰然而未仁。论体，则丧有进无退，以故兴物，或袭而哭，或裼而吊，随时制礼，各得其宜。其为文学可见矣。后世慕文学之名，而不求所以学，则末矣。天下皆知曲阜之有孔庭，邹县之有孟庙，而常熟之有言祠也。郭令继嗣其刻，亦将吾邑之重云。致仕翰林、国史修撰事、承务郎、邑人张洪谨识。里人邹彻书。吕臻刊。

重修吴公祠记 碑在吴公专祠正殿内东首

李 贤

孔门弟子大抵皆鲁人，以孔子生于鲁故也。间有一二他国之人，盖闻孔子之圣而景慕之，不远千里往从游焉。是其识见出于寻常者，方能如是，若吴公言偃字子游是也。宜乎为圣门高弟，视七十二子，不在十人之外，观于四科可见矣。昔者朱子为作《祠堂记》，称其为人简易疏通。予尝诵其言而思之，如事君交友，谏不欲数；丧则致哀，学则务本；治邑以道，取人以正，莫非简易之所寓？裼裘而吊，以见从凶之失；因叹而问，得闻制礼之妙；达领恶全好之礼，发难能未仁之论，莫非疏通之所存？由是观之，则朱子所称，信不诬矣。至于《家语》论子游之行，谓其能耻独贵独富，先成其虑，及事而用，故动则不妄。言虽可取，未知果出夫子之口而尽子游之善否？此予所以历考其实，而从朱子之论，以见子游文学之高，决非后世名为文学者之可及也。呜呼！向使不生孔子之时，虽欲北游而学于中国，何所依归？既遇孔子，则其愿从之志不啻江河之决沛然，孰能御之？所以卒闻圣人之道，每为孔子之所称许，谓非豪杰士中尤者乎？从此是邦才俊继出，见用于世，文章政事，后先争光，遂为诗礼文物之薮，未必不因子游之风而兴起也。千载之下，为乡人者敬慕当何如哉？宜乎立祠而祀之。虽然，自子游之殁后至宋庆元三年，一千六百余岁矣，而邑令孙君始克建祠。于今又历三百余岁矣，而邑令唐侯礼乃能重修。刑部员外郎程君宗间告予曰："吾乡常熟，实先贤子游故里。作祠之初，朱子已记之矣。重修于后，可无记以告后人乎？今愿窃有请焉。"予维是祠，朱子一记足矣，岂可复有所赘？辞不获，姑述朱子之言，用昭子游之善。而祠称吴公者，乃其封爵也。唐侯又以乡之后贤，如范文正公诸位神主，从祀于内，俾是乡之人亦有所观感而奋励焉，其有关于风化大矣。因并及之。天顺三年岁次己卯秋七月上浣，赐进士、资善大夫、吏部尚书、兼翰林院学士、知制诰、南阳李贤撰。常熟县知县武康唐礼、县丞齐东王宪、主簿仪封杨瑾、典史漳德刘芳、教谕青县张雯、六十四世孙言铭言钦同立石。

重修吴国言公祠题名记 刻在李贤重修吴公祠堂记之碑阴

吕 困

　　士大夫居官，临民政虽多端，而先务所当急。何为先务？凡可以激劝后人，有裨风化者是也。若吾邑令武康唐侯，敬身其知急先务者欤。侯自春下车，首谒庙学，见吴国言公祠岁久颓圮，惕然叹曰："孔子之时，东吴从学者子游一人而已。况其文学名科，礼乐为治，列孔门高第弟子。正宜尊严庙貌，修明祀事，以励后学。顾乃倾废若此，非予之责而谁？又兹乡后贤如范文正公辈，文章政事，表表在人，俱未获祀于左右，亦缺典也。"因捐俸鸠工，谋以作新之时，乡之好义者闻侯言，互相劝曰："吾侯之为是，无非激励后人，使观感而兴起也。吾等幸生于斯，夙所敬慕，又安可不资助，以成厥意？"于是众力相资，工材辐辏，不半载而落成焉。侯以宋庆元时县令建祠既有朱子记之，兹焉重修，并入后贤于内，尤不可无记，乃征文尚书南阳李公。予近或诵之，见其历列子游文学，识见之高，发明朱子简易疏通之语，与夫称道。是邦才俊之多，文物之盛，皆由子游之风而兴起。末而归美孙、唐二令,前建后修,相去数百年,以为古今之盛事。其记述极详切而无遗矣。侯又以不书助资之人,则无以彰厥义而厉其后,欲予题诸碑阴。嗟夫!知者无不知先务之为急,在他人为令,莫不以征催听折为先务,视先贤之祠等为末节,略不经意。殊不知上之人能端风化之本,则下人观感奋发,去恶迁善,有不令而自从者矣。吾侯一修吴公之祠,举邑之人皆景仰文化,思欲熏陶于弦歌听教之中。吾侯一增祀,乡之诸先生、举邑士大夫皆感激奋励,兴起见贤思齐之心。吾侯一书助资之名于石,举邑士民交相劝勉,皆有重义轻财之念。其于风化世教,岂小补哉?吾故道侯知所先务而能急者,非虚誉也。是用列次助资之人氏名、居址并董功耆民于下方,俾久而不泯云。天顺三年岁次己卯冬十二月上浣,赐进士、中宪大夫、湖广等处提刑按察司副使、前监察御史、邑人吕困识。江阴严雍篆额。三山林宗书丹。里人王济镌。

重建吴公祠序

吴 讷

尝闻尊道有祠,为道统设也。今之郡邑学校,各祀乡之先贤者,因礼有祀先贤于东序之文也。盖以其立德立功立言,足以师表后世,轨范薄俗,故在乡邑特立祠以祀之。常熟吴公言游氏,旧有祠在文庙之后,幽僻狭隘,制度弗称。伏蒙侍御公躬谒其祠,顾瞻徬徨,慨然有重建之志。遂委郡邑僚佐,暨学官廪增生员及其后裔,相度亢爽宽平之地迁之,皆以为学宫东偏隙地为胜。乃经始于成化庚午三月,讫工于次年九月,不伤财,不害民,而事易竣。既而祠宇聿新,像貌严饬,幽有以妥于神灵,明有以励乎风俗。乡人莫不争先睹之为快。公六十五代孙言江,感其弘功茂绩,蔑以致洎埃之敬,嘱讷序其事以颂之,所以敬愈久而不忘也。予以老耄才疏固辞,弗获,乃言曰:"吴公为圣门高弟,登十哲之列,擅文学之科,化蛮夷之邦,成东鲁之风。其宰武城也,遵爱人易使之说,垂经世之训,岂非能以道为治而传圣道者欤?其德立功立言立为何如,故既得以通祀于天下,而又专祀于乡邑,所以昭是邦文物之懿也。然微侍御公景行先哲之盛心,则亦莫能倡其始而成其终也。岂非为政之先务,感民之化机欤?恭惟侍御公明修己治人之道,蕴经邦济世之才,握朝廷之纪纲,司天子之耳目。一令之施,奸邪莫不畏服;一言之出,民莫不信从。其德其功其言又将超轶于前人。是则圣道之传有不得辞焉者矣。"谨进刍荛之言以颂之,庸以寓江谢忱之万一云。成化辛未岁九月既望,海虞八十四翁思庵吴讷赠钦差巡按、直隶监察御史、胡君汉重修先贤祠序。

常熟重建吴公祠记

杨一清

成化乙巳冬,监察御史铅山胡君汉按节三吴,过常熟,祗谒先圣,退谒乡先贤吴公子游祠。祠出礼殿之后，隘陋弗展，君顾瞻盡咨，乃进苏州府同知华容毛君瑄曰："吴公大贤，常熟巨邑，维祠堂僻弗称，殆非所以崇明德、励风教也。盍相与撤其旧而新是图？"毛君曰："诺。"爰率诸博士弟子，度地于学之东偏，遂承檄任其事。然本以义举，不欲劳民力，时教谕天台张景元捐俸首事，邑之士民尚未丕应。无何，兰江祝君献起进士为邑令，用意劝诱属人，闻者风动，共倾助之，以后为耻。材甓糇粻，至于工佣饩廪之资，胥此焉出。乃卜吉庀事，命义官孙芃、周棠董其役。隆栋厚础，既盘且安，堂室中严，门庑森列。经始于丙午春三月，至次年秋九月讫功。议者犹病祠前地迫，义官赵璧市民居以广之。由是巍然开朗，视旧观不啻数倍。耕农贩夫，但见新祠之焕俨，而不见庸调之及己也，莫不戴神之休，以上之人不虐用其民为怀。毛君谓重建本末不可无记，寓书镇江，属余记。呜呼！时至春秋，王者不作，诗书礼乐之化，或几乎熄矣。吾夫子出，始立教以振之。时则有若吴公迈迹勾吴，北学于中国，笃信不懈，遂能以文学上齿颜冉，为高第弟子，卒开东南文献之源。其有功于乡邑甚大。且当时称名卿相谋人家国者，漠乎未闻其道，功利之说澜倒，故以由求之贤，其论为国，止于有勇足民也，可知已。公宰武城，独能以礼乐为教，使当官者知以道治民为贤，而刀笔筐箧之吏不得为名教所贵。其为惠于天下后世甚博。先民有言，盛德宜百世祀，故乡先生殁则祭诸其社，尸而祝之。公道德之在天下者，朝廷通祀，万世无议。其在乡邑，则泽润后人，不但所谓乡先生而已。为之特祠，以奉祀事，仰止景行之意于是乎存。然自公殁千有余祀，县令孙应时始创建于庆元三年，晦庵先生为之记。厥后改建于王爟，鹤山魏氏记之。重修于国朝之唐礼，南阳李学士记之。第皆仅取苟完，无虑经久，其亦有待于后之人乎？夫祠不祠，不足为先贤轻重，独以义而风化其下者，有司事也。然世之为部使者所以程督其下，惟钱谷、讼狱，期会间是急。郡县之吏，奔走不暇，以应乎其上者，如斯焉耳矣。胡君方稽核戎籍，顾能于风教究心焉，然不数月擢金山西按察司事以去，使郡邑之间，不有贤者为之宣力，则其志莫可自遂。且以朝廷良法美意，动为有司所格，悬重典以待之，不事事者犹自若也，况于一祠之小，簿书督责所不及者哉？君子于是当有以窥其趋操之正矣。若为政为学，公所受于圣人之家法具在。凡吏于兹而不能以诗书礼乐化训其民士，于兹而不能志公之志，学公之学，皆弃于公者也。因以丽牲之石，并著之。弘治二年龙集庚戌仲春既望，奉议大夫、山西按察司佥事、奉敕提督学校石淙杨一清撰文。郡人吴概书丹篆额。

重建吴公家庙记

桑　悦

吾邑子游言公北游而学孔子之道，得其文学一体以归，为东吴兴文学之祖。大江以南，万世尸而祝之攸宜。宋庆元间，孙君应时宰吾邑，曾庙于学宫之东。后令王君燨，加意存其后人。其庙累代修葺，惟祠之于家者或有兴废。本朝巡抚、工部尚书周公忱及令甘君泽皆鼎新之，后毁于邻灾。四明之慈溪杨侯子器由名进士知邑事，至任拳拳以稽古崇德为事，于公之胤，周其学费，婚其未匹，既为屋数楹以妥公神，仍置田若干亩资延世祀。祠成，公之六十五代孙江以记求予言。予观应时庙公时，尝求紫阳朱子为之记，凡公高弟圣门与能过化于吴大略，朱子言之已详，予何敢赘一辞？独公在当时以文学名，获居四科之列，公之所为文学者，当以为乡之后人告。《易》曰："观乎人文，以化成天下。"何如其文也？孔子曰："文王既没，文不在兹乎？"是故圣人学文于天地，贤者学文于圣人，文学以经纬天地为极，自非圣人，莫能与乎斯文也。然则公之文学，又何如其文学哉？观其为学，必欲知本。燕居必论礼，取人必以正大，治人必用礼乐，故朱子谓其敏于闻道。道即吾夫子，闻道是闻夫子。然则公之文学，乃入圣师文学之阶梯，又岂止言语文字而已哉？若曰孔子作《春秋》，笔则笔，削则削，游、夏不能赞一词，是又以言语文字为文学也。以言语文字为文学，特艺焉而已耳。若公之文学，诚可谓道德博闻者，果可以小技目之欤？今去公二千余年，而世之名为儒者，不过醺啜简册糟粕，就使其文其学，华藻如相如，勤笃如元凯，曷足以窥圣学之一班？而况浅识謏闻之士，以小才自恃，不复知身心为何物，甚至剽窃章句，惟取掇拾科第而止，以是谓之文学，宁不有玷公之文学乎？学公之文学，必以求道为主，等而上之，见道卓尔，则颜子之文学在是。由是优而游之，不知由之，乃孔子之文学也。呜呼！是可一蹴而至否耶？人能学公之文学则不死公之心。庶几斋心以祀公者无穷，而凡暗室屋漏之中，与夫明窗净几之下，皆为言公之祠宇者矣。古称王谢崔卢，谓之高门，然为公之子孙者，则又何如？苟能不坠家学之传，斯为公之佳子弟，以是为一瓣香，为五十席，为十七物，以供以献，犹为过之。而今日之栋梁，亦可化万间之广厦，大庇学公之徒也。予忝与公为后进，虽愿学孔子而景仰于公者，自卯角以至白首，亦非一日。故记公之祠，遂记公之文学之实，以勉乡之人并公之后人，亦因以自勉。弘治己未八月望，柳州府通判、邑人桑悦撰并书。

祭文 家庙回禄，杨侯重建落成，因为文致祭

杨子器 邑令

弘治年月日，常熟知县杨子器敢昭告于先贤言子之神曰：惟神产于南壤，学于中国。得圣一体，列科十哲。为宰武城，弦歌化俗。庙貌尊严，古今崇奉。煨烬靡遗，比遭回禄。器忝兹令，董工修复。厥功告成，奉妥神灵。洋洋在天，永享明禋。

重建文学书院记
钱仁夫

昔衰周之世，圣师孔子设教洙泗，北方之士从游盖三千也。独子游吴人，悦其道而北学于其门，身通受业，列科文学，得圣人之一体，遂以化洙泗以南鄙朴不文之俗。出宰武城，以礼乐为教，嘉言善行具载《鲁论》《礼记》，衣被后人多矣。崇德报功，天下后世孰无是心，况其乡之人耶？况其以世继世，奕叶云仍耶？子游吴人，常熟吴之上邑，子游实生于斯。宋儒新安朱子作《丹阳公祠堂记》，谓"巷名'子游'，桥名'文学'，公为此县人不诬矣"。今天下学校，春秋丁祭文庙，子游以十哲列坐殿上，配享圣师，尊崇亦至矣。万古此天地，万古此人心，则所以尊崇之者，宁有穷耶？在常熟文庙之外，特建吴公祠，崇奉子游，春秋次丁祭焉。此则请于朝，而设有祝文之仪注，所以崇圣学而励风俗也。祠之外有文学书院、言氏家庙。书院则元至顺间义民曹善诚创造，赡以己田，有司上其事，省部设山长主之。今废无存。家庙则旧所有者毁于兵燹。宣德间，巡抚周文襄公即其子孙之所居建庙。弘治间，毁于回禄，县令杨子器重建，给田以供祀事。然俯临阛阓，地实逼仄，不足以妥神灵而疏具瞻。今其主奉孙弘业，择地于县治之南，琴川之上，土燥亢而位面阳，左为家庙，右为居室，庙门则揭以"文学书院"之旧榜。视旧庙，则有门、有堂、有庀、有庭，四时之祭，合族人以行礼，周旋折旋，中规中矩，闻者见者莫不赏叹。前此提学御史江右张公、浙东萧公，据邑学师生呈词，批送言氏裔孙名弘业者，复主奉之旧，以奉祀事。且录其子名震者，教养于学。及是书院告成，巡抚都宪西蜀李公行县，因睹其盛，询之邑学师生，质之山林耆旧，咸以为宜，遂移文有司，岁拨门仆，月给廪米，则所以崇重先贤，激励后学亦甚盛心。弘业自谓德实凉薄，无以承继先绪，恐负上人兴起盛心，请记其事于石。窃惟吴国言公，自衰周至今二千余年，文学一脉，传之愈久而愈彰，历代尊崇，愈久而愈盛。观之邑学诸碑，自紫阳朱子、鹤山魏公而下，昭昭具在。晚生末学，何敢赘以芜辞？第上人尊崇兴起之盛心，书院经始落成之岁月，皆不可以不记，于是乎书。大明嘉靖二年岁次癸未五月朔，后学钱仁夫撰。

重建学道书院记
胡缵宗

吴有学道书院，尚矣。孔门言子，吴人也，封吴公。宋咸淳间，郡守黄君镛奏立以祀公而教育其子孙。故址在常熟，书院在普贤子院，直锦帆泾之上。元初，夺于豪僧。至元间，山长和宗震辈改创之，在徐贵子桥。元末，复夺为僧舍。入国朝，又百五十余年矣，久不克复，迹亦湮晦。嘉靖初，缵宗受命来守郡，谨按故籍，得其概。窃叹曰："事有若缓而实急者，其是之谓乎？"虽然无所因而为之，吾惧其侈且劳也。既而行视诸佛老之宫，有曰"景德寺"者，去故址数百步而近，南临通衢，形势宏敞。欲即是改为之，然不敢专，则以请于巡抚、右都御史庐陵陈公，巡按御史高安朱公，提学御史光山卢公，皆报可。岁乙酉二月，爰始兴工，撤其像，去其丹雘，追琢其逾制者，而增葺之。其南为门，稍北为仪门，又北为中堂，肖公像曰"学孔堂"，之北为师生讲授之所，曰"文学堂"，之东西增作斋舍，以居诸生之学道者，凡若干间。又北为楼，曰"弦歌楼"，墍而垣之四周，凡若干丈。须其成以闻于朝，岁修祀事，而择其子弟之进修者，俾讲读其中焉。工既讫，缵宗从博士弟子释菜以告成事，燕而歌泮宫之诗以落之。佥曰："书院之废，垂三百年，及今而复，不可无记。"予惟周道衰，先王之教熄，赖孔子及其门弟子传而授之。惟吴公起南服，北学于中国，哀然以高弟称圣门，盛矣。顾其曰文学云者，非尽于今之君子所能而已。盖圣道之精蕴诸心，见之言，而达之政事，凡其灿然者，皆是也。而公独得之，故其治民以礼乐为教，曰"君子学道则爱人，小人学道则易使也"。彼所谓识其大者非欤！今去圣益远，虽政与代移，俗随化易，而吴之人文每先天下，非公则谁启之？君子揆礼意、原人情、循报本之义，则今日之举固不可缓哉！惟人才之作养，则学校存焉。条贯品式亦既具备，宜若无事乎？此然玩常愒故，则劝督作兴之意，当有出于法令之外者，于是乎拔其尤而储焉，以待天下之用，亦识治者所不废欤。若夫尚论景行，以追前人之懿，以求所谓学道之实，则诸君子所有事者。先正有言："没不俎豆其间，非夫也。"诸君子于是亦有所感乎？缵宗不敏，愿相与勖之，以观其成，用为记而镌诸石，且以劝夫嗣政者，俾勿坏。赐进士、中议大夫、赞治苏州府知府、前南京吏部郎中天水胡缵宗撰。

学孔堂记
郡守胡缵宗

天不可以象名，孔子之道不可以科名。日月星辰，象也；德行、政事、言语、文学，科也。谓天尽于日月星辰，是小天也。谓孔子之道尽于德行、政事、言语、文学，是小孔子之道也。学孔子者，不得其全而各得其性之近似，乃名以科，而不知孔子之道，何可以科名哉？虽然，学孔子者非得其门，吾未见其入也。夫苟不欲知天则已，苟欲知天，在璇玑、玉衡以观日月星辰，几乎天矣。夫苟不欲学孔子之道则已，苟欲学孔子之道，由博文约礼以达德行、政事、言语、文学，几乎孔子矣。言子游，孔门高弟也，其称于同列也以文学，而其治武城也以礼乐。礼乐固文学之见乎其外者也。德也，政也，言也，文也，无不存焉之，谓礼；德也，政也，言也，文也，无不和焉之，谓乐。子游学于孔子而独得乎礼乐之传，亦微矣。夫礼乐，孔子之道也。学礼乐以入道，孔子之教也。故学子游所以学孔子也。学至于子游，具孔子之一体矣。而顾文学之者，是所谓学焉而得其精华焉者也。子游吴人也。吴之先，启于泰伯，泰伯以让风，子游以礼乐风，吴之文实彬彬矣。夫岂后世之所谓文哉？亦岂后世之所谓学哉？后子游而兴起者，唐有若陆公贽，宋有若范公仲淹。赞曰："上不负天子，下不负所学。"仲淹曰："先天下之忧而忧，后天下之乐而乐。"文章勋业度越一世，虽未敢上拟孔门，其亦学子游而得者欤？学子游所以学孔子也，故吴之文称盛者，圣曰泰伯，贤曰子游，先正曰敬舆、希文焉尔。其以文擅当时名，后世者不与焉。吴故有学道书院，创于宋，复于元，迨至我朝，湮废已久。缵宗忝守兹邦，乃因佛庐之隙而鼎建之。外为书院，门内为学孔堂，傍为庐舍。择言氏子弟之良者肄业其中，而以孔子之道相切磨。正与诸士子学敬舆、希文以至子游，学子游以至孔子，其庶几矣。传有之，士希贤，贤希圣，圣希天，其尚勖之哉！其尚勖之哉！后学天水胡缵宗撰。

重建学道书院记

陈 察

明嘉靖乙酉春，察从吉。仲秋用，宦吴。诸贤劝驾。出，将赴中台，道郡城，入焉。创见远门一，曰"东南邹鲁"。登数步，重门三楹，曰"学道书院"。又数步，塞门一，曰"学得精华"。盘辟以上黄庭，砥平，中陈如矢。正堂三楹，高可四丈，深广殆加十之三，颜曰"学孔"，中肖吴公子游遗像，雍容严饬，瞻拜若生。正堂后为讲堂，曰"文学"，高深稍次于正堂，长过之。堂后为楼，曰"弦歌"，竣整与正堂称。轩窗洞启，四瞰城郭，郊坰民房数十万，毕献目睫。旁翼斋舍，东西各几十几楹，谛视之，蔓硕穆清，概可容数百人，凡诸什器暨庖湢溷厕而亦无不给。察讶曰："规模宏远矣，胡然乎？"吴县尹杨君叔器进曰："前代景德寺也。我郡守天水可泉胡侯，仰吴公子游之正学，惧文学之晦蒙，请于巡抚高安朱君实昌。君曰：'吾闻郡故有学道书院，岁久湮没，宜复。且抑墨崇儒，袭成者功，易其治之。'侯下令曰：'乐助者来。'民咸趋之。其费白金才百有四十两，不逾月而落成。盖驱佛像，而因其故宇加润色，若斋舍则颇增新焉。将选言氏之敏者充入，僧徒移萃外舍。顾胥庆曰：'吾今乃脱虚旷而闻弦诵，何幸哉！愿易缁以蓝，敬司、扃钥、燎爇。'"侯听之，复给闲田几亩为香烛值。君子谓是举也，备而藏矣。子观厥成，盍记之？"察曰："苏郡为东南要会，生齿数百万，贡赋特重于列郡，且政繁狱滋。四方之士大夫之过者无虚日，有能辨集目前者亦可矣，而暇及此乎？盖侯感吴公之风旧矣，故志果力勤工逸效速有如此。"予窃叹，勾吴昔列蛮夷，不在五服。泰伯、虞仲以天下让，介止以德高千古，雅道之来，远有端绪。比吾吴公崛起，悦吾夫子之道，不远数千里往学，至孔子没然后返，谓非抱天下之真知而浩然至刚者乎？其得圣人之一体，而擅文学之名，于世固宜。然观其言曰，直情径行者，非礼之道也。品节斯，斯之谓礼。其取人曰"行不由径，非公事，不至于偃之室"。其为治名（句疑有误），不过教以礼乐，上爱人而下易使，凡此皆夫人之所能知能行者也。今病弗思耳。试思之，此有人焉？动有品节也，行必不由径，非公事必不至也。从事者必先王之礼乐，而古诗之歌也。若人也，谓非学道而能然乎？其或反是之谓学道可乎？然则所谓学道者，信不离于吾身日用之常，善学焉者亦惟审其是，而笃信以果行耳。是之不审，信弗笃，行弗果，歧而之他顾。诿曰世有升降，兴时高下，何其厚，诬也。使斯世斯时信有至，刚而独立者将不得为吴公之徒，与察无似。谨以切于人人者，申诚敬为入门，忠信为入地（上三句疑有误）。趋向必高明而广大，动止必中正而和平，义重聚乐焉耳（句疑有误）。凡古今人物之可友以师（句疑有误），即言行政事其可大以久自余（句疑有误）。则若衣服之制，饮食之节，凡游于斯，不可不慎。陈馈八簋，先王之燕也。今馈罔逾四，可矣。彼醉不臧，作圣之戒也。今饮不至醉，可矣。音乐，时乎当用，故不敢废也。罔厕以钲铙，继以优曲。夫钲铙、优曲非公之弦歌也。若以为小节，不必若是之拘拘，吾恐一念之肆，怠心日胜，岂所以为公学者哉？昔紫阳朱夫子记丹阳公祠于吾邑，曰："安得此邦之人，复有如公者出，一洗偷懦惮事、无廉耻、嗜饮食之讥。"至我朝，御史中丞吴文恪公复记之，其说益详。百尔君子，尚敬勖之哉！此邦之心，犹四海之心也。今之道，犹古之道也。尚敬勖之哉！胡侯名缵宗，字世甫，关西名士。蚤听胪传，入读中秘书，出贰嘉定州，迁长潼川，最擢安庆守，又最更治于苏。所至政以才敏，治以儒饬，崇德象贤，如斯举者，不一而足，类非俗吏所及。一时僚友周君仲仁、郭君田、万君奎、熊君伯峰、蒋君文奎、左君季贤，胥激昂协德，同道以相左右。若兴作之岁月时日，董役之群吏、向义之民暨匠石之名氏，别载碑阴云。

重建文学言公祠记

王 言

嘉靖乙巳秋八月，予奉命南巡，道按吴郡。未几，常熟县令葛桷以前御史新昌吕公重建文学书院、言公祠成，具以兴废颠末，请记于予。予谓孔子之道，无所不寓。其徒各有所因而入，乃有得夫一体焉者，犹水之行地中，无往不在。其分流别派为四渎，式见夫水之一支耳。夫渎为水之一支，尚庙而荣之，古今不废。顾言氏子游之在圣门，获擅文学一科，犹夫渎也。其祠而祀之固宜。然予以孔子之乡之后进，追维孔门弟子悉皆北产，惟言叔氏实产吴之常熟。在春秋时犹为荒服，未沐先王诗书礼乐之化。言叔氏独能悦仲尼之道，北游而师事之，遂以文学列于四科，与颜、冉、商、赐并称。粤自长淮大江以南，特一人耳。观厥平居以礼范族，为学必以知本，论丧止于致哀，事君交友不欲数谏，取人则以正大为则，治邑则以诗书礼乐为先。其所谓文学，信能变易旧俗，诞启东南文献之源。子朱子所谓南方之学得其精华，讵不益信矣乎！全吴世飨，与天壤相为悠久，亦所宜也。而况当常熟为故里，墓巷俱存，墨井遗香，精爽凭依，祠祀之建各有攸当。顾文庙位于十哲，天下之通祀也；学宫有专祠，邦人之公祀也；宗子有家庙，后人之私祀也。兹祠之建，乃其后裔曰弘业者，昔裕于资，因庙于家，以自别于齐民耳。冢子弗克肖，展转相鬻，末后归于太学生王鲁。事闻于吾院长吕公，遂蹙然曰："先贤祠祀几废，法当兴之。子姓弗赡，义当䦱之。"将尤及王生，亟令倍出工费，循其旧址，益宏新制，中奉遗像，俾学者得以居业，过者得以瞻仰。别令有司给田以赡之，其祠门匾曰"文学言公祠"。内复重门，乃立神宇，翼然居中。联讲堂于其前，列斋庐于其旁，为从屋于其后，凡数十楹，赫然壮观，恤然靓深，庖湢蔬畦，罔不完具，谅为事神育才之区矣乎。若前后之有功于祠事者，如周文襄公及宋县令二人，原奉于别室，今亦仍厥旧焉。其祀田之圩图亩数，祭祀修葺之需，悉当著为定令，以附刻碑阴。厥工经始于清和之二日，再逾月而落成。复虑言氏之后，弗克永世，以负今日盛举，因令老氏之徒守之。公既复命还朝，予实代焉。君子谓是役也，有四善焉，上不伤财，下不损民，义以行罚，营而不怨，中以定制，完而不靡。予实初代其记事，勒碑有弗得而辞焉者矣。爰稽专祠之建于有宋，文公朱子尝记之矣。重修于我明，文达李公又记之矣。家庙之记，则邑之闻人思玄桑先生所制也。予幸以文字相踵大儒名卿之末，又重吕公之尚名教，以风来学，窃有告焉。兹祠之建，匪以崇虚文也。凡景哲开来，励治隆教之意，胥此焉。凡士之生于斯者，克遵其所学，践其所言，恒勉勉以求造乎！务本勤礼之实，将不为良士君子乎？吏于斯者，以正大取人，以礼乐为治，不屑屑于簿书期会之末，将不为名公卿大夫乎？是则吕公与予建祠属辞之意也。更为迎献送神诗五章，俾春秋歌以祀公。予将巡历来兹土，当释奠而试歌焉，亦并以记其成。赐进士出身、文林郎、巡按直隶监察御史、前翰林院庶吉士、东牟王言撰。

迎神诗曰：虞山峞峞，琴外浟浟。笃生言公，道化在兹。于昭德象，祗奉新祠。明禋有格，神其降斯。初献诗曰：卓哉言子，有吴先觉。奚伺文王，列科文学。束帛荐忱，侑享以乐。登献清酤，昭格无邈。亚献诗曰：东南文献，自公作则。佑启后人，修祀无射。黍稷维馨，牲牷孔硕。式陈明荐，庶几来格。终献诗曰：香秬在前，豆笾在列。以享以荐，既芬既洁。登献惟三，人和神悦。于嘻成礼，率遵无越。送神诗曰：新祠奕奕，文教是崇。有司庶士，共事雍容。神既享祀，百福来同。亲贤之利，永世并隆。

叙建文学书院始末
邑令王叔杲

　　余令常熟之三日，肃谒文庙，之左偏有吴公子游祠附焉。余入而礼之，出而问赞者曰："是邑也，子游之乡也，岂无所谓专祠、书院者乎？"咸对以未之有也。夫勾吴自泰伯端委以治，而尚仍文身之陋，惟子游北学中国，传仲尼之道以归，而大江以南，学者莫不得其精华。由是称文献之邦者，盖三千年于兹。其功匪亚于仲尼者欤？而是邦为首善之地，诸乡后进是其教诲之所先也，乃书院之制缺，然未之有作，讵非士之耻，而有司之过欤？于是谋及乡大夫，谋及士庶，佥曰："惟令是从。"会直指温公行部至县，诸生有以状白者。公毅然以崇贤举废是任，亟命余曰："是邑之缺典也。令其图之。"余乃度地于虞山之麓，御史台之西，去吴公墓二百步而近，有隙地一方，从若干丈，横若干丈，厥土黄壤，广衍爽垲，可八亩余，于院为称。余购之民间而酬其值，于是画糇粮，输财用，佣工役。南为门者一楹，曰"文学里"，以临通衢；直北百武，东向为门者一楹，曰"文学书院"；由甬道折而西南，为正门者三楹，曰"南方精华"；又北为池者一泓，石梁亘其上，石楯环其傍；又北为绰楔而四柱者一，曰"洙泗渊源"；又北则为学道堂，中三楹，夹室二楹，前为轩，又三楹；堂之前，左右为斋舍，东西向者各十有四楹；两舍之前，又各为高垣以界之；堂之后，左右各为楼者三楹；楼左又为庖湢三楹。而祠之制略备矣。又以瞻依无所，则士心罔摄，于是为祠以妥先像者凡五楹，前为祠门，于堂之后，其外则缭以周垣。经始于乙丑嘉靖四十四年之二月，落成于次年之七月。木必丹雘，石必砥错，厥材孔良，厥工孔精，直者如绳，折者如矩，闳伟壮丽，盖邑之公宇民庐罔有逾之者矣。然祠临之于上，不可以莫之祭也，于是岁为释菜者二；士群之于中，不可以莫之程也，于是月为考试者三。祭有品，试有馔，费安从出也？于是有常稔之田六十亩，岁收其入以为供焉。夫院制备矣，祠义周矣，而掌之非其人，胡可久也？议以分教一人居于斯。而建廨之役，余以赴召不遑及，而仅具其费，以属之董役者。总为金一千六百有奇，出公帑者十之六，余捐俸而设处者十之四。是役也，主议者温公规画调度，余则身之董诸役。俾速于有成，则卫簿重鉴之劳也。噫！余之令常熟仅十有六月，而于兹实殚心焉。令院宇翼翼，诸士彬彬集矣。幸以无辱监司之委，以无隳崇贤劝学素志。然岂余之勤哉？亦诸大夫之乐赞、士民之劝趋而相与以有成者也。余故纪其岁月与其规制，以谂于后之君子，尚相期翼于永久焉。况言氏裔孙具在，当念及于余之一片苦心，守而勿替，以广其教思，修其颓敝，更有厚望焉。尔乃若述圣谟、明正学，以开示群贤，则有诸巨公之文在，余乌乎能？嘉靖四十四年岁在乙丑创始，成于丙寅岁之六月。永嘉王叔杲阳德氏手书。

文学书院记
瞿景淳

永嘉王公治常熟之二年乙丑，政修民和，百废具兴。学宫左有吴公祠，公既展谒，因叹曰："嗟乎！兹固先贤吴公之乡也。国家方以文学造士，今仅有祠而书院未备，造士之制，无乃缺诸？且嵩阳、岳麓类有书院。矧兹为吴公之乡而独缺焉，固有司事也。"乃相地于邑治之西，得元废书院一区，介两宪院间，西枕山麓，顾瞻则吴公之墓在焉。公曰："是矣。"乃白之按院温公。温公亟是之，首发赎金若干助其役。公乃度基址，计丈尺，具材用，卜日兴工。其地南阻民居，乃东辟为书院门，门内稍虚，其南为坦途，北折为门，表曰"南方精华"，言南方文学肇吴公也。门内为池，树以绰楔，表曰"洙泗渊源"，言吴公之道本洙泗也。又进为学道堂，揭示遗训，俾士民知所兴也。堂北为祠门，中建祠宇，旁翼以亭，自非瞻礼，门不轻启，明有敬也。堂之左右，稍北则对立书楼，稍南则对立号舍，各蔽以墙。出入有门，升降有阶，士之肄业其中，而升堂问难者有过廊，冀士或得沾时雨之教也。吴公故有专祠，然仅容俎豆，而不足以聚生徒，则崇教之道未备。今书院之复，奉祀有祠，讲道有堂，藏书有楼，肄业有舍，规制宏敞，真足以报吴公之德，而慰吾人景行之思矣。余独念今之以文学名者，或有异于吴公也。吴公之文学，盖笃其实，非徒饰空言者。若今之文学，徒饰空言，为干禄之资耳，无乃有异于吴公乎？世有豪杰之士，必有不安科举之习而以操履为重者，矧至吴公之乡而依其门墙，可徒浮华是竞以忝吴公乎？是可以省矣！不然，邑故有学校，岂不足以造士，而司教化者，必勤勤于书院哉！是役也，成于王公，而温公实主之。温公宪体振肃，事之害财者，虽小必革。独善王公此役首助成之，其表章名德，风励人心，可想见焉。王公复济以精敏，役兴而民不知劳，事节而民不知费，使千年旷典新于一旦。盖均可书云。

虞山书院记
操江都御史耿定力

在昔尼山诞圣之年，勾吴犹未及侪于冠裳。天启子游奋焉，北学占孔门文学科第一人，归而道与俱南，故大江以南靡不当尸祝子游也者。矧兹土实其灵秀所毓，遗魄所藏，绍休袭明，于兹特盛，岂宜饮泉而忘其原？衣冠是袭而迷厥本指，道明而文学始振，文学振则当年北学之精神迄今不磨。彰往诏来，伊谁之责？此书院所自立也。历考往迹，宋庆元间，实肯堂构，颜其门曰"文学"。迨元季而废。昭代宣德、正统间复焉，名曰"学道书院"。旋又废。嘉靖乙丑，王尹叔杲者重恢新制，绍复旧名，以万历庚辰议毁天下书院而废。夫废者是，则兴者非也，兴复书院非是，即明道亦非也，子游当年北学之意非耶？瀛海耿庭怀氏以进士高第来尹是邑，怆焉有痛于兹，爰以听政之暇，振缨山巅，俯仰古迹，见废祠孑立，四顾平芜，曰奚墟也。讨王令所恢之故址，曰奚削也。会海寇就擒，台奖荐至，曰弭盗靖民，维吏之司奚赘也。乃益割俸资若干，赎镊若干，率先士民，与之经始。士民鼓舞从之。鸠工以乙巳之嘉平月，其明年鼎建一新。有祠翼然，曰"言子祠"。祠之东，其堂曰"学道"，室曰"崇本"，名义章矣。精华舍以馆名贤，以授来学，别室以栖言氏之后人，规制备矣。丹垩未毕，俊彦云从。至撤东林之皋比以就海虞书院，风声于焉大振。乃益拓其西偏，访墨井之遗而浚之。楼其后，池其前，周缭其外，分列经房，其中包络弘矣。更辟隙地构堂，西向以存射圃之遗。重修昭明太子读书台，使与弦歌之楼遥相映带，除道属之院中而总名"虞山书院"。谓子游子翳虞之人，地以人灵，则名宜以地著也。工既成，寓书问碑不佞。不佞尝维春秋时，东鲁号娴于文学，及观尼父莞尔一言，则弦歌久已绝响，才于武城闻之耳。子游筮仕为宰，亦何尝招招焉以学道为名，而君子爱人，小人易使，自是学道实际。我以此道宰武城，而武城之君子小人自相率从事此道。耳目恬夷，精神欣畅，不觉声满四境，居然有吁咈都俞之意。尼父安得不一为之解颐？至其所取士，竟出于斤斤绳墨之澹台子羽，又何说也？盖子游身为邑宰，意指所向，靡然从风，不有所拣择去取，其问则都雅之盛，或流为浮薄圆通之极，或化为奔竞，以故鼓吹休明之真意，不得不运，以维持末俗之苦心。如此真实作用，无论后贤，即求之孔门诸英，得未曾有真命世淑人之师表也。以余闻庭怀子拮据，甫集，而士有自歙至、自越至者，甚有自闽、自东粤至者，固知四境弦歌，不难坐致，毋亦有如灭明子羽者，出而应之乎？苟得其人，则典型具存，源流可接，将北学所得之一脉，藉手勿坠，而此业之可期永久，又其迹矣。余以匆匆渡江，不及拜言子之墓，因与庭怀子商确，崇本室中，而所冀无坠言子一脉者，或于书院乎？有托也，是以乐为之书。庭怀名橘，河间府献县人，万历辛丑进士。

虞山书院弦歌楼记

侯先春

予游虞，陟洞观山，其峰峦雄整，惟石奇丽，揽结秀色，吞吐高明。顾瞻东、西两湖，明莹如练，四望清明。极目力所至，有大海潯泓潴滀环绕其外，山川之气清淑郁积，称江东冠矣。胡得不来虞仲而产吴公言先生哉？先生浴兰之所，在山之东南，而故第、故井乡人犹能历历指说其处。若里、若桥皆以"子游"、以"文学"名之。而藏骨一丘，林木茂畅，二千年来，樵牧不敢及也。夫当言先生始生时，去虞仲之化远矣。而吴在要荒之外，僻立海隅，其君尚不得与中国会盟，荆蛮凤习犹未尽洗，典仪犹未尽备，厥文隐而未彰。当是时也，东鲁有圣师孔子者，振教中土，声达东南。言先生慨然向慕而心仪之，渡江而北，寻师于洙泗之滨，亲入孔子之室，而得过化之妙，遂称圣门高弟，列文学首科。沉湎于礼乐文章者既久，始以弦歌之教默化武邑，继以弦歌之教归化其乡。言先生佩道南归也，三吴之民因之而济其行，三吴之物因之而彰其彩，人文于是乎始著。曩之朴鄙夙习为之一更，渐染既深，东南文学遂甲海寓，及今以言先生之教起家建勋树业者，居然当海虞之半。若言先生者，非三吴文学之开先者哉？故三吴之士视先生无异邹鲁之视孔子也。宋庆元初，孙会稽应时来为令，以虞为吴公之阙里也，创专祠，俎豆之。后人因立书院，旋整旋倾，而竟毁于江陵柄相之日。四方之士匡不为之忾叹。万历乙巳，瀛海耿君捧檄至，时以弦歌之化，倡率斯民，兴起人心也。则首捐俸以复书院，置别馆为养士之所，而更建楼于祠堂之右，榜曰"弦歌楼"。启楼之扉，言先生之居与墓咸在目睫间。繇是服习先生之教者日密，观感先生之化者日深。耿君，其大有造于虞哉！耿君请予为之记。予惟有礼乐文章之实，然后发为弦歌。弦歌者，礼乐文章之外见者也。声音之道，上可以通神明，尧舜以之治天下，而况一邑哉？通神化民，斯文学之至矣。特挽近世之文学，日趋于章句华藻，而不知经纬天地、弥纶参赞之术，去文学之真精神益远。犹幸虞为首善之地，时时邑有贤令，乡有君子，其前固不可更仆数，如迩时严文靖、瞿文懿两公者，彬彬质有其文，始以章句华藻而终之以经纬参赞之业，不愧言先生者也。而我耿君，丕厘百度，去纤图大，凡所发虑皆宏阔悠远，务以诗、礼、乐化导其民，期年而民即康功，邑称大治。君方引延邑士如金乡侯、澹台公者，居于斯楼，日与讲习先生之礼乐文章，入其邑者无异入武城也。吾愿邑之良子弟，由兹洗涤今时所习，竭力以求言氏之真精神。言氏之言尽载《论语·檀弓》，苟能因肤及髓，即未能一旦媲美先贤，而真儒如靖、懿两文公者，不将接踵起乎？耿君以今日治邑者，推而施于治天下，又何难于经纬参赞之业哉？异日以礼乐文章而弼成唐虞之治，俾后世指史而言曰："此梁溪侯子所荐士也。"予亦与有荣施云。

虞山言子祠记
顾宪成

常熟，先贤言子游阙里也。有书院一所，相传为吴中子弟从游聚讲之地，一名"文学书院"，一名"学道书院"。自宋入元，尝废于至正之末。至国朝宣德间而复，尝再废于万历之八年，无几何而又复。盖斯文命脉所关，自有一段精光灼烁于人心，不容灭没，宜其尔尔。惟是规制未备，过者惜焉。瀛海耿侯孜孜好道，来莅邑事，厘奸剔蠹，百务维新。期年，民大治，肃将祗欢，弦歌满四境矣。一日，谒子游祠下，低回不能去，慨然叹曰："是予之责也夫？是予之责也夫？"遂请于当道而鼎新之。首捐奖金为倡，继之以俸。于时巡抚周公、李公，操江耿公、丁公，巡按今擢提学杨公，巡盐左公，巡仓孙公，巡江李公，兵备杨公、蔡公，知府李公，咸高其谊，各捐金佐之。衿绅翕然丕应，越父老子姓亦莫不踊跃供事。甫五月，遂告成。峨峨虞山，俨然东南大观在焉。因易名"虞山书院"，志地也。颜其祠曰"言子"，亲之亦尊之也。配以游寓梁昭明太子统、名宦宋县令孙公应时、邑贤明修撰张公洪、都宪吴公讷、侍郎徐公恪、别驾桑公悦、大参周公木、孝廉邓公黻、县幕朱公召、布衣邹公泉，从舆望也。又为之溯厥渊源。颜讲堂之前曰"愿学孔子"，是子游之所逾江蹈河，不远千里，抠衣而趋北面，禀业者也。旁建精舍，颜曰"友颜""友曾""友思""友孟"，而汉之董，宋之周、邹、二程、朱、陆，我明之薛、胡、陈、王诸先生，俱次第列焉。是子游之所后先二千载之间，相与疏附奔走，作孔子羽翼者也。入其门，登其堂，俯仰瞻盼，洋洋乎如在其上，如在其左右。宗庙之美，百官之富，不减洙泗当年矣。于是其裔孙诸生曰福、曰禧及侄逢尧偕诣予，乞文记之，以旌侯德，识不忘。予曰："此非君之所得私也。"而侯适以书来，嘱曰："愿闻一言之教。"予谢曰："侯业已命之矣，何庸赘。"福曰："何曰侯之标，愿学孔子是也。吾侪吃紧在发是愿耳。"曰："自我侯提倡以来，凡环而听者，亦既蒸蒸奋矣。"予曰："谈何容易！窃计以为是必有日忘食、夜忘寝之真精神焉；是必有独立不惧之真力量焉；是必有行一不义，杀一不辜而得天下不为之真操概焉；是必有遁世无悔，不见是而无闷之真胸次焉；是必有夭寿不贰之真骨格焉；是必有为天地立心，为生民立命，为往圣继绝学，为万世开群蒙之真气魄焉。六者备矣，然后可云能发是愿耳，谈何容易？"福曰："若是，其难欤！"曰："又不然要在识得孔子耳。孔子曷从而识，要在识得自己耳。何者？自己原来一孔子也。"福曰："然则，孟子何云'人之所以异于禽兽者几希'。"曰："此正言人不为圣贤即为禽兽，须从几希处辨取也。试以见在证。当夫一堂之上，彬彬济济，非性命不谈，非礼法不动，居然圣贤之徒也。固此人也，俄退而与乡人处率，未免堕入习套中矣。俄又退而与家人处率，未免堕入习情中矣。甚而放僻邪侈，无所不为，违禽兽不远矣。亦此人也，何判然悬绝如此哉？其几只系于一念间耳。故曰：'庶民去之，君子存之。'其存其去，两者不能以寸，几希之谓也。魏庄渠先生述陈元城之言曰：'凡人自期待当以圣贤自克，责当以禽兽。'每读之辄隐隐心动。窃以为必如此乃能识得几希，识得几希乃能识得自己，识得自己乃能识得孔子，果识得孔子即欲不为孔子，不可得已。此予所窥于侯之微指，敢代侯引其端。君幸为余复于侯曰：'侯之潜心孔子有年矣，必有会也。庶几沛然悉其藏，以嘉惠我吴，俾斯道昭昭如白日之中天，俾吴人士自知洒扫应对。'以上皆明于向往，如拨云雾而睹白日，斯予之愿也。夫岂惟予之愿，实侯之愿也。夫岂惟侯之愿，实孔子之愿也。然后言子之北学而归不为孤，孔子之所莞尔而笑且不独在武城矣。侯其无让哉！"福等咸起拜曰："论至此，委非眇末可得而私也。"遂次其语，归而镌诸石。周公名孔教，临川人；李公名三才，顺天人；耿公名定力，麻城人；丁公名宾，嘉善人；杨公名筠，仁和人；左公名宗郢，南城人；孙公名居相，沁水人；李公名云鹄，内乡人；杨公名洵，济宁人；蔡公名献臣，同安人；李公名右谏，丰城人；耿侯名橘，河间人；乃若教谕则黄家谋，训导则化大顺、朱朝选，县丞则赵继俊、楼汝栋，主簿则王化、曾承忻，典史则俞钰，皆与襄乎盛事者也。法得附书。

上台司郡邑上公启
张献翼

窃闻诵法孔子，每兴私淑之怀；圣门有人，尤切尸祝之愿。是以经海隅者重感于鲁连，过延陵者伫想于季札，悉由异域矧乃同乡。若吴公子游，礼乐不去其身，圣门由此其选信为入室之英，非但一节之士而已。念勾吴自昔为荆蛮之俗，非本文献之乡。方周之初，泰伯自北而南，与礼让偕来。至周之末，子游自南而北，将精华独得。不惟泰伯有大造于吴人，子游且同功于泰伯。风存往哲，好出秉彝。稽之于礼，既合祭社之文；秩之以祀，又协置祠之义。是以先朝胡郡守缵宗，于景德寺旧址重建学道之宫，爰遂精华之室，禋祀前贤，肃瞻遗像，史册永称盛事，吴会传为美谈。念此十地一区，乃有开府列第，胡然而释，胡然而儒，胡然而署，胡然而居。俾圣门高弟、乡曲大贤仅借容主之奥，夐有建庙之基，乡土士人徒有景行之心，无复瞻依之地，信今日之缺事，当世之坠典也。献翼有五亩之宅，次学宫之傍，去斯文之地仅十武而遥，行春秋之祭，可一举而得特献。诸公府用作专祠，犹愈于舍宅为寺之王珉，窃附于舍宅为学之文正，皆吴中旧事。愧非其人，不必坏民间之庐，毁僧人之舍，而堂构既备，灵爽俨然，异攸栖以攸宁，挽将丧于未丧，但此系万世之公举，非一夫之私情。伏恳台司宪职，隆修坠之典；郡邑循良，覃举废之仁；不烦卜地，而授以经始；不费给资，而相其落成，迎遗像于社学之中书院废后，木主寄在社学中，故云，行释菜于新祠之内，着为定额，百世不迁。想弦歌之声而不可得闻，因俎豆之事而庶几如在。不惟私淑之得人，兼幸尸祝之有地，讵非盛事，不为美谈乎？考吴公之祠，初在府城东北隅，不知创于何年代。据郡志营度于咸淳五年，故址在普贤子院，赵顺孙未成而召去，黄佾镛继之以落成。子孙享赡士之田，山长讲爱人之义，礼行释菜，行列衣冠，在宋朝并称贤守。淹至胡元，俄成陋俗，祠竟据为僧司，田又夺供香积。有山长祖宗震又云姓和，未知孰是、金德修二氏出，共买高氏园地，改创言公神祠，为之重新，稍复其旧。虽出县人创其端，亦藉有司上其事。献翼有山长祖宗震、金德修之志，当路岂乏赵顺孙、黄佾镛之政哉？说者曰：常熟业已有祠，郡中可无特祀。不知吴郡书院凡六，设官主教者有四。《礼》云：有其举之，莫敢废也。有其废之，莫敢举也。方今祀典不载者，既悉废除，则法施于人者，宁容弗举。且范文正、魏文靖二祠岿然独存，又祭非一处。范、魏皆诵法爱人之言。北面弦歌之化者，能独享郡人之祀，不让先达之贤哉？况孔子讲道齐鲁之郊，从游罕东吴之士，独子游子一人登圣门为十哲。世称常熟为琴川，本于弦歌之说，《表》《坊》曰得人，因及澹台之名，途人咸愿尸祝，细民皆思俎豆之矣。当时圣人之门，传道莫如曾子，于裼袭丧吊之礼，曾子不知而游也知之；颖悟莫若子贡，先成其虑之行，子贡不能而游也能之计。游也，列弟子七十二贤，少孔子四十五岁，叙文学于陈蔡之日，当在童年，推灭明于武城之时，仅逾弱冠。未有卓尔之见、绝群之举如子游者也。盖祠之复与不复，祭之专与不专，无关于前贤之重轻，而有系于世教之兴替。献翼产荆蛮之中，望宫墙之外，顾不自量，妄有僭逾司文教者，俯听而察之，幸甚。长洲治人张献翼再拜敬启。

房宅一所，坐长洲县地字一图，府学之东。第一带，门面十间，中黑漆正门一座；第二带，墙一座，天井一座，慈竹二墩，桐树二株，廊三间，书房一间，天井一座，西边砖墙一带，天井一座，柏树十株，梅树一株；第三带，东库墙一带，墙门一座，楼房上下四间，东西厢房二间，又东厨房三间，井一口，西厅房三间，书房一间；第四带，闲房六间，空地一亩，大碧桃二株，周围山墙皆完。

重建言公祠记

王世贞

弇州生曰：吾郡盖有言公祠。云言公者，郡下邑虞人也，讳偃，字子游。昔在宋世，绍隆先圣之统，而公以高弟子得进爵吴公，至明世宗朝罢吴，封称先贤言子，其祠故在虞，载之祀典。而在郡者，前守令因民之懿好而创之，顾杂市嚣而处，且湫隘不称。今少师申公汝默尝读书其中而陋之。既贵，谋所以称公者，问地而得一巷，故名"学道爱人"，喜曰："兹地也，非公之所，尝从事类居肆者耶，抑何默吻标著若此也。"乃大出赐金，买故社学及傍地，庀良材为堂五楹，两庑翼之，戟门屏之，傍饬丙舍以居受经者。郡邑守令相顾局蹐自责："师帅之不称，何以辱我公？愿一切任费，少师公不可。"既成，而贻书世贞山中曰："子为我记之。"世贞伏睹乘志，吴之先泰伯固以至德三让天下，第荜路而来，因循故俗，不能遽有所移易，其国至寿梦而始大。然与其三子相禅，以武德则不竞，而日寻于干戈，季子札始复以让成之。因北使中国，以观十二风之盛著为咏嗟，盖彬彬矣。不三纪而公始复游吾夫子之门，获闻性与天道之概，而记《鲁论》者列之文学之科。自是二千余年，而吾吴之文学遂以巨丽闳爽甲天下，其黼黻章施，足以表盛世之象而有余。识者谓季子仅嚆矢焉，而公实廓大章明之，其功有不可掩者。虽然，公之所谓文学也，将今所谓文学而已乎哉？穆叔有云："太上立德，其次立言。"吾夫子之门固未尝歧德与言，而二之公之视颜、闵若少逊其文学，不必不通于德行也。记者所以重目公耳，不然武城之郭弦歌之声蔼然，而学道之对卒不屈于夫子之莞尔。子夏之门人于樽退逊（句疑有误）亦既雍雍矣，犹倨然而命之曰："抑末也，本之则无。"如之何？呜呼，是本也，岂今之所谓缀声偶韵、属事俪辞以苟就世之耳目而已乎哉？盖不特孙卿子（句疑有误）之所讥称即以语公，公亦贱儒之矣。少师公，世所推以文学衡世者也，然不自足，反而归之德行，以其所蕴藉佐圣主，斟酌元化，与民更始。夫礼乐积德者，百年而后兴。高皇帝之洗去狄膻，视泰伯何啻万万德之积为百年者两矣。以圣主之敬承，而少师公与二三哲辅毗赞之，其视当时何如也？亡论季子论乐归而不获伸于其父兄，即以公之贤，得夫子为之依归，而所谓弦歌者，仅施之蕞尔之小邑。圣主方垂裳而听少师公与二三哲辅，郊庙之典，尊尊亲亲，诗歌乐律，金声而玉振之，又何待哉？世贞老自废，辱少师公命之记公祠，岂谓于公之道少能窥见一二，毋亦以其拘方自好，庶几澹台之末节，而或有当于公者，故略述公义学之所重，且推公未竟之志，以属少师公，不知少师公以为何如也？嘉议大夫、南京刑部右侍郎予告、郡后学王世贞敬撰。资善大夫、南京礼部尚书、后学袁洪愈书丹。通议大夫、兵部左侍郎、新安后学汪道昆篆额。万历丙戌七月，六十九代裔孙主奉生员言某董立。长洲章藻镌。

虞山书院志序
王穉登

吴，故荆蛮之国也。自言公北游为圣门高弟，以文学与颜、闵诸公并列，而后南方之学得其菁华。今之文献甲于海宇，何莫非公始哉？乃其故宅荒于蔓草，遗井没于民居，弦歌礼乐之化，几于迹熄。吏兹土者，惟头会箕敛，催科案牍是急，何暇陈诗书论道德，以化民成俗，如所谓学道爱人者哉？瀛海耿侯甫下车，睹邑政弊甚，则曰："不刑乱民，不可以治。"于是取吏舞文、民玩法者，悉置于理，发奸摘伏，咸称神明。海堧巨猾薮，绿林匿亡命，白昼杀人于鲸波之中。侯一一名捕系狱，竿首藁街。而后闾阎安堵，桴鼓无警，民熙然有乐生之气。侯曰："既富方谷，是可教矣。"乃即故虞山书院鼎新之，剪薙荒秽，崇饰堂宇，祀言公于其中。庙貌钟虡，焕然一新，讲堂丙舍井如翼如。巨儒鸿彦礼聘而至者，俨然皋比之席，四方人士裹粮蹑屦，猬集麇进，相与穷天人之奥，阐性命之微，无不勃窣理窟乎（句疑有误）。侯益捐俸钱、赎锾之羡助，饩牵给膏火，吾伊声彻夜矣。时时与客载酒来游，登高骋望，吊虞仲之遗墟，陟巫咸之旧陇，憩昭明之荒台，汲言公之遗井。与从游诸子论道讲书，扬扢经史，察民风，询土俗，觞咏啸歌，竟日忘返，庶几风雩、采藻之乐。与抚中丞部使者露章并荐政府，以海虞治行为江左诸邑最，尺一玺书，既下，乡士大夫、父老子弟遮道借寇者相踵，轵其轮不得行。侯敬谢："劳苦诸君，不佞令治邑无状，藉言公遗教，与民休息，其获免于谴责者，则皆公之绪余也。今行矣，惟是书院者，不佞令所为，苦心左枝右梧，三载而后成。诸君不忘令，幸无忘书院。书院不废，即言公之文学不坠于地矣。不佞令何敢忘诸公之休明？"余叹今之绾铜墨、剖竹者皆耿侯，若何患文教不兴哉？奈何腰章手板，奔走以事上官，如救头然，惟恐不免。吏议所称贤有才者，不过读城旦书，持文墨议论足矣。安得文学吏治如侯之善学言公乎？书院之兴废，是在后之人，焉能必人人耿侯也？太原王穉登撰并书。

虞山书院月讲义约序

黄家谋

瀛海耿先生令虞，浃岁而庭无留狱，海无飞艘，道无拾遗，五百里内直鸣琴而治。尤惧正学久湮，贤迹芜废，寻学道书院遗址而重复之。院自宋元迄我明，时废时兴，而稍振于王永嘉，复旋毁于江陵。至先生慨焉经始，结构精密，规模宏敞，树色山光环而映带，遂成大观。工既竣，为谂于众曰："是举将徒复旧名乎？将复所繇称名之实乎？实之不返，名于何有？"乃以月之三群多士课艺其中，月之九会大众讲道其中。四方负笈来从，一时桥门观听者盖趾相错焉。余不佞，每从先生后谒圣贤，坐讲席辄作而叹曰："书院毁几三十年，地且鞠为园蔬。有道君子吊其墟者，仅以欷歔欲绝之意，付之荒烟断碑。而今堂伟舍精，庙貌神位，骇目竦心，人人若新识一言子。"然者先生为功德于虞，不至巨且远哉！第庀材程工，捐先生之俸，期会约束，殚先生之神。其月有讲，讲有供，需先生之帑。无不劳也，无不剧也。而先生一意于继往开来，政不自谓劳且剧也。行两年，贤缙绅、孝廉暨茂才辈登堂入室，摄威仪，崇原本，得力者戒慎恐惧，会心者鸢飞鱼跃，恍然身游杏坛、洙泗间。谓是生我教我，顿令圣贤二千余年以来一段精神，旦暮遇之，尽仁侯赐也。吾党不忍顷刻忘此大德，更不欲须臾虚此盛遘，前者输力，后者输供，子来之谊，应自尔尔。愿次第任讲堂事，以蕲永永，则仁侯之典在即，仁侯之教在约。甫立，会先生秩且满，将应内召，诸盟义者益恐后，乃介孙子桑、徐长发请余。不佞曰："敝邑志道者，议共襄院事，敢丐司铎为倡？"余不佞，曰："勤讨论，证心性，此是诸君子千古勾当。余不佞，何人敢言狎主？然幸承乏名邦，寤寐往哲，顾以悠悠一念，逊于盟讲，负诸君子，是负先生也。而窃有过计焉。《诗》曰：'靡不有初，鲜克有终。'今而后约不由中，何以周信？果皆有嘉德而无违心。先圣先贤在天之灵，实式临之，慎毋使可寒。"两君方踊跃就盟，前而申曰："人人肯办，必为圣人之志。如是端倪，如是究竟矣，何虞盟之不终？"敬订以每月九日，依所列之次任其劳，而属余不佞弁册端。

虞山书院志序

张以诚君一

　　天下之普泛无私者，道也。专一有方者，学也。道则匹夫匹妇无不该，而学则君子事也。君子学又以教天下之不学，故曰："学者，觉也。不独自觉，还以觉人也。"言夫子之言曰："君子学道则爱人，小人学道则易使。"夫小人之于学，岂亦孜孜矻矻，庄坐雅读而学之与？不过闻所闻焉，见所见焉，而善念勃然兴，非心瞿然化矣。彼君子之学，其兴起于先王，景行于前哲，亦何以异此？然则学不在颂读，而在此勃然、瞿然者也。此勃然、瞿然者又必有触而动。故君子欲移天下之心志，必先正天下之见闻。欲正天下之见闻，必先导之以礼乐，如入庙思哀，过阙思敬。哀与敬，非吾心与，何待入庙、过阙而后动也？夫安有宫墙万仞，入其门，升其堂，见宗庙百官之森列而不敛容易志者，见学士先生之盘辟有礼，诵说先圣，阐发道义，而不悚然承听者？入而敛容，出而戏渝，闻教而竦听，私居而无所不为，嗟乎！是亦非夫矣。君子不忍以此概天下也。故学必有讲，讲必有会，会必有堂，所以为节礼乐、端见闻、移心志之具也。虞山故有书院，因先贤言子旧祠云。祠起于有宋，院建于有元，盛于国朝，世庙时而毁于江陵相之当国，院毁而祠以先贤故得不毁。今河间耿侯来令常熟，慨然以表章先贤，兴起后学为己任，考故址而鼎新之，名曰"虞山书院"。所建有讲堂，有经房，有精舍。经房以奉先贤，精舍以尚友，诸子各绘其象而镌之，各有赞辞，有所北面，有所比肩，以示愿学之有在，规制备，宗统明矣。则与诸缙绅先生、青衿之士约为文会，为讲会，会有期。及期，即四方同志之士皆至，推有道术者主盟，随问剖析，有所发明，授之笔记，皆可印证圣学，而其进退揖让彬彬焉，雍雍焉，有礼节乐和之意，足使人闻且见之而勃然、瞿然化者矣。诸友虑其久而或湮，为《志》志之，自形胜、艺文、建置之属，凡若干卷，犁然大备。属不佞以诚序之，又申之曰："言夫子之在圣门，颜、曾之亚也。曩宗像志中已见大意。子谓何如？"不佞伏思之先贤所为文学之选也，然文为何物，学为何事，必有见道者存。且当时及门诸子，仕子列国，不过富强取效，谁能以礼乐淑人如先贤者？礼乐本于中和，中和本于性命，不能有之，谁能似之？夫有虞帝之盛也，周南王之隆也，然问其治，不过曰舞干羽于两阶，不过曰男女异路，颁白不提挈，士让为大夫，大夫让为卿。而有苗来格，虞芮质成，化之四讫，若彼武城弦歌，何多让焉？故一礼乐也，为之堂上而达之天下者，有虞与周南也。化于境内、阻于境外者，武城也。千载之下，其使闻风而起，一也。夫子喟然于春风沂水之曾点，莞尔于割鸡牛刀之言子，不言之意，千载谁知？夫君子之教，不能及于当世则以待后之闻风者，不能遍于天下则姑就吾身之所及者。虞山之有会，有院，有志者，亦此意也。后人闻耿公之风而兴起焉，安测其教之所至哉？不佞不及讲席之末，不敢深言，聊叙耿公立教之意，以自附于执鞭云。

虞山书院记
王锡爵

昔者仲尼之门，盖聚天下之长材秀民，而经纬以礼乐，黼黻以诗书，凡彬彬洙泗之间者，上下千载，纵横九州，以求其人而不得一再见者也。言游氏生长江海之滨，去文身断发之俗未远也。而北学中国，遂衰然见推于七十二子之徒。盖东南之人由是与闻圣人之道，可谓盛矣。海虞故有文学书院，祀子游。宋元以来屡兴屡废。岁丙午，耿侯初令尉氏，以治行高等徙令兹邑。而不佞属受廛接壤，与在膏沐之下，窃尝剽闻为政风采，如清徭、均赋、垦田、浚河，皆啧啧号神明。而其大者，催科与抚字并行，庭卧桁杨，里无哗论。吾以为此天下真循吏，即不阶文学，亦自可以甘棠竖不朽矣。而侯方饬吏以儒，弦歌讲诵不辍，间乃修复言子之祠，辟书院于左。前者为堂，后者为室，而加以重楼邃宇，胪列其次。其外为门、折桥，仍别为署，以存二氏。创祠馆以祀前令之贤者。射有圃，浴有房，庖湢惟称。自邑之荐绅先生与子弟之好学者，四方之愿从者，相与讲学、校艺、习礼其中。既成，请记于予。予惟世降东周，王者之道熄，而我吴去邹鲁绝远，其师承孔氏，号文学名家，独言子一人止耳。时亦有延陵季子与之生同时，居同地，而不得见《易象》《春秋》与六代之乐。则其时虽有贤公卿大夫欲聚其子弟，而与之谈说圣人之道，如陈九奏于击壤之衢，行百拜于抔饮之处，安所信而从焉？今江左幸治安，海虞得贤侯，表章先贤之遗迹，而日与横经负笈之彦讲求其所学于仲尼者。士生其间，岂非千载一遇哉？抑尝闻言子之学，其入门在六经，而其效归之"君子爱人，小人易使"。夫此两效者，则耿侯亲行之，亲验之已。二三子傥未习乎古，目前经术、政事一禀于侯，抑诡怪而依中庸，离口吻而求实际，是即谓之善师言子可也，盖不佞数耳？讲学家言，人握灵蛇，几无孔氏，何况言子？登斯堂者，其亦先辨志与择术，事师在此，事君亦在此矣。

形胜叙节文
俞汝楫

按旧志，虞山长一十八里，其高处在城外者什之九，在城内者什之一。城以内由清权祠东折而南，即子游墓。从墓而下数十步有影娥川，昔人作亭于此，为文士游息之所。今亭废矣，一水尚泓然可掬。从墓道西折而南百余步为"初平石"，更南数十步为石梅涧。书院在山之麓，当虞仲、子游两墓间。直下三百步为文学里，迤北西入，堂室精舍与言子祠杰然鼎峙。从言子祠出游艺门，北通射圃，南达讲武厅，而中为弦歌楼，楼高三十余尺，山南诸胜毕献目前。楼前有池，名曰"洗砚"。盖城内山南一隅，泉石祠宇分奇缀胜，而书院实全收之，亦虞山有灵秘，此胜地以开千万年道脉之传也。

训奉祀绍庆继祖庠三生
耿橘 邑令

不佞初拜先贤神像于书院，见书院废为草莱，像前堆积秽污，心窃讶之。及祭祠堂，得与三友从容谭论，益复窃叹。盖洒扫应对为学问之末，先贤虽尝言之，然非谓脱去洒扫应对而别有学问之本也。故程子曰，洒扫应对，便可到圣贤地位。只看其所以然，何如？噫！书院祠堂废而不修，有司之过也。若祠宇之中，一席之地，终岁不加一帚，于心何安？况三友俨然披衣巾，奉先祀，视族众高一等矣。一奉家庙，一奉祠堂，一奉书院，各有专责矣。乃奉之为言，岂漫然无所事事耶？况洒扫非麓，仁孝诚敬即此，而在识得洒扫应对为何物，即先贤有本之学，思过半矣。上司屡议裁友衣巾，不佞不忍，而尤不忍于此学之斩也。勉旃勉旃！

宗像志跋
孙慎行

耿子再过予，既示之宗像志，又以独宗言游氏，虞人异之也，谆俔焉不已。予曰："孔门之传行于东南，实自言游始。况以虞山之人师虞山之贤，以虞山之令弘虞山之道，固其所也。夫何异夫凿井得泉，泉非专在是也，唯所凿耳。夫圣人之道亦恶乎？不在也，唯所入耳。苟有入焉，即因委得源，虽以虞山为洙泗可也，即异庸何伤？且吾吴不最号文学乎？进思言游氏当日之文学如何哉？其论学曰'抑末也，本之则无'。其论治曰'学道爱人'。《檀弓》一篇，得礼意之深者，余十数条，盖曾子心折之。而《礼运·闲居》，其于达天之奥，明王之政，可谓概乎有闻者也。夫子固首称颜子，其教之只曰约礼，曰复礼，而子思言率性，曰戒谨恐惧。子思探本而挈其神，夫子举要而树之，则皆无先礼者。若是，则吾方患人之不能宗言游氏而庸虞异耶？宋人有言：'时然而然，众人也；已然而然，君子也。已然者，非私已也，圣人之道在焉耳。'圣人之道宁独已然，然唯君子知之，而众人不与焉。今若以眇见庸识视之，即列圣贤之宗，犹将若超海登天，哗以为异。若以知道之士返末学之支漓，而潜心礼乐之实，则其所宗，异其所以宗常也，不异其谁醒人心焉，而使之入圣。"耿子笑曰："子言何辨耶？吾以志吾宗耳，不问人矣。"归未几，因遗书来而索予言，载之宗像志中。

祀典志跋

张 霈

夫祀以报本。本者，一本也。天地生人，亘古亘今，止有一本，更无二本。此点自一画未生，而前为真血脉。夫真血脉者，即形销骨朽尚可以血滴之。人知俎豆其亲，而不知俎豆其师者，真大惑也。邑自言子出，而斯道大明。言子明孔子之道，而孔子之道在南国，言子上有功于孔子，而下有恩于海虞千百世。故祠祀言子，报本也。而从之祀者，有孙公应时及诸名人，凡十余人。诸名人本言子，言子本孔子，孔子之真血脉至今在海虞。海虞无二本也，不敢祠孔子，尊之也。如小宗之不得祀其鼻祖，止祀其分派之始也。嗟夫，观祀典者，一本之恩可以油然生矣。识得此本，便为言子真正弟子，为孔子的骨孙。言子曰："本之则无，如之何？"甚言洒扫应对之能，碍小子而欲点之以真血脉也。夫拜跪俎豆，其亦洒扫类矣。令公曰："尔小子，其以本从事焉！"

义助记

耿 橘

匹夫而承五帝三王之统者，孔子一人而已。故孔子以前五帝三王之统，天统也，非人也。孔子以后，秦汉唐宋之统，人统也，非天也。人可绝，而天不可绝，自然之理也。孔子之门惟颜渊、曾舆为之最，次之即言游。夫大江以南得孔子之天统者，言子一人而已。有书院而毁之，伊何人哉？呜呼！天则民彝不可磨灭，私憎作恶只自徒劳，有其昧之明乃昭焉，有其疵之醇乃大焉，有其废之兴乃勃焉，此非人力所能为也，天也！若乡宦蒋侍御等，乡民王诗等，助银复建言子书院者，皆天则民彝中人物矣。岂非本县之所善谈乐道者乎？本县此役亦随良士民后顺风而呼云。尔工完，不可无记。记良士民之姓名，矧一时上官多嘉与其役而给助者，尤不可无记。于是乎言。

邑侯杨公奉旨重建先贤言子书院祠记

瞿式耜

道之在天下也，犹经天之日月，行地之江河，永无得而蔽塞之者也。我虞言游氏之书院，犹曲阜之阙里，而邹邑之孟庙也。在昔万历间，毁于江陵。江陵宁毁之？附江陵者毁之耳。天启间，再毁于东厂。时为私创者惩宁知及先贤故宇，但一时声势可怖，当时者遂概及之耳。嗟夫，道坠地耶，天丧文耶，际斯时也。道其常者，蚤知有不远之复而乘其变者，直视为一任东流之景，幸有裔孙力砥其间，仅存一瓦砾土，深可悲已。未几而圣明当阳，君子道长，恢复之请，朝奏夕下，不犹日月之东升而江河之沛决哉！犹有认书院地为其祖基,而思没之者,不更可骇乎?予考书院始自宋,元至顺三年,邑人曹善诚重建,百有二十楹,以居言裔,捐田四千亩赡之。翰林编修杨刚中、至顺秘书黄溍咸为之记其事。夫曹君,一富民也,且知景仰先哲,读圣贤书,不能羽翼圣贤而及操室戈,其若世道人心何?总繇正学不明,势利炎炽,薄其裔之式微,并先贤而弁髦之使,非正直不阿者主特其上,孰禁其徒与不皆右祖乎?赖我侯直指神明而面折之,狂议既息,遂捐俸以助其裔,营建有本堂三楹,学道堂三楹。虽不及旧制之什一,而规模闳敞,一时读书子弟复得游泳于斯,斯以见道之不终坠,而文之不终丧也,毁之者亦徒劳耳。由是而渐次恢复,再整旧观,复何难哉?是所望于继起者。

周邑侯鼎新言氏家庙记
钱谦益

　　治术有二:攻滞气者尚政事,电威霜令,发摘奸伏,此治在标者也;养元气者尚文学,经星纬宿,宣布中和,此治在本者也。余尝叹治本治标兼擅其才者不可得,今得之前溪周侯。虞为故吴国子游氏之阙里,盟坛、捣石载在《吴地记》。丰碑堊墓,乔木蔚然,实首著南方英华之学。宰是邦者,多刊割琐务,遗略大端。即虞令之表表文学者:薙顽育秀,黼黻前修,有若名父杨侯。区明经术,倡辟讲堂,有若庭怀耿侯。整饬祭器,增置学田,有若忠烈杨侯。亦皆因仍旧制,崇子游氏于学宫,未尝于言氏家庙一加意也。今日言氏裔孙森始就向所回禄地,恢廓旧观,归族人之他售者,迁市侩之逼处者,倾囊倒庋,竭蹶从事,惜乎力弗克终。周侯来,顾而叹曰:"余身生浙壤,叨令名邦,坐使先贤子孙憔悴,庙貌榛芜,余小子所羞也。"于是蠲俸鸠工,畀金量值,不日而神座肃穆,堂庑陆离,缺者备,硗者平,漫漶者翚飞,黯汶者霞举。告成之日,勒石纪事,征余言为惇史。余于斯举有以窥侯制治之本矣。盖侯治虞期月耳,而美不胜书,书其大者:拔进文士,则宓不齐之求贤禀度也;戒严漕务,则西门豹之登城鼓粟也;增浚城池,则韦景骏之堤防障水也;焚销积牍,则萧子昭之立决疑滞也;搜除乱党,则彭子阳之谕散海寇也;禁革大蠹,则钟离意之尺绳缚虎也;杜绝苞苴,则叶景温之衡平水清也。三异十奇,古无专美。余方嘉叹侯治虞实政,何以致是?及观其鼎新言祠,乃知侯器资恢杰,庶绩允厘,劲操清芬,皆根源于含《经》酌《雅》,所谓治本治标,兼擅其才者非耶?政事文学,焕发张皇。滞气以攻,元气以养。将聚岘山人文之气,蜿蟺于泰山、虞山之间,俾言氏阙里与孔氏阙里并峙为鲁灵光。一祠虽小,而系望在湖山千里之外,侯之志远矣!讵曰丹漆黝垩,弋弋束帛焉已哉?是为记。周侯,讳敏,号芷间,湖州武康人。由顺治十三年乡进士贡于廷,初授常熟县令。言氏家庙在县治东偏,其大宗裔孙生员森,森之子煌并得牵连。书之以志其盛云。赐进士及第、内翰林秘书院学士、礼部侍郎、纂修国史、邑士钱谦益肃拜谨撰。

重建书院门记
七十一世孙继光

书院门之改为言子世祠也，于前朝天启之年。天启初，魏珰用事，矫旨拆毁天下书院，而文学书院亦与焉。千秋名迹，一邑巨观，顿成废址。其仅存者，殿堂、两庑屋而已。是时里中豪贵人已夺去地一块，其存者且并欲得而甘心焉。叔祖振里翁欲以身徇得，不果，然犹念睥睨者。众恐终不可以久无患，乃除殿堂庑基外余地，悉纳价升科，复改作门道，更题其额曰"言子世祠"，避时忌也。盖已六十有余年于兹矣，两傍障墙已无复存，门亦日就倾圮。我兄弟侄聚族而谋，俱不可如何。康熙丙寅，快睹学宫明伦堂一新，而启圣祠、始祖专祠、名宦祠倾者废者犹如故。邑令杨侯殊烦经营，光及弟廉计巡方废署，其败屋颓垣十不存一二，且日为居民所侵蚀，更俟一年，必无复一椽片瓦之存。曷不撤其材以葺学宫诸祠，少抒当事者之虑乎？爰是谋诸通学，通学曰："可请诸杨侯。"杨侯曰："便。"且得徼巡抚内部赵公之俞，而撤彼葺此之议行矣。启圣祠既告成于丁卯之夏，而专祠、名宦祠之材亦具。董工县尉师君名允中，遂筹及于余之祠门，告杨侯，抽废署中余砖剩瓦，属光及廉以新之。光与廉曰："是固我两人素心，特未之敢请耳，敢不勉旃？"方虑丹艧工资之无自出，而廉遂慨然为己任。既贫时且欲赴秋闱，去不能有所助，仅以秋丁祀银佐之。比归，则已饬材矣，则已鸠工矣，则已尽撤其旧而图更置矣。不五日而门屹立焉。廉复谓光曰："是门，本书院门耳。吾祖易之不得已也，今复称书院可乎？"光拜手飏言曰："善哉！道污则从而更之，道隆则从而复之，独非吾叔祖之志乎？其复之无容议。"遂复其旧所题额曰"文学书院"。由是丹之垩之。虽殿堂之葺事尚有待，而门则已焕然矣。嗟乎！是门之改作也，由吾叔祖振里翁，是门之复建也，由吾弟廉祖、作孙、述孙绳孙志，岂偶然哉？天地之数，六十年而一周，书院之废久矣，今复作是门，为之兆也，未可知也。是役也，计费数金，其往来督率，独兄遵道力居多。凡我后人出入于斯门者，尚无忘今日之举乎！七十一世孙继光簪笔谨记。时康熙丁卯季秋朔之吉。

虞山西麓吴公言夫子庙碑记
杨振藻

余少时读鲁《论语》，窃慕吴公为武城宰，能以君子学道爱人之训，化洽弦歌。公于武城为著封，于虞山为著戴。今者承乏兹土，披阅邑乘，见有巷名"子游"，桥名"文学"，至今未改也。公之封丘焉鼍龙岗，与先贤孰哉之丘垅岿然相峙，而春秋祭扫不绝也。公之故宅在县西北，而墨井犹留其余迹者也。公之子姓衣冠济济，不替习于礼者之家风也。每释奠先师，随祀公于专祠，见庙宇倾颓，有风餐雪虐之慨，不禁低回久之。今现在修复以返旧观，此余之责所不得辞也。邑之西偏有文学书院，相传公自南归时吴中子弟从游聚讲之地。余尝拜公遗像，如亲闻学道爱人之训于当年，则曩时高山仰止，景行行止之思，庶几一慰矣乎。顾庙貌剥落已久，葺之维艰，思所以妥先灵者，莫如废淫祠，崇正学，使千百世而后吴中子弟仍服习公之礼乐文章，更使莅兹土者无异武城之为宰。此又予之责所不得辞也。邑西麓向有关壮穆侯与张许双忠之庙，夹拱于东岳行宫之所，载在祀典，有其举之，莫或废也。旁有五仙淫祠，儒书所不道。吴中风俗，每当夏五，必洁尔粢盛，羞尔酒醴，为禳灾祈福之举。人生有命在天，"惠迪吉，从逆凶，惟影响"，《书》言之矣。何灾可禳？何福可祈？则五仙为怪诞不经之神，其大彰明较著者矣。今圣天子崇尚正学，废黜淫祠，絜令遍天下。余奉宪檄，凡邑之淫祠，改为官署者一，改为先贤之庙宇者五，舆论莫不称快。昔道州有鼻亭神象祠也，宋元和九年河东薛公由刑部郎中刺道州，除秽革邪，披地图得是祠，骇曰："以为子则傲，以为弟则贼，以恶德而专世祀，殆非化吾民之意哉！"命亟去之。于是撤其屋，墟其地，沉其主于江。又曰："吾之斥是祠也，以明教也。苟离于正，虽千载之违吾得而更之。苟有不善，虽异代之鬼吾得而攘之。"时柳柳州述其事为记，以刻山石，俾知淫祠之当毁也明矣。又读朱考亭夫子作《吴公祠记》，有曰："南方之学得其精华者，公是也。"其封爵自唐开元始封吴侯，至淳熙间改称吴公云。公习于礼者也，讲习于洙泗之间，巍然在四科之列，读其书者，谁不知武城弦歌之化，真得力于学道爱人之训，所谓高山仰止，景行行止，宁独余一人向往已哉？兹举也，废淫祠，崇正学，向为邪魔踞而有之者今一新，匾额其门，则曰"阙里门"，其楼则曰"弦歌楼"，其庙则曰"先贤言夫子庙"，盖以明礼也。礼者，天地之经，天地之义，人道之所由立，而国家所恃为元气也。知离乎正而不善者为非礼，则知得乎正而无不善为是礼。从礼而易以庙貌，谁曰不宜？学博程君峰生、张君廷衡率诸生进而前，有援狄梁公毁淫祠以况余者。余则何敢？惟志河东薛公之志，废其所当废，崇其所当崇，责其何辞？俾后之入其庙者，知吴公著戴著封于斯，而礼乐文章巍然炳然于天壤间也。岂非名教之乐哉？是为记。时大清康熙岁次丙寅菊月，知常熟县事、后学杨振藻盥手拜撰。

重修文学书院门记

七十一世孙廉

文学书院相传为始祖南归时，吴中子弟从游聚讲之所也，屡兴屡废。万历丙午，瀛海耿公讳橘来令吾虞，扩地构屋，费币万金，辉煌壮丽，自有书院以来未有若斯之盛也。至天启年间，魏奄擅政，荼毒儒林，凡天下圣贤书院拆毁靡遗。比我王父振里公号泣于县令饶公，独有保全始祖书院之意，奈族人心力不一，反有以私意睥睨者，所以终致拆毁。自正殿、两庑之外，片瓦无存。地亦官卖，邑中豪贵竞欲得为园囿。王大父典衣揭债，纳价告买。豪贵势压利诱，百计谋夺。以死挣之，得复地十分之五。不能尽得者，限于力也。重建书院院门，改其颜为"言子世祠"者，避时忌也。迨崇祯年间，有旨恢复。吾王父与吾父恭模公竭生平之力，又建有本堂三楹，学道堂三楹，得门三楹。而得门甫竖木植，适逢鼎革，毁于兵。其他至今具在。廉生也晚，不获见书院废兴，幸吾王父《备死录》中载其略，得以读而知也。呜呼！吾祖父为祖宗而一生劳苦，家徒四壁不知，捉襟露肘不顾，得以保全片壤，遗之至今，不然书院旧迹安能复睹哉？以视世之铜臭，积金遗后者，霄壤不侔矣。第廉不肖，弗克丕承厥志，使殿堂年远倾圮，风雨不蔽，不能葺治，其罪可胜逭耶！今丁卯秋，当事以巡方废署材料修葺学宫，而董事县尉师兄讳允中见书院门之坍颓尤甚，请于邑侯给以余砖剩料，而灰石、人工一无自出。不肖勉力兴举，费银若干。不数日而告竣，复其颜为"文学书院"者，非敢擅更祖父之遗意也。方今天子圣明，崇贤之诏屡下，百废具兴，正克复旧章之日，谅祖父不我非也。但正殿、两庑及有本堂、学道堂倾圮如故，尚欲徐图，未知得从否耶！嗟乎！祖父买地构屋，动费千金，而不肖仅建一门，亦何足记？然一时官长盛意，以及公路兄之出力佐工，公觐兄之赞襄筹画，均不可泯，于是乎书。

复先贤言子宅记

陈祖范

先贤言子，产于吾虞，有宅在县治北，其巷曰"言子巷"，桥曰"文学桥"，宅有"言公井"，亦曰"圣井"，去县治百九十步。图志可复验也。杨仪《明良记》载，"明太宗时言氏有任谏垣者，以忤旨簿录其家，男女皆边戍，盖言氏由此几中绝，而宅亦弃之他族。其后西洋人入而踞之，为天主堂"云。皇上御极之二年，命天下郡县资遣西洋人，赴京及编管，澳门天主堂悉改为公所。于时方伯鄂尔泰乘孔氏之道，蕃宣七郡，以振兴风教为己任。廉知此地本先贤故居，而言氏裔孙博士德坚列图志，具颠末，以请复斯宅也，而奉俎豆。公为牍，上督抚，悉如所请。博士乃洒扫蠲吉，奉先贤木主于中，以克复告。邑令长以下暨荐绅诸生来会，皆肃恭瑞拜，瞻望嗟咨。吁呼！自先贤时距今二千余年，道有显晦，祠祀有崇替，而永乐靖难之际，子孙至剪刈窜伏，不得守其族姓。今则命服有常，而一亩之宫亦俨然遗构，岂非所遭之时异与？惟圣祖崇儒重道，表阐往哲，录其后昆，而言氏得授世职，比颜、曾诸家。惟皇上黜奇衰，同风俗，封疆大僚克奉行德意，而先贤旧宅既委沦于昔而大显于今。兹在《诗·闷宫》之颂曰"复周公之宇"，重先业也；唐魏征、狄仁杰旧第官为赎还，恤有功也。若夫驱斥异教，廓清扫除，而归之贤裔，是举也，为尤盛且难。盖治隆而道明，于是可见非独一家一邑之光荣已也。雍正二年冬至日，恩科会试中式举人陈祖范拜撰。

重修文学书院言子祠碑记 碑在书院祠堂内

苏松粮守道马逸姿

太史公《仲尼弟子列传》载闻见于书传者三十五人，子游为吴人。《家语》作鲁人。唐司马贞《索隐》云，子游仕鲁，武城宰耳。今吴郡有言偃冢，作吴人为是。冢在苏州常熟县，历代封树不废。子游为吴之常熟人，信而可征者也。吴鲁相去二千里，子游少孔子四十五岁，其年之少，游之远，仕之早，七十子中所罕。常熟带山为城，所谓虞山也。冢在城内山巅，登而眺城内外，万瓦鳞次，一目可尽。其祠有三：一在学宫之左，曰专祠；一在县治之东偏，曰家庙；一在虞山之麓，曰书院。旧制设有守祠生三人，奉祭祀，免其徭役，自唐宋至今无所增损。康熙乙酉，玉辂南巡，召见其七十四代孙德坚，御书"文开吴会"四大字为祠额。予奉命分守驻节常熟，所居官署与书院仅隔一垣，讶其颓圮已甚。其七十一代孙继光进曰："书院兴废不常，前此不复记忆，有明万历丙午邑令耿君讳橘实鼎新焉，后此无继者，子姓式微，乡党寡助，虽崩压无告也。"予闻而慨焉。圣门高弟皆鲁卫间人，子游生于斯断发文身之乡，而能北学中国，得圣一体。迄今坟墓岿然，后裔本支井井，实与颜、曾氏匹休。予幸际圣天子重道崇儒之世，宦游适在先贤之里，可坐视庙貌之不修乎？乃捐俸督工葺治，稍复旧观焉，抑有异焉者。万历丙午至康熙丙戌，屈指恰及百年。予与耿君皆秦人也，先后从事不谋而合，若有数存焉。可见仰止先贤之心无古今，一也。因书其告成之岁月而铭以示后。其辞曰：夫子之道，日月同光。子游文学，云汉为章。明德远矣，百世流芳。遗迹可寻，犹在其乡。虞山苍苍，琴水茫茫。君子之泽，山高水长。瞻仰仪型，摄齐升堂。衣冠俨然，哲人不亡。告尔子孙，肃奉烝尝。俎豆修洁，黍稷馨香。一念敬肆，实分圣狂。可不戒哉，神听聪明。音容非邈，近在羹墙。亿万斯年，恪守毋忘。

厘正祀典碑记 碑在专祠内

郭朝祚

粤稽孔门诸贤，率在中土，独子游氏迈迹虞山，不远千里而师事孔子。洎学成归里，而圣道遂南。迄今吴会之区，人文甲天下，皆子游氏一人之功也。是以褒崇之典，代不绝书。恭遇我朝，恩礼尤渥。康熙乙酉，玉辂南巡，特召其裔孙生员德坚，赐以御书祠额。猗欤休哉，诚异数也。古有敕建专祠，在儒学文庙左。春秋祀事，邑宰之职也。而流俗相沿，往往委员代之，失敬贤之礼矣。其裔孙诸生梦奎心窃慨焉，因请正于藩宪宜公。公是之，亟檄县厘正，且命志诸石。朝祚佐理云间，戊子仲冬，摄符斯土。兹届春丁敬于释奠文庙，之后即诣祠致祭。祭毕，谨伐西山片石书其始末，以告后来于万斯年。毋俾或替，庶圣主贤臣重道崇儒、主持名教之至意，永与云汉为昭矣。康熙己丑岁仲春谷旦，江南松江府海防督捕、清军同知加二级、掌常熟县事、中阳郭朝祚拜撰。

历代名人题咏

德薄则草木同腐，道高则日月争光。吾祖去今年千百余，祀而世之。文人学士游其里、过其址者，不胜凭吊之思。言之不足故长言之，长言之不足故咏叹之。篇什昭垂，辉煌圭璧，道统于是乎攸关名教，因之而益著，非泛泛嘲风吟月者所可同日语，则一言一字当视为珙璧也。录历代名人题咏。

作子游庙告成
宋邑令孙应时 会稽人

孔门以来，千六百祀。大江以南，遗迹能几。猗欤琴川，子游之里。有宅有桥，其应史记。弗崇弗彰，为邑之耻。我作斯堂，学宫之傍。与我士民，弦歌洋洋。山川其光，斯文其昌。勿替成之，以谂四方。

瞻子游遗像
宋邑令钱君厚

学道爱人，格言具在。膺邑寄者，舍是奚学，况字民于公之故里乎？敢不夙夜，维公是师。升公之堂，视公如在。

游虞山
元人倪瓒

陈蕃悬榻处，徐孺过门时。甘洌言游井，荒凉虞仲祠。看云聊弄翰，把酒更题诗。此日交欢意，依依去后思。

墨井
明高启 季迪

寥寥武城宰，遗井虞山阴。千载汲未竭，九仞功应深。艺圃自可灌，道源谁复寻。弦歌听已歇，瓶绠看还沉。无为漯弗食，恻恻起叹音。一瓢乐未改，庶几回也心。

瞻子游遗像
太子少师姚广孝

文学传家数百年，长松深处古祠前。青瓜延蔓宗枝茂，丹桂流芳孙子贤。礼乐四方遵教化，弦歌百里喜相传。我来暂憩虞山下，瞻仰光风凛凛然。

子游遗址
南京佐都御史吴讷思庵

勾吴昔要荒，俗鄙人不文。叔氏豪杰士，北学游圣门。身通列四科，文学冠同伦。井宅仍还在，桥巷名犹存。至今里中子，千载沾遗芬。

咏墨井
工部尚书李杰石城

吴公遗井在，水色同墨汁。余泽可沃心，修绠频劳汲。

又
前人

玉甃埋苍藓，墨花香暗飘。源流洙泗迥，润及武城饶。遗泽流千古，文光烛九霄。一瓢时自汲，挥洒半庭蕉。

咏墨井兼追悼浣衣石
陈　琦

井傍有浣衣石，故物也。梁中大通年间为太守萧正德取去，公有感而题此。
文笔如椽赖染挥，灵泉一脉应玄机。井傍有石谁持去，不与儿孙更浣衣。

子游墓
王　宾

有树生来数百春，却于虞仲冢为邻。山家相约休樵采，十哲人中第九人。

子游旧宅
周霞宾

列国雄吞际，人才北学难。凄凉吴邑里，惆怅鲁衣冠。旧宅归蓬颗，新祠倚杏坛。

一桥通夹巷，蔽井树阴寒。

题书院
南京右都御史陈凤梧_{庐陵人}

巍然精舍傍成阿，俎豆吴公首圣科。堂邃青衿讲文学，楼高委若听弦歌。鲁邹化及江南远，杨墨逃归吾道多。我愿诸孙师孔孟，伊周事业更相磨。

又
南京户部尚书王崇庆

礼乐武城称自昔，子游名巷未沉销。分明三载居常熟_{公父继礼为常熟令，公随任三年，}回首光阴几洞箫。

极目亭
谢 肃

虞山积翠横东海，上有岧峣极目亭。井屋鸡鸣穿晚雾，石潭龙影落秋宴。风回江堑飞涛白，天入苏台远树青。何处言公遗公宅，画桥绿树眼偏醒。

过虞仲子游祠
王世贞_{太仓人}

一代言文学，千秋虞逸民。列星垂气象，沧海绌经纶。太上有立德，其先不辱身。遐哉不可见，吾请事斯人。

道常熟吊言子
柯 挺

圣门七十二贤者，文学之科偃最先。武邑遗弦开礼乐，澹台不径定媸妍。源流洙泗由来远，道在东南自此传。谁得精华能接踵，中心所愿执鞭焉。

同严道澈书院赋
陆化淳_{湛源}

一从弦讲废吴东，吾道依稀晦蚀中。何幸羹墙方入望，顿令莹洁独当空。衿绅早已争延领，蒸庶何忧不响风。会见年年明月夜，长瞻斗极诵元功。

丙午书院成重九大会
邑人严柟 文学

东南日月划然开，吾道精华炳奕哉。数仞尽茂瑚琏器，高堂俱贮栋梁材。虞山孤映尼山秀，琴水遥分泗水来。满耳弦歌歌茂宰，登高谁拟建安才。

游子游祠
吴以颖 永嘉人

东鲁文章日月光，南州人物凤鸾翔。弦歌为邑宗尼父，文学分科冠卜商。昭代年年崇祀典，云礽世世继遗芳。自惭老去无裨补，幸喜栖身近庙堂。

其　二
前　人

海虞自昔属荆蛮，人物当初未足观。吾道南来应有自，贤才北学信无双。抚绥百里弦歌洽，嗣续相承奕叶繁。井巷有名居有庙，至今留与后人看。

题礼经房
邑令耿橘 庭怀

文云文云，章句云乎哉，学云学云，口耳云乎哉；有本之文斯文哉，有本之学圣道哉。

春日登虞山望子游墓读书台诸处
严　济

登揽城西胜，风烟四面开。浮阴芳树远，春色大荒来。碑蚀先贤迹，山寒帝子台。无穷怀古意，日暮属徘徊。

游虞山书院
姑苏朱鹭 文学

斯文常明行，兴起会有时。如云出天空，得风乃回驰。如水行地中，迤折更委蛇。南方开精华，千载烂于兹。岂不关皇步，鼓吹专有司。兹邦先哲产，人文世所推。顷岁在单阏，天降觏闵夷。小蹶遂大起，绾符来令仪。驭政观要领，首饬先贤祠。学道锐躬试，而为四方尸。院宇何峥嵘，额题具可思。日课邑人士，下上相切偲。经制辇悦耳，道德有规矩。四方一日闻，高真如渴饥。轩车贲路来，倾谈共解颐。和气诞召详，一发贤书奇。气运诚递流，精神须默持。哀彼流俗吏，簿书日为靡。永慕文翁理，矧绎弦歌遗。

虞山书院重辟，邑令主盟，乡绅有述，舜以数千里至，适逢其盛，步韵一首以识一时

古粤王安舜_{孝廉}

别院春光绮槛开，弦歌声里思悠哉。百年礼乐看周道，千古风流识汉材。白雪几人寻郢去，青山应我问奇来。相逢地主豪华尽，授简深惭作赋才。

书院落成赠耿令公
姑苏张凤翼_{孝廉}

琴川不独听琴鸣，更有弦歌似武城。桃李芳菲时雨润，鸢鱼飞跃海天平。见闻一脉仪刑在，仿佛千秋庙貌成。此日得人无俟问，悬知不让鲁诸生。

耿令公书院成赋赠
姑苏王穉登

微言已久绝，斯文几坠地。言公桑梓邑，井里日芜废。耿侯神明宰，文学饬吏治。骥足未长骋，牛刀诚小试。讲堂云构新，学舍若鳞比。桃李竞芬敷，棠阴复蔽芾。名儒捉麈谈，余子悉麇至。勃窣皆理窟，超超总玄箸。文章本载道，诗亦以言志。胡彼言性命，修词顿捐弃。相视秦与越，往往生懝忌。道不在多言，躬行乃为贵。美哉贤侯心，弦歌振遗绪。诸君被仁风，何以广德意。勖哉先民轨，黾勉以相励。高山不可齐，仰止庶其企。

雪中谒吴公墓
朱　鹭

空山积雪裹，敬拜哲人墓。海虞凤奋迹，精华开学祚。挹彼尼丘父，泽此吴士羽。千秋烂不极，风流自可溯。神明载东南，肉骨岂云故。

学道堂赋
邑人连士英_{文学}

天地一大治，万象归吾庐。达人乘大化，倡道东南隅。元璞须成器，良贾不徒虚。能蹈万仞渊，可控百斛珠。吾道贵正脉，羽翼有真儒。双拔佛老帜，独悬孔孟书。幽渺钩玄玄，精微尽铢铢。合并天地髓，充满贤豪躯。朋友不惮远，乐育遍贤愚。洋洋文学里，武城知不如？

莲花诗 有序
邑人孙森 孝廉

言子祠前方塘，我师耿令公所浚也，山池深冷不宜莲。自夏五至闰六月杪，绝无茎叶，而七夕忽起一花，亭亭独秀。传曰，莲，花之君子者也。盖我师儒效既著，故花之君子者呈焉。赋此志喜。

桃李春深座已盈，芙蓉秋老倍念情。樽前总被弦歌里，散入香风满化城。

又
前 人

井墨泉分一勺深，亭亭波面吐奇琛。从知茂宰无涯泽，俱出莲花不染心。

书院杂题二十首
邑人徐待聘 进士

道济群迷非宝筏，心除烦恼岂金刀。欲识本来真面目，何如痛庠自摩搔。右学道堂
宇宙茫茫托此身，谁从自己觅家珍。得门易简无多诀，要学当年弘毅人。右得门
天青日白水澄空，欲渡迷津驾彩虹。眼底平平入圣路，真知舣在睹闻中。右知津桥
清澄绝胜醒心泉，试酌胸中便爽然。东鲁南方同道脉，虞山一派直千年。右渊源池
讲堂新筑碧山阴，多士从游喜盍簪。我有片言箴砭切，涂人都具圣人心。右学道堂
已知春色易凋残，无奈秋香萎岁寒。觅得先天种子在，自根自本长琅玕。右有本堂
宫墙万仞倚高山，东处无边寻孔颜。具体圣人游广大，功夫端在有无间。右体圣堂
圣道如天物物生，栽培倾覆却分明。人能洁己归斯受，恁地枯株也向荣。右斯受门
异端颇僻坏人心，认取中庸何处寻。一自法门开觉路，豁然如下慧龙针。右大中馆
希贤希圣即希天，只在中途快着鞭。一念猛图金石贯，羹墙何处不参前。右诸贤精舍
方塘西去淡忘归，岸草绵芊山色微。衣让当年沂水上，咏歌行乐揽春衣。右方塘
曾向图书窥道貌，况同桑梓挹芳尘。千秋俎豆今伊始，再拜新祠荐渚蘋。右言子祠
六艺非粗是道真，莫教渔猎费精神。些儿一片空明地，刊落浮华不借人。右游艺门
四郊盈耳尽弦歌，高阁凭栏畅泰和。不谓武城莞尔后，至今遗化尚渐磨。右弦歌楼
千圣传心正六经，六经无色亦无形。于今较得些儿子，便觉支离是简青。右六经房
玉乳清泠墨汁鲜，依然旧迹远相传。源头活水通洙泗，天下应归第一泉。右墨井，新凿

七桧新栽绕四遭，苍然秀色满庭皋。托根不似梁朝物，摧挫冰霜节转高。_{右七桧}
清泉白石破云根，文武分流共一源。解得却莱樽俎上，干戈礼乐可忘言。_{右文武泉}
揖让雍雍不主皮，张侯设鹄序贤时。凝神破的心无竞，善息穿杨技始奇。_{右射圃}
泽宫角射榭锹初，礼乐相先德有余。独是尼丘兼巧力，大成遗训耀坤舆。_{右智圣堂}

弦歌楼即景
十首之一

言子封丘枕翠微，到来灵峤起瞻依。精华蔚作卿云起，常绕崇祠画栋飞。_{右子游墓}

秋夕耿令公招饮弦歌楼，见方池荷始花，且喜诸文学读书其傍，口占二绝
姑苏王世仁

天葩不向先春泄，地脉重从昨夜回。半亩方塘千顷玉，莲花一朵为谁开。
文章此日在方池，绿水红莲第一枝。香满蓬瀛秋正好，三三两两读书时。

弦歌楼

梯云百尺倚岩阿，树杪青山入望多。万姓尽遵新礼乐，八方重听旧弦歌。

题学道堂壁
康熙辛未进士、宁波人张起宗萼山

言巷依然旧日风，到来斯地肃仪容。云归祠柏时加翠，雨湿庭花自放红。千叠苍山长作供，一池流水曲为通。读书学道原无两，尽在弹琴缊瑟中。

历代名人扁额、对联

扁对之作,所以昭德也,单辞而可以概其生平,数字而可以宣其义蕴。登斯堂,令人恍然有羹墙之见焉,穆然有感发之思焉,其所系非浅浅也。录历代名人扁额、对联。

邑令王叔杲题

南方精华

洙泗渊源

知津桥

渊源池

郡守胡缵宗题　　学孔堂

巡抚周孔教题　　学道堂

兵宪杨涧题　　戒慎恐惧

姑苏管志道题

孔子学何学,曰圣与仁是,时习之说,说斯朋来之乐,乐斯;孔子道何道,曰一以贯之,多学而识,识此忠恕而行,行此。

仕者莅于斯,当猛然见学道爱人之遗志;学者游于斯,便愀然起抑末崇本之深思。

锡山侯先春题

经正门:六经皆圣贤,精华讵云糟粕;一贯即学者,忠恕亦非神奇。

高山仰止:登斯楼也,怡然旷然,不觉莞尔而笑,便见爱人易使,心从自性流出。望兹丘也,皋如嶪如,曷胜仰止之思,当知礼乐文明,化由谁氏得来。

总漕李三才题　　暗然日章

巡按杨廷筠题　　体圣堂

巡盐左宗郢题　　体认天理

巡仓孙居相题　　慎独

参江耿定力题　　有本堂

郡守李右谏题

明心见性,即诗书所称何加;易俗移风,则礼乐之用为急。

脱凡近游高明。

一邑弦歌,仿佛东周气象;千年俎豆,于昭南国精华。

巡江李云鹄题 鸢飞鱼跃

邑令耿橘题

学道堂：耳目不着处；战兢无息时。

明是自家明，行是自家行，工夫不靠他人；明是明自家，行是行自家，学问只求诸己。

天下之人五品，吾身之用四节，以节节品品乃道；贤者之行三德，圣人之学一贯，以贯贯德德乃天。

圣人就在凡近，只是善脱；学者无不高明，却要能游。

愿学孔子：志孔子之志，老安少怀友信；学孔子之学，命知耳顺心从。

得闻性天：悟彻形色埃尘，乃有真得；打破性天窠臼，方是真闻。

富美门：富贵尊荣一性中，富斯至矣；美大圣神超世外，美何加焉。

得门：宫墙东鲁耸千寻，此中须另有世界；门户三吴辟一径，这里莫错过路头。

君子学道则爱人，小人学道则易使。

洒扫应对，便是形而上者；日用平常，只要默而识之。

藏心于渊，神不外也；至诚能化，吾何知焉。

日用非他，常行便为至圣；羹墙何物，神尧就是吾心。

何处非天，眼前正好识认；吾身是理，此外更何寻求。

识得时活泼泼地，拈到手赤洒洒而。

有严有翼非有，无声无臭非无。

游艺门：道德仁为艺之体，明了道德仁即明了艺；志据依为游之用，不能志据依必不能游。

乐寿门：含体处，山非山，水非水，乾坤都归这里；呈效处，山是山，水是水，这里放出乾坤。

虞山书院：学术正，人心自淑；教化行，风俗斯美。

弦歌楼

莞尔

方塘

兵宪蔡献臣题 大明大行

巡按马腾升题 云仍学道

邑令周敏题 俨若思

学道张能麟题 吾道斯南

邑令张燮题 敷宣圣学

海防同知鲁超题　文学肇宗

抚院汤斌题　东南洙泗

学院李振裕题　斯文在兹

学院高裔题　化行陶咏

邑令赵濬题　文学权舆

学院张榕端题　学道爱人

学院张廷枢题　文学之宗

康熙四十四年四月十五日，圣驾临苏，特召裔孙德坚陛见行宫，御书"文开吴会"四大字，赐始祖为祠额。

人 物 录

富贵非荣，道德为荣。吾族豪华气色不敌他姓，而英人硕士代有传人。或盖棺而论定，或世远而弥光，此宁可以势位邀礼币购也哉？子子孙孙尚其鉴之。录人物。

始祖吴公

祖讳偃，字子游。少孔子四十五岁，以周敬王十四年生于虞山东里许。长而北游，师事孔子。学既成，遂载道以俱南，吴中子弟从之游者以千计，由是大江以南声名、文物之盛为天下冠冕。卒葬虞山之椒，与仲雍冢并。唐玄宗开元二十七年，从祀孔庙，赠吴侯。宋真宗祥符二年，加封丹阳公。宋孝宗淳熙某年，改封吴公。元至元年间，改封吴国公。明嘉靖九年，改称先贤言子。其嘉言懿行载在经史，兹不复赘云。

二世永祥公

公讳偲，《礼经》作思。字永祥，亦贤人。申详妻，公妹也。公卒，申详哭之哀，《礼经》所谓"申详之哭言思"是也。

七世鲁林公

公讳楷，字鲁林。周末天下大乱，公慨然有拨乱反正之志。年十七，挟策说楚王，王弗能用，既而悔曰："吾有家学，奚事此扰扰者为？"乃键户读书，锐意砥行，遂成大儒。四方之士闻而就之者屦满户外。卒葬虞山之北，享年六十有八。

十六世德弘公

公讳成大，字德弘。生于汉中元二年。公为人正直，处事有断，里党中曲直有不能决者，决之于公，无不折服。刺史行部闻公名，辟从事，后拜襄城令。襄本剧邑，号称难治，公至，厘奸剔蠹，政声翕然。县有狱久不决，弊于狱者几半，公立剖之，活死罪三人。部民王彪兄弟五人，素无赖，不事生业，起高楼临道。公每出辄见其群饮。民有被盗者，捕之弗获。公曰："此必高楼临道者也。"捕之，果服辜。富人讼失金，波及数十家，未得其实。公察诸人有冤色，因问曰："尔与富人有仇乎？"曰："有之。"曰："然则吾知窃金者矣。"乃谓富人曰："金自尔匿，非他人也。"富人顿首谢罪，事遂得释。盖公之发伏摘奸类如此。在任三年，以不能谐附权贵去官。去之日，单车就道，民为罢市，父老百姓号哭，而送者远至数百里外。归至家，著书课子之外，绝口不谈时事。始祖墓久未修，仅存冢矣，公封之树之，使过者有所景仰。晚岁作族谱，尝曰："吾大贤之后也，谱系不明，无以扬前烈，垂后昆。"爰谱其世系，自子游始凡十六世，宗支秩然。言族之有谱公实创之。所著有《亲民录》十卷、《言氏家箴》二卷。以延光二年十月四日卒，享年六十七岁。

二十二世季蕴公

公讳摅，字季蕴。生于吴赤乌九年。性至孝，甫能言，已知孝于亲。六岁从塾师受《孝经》，读至"身体发肤，受之父母，不敢毁伤"，公问曰："何谓毁伤？"师曰："身体发肤稍有伤损，即毁伤也。"公曰："摅以为有有形之毁伤，有无形之毁伤。有形之毁伤易见，无形之毁伤难知。"师大奇之。姊适西澄李氏，公往省之。食公以鲥，公弗食。姊问故。公曰："此时食也，亲未尝，予敢先乎？"人以是益奇之。及长，孝尤笃。家故贫，藉脩羊以供甘旨。身佩一囊，囊尝贮钱，侍亲侧必置囊亲前，或叩之曰："亲老矣，令其知吾艰，纵珍羞满前，能下咽乎？故为是以悦之耳。"亲有所欲，犹未形之口，公必曲体之，俾遂厥志。里中有无行子，不顺于父母。官府屡挞之，弗能禁。父母怒，乃使之给力公门下居。久之，翻然悔曰："我亦人子也，而得罪于父母，何以为人？"遂尽改前非，卒为孝子。其能感化人如此。有司欲举公孝廉，公曰："菽水承欢，人子之分，若因此而得官，是以吾亲为沽名之饵也。谓吾亲何，且何以令天下也。"卒弗就。亲疾，公吁天求代，奉侍汤药，衣不解带者两阅月，未尝有倦容。及卒，号恸几绝，泪不足，继之以血。既葬，庐于墓旁，朝夕望墓而泣。逾年，尪羸骨立。或劝公抑情以尊生者。公曰："爱吾身为吾亲也。今养生丧死，分已毕矣，病何伤乎？"哀恸如初，竟至不起。晋建武元年十一月卒于墓庐。门弟子成公之志，葬公于庐所，私谥为孝正先生。

二十六世子亲公

公讳既孝，字子亲。善奕，名噪一时。游太保谢安门，安问以奕，公曰："奕如治民，无使失所而已。"安奇之。授永嘉簿。甫拜，命沉奕具于河，人叩其故，公曰："奕局，戏也。在官言官，官遑事此乎？"既抵任，问民疾苦，简除烦苛，事令以诚，令亦任之，由是得行其志。期年，政绩茂焉。以失血卒于官，民皆为位而哭，柩停广济庵，贫不能归，士大夫争赙之。子一乘奉丧还虞，葬山之西麓。

三十世孝正公

公讳正，字孝正。居始祖故宅，宅有墨井。井畔有捣衣石，汲井水石上捣衣，衣色倍鲜，诚异物也。自始祖迄梁，世守勿替。中大通二年，太守萧正德行县，闻而异之，遣吏来取。公闭户不纳。吏倚守势坏户而入。公卧石上，不肯起，曰："宁杀我，石不可取。"吏使力士拽开公，舁石去。俄而，太守去官，公与俱行，沿途号诉，声为之哑。守不得已，赂以金，公投金于河。公诉之官，畏守宗室，室置不问。公抑郁成疾，遂客死。

三十二世修之公

公讳循，字修之。初名彪，字公武，后改今名。性峭励，臂力过人，见不平事辄攘臂而起。人咸畏之，号之曰"言将军"。吏有枉法陷良者，公不能平，路遇而辱之。事闻，吏削秩，公亦坐是徙远州。会赦还家，始折节读书，从师受句读。师以其年长，有难色。公曰："先生毋难，第教我，我自能读。"师奇其言而教之。日夜不释卷，未尝解衣而睡，虱缘须而上发者，累累如贯珠，而公未之知。如是者五年，四书五经以及诸千百家之书莫不贯彻。或劝之进取，公曰："读书以变化气质耳，非以求名也。"乃构屋三楹于焦尾川之南，临山面水，授徒自给。邑中子弟争欲出公门下，翕然有醇儒之目焉。

三十八世退夫公

公讳大章，字云汉，号退夫。八岁丧父，九岁丧母，与弟大典方七岁，伶仃孤苦，贫不自存。邑有神庙，香火至盛，公日与弟往取烛油，易米以活。暇则就叔氏以方公学，夜即爇烛油以读，往往彻晓。天寒无衣被，兄弟尝卧藁中，日中不能起。邻妪悯之，日食以饭。而讲习讨论不少辍。里中有富室王氏，闻而异之曰："此非久居人下者。"许以女，将迎公以归。公曰："吾有弟，其忍舍之而去乎？"辞弗往。乃并迎弟。公由是得恣于学，学日以进。咸亨中，授朝散郎，累官至秘书少监。武后临朝，遂挂冠归。谓其弟曰："吾两人共患难，亦应共安乐，义不容分析。"仍与弟同居，颜其堂曰"棣萼堂"。堂置一柜，有所入悉贮于是，而不以自私，至婢仆辈亦不辨其孰为主，由是妯娌及儿孙皆和好无间言。邑有兄弟争产者，讼于官，累岁不已，闻公之风，曰："吾辈应愧死，非人类也。"遂相让而罢。庭中有梅二株，根悬丈余，枝忽联属，人皆以为异，盖和气之所致也。设义学以教族之孤者，置义产以给族之贫者。春秋二仲，率举族祭于祖墓。祭毕，燕族人于私室，既以伸亲亲之义，且谆谆以光前裕后，勉诸子孙。由是人咸知奋读书，以继前徽者。人才鹊起，一时言族称盛焉。公思邻妪之德不置，欲有以报之。比公妇妪已死矣，访其棺未葬，公为葬之，亲祭于其墓所，且给其子田三十亩，以为祭扫之费。盖公之盛德，其有怨于己者，虽大不省，其有恩于己者，虽细不忘如此。享年八十有七。以开元二年三月十四日无疾而卒。有《退夫集》八卷行世。

三十八世子常公

公讳大典，字子常，号潜夫，少兄退夫一岁。宁静寡言笑，动止皆有法。时以诗赋取士，竞尚浮华。公曰："士君子自有圣贤大学之道，区区寻行数墨奚为也。"因屏弗学，惟留心于经济之大务。高宗朝以荐举拜左拾遗，议事不合，辄辞官。与兄同居，事兄惟谨，年七十矣，坐必隅坐，行必随行，兄亦弗为意。人曰："兄弟雁行，何为尔尔？"公曰："吾幼孤，兄即吾父，嫂即吾母也，敢弗敬乎？"及兄卒，公哭之恸。著挽兄诗一百二十首，哭兄文一篇。三年之中未尝见其有喜色，邑人称为言氏二难云。卒年八十九。所著有诗集五卷、文集八卷、《春秋指归》一部行世。

四十世经父公

公讳文仲，字经父。为人旷达不羁，简素一切。生平不喜读书，惟《南华经》一部，寝食与俱，既而并焚之。语及功名事，辄掩耳曰："昔者许由之耳，尚有水可洗。今皆粪秽也，吾将谁洗乎？不如使之勿入吾耳耳。"与邑人薛方周相友善。方周死，公往吊之，不哭而歌，人咸讶之。公曰："人不知夫觉者之为梦兮，又乌知夫死者之为生？吁嗟薛生，惟尔知吾心，而又安望之他人？"言已，径出。有富人悭且贪者，公谓之曰："人为子孙计，宜少积银，多积钱。"富人意公庄言之，必有所见，欣然问故。公曰："多积钱，使子孙便于博耳。"富人色沮而退。公故贫，身无完衣，日或一粥。人问公曰："君亦知苦乎？"公自指其身曰："彼则甚苦，我却自甘。"公之言论，其诡异绝俗概如此。人皆目为狂生，公亦自居为狂而不辞。一日，忽谓家人曰："今日有客来，可为我具馔从之。"公抚躬自谓曰："吾与尔周旋最久，耳为我听，目为我视，手足为我持行。今将别尔，特具不腆，用酬尔劳。"乃恣啖酒食。家人大骇，以为癫也。未几，遂逝，时年五十有四。

四十一世维持公

公讳端操，字维持。为人柔懦，而事有关于尊祖敬宗者辄挺身而起，往往奋不顾身。始祖故宅在虞山东里许子游东巷内，自周迄唐，千余年间未尝易主。乾元二年，有形家者言："居此宅者，累代簪缨弗绝。"邑豪印在心，信之，以厚资啖族不肖子。不肖子利其财而售之。公怒曰："吾始祖之钟灵，实胎于此。此而可以与人，则天下何事不可以与人乎？蔑弃祖宗，孰大于是？"于是为文，以告于祖曰："赵璧不复，誓不愿生。"乃抱始祖遗像诉之县。县畏豪威，弗为理。又诉于府，府利其资，又弗理。会观察使卢公新任，公泣诉于马前。卢公怒，将罪之。时宦者鱼朝恩用事，势倾朝野，豪贿之，嘱卢勿问其事，遂寝。公悒悒不能平，疽发背死，而始祖之宅遂废为民居云。

四十三世周道公

公讳思贞，字周道，号潜轩，别号我醒居士。生于唐昭宗乾宁三年。为人恬退寡营，浮云富贵。慕陶靖节为人，因结庐始祖墓下，影娥川之南，颜其轩曰"容膝轩"。有园半亩，奇葩异卉，靡不毕致，四时花草，芬芳袭人。公日起居其间，焚香鼓琴，浇花种竹。本不能饮酒，客至必留饮，饮必醉，相与品月题花。或劝之仕，辄弗应。言及人世是非理乱，便摇手不欲闻。县令甘闻公名而谒之，驺从甚盛。公知而避之，弗克见。异日却侍从单骑猝至，公不及避，乃见之。令执礼甚恭，公色颇倨。令访以时政之得失。公曰："某山野之鄙人也，不习世事久矣。虽君有命，弗敢与闻。"且谓令曰："某疏懒性成，弗能为礼，使君枉驾，幸勿拘往来之礼责以不恭。"如是而别。令亦初弗介意，世由是两高之。卒年六十八岁，葬始祖墓傍。所著有《潜轩诗集》八卷、《逸民备考》四卷、《百花谱》二卷、《四时行乐说》一卷。

四十五世显夫公

公讳克光，字显夫。唐太元中举进士，除句容令，累官至尚书郎。有能声，所至民讴思之。年五十三，以病乞归。分俸余以赡族人，设先施堂以养民之鳏寡孤独者。其贫而不能读书者，设义学以教之。丁巳，邑大水，田禾漂没殆尽，民之饥而死者相枕藉。公率先赈恤，由是富室慕义，竞出粟以济之，民赖以全活者甚众。卒年六十七岁。

四十八世伯秩公

公讳琭，字伯秩。少聪敏，过目成诵。及长，于书无所不读。工文章，人争诵之，每脱稿，辄为人持去。绍圣中举，进士不第。未几，有旨勒令士子与试者书不是程氏伪道学。公喟然叹曰："千古之微言，于程子而复续，孟子之后一人而已。今斥以为伪，私忿则快矣，如公道何由是？"遂绝功名想，不复作举子业。举古今人物而殿最之分，为上中下三等，名曰《古今人物榜》。晚年又作《经济必读》凡十卷。卒年七十四岁。

五十一世子襄公

公讳腾，字子襄。宋南渡后，言族中衰，为士者俱弃诗书而服耕耨。端平间，王公爌来宰是邑，慨然叹曰："圣贤苗裔而俾之降列编氓，此官斯土者责也。"乃作象贤斋于学之西偏，聚言族子弟其中，县给衣食，延师教之，凡二十有八人，公为之冠。公感王公厚意，益自奋励，言规行矩，卓然以斯道自任。王公犹器之，邑有大事，必咨之而后行。迨王公入相,谓公有经济之才,将荐于朝而大用之。公见时事不可为,力辞乃已。平生著作甚富,而论当世利害者什六七。年四十三以疾终。将卒,犹不废学。所著文有《拨反集》八卷、《东轩集》四卷,元知州卢公重梓。

五十三世友文公

公讳公怡,字友文。象贤斋弟子员。博览强记,读书象贤斋中,文名与子襄公埒。性至孝。公父道之,公先父卒。公事祖康成公,曲尽其道,俾康成公不知无子之苦。及卒,一恸几绝,殡殓葬祭悉从其厚。公老矣,或言及祖父母及父母,未尝不流涕。其至性之过人如此。

五十六世用贵公

公讳仁和,字用贵。象贤斋弟子员。慷慨有大节,以扶植纲常为己任。闻平江守潜说友送款于元,公号哭累日。及城陷,公南向再拜曰:"臣世受国恩,义不可负。况先贤之后,衽可左乎!"遂登楼自经。妻贾氏曰:"吾夫可以为义士,吾独不可为烈妇乎!"乃收夫尸,埋菜圃中,亦自经死。

五十九世伯茂公

公讳文蔚,字伯茂。读书象贤斋,治《春秋》,克尽其微妙,一时学者奉为指归。及元师围城,城将陷,公曰:"三百年养士之恩正为今日,吾其忍觍颜偷生乎?今幸城未陷,吾得死于赵氏之土,亦幸矣。"遂跃入泮水中。死三日,颜色如生。

五十九世叔举公

公讳文振,字叔举。有抱负,每以王、谢诸人自况,谓天下不足治。及宋元鼎革,遂绝意举子业。结庐破山寺旁,终日焚香默坐,足迹不入城市。素不喜饮酒,至是遇酒辄饮,饮辄醉,醉辄放声大哭,人皆目为狂。至元三十年,有司礼请乡饮,公却之。人曰:"年高德劭,孰有逾公者乎?"公曰:"德果邵,不活到今日矣。"卒弗就世,以是益高之。卒年七十一。

六十世尚贤公

公讳顺孙,字尚贤。主奉生。恪守礼法,言笑不苟,善知人,不为邪媚所惑。与人交如春风和煦,至干以私,则介然不可犯也。其和而不流有如此者。

六十一世尚德公

公讳福孙,字尚德,号养正先生。元至正间,为本州儒学训导<small>公名载卢知州《修学碑记》中,碑现竖儒学门西首</small>。维时俗以词曲相高,圣道几息。公言规行矩,独以濂洛真传,与名士相砥砺,由是士风丕振,文教孔彰,一时学者俱目为狂澜砥柱云。

六十二世以实公

公讳信,字以实。由象贤斋弟子员宾兴于朝,擢居胄监上舍,寻任工科给事中。弹劾无所避,权贵多畏之。后以议论不合辞官归。永乐入继大统,方孝孺得罪,公疾走京师,连疏讼冤。上大怒,并置于辟。临刑,有"宁拼一死随龙比,肯惜余生负祖宗"之句。谈笑自若初,无戚容,一时义问满朝野焉。

六十五世惟瀚公

公讳江,字惟瀚,号守儒。为人刚方正直,厚重不佻,自念出于儒族,兢兢焉惟家训是守,因自号曰守儒。为文章务以理胜,不屑屑于寻行数墨。凡再试,连不得志于有司,喟然叹曰:"古人云,不为良相,则为良医。"由是尽弃举子业,深究岐黄妙理,得不传之秘,望气能决生死,活人不再剂。千里之内,争以厚币邀之,公夷然不屑也,曰:"吾以济世耳,庸为利乎?"有所得,辄以与病且贫者,全活不可数计。所著有《内经集注》《伤寒要览》诸书,惜遭回禄,毁烬无存。事节母至孝,待诸弟最友。弟有早丧者,抚其孤,咸得成立。官府重其品,皆敬礼之,请与乡饮礼,为上宾。年七十一而卒。葬虞山北麓祖茔之次。邑人桑悦志其墓。

墓志铭
温州府通判、邑人桑悦思玄

守儒言先生,于弘治壬戌正月十一日卒于家,享年七十有一。兹以卒之明年三月三日,奉柩葬虞山北麓祖茔之次。其子世恩先是乞予铭墓间之石,予与先生有姻亲之好,义不容辞。按先生姓言氏,讳江,字惟瀚,号守儒,先贤吴公六十五代孙。曾祖仲辉,祖永坚,父隐庵,母殷氏,世居邑之文学桥南。先生自念出于儒族,为先贤裔孙,恒惴惴焉,恪守家训,一言一行不敢少纵,读书、行药以资养生。天性孝友,痛幼失怙,奉养母氏甚笃,诚敬之心久而不衰。哀弟早丧,抚其遗孤世泽、世美,无异己出。及长,为之婚配,遣游邑庠。成化丁亥,澶源甘泽来治县,询及先贤遗事,先生历历与侯道。侯遂捐己俸,就家建祠。弘治丁巳,邑侯四明杨公见先生衣冠言貌端重不佻,无忝先贤之后,礼请乡饮,置上宾位,助财以修家庙,给田以供祭祀。是虽上之人尊儒重道,亦由先生有以感动之也。厥配钱氏，予表姊也。子一即世恩，娶季氏，文村望族。女二，一适王某，一适陈棠。孙男未出，孙女尚幼未诺。予惟古之名公上卿，云仍华胄，何处无之，相传不数世而衣冠凋落，人遂不齿及，是岂人故为是以绝之？彼自弗振耳。吾邑吴公自秦以来，子孙衍庆千百年，人之敬信如一日，是岂人故为是以诣之？彼自能振，而足以感动之也。呜呼，若先生者，其言氏子孙之克振者乎！今则已矣，惜哉。铭曰：呜呼先生，先贤华裔。读书守恒，终始一致。虞山北原，藏风聚气。体魄是依，百千万世。

六十六世思远公

公讳弘业，字昌之，号思远。善经营，亿则屡中。家贫，废诗书而学贾，不数年遂成巨富。自奉甚啬，而为祖宗则倾资弗惜也。先生是县东故有家庙，公嫌其市廛逼仄，不足以肃观瞻，因卜建于山塘泾岸，弘敞壮丽，为一邑巨观。学院萧公嘉其绩，给以衣巾，俾至祀事，且录其八岁子震游邑庠。公又念子姓式微，非有世袭博士，无以为祖宗光，因挟星术走京师，遍干士大夫。士大夫皆爱重之，刑科沈汉特疏题请事，虽不行，然由此敕赐祭田，子孙优免差役。迄今犹食其报，厥功伟矣。卒于某年某月，葬西山杏花台东首新阡主穴。

六十八世希明公

公讳愚，字希明，号心里。二龄失怙，既无叔伯，终鲜兄弟，赖节母张孺人以活。虽饔飧不继，而不受人怜，足不履富贵门。借脩脯，奉节母，菽水承欢，克尽孝道。而又以其余教族之贫而废学者，助族之贫而不能婚丧者。母殁，擗踊哭泣死而复苏者再，竭力营葬。岁时荐祭，哀痛如新丧。其至性有过人者。生平言不妄发，动必中礼。笃志好学，至老未尝释卷。撰家训四篇，为后世式。四与宾筵，以齿德赠冠带，官给"海虞一人"之额、"皋德彭年"之额、"八千春旭"之额以奖之。享年八十有四。生于嘉靖丙辰正月初八日，卒于崇祯己卯十一月初九日。葬兴福苏家坟左首主穴。

行乐图赞
进士翁应祥邑人

公器宇穆穆，于南国之精华，未雕未琢，式完其璞，以成家学。公德度翩翩，于洙泗之学术，返本还原，实武祖先，以称后贤。宠贵嘉宾之宴，侵寻抑戒之年，盖涉世不惟今惟古，宅心不以人以天。即今遭逢异数，博带峨冠，信圣朝之遗老，为鲁殿之岿然。且也达尊有三，渐以全。诗书代衍世泽绵，请高其门，大其里，以待高车驷马之骈阗。崇祯己卯冬日拜题。

寿 诗
薛志学海观

虞城到处是弦歌，家学看君更不磨。三尺藐孤能立少，四科今日受经多。翩翩门下诸生侍，奕叶庭前双鲤过。为道南方还振铎，肯将文教让西河。

又
万历癸丑进士、门人程玉润珍凤

太和元气覆华筵，鹤发先生望俨然。人似艳阳春昼日，寿如不老地行仙。经纶满腹偏高隐，文学千秋有象贤。小子忝为门下士，躬逢三度拜堂前。

自 传

希明子，海虞文学里人也。名愚，字希明，别号心里，子游六十八代孙。正统中，王大父润念世远宗微，挟厚资往来京师，隐商贾中。以间请于当道顺天司李徐公，于是有褒崇道学之请，得以不列编氓。世宗御极，大兴文治。王父昌之公讳弘业，别号思远，少严毅，能继先志。科道文章请给五经博士，部有修怨者，因仅得葺庙之旨，书院由是复兴焉。思远公殁，长子不能守，为新贵所并。吾父文里公讳解，居幼不能禁，破家捐躯以争之，每为不肖族所屈。嘉靖季年，直指吕公以梦感翻案，而父已饮恨长逝矣。余生甫二龄，母张氏孺人与两姊昼夜擘绩，以营一饱。屡遭荒歉，频厄数四。外祖西涧公，外祖母杨孺人而外，莫之盼也，而族人则尤嫉之毁之。年十三，耆宿心闲李公居相迩，见余幼孤端谨，曰："虽贫，终不下也。"以孙女妻焉。枣栗弗具，而获有室，余母稍得息肩。然生育相继，食用渐繁，笔砚之耕不足糊口。余内辛勤劳苦，致弗永年，良可痛也。今余已多历二十年，所身虽常病，尚能视履。子虽固穷，粗可朝夕。况子复有子，孙复有孙，晚景之受赐于天者，亦云渥矣。至于书院再毁再复，当吾世而得继前人之志，抑何幸耶！且一生傲岸自守，不躐富贵门，虽无立锥遗而多绕膝乐。又邀锡老之典，赐冠带，四与宾筵。回想幼时之苦，得至今日，诚快事也。因绘吾象以识之。所未慊者，母守节半世，不能表扬，罔极之恩，未报万一，每念及此，不胜怅然。是有待于后人，拭目望之。崇祯戊寅，时年八十有三。书于仁寿堂。

六十九墨泉公

公讳仲文，字墨泉，居郡城书院。万历八年，相张居正议毁天下书院，奉行者逐先贤于门外，不拆而送于时相申时行。公抱先贤位及历代恩典碑文，遍诉当事，垂三十余年，家为之破，志不少弛。当事悯之，申亦悔过，捐银买地，官为建屋。吴中书院之不至化为乌有者，公一人力也。

六十九世企城公

公讳庠,字企城。性旷达,家人生产概置不问,有刘阮风,尤不肯媚权贵。时严讷罢相家居,尝以舆肩过书院门。公归,适遇之,即殴其仆,且责严曰:"汝位至宰相,独不从读圣贤书来耶,奈何坐肩舆过先贤祠门?"严相即下车请罪,几不能自容,嗣后遂不复过。其不畏强御如此。

六十九世尔祈公

公讳福,字尔祈,号振里,晚又自号啸庵。德行文章为一邑冠。早岁游泮宫,试辄高等。平居恂恂如处子,而义之所在,往往奋不顾身。魏奄拆毁书院,地为官卖,公努措百金,仅赎其半。邑之鳄绅欲取为园囿,利诱势慑,百计图谋。公出死力保全,复建书院。虽在官不无所助,而公之囊亦倾矣。邑故有始祖专祠,在儒学东首,祠有仪门。学官欲即其地改建文昌阁,椿既下矣,赖公奔诉各宪,其事乃寝。学师怒,欲中以劣,以迫于公论而止。邑令庭怀耿公重其品,凡地方利害必咨之,公知无不言,然未尝涉以私。性严恪,虽暑月,未尝不衣冠而处。或疑其矫,从独处时窥之,不少懈也。盖深有得于程氏主敬之学者。事亲克尽其孝,家故贫,然未尝使其亲知有不足状。心里公年高,日进以参。心里公愀然曰:"汝以舌耕糊数口,安得此?我不食。"公即诡曰:"此非铺中所买,乃土参也。"即遍觅土参,植于庭,引心里公闲步,指之曰:"此即参也。"呼僮掘之,果与参无异。心里公方安意食之。心里公第三小吉甫公卒,家人每见公即去缟素,易色服。心里公有时嗟予季,公即曰:"在都中候选职归耳。"至岁余,心里公偶入中堂,见少媳遍身缟素,遂大恸曰:"予季已死,汝辈不使我知耳。"其不欲伤亲之心如此。是后或子女有卒者,总不使家老闻之。此法已行三世,犹不替,实始于公云。公仪貌峻伟,动履肃然,无论同辈后辈,见公罔不改容。里中贵仕多出其门,若赵春坊辈,归家来谒,执弟子礼,甚谨。壮年丧偶,义不再娶,曰:"吾不忍使子女谓他人母也。"所著有《迂野集》《防海议》行世。更著《备死录》以示子孙。两举行优,一与乡饮。官府钦其德,奖以"孝义慈和"之额、"人伦师表"之额。易簀时呼诸孙而诲之曰:"吾生平初无过人处,只一举一动无不可以对人言者耳。汝曹见正人,习正事,勿自菲薄,开罪祖宗,吾死亦瞑目矣。"言讫而逝,享年七十有七。以顺治乙未四月十八日卒,葬兴福祖茔之昭穴。

行乐图跋

本县教谕、己酉举人程孟峰生

言夫子裔、博士、弟子员廉捧其祖振里先生《行乐图》来,再拜乞词曰:"廉生不辰，期年失怙，八岁丧祖，罔知先人事迹。稍长而检阅遗编，得先祖自赞《行乐》数言，不胜悲喜。但仅书草稿，似欲书于图而未果者，藏诸笥中三十余年矣，向有待于立言君子阐扬其意。今遇吾师秉铎以来，熟悉廉之家世，故嘱绘者重摹像而录赞于左，丐赐一言以传。"余因瞻其象，读其词，想见先生之志。盖先生有名世才而不遇于时，仅以诸生老。一子郡庠，生恂如，能世其学，又先先生卒。故先生自赞以抒胸臆也。呜呼！先生去今已远，而流风遗韵犹有存者，然不有后人，孰从而表著耶？余故喜为之言。岁在康熙昭阳作噩之畅月。

行乐图自赞

倚着的是崎岖巉石，拿着的是衲子拂尘。天赋的是浩然不屈之气，性发的是不可一世之情。而今作么生会兮，愀愀独坐岩崚。堪叹的奇幻，几阅风生，最苦的耳目，尚有见闻。汪汪万顷兮，洗不尽寸肠油腻；梦梦兰玉兮，曷不为《周南·芣苢》。嘻嘻嘻嘻，停着拂兮，坐着石兮。做一日和尚撞一日钟兮，不知者指为言振里之行乐，知者认得是啸庵悲啼。

备死录节略

《备死录》，公所著也。文长不及备载，今撮其略云。

儒学东有吴公祠，自宋迄今，与书院相为表里者也。岁壬戌，淫僧募建藏经阁于慧日寺，材既备矣，里人发其短，且阁不利于县入其材修学。学师与学霸谋建文昌阁于学之巽方，始以瞿逸所之居为巽方，既知其为号书也，遂易之。而以吴公祠之仪门为巽方，将毁门而建阁焉。余与诸人详辨数日，是巽非巽，方有定向。历本载图甚明，何可移改？纳不在祀典之神，而破先贤之庙貌，亦大非法。且奎文楼已建大成殿后，何取重叠？诸人语塞，而求货于余，不得耸。学师不择日而钉椿，为迅雷莫掩之计，无有知者。梦中忽一人掖予而行，曰："速往府具词，可止，迟则不及。"旋觉。待旦出城，遇一人同舟，问余何事往，余以实告。其人知此事颇悉，谓予曰："昨更余已下椿矣，即拟拆祠门，有来言汝家在上司告状，姑止之。我即某家，属差往府探此消息，若未准行，连夜去门竖阁耳。今相遇亦缘也，慎勿泄。"同至府，亦同寓，看余控府准发，而同归。时大父母宋公初莅任，诣学行香，即勘是事，微不直学师。学师从学霸计，欲羁予戒饬。社友王兆吉昆玉及姚中郎数辈乘余对理后先一拥而出。先是因始祖墓下近富贵基园，侵削无禁，勉力筑墙，少存界限。学师无衅可乘，因即指为过端，以为霸占官山，复谋申黜，以舒其忿。宋公阅申文大笑。学师、学霸气沮，阁事乃寝。

我先贤书院介两宪院间，创自县令王公叔杲，重建于邑令耿公橘。天启六年，遭魏阉之变时亦未遽毁也。吾乡绅欲得地者争启其拆，竟拆之，然未肯及弦歌楼也。乡绅必欲其拆，又拆之，且变卖及书院基地。余力不能尽买，始置"弦歌楼"，地不言不待上司文转，即纳银八十两，买地之半。及文下，而贵人箧其银置于县堂，以大锭挝吏书袖中，而余告买契已经批出，无可如何矣。因先令匠工收拾祠门两旁八字墙，稍光庙貌，墙脚排列整齐。崇祯二年，有旨恢复书院，虽费无所出，然已望鼎新有日。适因添设漕道，另议建兵道衙门于济农仓，不无损于乡绅之市屋。乡绅计夺书院基地以易之，托伊弟来说余，曰："家兄有一言，遽难启齿。"余曰："令兄见教，无不从命，请试言之。"人告以故，且许以倍价。余应之曰："价亦不必言，但问于义有害否？"其人曰："余实懵懵，不知所谓害。"余曰："官无悔笔，以县主而吉服礼拜，破土于济农仓，见诸行事不止笔矣。乃弃之而夺先贤之地，有害乎？无害乎？况拆毁变卖时，地尚无属，乡绅抬银置于县堂，县公且以书院地为余祖祠也，不肯徇情。今事已久定，恢复之明旨煌煌，乃奉乡绅凌弱裔而夺先贤之地，有害乎？无害乎？即余最不肖，始而与此家争买书院，今不遭横祸，又非奇穷，拱手而让之，有害乎？无害乎？"其人拂然而去，少顷复来曰："此地原非兄家故物，有原主在，彼自来回赎矣。"才别，而余邻恶少来回赎地。余知此囝非口舌可诤，只得老着面皮，身穿公服以防势，捉手执大字书单，遍走通邑，高声叫诉。将由县而郡，由郡而渐达京师。蒙学师批令，老成调停，杨令公又谓主持在我，姑静听之。恶少恃宦势，又与前县令，今升苏松巡按饶公相知。公虽巡按已毕，尚在金坛造册，恶少往告，三日三进，初进状，次进呈，继又进手本。饶公谬许曰："县家伺候。"恶少意其必批来也，归而候县公于城隍庙。县公闻其言大怒，曰："神明在上，少年何作此想？我见伊官帖在万历官卖时就是他家出银回赎，尚可谓汝家地耶？"语塞而寝。县公因为余备文申详，学院李再申，学院甘俱批发原变银两重建。其如银已解京，不可复得。余恐事归废阁，乃呈请生员何允泓所捐在官置买学田银二百三十六两，再捐己资百余两。建造有本堂，以妥先贤；再建学道堂，以安四方来学；造莞尔亭，以彰道化遗踪；为重门，以崇庙貌。意欲次第鼎新，奈囊橐已竭，费无所出，容姑俟之。倘幸再加数年，可自我完局，或大限将尽，听诸后人，不必问其为吾子、为族人也。

六十九世无嗔公

公讳喜，字无嗔，号扬里。生而颖异，读书过目不忘，人皆目为神童。年十七游庠，冠多士，名噪黉序。天性孝友，亲亡，祭必流涕。兄病，侍汤药不离左右。崇祯末，凶荒荐至，道殣藉枕，公力请当事广募富室，设厂振粥，全活无算。尝处乡馆，节假归，有哭于途者而甚哀，询之，曰："母死五日矣，尚无棺。"公悉所得束脩三两五钱赠之。归而度节，萧然欢如也。生平无书不读，观历而得日月合璧、晦塑弦望之法，遂广求天文书阅之。夜则露卧庭中，以观星辰行度，虽隆冬不辍。久之而历理、历数独得其精，遂自造浑天仪。其于五星划度，无俟钦天监颁行，而通书已成，与西洋法不差分秒。鼎革时，邑有屠城气，时公居五渠，入城谓诸族人曰："可以去矣，不者祸将及。"由是城中死者什六七，而吾族独幸无恙。时有欲募兵为捍御计者，公曰："数已定矣，何自苦为。"人弗听，卒如其言。公善丹青，笔力苍劲，绝无画工气。性恬淡，不喜荣朊，游庠后即不作功名想。抚院某公荐公纂修实录，许以大用，征辟频仍。公弗就，曰："吾苟慕乎此，则科举中，岂不可致通显，何为裹足不一试棘闱乎？"精布算法。有田百亩，在五渠之东最低洼，欲开渠以便蓄泄，乃周步田所，谓田仆曰："我欲开渠。"自某处起，某处止，深广若干，工钱若干。人佯应之而未信也。及开浚，若合符契，人始惊服。尤善射覆。尝与至亲张正夫先生谈及此，严孺人从旁呵之，公曰："汝试取一物来，我能知之。"孺人入而出曰："试猜试猜。"公布算三四次，曰："汝袖中一太平钱耳。"出之果然。生平只一为之，后绝不复为，虑其近幻惑人也。其于星卜六壬，尤得不传之秘。族孙公抡年五十余矣，尝以生年月日求公推算，久不报公抡。抡促之，且云："星家谓我五十三岁当领乡荐。"公哂之，且摇首曰："汝且过五十三再推算。"未至五十三而公抡卒矣。少年子弟有求公推算者，公正色曰："尔曹但当读书作文，做正经人已耳，命岂能拘人耶？"年七十，诸族人欲为公捧觞，公曰："毋庸，至我七十三岁，正月初旬共来欢聚一日可耳。"族人如期往，公欣然具酒。公饮酒素不尽量，独于是日尽欢，曰："人生驹隙耳，我虽尚有半载日月，然行且赴馆。自今往不得复与汝辈剧谈矣。"至五月疾作，谓主人瞿益吾曰："吾病必不起，亟归我。"顾其徒伯揆曰："今日不必相送，于某日来省我，当与子永诀矣。"公归，卧床，日背诵四书五经。子孙侍疾曰："夫子之病革矣，不可以劳。"公曰："不然。人于临终时气若清明，便不散，他物带不去，惟此可带清风明月之下，尽堪受用耳。我于白文火注俱记得，惟好辨章末节外注中忘二句，速检我阅之。"背诵数日将毕，适伯揆至，公喜曰："子来乎，可谓死生不相背负矣。"教以读书孝弟之道，语无他及。须臾复背，背竟，不逾时而卒，年七十三，葬西门杏花台祖茔之次穆穴。有《诗经解》《天文说》行世。

七十世际唐公

公讳逢尧，字际唐。生而颖异，其聪敏与扬里公相上下。公之于扬里公犹阮咸之于阮籍也。六岁就塾，四日即能背诵《大学》，出而嬉戏，谓扬里公曰："我背《大学》你听。"即背诵如流，顷刻而毕。时扬里公甫五岁，尚未就塾，谓公曰："尔能背，我独不能耶？"亦背诵如流，顷刻而毕。盖一在内读，一在外听，故也。时邑中谓言氏有两神童。十七游庠，日作文二首，五更睡觉作腹稿，天明即起书之，几及三十年，未尝有间。生平但知读书作文，此外一无所问，即巾履大小亦不自知。每科试无次不入棘闱。至四十五而卒，殆命也夫！

七十世明之公

公讳述尧,字明之,企城公少子。三岁失恃,依仲兄宾之公以活。四岁,企城公教授于乡。家中绝粒,自晨至午后不得食,公号哭,宾之公亦哭。适遇群鸦噪而过,有物纷如堕于石。宾之公往视之,乃俗所云锅巴也,洁净无垢污,拾置碗中,得升许,以水渍之,作粥而食,遂得一饱。不数岁,复失怙。生平未尝有人授以书,或就塾窃听,或访问于人。至弱冠,遂能通四书五经大义,出而教授,即能为人讲解。尤敦尚廉节,不取非义。

国朝初,里豪召致郡中名优演剧于凌驾山之麓,一时开张茶酒肆甚侈。吾族以掘伤祖墓地脉为辞挠之,娄其金,分与公,公取而掷诸地,曰:"吾不欲视此不义物也。"其廉节概可知矣。晚喜作诗,有集行世。

七十世恭模公

公讳恂如,字恭模。世德相仍,箕裘克绍,奉养祖父,修复祠墓,不遗余力,里称孝子顺孙。年二十七,补郡博士弟子员。谙练时务,邑中有大兴革,守令必咨询以决。见国事日非,尤留心韬略,作《江防议》《城守议》,议论卓卓,俱未经人道。巡抚张国维甚器之,录为门下士。吴郡某门外故有义冢,豪右占为田,时有发之者。抚公曰:"非有正直不阿者莫能了此事。"乃以委公。公至,鬼声啾啾绕舟次,豪右争箧银赂公,公曰:"人可欺,天不可欺。"却其银,夺其地,复为义冢,吴城百万家之贫不能葬者悉有所归,泽及枯骨焉。邑令杨鼎熙拟荐保举,署县陈公荐举,立德明道科,俱以亲老固辞。砥节励行,杜门自守。叔吉甫公殁,衣衾棺椁,竭力肩任,不以闻于祖父。奉养婶母,不令知有无子之悲。鼎革时,李某寄一箱,不言其中为何物也。迨荡平后,人皆言李已死于兵。越二年,李始来取,视之则封识宛然。其人感谢,酬以二十金,谢弗受。抚院周公旌以"理学宪宗"之额,按院周公旌以"清朝名隽"之额,学院宋公旌以"士林矜式"之额。生平嗜经史,纂图说于《禹贡集注》,解于葩经,为后学指南。以顺治己丑正月二十四日卒,年四十有五。葬兴福祖茔之穆穴。

荐举立德明道科奖语
署县事太仓州州同陈一

府学生员言恂如,品协圭璋,才同球琬,律躬端懿,咸钦修德之劳;矢节清坚,共式景行之范。仰不愧,俯不怍,真笃志于希圣希天。世传万石之醇谨,视无形,听无声,尽色养于贤祖贤父,永锡考叔之孝思、敦族、赈邻、众沐、仁人之泽。春诗秋籥,里称君子之乡,盖德行文章允为世则,而琴书剑履克绍家声。著述奏绩乎六经,训迪大明于五教。且留心世务，胸藏黄石之符，更蒿目时艰，手借留侯之箸。此真明时之伟器，亟待登庸，抑亦旷世之逸才，特宜甄录。前宪历加优异，祖孙世荷殊恩，核诸立德明道之科，庶几称旨。予以移孝作忠之路，方慊优贤。兹固拔理学之真儒，不但录弦歌之哲裔。谨采舆情，本攸好德，敢求宪夺，用奖正人。

行乐图赞
岁进士陈式 金如

贤裔古心，道存德肖。艺苑名场，取友同调。贯穿壁经，辞尚体要。咳唾皆铁性冰心，匪浮俗之虚名是钓。悲喜皆天，风噫电笑。劳人志士，欲静人间之喧豗震掉。孝子顺孙，颐养两世之年高德邵。好义类渴骥奔泉，烛事如燃犀毕照。口不言钱，淡将俗疗。渊源有本，敬祖祠庙。贞孝在门，家箴凤诏。貌写涛笺，神游云峤。用规矩服先畴，端有望于吴公，后之善少。

常熟邑志
钱陆灿

邑中言夫子弦歌雅化，凡读书积行之士瓣香有托。惜其子孙人物寥落，如前乡饮宾言愚，隐居教授，竭脩羊所入，备甘旨以娱节母，矜其族孤以贫废学，育而诲之如其子。孝义有足多者。其子诸生福、喜兄弟，俱以言行闻。福保祖墓不为利，回卫专祠不为势压，复书院不以贫为解。弟喜捐垫金以给槥殓。福子郡庠恂如完寄帑以复知交。世德相仍，此先贤之泽，间左称道勿绝者。

七十一世公抡公

公讳明选，字公抡。性聪颖，读文一二过即终身不忘。其作文不拘时与地，或游玩山水，或花前月下，无不作文者。做秀才三十年，凡四书乡会题，俱挨次而作，既周复再作，其于小题作过者十居六七。与弟子论文即云某题我于某处作过，某题我又于某处作过。有欲得其文者，取纸笔疾书之。生平无稿，俱藏腹笥。尤不爱财帛。居昆城，有时来虞，所携银钱多寄顿族人处，临行遂不复记忆，最多脱失，辄曰："人我一也，我失之，人得之，复何憾？"其旷达如此。

七十一世李齐公

公讳靖，字李齐，又字济之，确之子，喜之孙也。有奇姿，自幼喜书，六七岁时即手不释卷。性沉静，读书不出声，有默识之功，终日拥书而坐，寝食亦为之废。年至弱冠，则五经、《史》《汉》、诸子百家无不熟记。手抄古文史断诸书，盈床累几。与之论古，则娓娓不倦。与语治生事，则笑而不答。惜乎赍志早殁。生于崇祯乙亥，殁于康熙丁未六月，年三十三岁。

七十一世君确公

公讳森，字君确，又字翘楚。襁褓失怙，伶仃孤苦，几不能存。族有不肖子，恃长凌幼，恃强凌弱，卖其屋，卖其基，取祭田而奄有之。公长，渐次恢复。顺治十三年，邑令周公敏捐俸鼎新家庙，是固上之人重道崇贤，亦公有以致之也。虽公之所行，或时不能范我驰驱，然废而复之，与有而废之者相去霄壤矣。

七十一世公觐公

公讳继光，初名廷，字公觐，又字筮谦，后改今名。明之公次子也。天姿颖异，度越恒流。父贫，训蒙里中，暮归，授句读，过目即成诵。稍长，学举子业于从祖振里公，笔畦灵秀，为振里公所器，曰："此吾家千里驹也。"顺治戊子己丑间，硕儒陈绛跌先生设教书院，从游者云集，日有约，月有会，公辄冠其侪偶。父殁，多粮累，贫不自存，废诗书而学贾。迨后，家益索，又丧其偶。因就馆于乡，复发愤而读。冬不炉，夏不扇，岁时伏腊亦不假馆。如是者数年，未尝须臾间。年四十有八，始见知于督学使者赵公仑。为文章务以理胜，不屑屑于妃青配白，而笔力古峭朴茂，直逼先秦，谱中心城、企城、扬里公、抡明之公等传皆公笔。尝谓人曰："士子作文是代圣贤发挥道理，若带一毫媚气便失之千里。"士类翕然宗之。公赋性醇谨，而见义敢为。康熙二十五年，奉旨饬修始祖书院时，适有拆毁淫祠之旨，邑令杨公振藻详改西庄淫祠为始祖书院，以塞饬修之责。社棍谓出公，指群辱公。公诉之令，置为首者，于法乃已。康熙四十五年大疫，贪墨教谕沈业铜臭例贡，训导秦敬熙以解禳为名聚敛，近学居民召致羽流，设坛始祖专祠内，铺陈骇目，笙歌遏云，一切拜跪舞蹈，尽态极妍，哄动满城，观者如堵。公发尽上指，与从弟廉奋臂而往，碎其神轴，毁其钟鼓，捽群巫而挞之。沈、秦怒，驾抄掠大题闻之守道。人咸为公危。幸道宪马公逸姿持正，是公举而非沈、秦，因饬县记过，且责其书役，事乃寝。康熙某科，公与同学何文星就省试，场期已逼，文星患病滨危，公不试而送之归。或阻之，公曰："为一己之功名而任吾友客死于外，吾不忍为也。"其笃于友谊如此。生平一无所好，惟喜读书，而尤喜人读书，而尤喜族之子弟读书。有舍业以嬉者，必多方激励之，诱掖之，俾知自奋。有叩之者，必尽其所蕴以告之，虽久不倦。公病且将易箦，族子聚西往候，公问曰："今岁推收可撒总否？"聚西虑公重听也，因书"要煞总"三字示之。公颔之。有顷，复呼而告之曰："聚西，尔知'撒总'二字之义乎？撒者，散也，取一县之田而散之也。今书为'煞'，误矣。"盖其诲人之心，虽当疾病弥留之时，犹惓惓而不懈也，类如此。年七十三岁。生于崇祯乙亥二月初十日，殁于康熙丁亥九月初七日。临终神气朗然。有自题行乐图数语，附后。

行乐图自题

此是言公觐，又叫做言筵谦。向来只有得一个我，今日又何为添设一个你，还是你要来学我，我要来学你。既不是两相学，何为神明丰度一般样。颠扑不破的噫咄咄咄，我断不思你猜不着这个哑迷。若是犹然不识得，曷不从此中识取。噫，我从此可以脱秽逝矣，一无所知矣。

七十一世若澄公

公讳廉，字古矜，一字姚思，又字若澄。郡庠恭模公叔子。生而峻茂不凡。未晬而父殁，殁之时诸子女环侍，母金抱若澄而泣曰："翁年耄，诸子女幼，一旦舍我而去，我何以生？"时恭模公目瞑矣，闻哭声，复睁目，手摩若澄公顶而言曰："尔勿忧，有此子在，可以终尔身矣，第善抚之。"言讫而逝。母金与贞姑（许张而未嫁，守贞在家者）悉力抚之。六岁从祖振里公授句读，授辄成诵，如素习者。祖大奇之，曰："此子必亢吾宗，惜我不及见耳。"逾年，而祖捐馆。合贫不能脩脯，母金课读于纺机前，遇经生辄挟策问。年十六为童子师，所至见严惮，授书夜分不倦，以名师称。延师者争致之，以得请为幸。性至孝。自伤幼孤，不识其父，朔望、生忌必悬父像瞻拜，拜必哭。岁时祭享亦如之。有他出必奉与。俱奉孀母，备极色养，不以委昆弟。康熙十八、九两年，荐饥，饥殍枕路。公贸粟置瓿，炊以奉母，己与妇咽糟糠，不令母知。遇时食，必购以进。母未尝，或于宴会间遇之，弗敢尝也。母虽喜其能养，然未尝不怜其贫而忧其过费。公知之，贮青钱二百，常令妻手其钱于母前，示有余。母信为真，乃色喜。母病革，公已耄，汤药必亲奉，衣不解带者两阅月，不言瘁。及殁，哭泣如婴儿，哀毁骨立，几灭性。先是其父之葬也，公发未燥。母殁，启父兆而合窆焉。公见之，崩哭仆地，良久灌醒，一时会葬者咸泣下。年至大耋，筋力委顿，步履艰难，而春秋展墓，岁时祭享，必躬亲拜跪，流涕若新丧。庶兄学海负债里豪，豪怒，将缚致于理，公毅然捐脩羊并联会以偿之。庶侄自昭早失怙，无所归，公幼而育之，长而婚之，俾得立人。有以抚侄誉之者，公愀然曰："此吾父之孙也，吾侄云乎哉？"其敦于一本之谊如此。家故贫，而事关尊祖敬宗，虽倾囊弗惜，且往往奋不顾身。康熙壬戌，武弁韦象山恃与台宪善，肆横于邑，道路侧目，斩先贤邱木器之，以奁其女。公指发抱先贤木主泣诉宪副刘，人咸危之，尤及弁乃已。岁丙戌，学谕沈业、学训秦敬熙集群巫先贤专祠，设坛建醮，幡幢钟鼓之盛，昔未曾有。公闻而震怒，偕从兄公觐攘臂往，毁幡幢，碎钟鼓，溺神轴，挫群巫而殴之。广文怒以抄掠闻守道。马甚不直广文，檄县榜其过，且惩其书识，事乃寝。康熙戊寅，与修学校，当事者重公品，俾董厥工，悉心经理，日昃不遑。

甄勤惰，慎出纳。惰者不得偷安，贪者无从干没。人恶其害己也，而尤之。公怡然不顾。以是功易竣而栋宇完固，载《修学记》中。他如建书院门以肃观瞻，新庙貌以肃祀事，周人之急，援人之危，懿行未易更仆数。士林景仰，远近心钦。儒学张御衣、洪力行颜其斋曰"虞阳人瑞"。衍圣公孔讳毓圻亲书"年高德劭"之额以旌之。生顺治五年戊子三月二十七日子时，殁于雍正五年八月二十八日申时。营兆于五都四图钱市庵东首，"历"字号二十三丘新阡，择日卜葬。

寿 文

本庠学博洪力行

雍正丁未，若翁言先生暨徐太夫人八帙双寿，同学诸子来乞余言，以侑其祝。曰："箕畴五福，惟寿为先。寿者酬也，酬其德也。其德弥盛，则其寿弥长。今若翁先生年跻八十，而夫妇同庚，齐眉共庆，盛德获报，洵不诬也。然非吾师之椽笔表章，曷以昭宣其盛美？且先生令嗣聚西、会英、圣修辈从吾师游者久，师之知其世德甚悉。则冈陵之祝，师乌可辞？"余闻而为之庆焉，继而又有感焉。忆自康熙丁亥，余承乏虞庠，聚西来谒，恂恂尔雅，不类流俗，询之知为大贤后也，遂乐与之游。嗣是风雨鸡鸣，往来无间，谈论之暇，因问及父母昆弟间，聚西欣然色喜，转若赧然不安者。亟问其故，则曰："诚耻之也。吾父生未周期，先王父见背，惟时但有逋负累而无寸箸遗，赖王母勤纺织，易粟以延。迨六岁，王母即于纺机前口授句读。洎长，益奋励，克自树立。性至孝。王母年跻百龄，吾父亦老矣，而孺慕依依，不异童稚。王母殁，以丧以葬必尽其力，岁时祭享必流涕。家故贫，而有关于尊祖敬宗者，虽倾家弗惜。其与人也，极和易。而义之所在，辄奋不顾身，虽豪绅大吏不少屈。他如见义必为，见危必援，教子以方严，御下以宽厚，无论识与不识，咸奉为楷模，称为人瑞。夫以吾父之幼且孤，孤且贫，而能自振拔，卒底有成，且备极色养，无忝所生，为世所推重。今奎也，幼则吾父育之，长则延师教之。年逾壮矣，曾不得窃微名以荣吾亲，博升斗以养吾亲，奎独何心而能晏然无愧耶？抑亦有可以自慰者？昔孟夫子言，君子有三乐，而必以父母俱存、兄弟无故居首。今世之载高位、食厚禄、履丰席腴、为市儿俗子所惊骇而欣羡者，随在皆有。其人或陟屺岵而神伤，睹眷令而心恻，欲求如孟氏所言者，不惟吾邑绝鲜其人，即博观天下亦不数觏。今吾父母年登花甲，又属同庚，兄弟怡怡，式好无间，一堂之内雍和穆如，天之所赐亦良厚矣。是由前言之，则为天下之罪人，由后言之，又为天下之幸人也。"余喜其说之情而有文也，志诸心而不忘。康熙丁酉，先生古稀大寿，余从诸君子后进介寿之觞，见先生白眉黄发，动止中节，言论丰采，虽精壮少年不能过。子若孙之罗拜于前，侍立于侧者，济济楚楚，皆英异之器。其庭帏聚顺之乐，向者得之耳闻，兹乃得之目睹，至是而益叹聚西之不吾诬也。今忽忽又十年，先生年届八旬，天运凡几更,人事凡几易,余亦谢事优游,且冉冉老矣,而先生之矍铄者犹夫初。聚西之所藉以自慰者,无恙也。是祝之者,诚不容已也。余乌敢以不文辞?抑更有进焉。方聚西之及余门也,齿尚少,其尊人亦才周甲耳,而聚西歉然以不得显荣其亲为慨。曾几何时,周甲者忽而七十矣,忽而八十矣,而所谓显荣其亲者,仍有待也。一转瞬间而九龄而百岁,又在目前矣。其可令后之视今,亦犹今之视昔乎!聚西勉之,并与诸昆季共勉之。毋以后之说自解,而以前之说自励。当此圣明之世,乘有为之时苦志下,惟以期上进,行见紫诰之封与曼倩之桃并进。余复从诸君子后,上九龄寿,进百岁觞,又将执笔以奏九如之颂矣。余与聚西昆弟分则师生也,谊则骨肉也,故于其具庆也,以颂而兼以规。是为序。

寿　诗

阙里博士孔传志

大贤孙子势尨氽,学道人今八十翁。艺圃诸生瞻硕果,龙门千尺仰高桐。几番吴苑升沉事,都在先生阅历中。凭语我公休说老,竹竿方袅渭溪风。

又

山西平遥县侯连璧、侯得一、郝天祥、侯第一、朱其凝、梁恒年

朱明淑气满华轩,寿域弘开玳瑁筵。玉斝新呈湛露溢,班衣旋舞彩云鲜。令子文章传晋国,太翁硕德重琴川。灵椿何必庄生颂,大道无边不计年。

贞 节 录

女节之难，难于士行。夫子删《诗》而录《柏舟》，良有以也。吾族虽式微不振，而祖泽未湮，是以为士者伦常必饬，字人者惟簿必修。历数言女言妇，靡他自矢，冰蘖无瑕者，代有其人。而以贫富不齐，不能尽邀旌典，虽然气节棱棱，自足千古。人果克自振拔，岂以旌不旌为重轻哉！录贞节。

张氏孺人

孺人姓张氏，讳贞仪，处士仲逸公女，博士孝瞻公曾孙女。年十九，归公盈公。公盈公早夭，孺人才二十四岁，父母欲嫁之，孺人引刀欲自裁。父母惧，乃听之。事孀姑以孝，抚二子以慈，俱克成立。年七十三而卒。

许氏孺人

孺人姓许氏，讳幼芳。出于华族，夙娴姆训。年二十四，适世泰公，娠三月而世泰公卒。孺人欲以身殉，翁姑以大义责之，曰："身死而名芳，若之自为计则得矣，独不为夫宗祧计乎？"孺人泣且拜，曰："谨受教。"弥月而生子，头角颇秀异。生五年，已能读书习章句。孺人自夫亡后，寒暑凡五更，未尝见齿，至是闻书声，乃为之解颐。未几，子以发痘死。孺人一恸而绝，家人力救，半晌乃苏。夜而就睡，日午未起，家人怪之，坏户而入，则已截吭而死矣。以卒之明年十月二十六日合葬北山祖茔之次。县令某公题其墓曰"节烈之墓"。邑大夫竞为诗挽之。

言氏孺人 二十九世志宗公女

孺人，志宗公女。三岁丧母，依祖母以活，祖母爱之如女。孺人亦事之如母，克尽其孝。十八岁归湖南赵氏。赵故寒，素课徒自给，孺人勤纺织以给饔飧，日或不再食，十年之间遂成小康。二十八而夫死，族人利其有，百计攘之。孺人以死争之，伯志贤公亦多方调护，乃克免。一子绍徽，方六岁，孺人遣就舅氏执公读，归而背诵，熟则喜，否则挞之。绍徽由是刻意攻书，年十七，有文名，为世所推。二十六举孝廉，除尉氏令，既受命，归拜其亲。孺人曰："绍徽，尔特一匹夫耳，天子以俸禄养汝，百姓以爹呼汝，须为好官，爱百姓，不然何德消受？"徽再拜，曰："惟亲有命，敢弗祗承？"由是所至以清著。梁绍泰改元，有司以孺人之节闻于朝，诏旌其门。年八十八而卒。

浦氏孺人 三十四世克勤公妻

孺人姓浦氏，讳思慈，克勤公之室。八岁失恃，即归于言。十八岁合卺，事姑至孝。家甚贫，纺织以供甘旨。克勤公早世，止遗屋半间，姑媳两人相依为命。姑怜其少也，欲嫁之，孺人曰："从一而终，妇道也。余亦人也，奈何欲狥虠我乎？"姑觇其志不可夺，乃听之。孺人事姑愈谨已，宁厌糟糠而奉姑必致洸腆。族人敬孺人之贞且孝，亦时有所馈以济之，得不至大窘。姑喜食鸡卵，家畜二母鸡，孺人祝之曰："吾家贫，养姑者全赖汝。"鸡生卵，累岁不息。人皆以为异，咸谓孺人之孝有以感之也。迨后姑又瞽，两目不能睹物，孺人匕箸以啖之。姑病卧床褥，终日熟睡，而夜每惺，然稍食辄饱，俄而又食。孺人曲意体之，夜尝至数十起，不敢言倦。如是者半载，乃卒。孺人日则营针黹，宵则勤纺织。凡三载，乃克葬其姑及夫于祖墓之旁。未几，孺人亦卒。亲族剧金葬之。古今来守贞者所在多有，而节之苦者未有如孺人也。

殷氏孺人 三十四世舜乐公妻

孺人殷姓，农家女。父爱萱负舜乐公租，纳女为妾。舜乐公性豪奢，侍妾数十辈，孺人独庄重寡谐，由是失爱，孺人亦安之无怨色。舜乐公卒，向之得宠于公者接踵而去。或亦讽孺人，孺人曰："人各有愿，不可强也。吾生为言氏妇，死作言氏鬼耳。"守节四十余年，人无间言。县令闻其节，特题"柏舟一派"之额以旌之。舜乐公二子亦事之如母。年七十，以寿终焉。

孝女言氏 三十九世惟察公女

孝女惟察公之女。赋性纯孝，母周氏孺人患蛊疾，病卧不能起，孝女奉汤药，顷刻不离左右。夜则焚香祝天，愿以身代。前惟察公已诺山南金氏，至是遣媒议婚。孝女曰："吾母滨于危矣，为人子者，正五内分裂之时，忍晏然讲嘉会之礼乎？且女之事父母，犹媳之事舅姑也，弃其母而字人为金氏者，亦安用此不孝之媳乎？"夫家重违其义，乃寝是议。孺人卒，孝女抚尸而哭，七日不食，家人强之，稍进米汁，泪枯，目为之瞽，奄奄垂尽。逾时闻中堂有哭声，孝女问故，家人曰："孺人终七矣。"孝女曰："吾之离吾母者已四十九日乎？"一恸而绝。

巩氏孺人 四十五世永夫公妻

孺人巩姓，上虞令鉴如公长女。年二十，归永夫公。事舅姑以孝闻，处妯娌以和著。唐末，黄巢为乱，师渡采石，兵势甚盛。江淮骚动，乱兵入城。公谓孺人曰："乱离瘼矣，势不能相顾，卿其自为计。"孺人曰："妾家世清白，义不可辱。君行矣，吾当以一死报君耳。"遂投井死，女挈儿亦死。

贾氏孺人 五十六世用贵公妻

孺人迪功郎士杰公之次女。十九岁适用贵公。元师入城，用贵公自经，孺人妆公尸葬之，乃泣曰："吾夫既为义士，吾独不可为烈妇乎？"亦经死。

周氏孺人 六十四世景彝公继室

孺人周姓，讳妙真。剑城望族，祖父咸有隐德。孺人自幼颖敏柔顺，长适景彝公为继室。事舅姑、处妯娌以孝谨称，待前妻之子逾于己出。景彝公卒，孺人悲哀成疾，未几亦卒。

墓志铭
乡贡进士章洗

弘治庚申二月九日，言孺人周氏即世，从子江率其孤澜等衰绖踵门，泣请铭墓中之石。呜呼！予，言氏甥也。铭，乌敢以芜陋辞耶？按状：孺人讳妙真，姓周氏，世为海虞剑城望族。大父惟道，父永秀，咸有隐德。妣高氏，生孺人。自幼颖敏柔惠，长归先贤吴国公六十四世孙言景彝为继室。事舅姑以孝，处妯娌以和，相夫子敬而顺，待诸子爱而公，是以闺壶中未尝有忿厉声。以至春秋佐祀事，视涤濯，羞簠簋，劳以达旦，无难色。景彝先逝，孺人哀号朝夕，有不复生意，弥留成疾。今年春，忽召诸子暨孙于庭，属以后事而没。距生永乐壬寅十一月初三日，享年七十有九。子男五，江娶钱氏，淮娶陈氏，汉娶萧氏。淮先卒。俱前室殷孺人出。澜娶虞氏，藩娶王氏，孺人生也。女二，适徐铁、俞奎。与江同母孙男八，世恩、世荣、世惠、世泽、世美、世清、世源、世洁。泽、美补邑庠博士弟子员。孙女五，配许俱士族。若江虽殷孺人生，而继叔景容之后，读书好礼，尤兄弟中之杰然者也。江等卜卒之年三月六日，奉柩虞山北麓，启景彝之兆而合窆焉。呜呼！余前母视孺人嫂也，母没而江等待余加厚，孺人与吾母往来音问不绝，今兹永诀，可胜痛哉！是宜铭。铭曰：出儒硕之门，适先贤之裔。孝克尽于舅姑，爱不问于人己。彼苍者天，宜锡之寿。而垂发之苍苍，宜锡之后而育秀之。行行虞山之麓，地道维宁。我铭贞石，千古其馨。

高氏孺人 六十四世景容公妻

孺人姓高氏，讳妙清。年二十而夫亡。屏去华饰，自甘淡泊。持身洁白，无罅隙可议。躬纺绩以事孀姑，姑卒，极力营葬无难色。人以节孝称。寿七十八而终，载入邑志。

墓志铭
国子助教、邑人章仪

先贤吴国公六十四世孙言景容妻高氏之没，其子江衰绖踵门，再拜请铭诸墓。呜呼！妇人之行不出闺门，予何能知而为之言哉？窃惟亡室言氏存日，极言其嫂之为人，故知其贤为至悉。节妇讳妙清，世为苏之常熟人。曾大父定，宋任承节郎，元赠中顺大夫、礼部侍郎、骁骑尉，追封广陵郡伯。大父敬斋，精岐黄术，为医学教授。父伯行，有士行。母徐氏，生节妇。年二十而归言氏。越八月而丧所天。遂屏去华服，淡然自处。曰："吾未亡人也，若卒然得一疾而逝，岂不愈于活在人世垫人眼目哉？"零丁艰苦，洁白之行凛乎清冰，莹乎白雪，无纤悉可议。奈何遭家窘迫，观风者不能采其事上闻，俾节妇之行泯没无传，可胜叹哉！节妇事姑极孝谨，姑亦霜居，每日早起，必造姑卧所问安，日则躬侍左右，视膳必极滋味而后已。女红之精，裁制之能，又非他人所及也。成化壬寅十二月十六日，终于内寝，距生永乐乙酉五月初八日，春秋七十有八。节妇无所出，以姑命立伯之子江为后，以承祀。娶钱氏，继娶徐氏。孙男一，女四。择弘治戊申三月初八日葬虞山北麓，合夫兆也。余因江之请托，在亲末，故不辞，而述其为人之大概，以志诸墓并系之以铭。铭曰：虞山巍巍，薄乎苍天。节妇之行，与之齐焉。先贤之门，光彩晔然。铭藏诸函，千古永传。

张氏孺人 六十七世汝行公妻

孺人张氏，西涧公女也。年十九，归汝行公。公以书院为里豪所并，争之不得，忿恨成疾，早夭。遗孤仅二龄。萧墙与外侮并至。孺人矢志守节，茹荼饮蘖，历尽艰辛。卒能抚孤成立，光前裕后，寿八十。生于嘉靖二年十月初二日，卒于万历二十二年十月十六日，合葬西山杏花台次昭穴。

举节呈
崇祯十三年三月，通学生员陈于陛等

呈为公举贞节，以光大典，以维世风事。窃惟节妇为难，节之出于贫苦者尤难。苦节为难，苦节而能上绵瓜瓞之传，下衍簋衰之业者尤难。兹有本县先贤子游裔孙言解妻张氏者，笄年丧偶，矢志从终，抚两岁之遗孤，誓九死于靡靡。门衰祠圮，期功无强近之亲；形只影单，肘腋有萧墙之寇。兼之饥年俭岁，加以薪桂米珠。四壁萧然，几日为之炊冷，一灯暗若，十指于焉血皱。衔土葬夫，不异麻裙之裹；和熊迪子，如同孟母之迁。卒能翼子成贤，克作乡闾德望，贻孙继武，用培蠡姓宗繁。是其节之苦于一生者，

茹人所未经茹之苦，节之功于一姓者，贻人所不能贻之功也。似兹齿德，尚缺表扬，为此俯采舆情，仰陈公论，伏乞准赐申请，俾得与旌扬大典，庶使张氏淑操不泯于生前，国荣获邀于身后，以彰公道，以励颓风。有此连名上呈。

缴 呈
廪增附生员翁嗣圣等

呈缴为公举贞节，以光大典，以维世风事。伏蒙帖委前事圣等，奉批遵行。间勘得先贤子游裔孙言解妻张氏者，系出横渠嫔，惟阙里宗风，虽协于两姓，伉俪不及于数年，当夫主之盖棺，尚属孤之匪岁。死者棺椁不具，生者朝夕无资。而更家难方殷，萧墙利其速剪，外侮未戢，祠宇入于强邻。氏以一身，值内外之艰，万死历安危之界，卒能孤植六尺，土覆一抔。墓柏楸然，延血食于线绝；莱衣灿若，享志养于耆年。是其苦节之贞，比寻常而百倍，合之揄扬之典于坊表，为适当所宜。亟赐申详，以彰公道者也。缘系公举贞节事理，合行勘具，实情具缴，须至缴呈者。

看 语
署学事训导徐某

忝看得节妇张氏一生冰蘖，众论芬芳。送往无恨于九京，植孤克昌于再世。桓嬴之啼未尝其苦，柏舟之誓犹逊其功。允矣礼乐之家，洵是闺闱之范，合从舆论，以请旌扬。

又
本县知县某人

忝看得节妇张氏，及笄丧偶，矢志终天。怀中仅匪岁之孤，室内少担石之积。伶仃只影，期功无强近之亲；震憾风波，肘腋有萧墙之寇。兼之凶荒游荐至，且又外侮频来，即须眉处此，亦大不堪矣。氏以深闺弱质，而能历险不惊，苦节冰操，更以遇穷益著。和熊教子，克成诗礼家风。衔土葬夫，不愧麻衣故事。诚笄流之奇男子，巾帼之烈丈夫也。学校之公论咸归，乡党之典评素著。兹据儒学牒呈前来，本县复核无异，所当亟予题奖，以励世风。

金氏孺人 七十世恭模公妻

孺人，乡饮宾甘泉公之女。甘泉公为心里公爱婿，孺人言氏甥也。生六年，即知理家事。随母氏归宁，心里公见而异之，曰："此子端庄敬谨，当为吾家妇。惜福薄，不能大享安逸耳。然处风波震撼中而能百折不回，卒底有济者必此人也。"遂为恭模公定厥祥焉。年十七来归，事翁及太翁，惟谨竭蹶任家事，俾恭模公得恣于读。崇祯末岁祲，斗米千钱，死者相望于道。孺人率婢仆食糠以活，而翁甘旨之奉不少缺。年四十二，恭模即世。惟时上有耄翁，旁有贞姑庶妇，下有四子，俱幼，三女俱未嫁，且也催科者盈门，索逋者填室。人欺其孤且寡也，又相与侮之。人皆为孺人忧。孺人曰："患难，人所时有也，吾知尽吾心而已。其济则言之庆也，不济亦可见死者于地下耳。"乃与家人日夜纺绩以给饔飧，而又以其余课诸子读。二十年间以丧、以葬、以嫁、以婚，渐次就理。遣其子端廉游邑庠。伯子早丧，就养于叔子廉家。年耄，犹日事纺绩。廉请曰："向之所以为此者，不得已也。今若此，不亦可以已乎？"孺人怒曰："尔何知？此我老友也，非此不能有今日，奈何处安而忘之？"逾年，廉又请曰："不亦可以已乎？母筋力衰矣，何自苦为？"孺人曰："吾非有所为而为之，只以壮年习惯，舍此便觉困倦，故乐此不为疲耳。"纺绩如初。平生好施与，遇亲戚之贫者及道路之饿者必多方以周之，惟不舍僧尼道人。恭模公生四子，端、廉，孺人出，玹、彦，庶出。孺人视之如一，抚诸孙尤慈爱，而恒以继志述事望诸孙。诸孙之率不谨，孺人辄不食，惧而自讼乃已。见有勤于读者，孺人为加餐，尝曰："吾暮年无所乐，惟闻诸孙读书声，乃吾下饭菜耳。"试或不利，孺人必为之涕泣者累日。庚辰岁，梦奎游邑庠，反而面孺人，孺人曰："今可以少慰我矣。虽然，人世之功名惟是一衿而已乎？汝祖父之所以见重于乡邦者，惟藉此一衿而已乎？人以游庠为喜，吾谓人而游庠则责方大也，汝勉之哉！吾年迈，不及见汝成立矣。毋忘吾言，九原亦含笑也。"盖孺人之所以属望其子孙其进进无已，类如此。康熙壬午五月二十一日，孺人卒，距生万历丁未七月二十二日，享年九十六岁。卒之时，大雷电以风，天地晦暝。目既瞑，遂云开日霁。人咸谓孺人非常人，实有鬼神迎之云。

寿　文
顺治丁酉举人钱陆灿

言母金太夫人，以今年康熙丙子七月二十二日为其九十初度，邑中亲友来乞余言，以侑其祝。余少补诸生，自乡入城，游于吾友文字之间，即与太夫人之夫子恭模相友善。恭模与其同学邵无尽、苏芑诒、王楚先、归裔兴、钱公言辈结社，为制举艺。恭模金声玉色，言规行矩，领袖一时。比诸子多贵，而恭模与余布衣落落诸生间，途遇黯然把臂。恭模又丧其太夫人。太公讳福者，不再娶，而管钥筐箧悉委夫人。夫人善成太公闲退意。恭模一意于文学，不訾省家计。太公二女。一归钱氏，逾年夫卒，寡节以老。一女许张镇，客游不归，女截发，终身不嫁。见余为作《言贞女传》，此两姑之成其节，皆巨嫂太夫人维持调护之力多也。先恭模且卒，以不克尽孝，于父先下地，扫寝堂蝼蚁，而以养生属夫人。夫人哭而受之："此固妾所有事，不待夫子镌戒也。"恭模既卒，夫人上慰太公，纺织刺绣，极女红之劳致甘髓，太公几忘恭模之不在侧也。太公殁，夫人丧之易且戚。里中咸称愿，然曰："孝哉！礼家妇。"夫人抚恭模之妾尤和厚，抚恭模庶出之子如其子，又倍慈爱。恭模卒时傈然，诸子女扫地赤骨立，凡诸与恭模游者俱为太夫人忧。卒皆成立于太夫人之手。自余与恭模为文字游，忽忽六十年前事。余为东西南北之人，间一过弦歌里，问讯知太夫人无恙。又与其次子若澄游。夫人又遣其孙时昌游余门而问业，知余已罢公车，老而落落布衣时，犹昔而颇望诸其孙得传其祖之友之学也。盖夫人之勉其夫子祖孙三世，欲大吴公之门者志意七八十年如一日。居无何，时昌又有不永之痛。今为太夫人文，深叹无人为洛诵于左右，知夫人亦必停杯一太息焉。虽然，太夫人之所以报言氏之世者，劳苦功高，镌于砥柱，铭于带砺，无有穷极造物，亦既储其秪虬二卣，以侑九如三多之祝矣。百年如今日，可也，而余辞何足以云。是为叙。

又 序
丙辰探花、刑部尚书、邑人翁叔元

世之享大年、履康宁者，虽由于气廪之完厚，亦在乎令德之休明。故夫子以寿归之仁者，而其论妇德也，则致意于坤元之象，以为坤道柔顺而能合乎乾之无疆者，则亦非健不能矣。惟健故不息，不息故无疆。微独大人君子为然，而妻道亦犹是也。吾今观于言氏寿母金太夫人，以为信有征焉。言为吴国夫子之裔，流风余泽，代有闻人。昔在启祯间，则恭模先生以文章学行蔚为儒林之望，而母亦以名家世德作其嘉偶，所谓日边天上，源远流长者非耶。年十七来归。逮事太翁、乡饮宾心里公，异粻宿肉，婉和将顺，有孝称焉。至其敬慎以承君子，勤俭以理室家，闺门肃雍，鸣琴静好，副笲谐合，亲若同产。由是各举丈夫子二人。凡夫饮食、衣服以及脯髓、脩羊之资，无不出于母之操作，而视四子如一。夫何而鸾分中道，时母方在盛年，岂不能奋身相从，以成矢志。徒以藐孤之故，为之毁形务面，殚力鞠育。既而阅世沧桑，遭家多难，支持内外，尽瘁卒瘏。长君不幸见违，三子赖皆成立，而母亦于是冉冉老矣。盖常计母之生平，自少至老，为女师，为母宪，为严父，为劳人，如夏之靡，如赵之婴，如季氏之妇，如恤周之婆，罔不于一身兼之。迄于今，眉寿荐臻，康强逢吉，昆季孝友，诗书馨香，诸孙文藻斐然，彬彬乎胚胎前人之光而浸昌以大者，夫孰非母氏一人之贻？而天亦于是报其勤，而予以无疆之贶者哉。称觞之日，叔氏若澄为之罗长筵，考钟鼓，百里之内，羊酒日至，邑大夫暨诸君咸往造焉。母于是执爵逌然为一启齿，回念数十年来焦心劳思，惊魂悸梦，回翔而未宁者，而今已为蔗境矣。矧由兹以往，逾百而未量也。噫！非清门之盛事欤？往余从兄泗王暨、至友进士苏君，皆为母爱婿，而若澄氏又属外妹之夫，则余于言氏世好姻连，未足殚述。其于母之令德懿范，自少迄今已稔闻而习之。今日之称寿，正无俟诸君之请而扬搞之恐后者矣。独恨江乡衣带，弗获身厕辉庖登堂，以观盛事。聊藉手诸君进此数语以加爵焉，可也。

又 序
本学训导盛尔俟

康熙丙子，言母金太孺人九十大寿，凡属令嗣若澄知交咸谋洗爵，称百岁觞，而谋序言于余。余为序曰："余自承乏虞庠教席，与若澄雅相知契，知太孺人风范甚详。太孺人，故乡饮宾甘泉公女，吴公七十世孙、郡庠生恭模公之妻也。年十七岁归于言，时姑已丧，太孺人即秉家政，亲操井臼，事太翁、乡饮宾心里公，翁、邑增生振里公，以孝闻。迨恭模早逝，家惟环堵，兼多外侮。太孺人支持门户，历尽艰辛，虽遭凶岁，而翁甘旨之未尝亏也。及翁既逝，丧葬成礼，以妇道而兼子道焉，迄今登九十大寿矣。回思三十年以前，风机雪纺，十指勤劬，上事垂白，下抚遗孤，而能使家庭之内仰事俯给，欢然无间者，太孺人真巾帼中之丈夫也。吾闻古之善养生者务遵其生而勿撄之时，其兴居之节，适其奉养之宜，使内不伤其七情之和，若婴儿然，故得以享其大年也。今太孺人之所以劳其生者，几四十年，其去养生之道有间，而究之艰辛弥甚，历数弥长者，何莫非其子之时，其兴居适其奉养之所致哉？而若澄犹不舍然于心，谓不能以富贵显荣其亲，不知陟岵兴嗟，尸饔致叹，古人多遗憾于母子之际焉。今太孺人虽劳于前乎，而当其逸于后也，虽富贵莫与易也。天以大年，旌太孺人之孝。而即以太孺人之大年，旌其子之孝，天之所以报言氏者何如？而犹以人世之显荣少之者，其亦未知天也已。若澄亦可以自慰矣。自此而贺百岁觞，亦转瞬间耳。行见十年之内，孙子、曾孙相继登显，而天之所以报太孺人者，又曷有穷欤？予拭目俟之矣。"

贞女言氏 载邑乘

贞女，生员福之女。七岁丧母，许配张镔。崇祯戊辰，镔远游不归，或讽之，即截发誓守。祖年八十三，老且病，氏侍养惟谨，父不再娶，凡饮食衣履必手治以进。父与兄先后殁，女同嫂以居，训子侄读书，兼课女红。长斋事佛，足未尝逾门限也。顺治十八年，巡按张凤翼起旌奖与粟帛。康熙己酉，知县于宗尧给额曰"巾帼完人"。乙卯，知县林象祖给额曰"贤门贞孝"。庚戌六月卒，年六十八岁。乙酉十二月，葬于西门外吾谷东首。

贞女传
顺治丁酉举人钱陆灿

贞女言氏，苏州府常熟文学里人。饮宾愚之孙，茂才福之子，子游夫子之七十世孙。七岁诺为同县张镔之妻。镔早孤，游学在远，不知其所终。贞女诺张，又六十一年，守节于父兄之家卒。贞女未诺张，已丧其母鞠氏，而茂才义不再娶。茂才三子。一女子嫁于钱氏，逾年夫卒，寡节以老。一男子，郡学生恂如。又一女子，则贞女也。因其叔母苏氏以活，而朝夕起居在饮宾、茂才所，代郡学君，郡学君得恣。女红之隙，跪受教《孝经》《小学》《四子》《列女传》，澜翻倒背。与郡学君参语，贯串其义，而尤长于礼。郡学君既娶，鸡鸣盥栉，奉其嫂以朝于祖父。厥祖父庆，当是时，贞女虽一遭母丧，然为女于祖父之手，其正也。贞也者，正也。比及笄而镄不归，杂然谣曰："死矣。"夫游无方，不可知矣，又逾时不归。张之宗党，请嫁贞女，茂才意未定，贞女敛衽拜堂下，曰："大人前顾，未以儿身诺张氏欤？儿闻之礼，十五许嫁而笄。许嫁，笄而礼之，因著缨。郑注云，缨以明有所系也。然则儿之逾于笄，而缨之期也久矣。吾祖之吊负夏曾子，不尝指以示人曰：'夫夫也，为习于礼者乎？'儿，礼宗之女也。夫女子未闻以身许人之道，然未闻有违其父以身许人之道，则益未闻有顺其父以身再许人之道。曾子曰'女未庙见而死'，孔子谓'归葬于女氏之党'，示不成妇也。未成妇，则不系于夫，而仍系于父母兄弟之家。夫已嫁矣，以未逮三月，庙见之期而死，犹得系于女氏之党，则如儿之未嫁而笄而缨者，不可知乎？"而张氏随喉讣来，贞女詈曰："张之死矣。夫游无方，不可知，吾宁忍急于鬼其夫乎？即鬼其夫不得系此身于张，独不得系此身于言氏之党乎？不亦亡于礼者之礼乎？"截发泣三日，而茂才之意始许，而张氏之望始绝。其姊之寡居于钱者，闻之叹曰："善哉，吾妹之不忍绝缨于张也，而妾宁忍不磨笄而死于钱乎？"于是姊妹相许为师友。贞女于是谓其家之人曰："女之嫁人者，移其父母之孝孝其舅姑。吾之不获归于张，且张之舅姑无复在者，自今以往之年，则当移其舅姑之孝孝于父母，而痛吾母之又不在也。"凡《内则》所载，所以适父母、舅姑之所者云何，其在父母、舅姑之所者云何，其父母、舅姑席乡衽趾、衣衾、簟席、枕几、杖履、敦牟卮匜之属，一器一事，进退维祇，饬者云何，贞女一一致之于其祖父，皆代郡学于学。而祖父命人代之。贞女弗欲而姑与之，而姑使之，而后复之，一一以其身为礼经。贞女益曰："吾祖父之笄吾而著缨也，明有所系而不得系也，则不得不退而自系于女之实，女之实所当专尽于祖父者，如是而已。"贞女既代兄而奉其嫂，以朝于祖父，于是又谓其家之人曰："女子之不得嫁于人者，移其舅姑之孝孝于其父母，而痛吾母之不在也。又伤吾姊之尽节于钱，不得归也。自今以往之年，则当推其父母之孝孝于吾之元兄与巨嫂。"事郡学君如父，事嫂金氏如母。郡学君方与诸名士范礼编诗，掉鞿文学，家计不一赀省。贞女奉其嫂，朝于祖父，退而无攸，遂具如孟子之母所云，妇人之礼者，皆代其嫂。机杼轧轧，刀尺琅然，不倦益勤，里之妇薰而为夜作。居无何，有兄之丧俱然，诸子女扫地赤骨立，泣而慰其嫂无忧。诸子女婚嫁，倚办于姑之十指出其所。与郡学君贯串经义，课诸子，读《诸子》。薰而为善人，为良士。今之请传其姑者廉，与游于吾门者时昌，皆其遗教也。贞女盖曰："吾祖父之笄吾而著缨也，吾兄知之。明有所系而不得系也，则不得不多所系于女之实，女之实所当，兼尽于兄嫂子侄者，如是而已。"案，贞女之传尽于祖父，与兼尽于兄嫂，凡系于祖父兄嫂之手，而自尽其女之实。六十八岁而卒。其贞也如此。凡贞女前后所际夫亡母丧，已又丧其祖父、兄，送往事，居凄怆，板荡变之。变也，变而不失其正。贞也者，正也，非徒以女子之十年不字，故贞之也云尔。顺治十八年，张御史某按吴，给粟帛，奖其门，拟上于朝，不果。康熙二十二年重修邑志，前高侯士□谬推陆灿领其事，书贞女未能详也。至是廉来请为其传，遂叙次其事，以告于闰史，俾天下后世知子游之学之泽不替于其家，即女子有如此者，而亦岂非吾邑乘之光，如后妃之德冠二南者哉。赞曰：凡贞女之为极难耳，于易卦为坤，初六履霜，冰坚已兆，所天倾而虞渊坠也。自时厥后，错综用六，或直方春，或含章，或括囊黄裳，故得出没于龙战玄黄之血。有相之道，谨谨奉其衣袽。弄瓦无非无仪之身，全受全归于呼嫩矣。昔圣人之于坤也，卒又系之辞曰："用六，利，永贞。"盖戒其变而不失其贞者，谓能立乎六之外而用六，则虽其遭时处会不合元亨，而自干利贞全矣。如贞女者，手缉纲常，则如武城之弦，践更事变，则如裼袭之裘，岂徒闻礼而已。盖进乎道者，夫子而在共纪叔姬，岂足录哉。康熙二十四年乙丑夏五日，同里后学七十四岁叟钱陆灿制。

寿　诗

明经孙永祚

明发惟知有二亲，笄流遍植大彝伦。字人未识良人面，寡女还存处女贞。柏挺身心成白首，竹留苦节逝青春。吴公世泽千秋在，更有深闺振后尘。

又

孝廉王梦鼎

不闻钗钏与珩璜，曾彻书声仁寿堂。孝体伯兄承菽水，义随邱嫂共冰霜。月悬天上同孤皎，风被人间起淑良。太史只今传逸事，千秋彤管姓名香。

又

明经陈式

深闺志过奇男子，彤史名高烈丈夫。孝女婉修令嗣职，比儿慈抚阿兄雏。隔纱自秘周官学，赐帛应如鲁义妒_{张按台有粟帛之奖}。有本家风胜尹姞，旌纶伫听德音敷。

其二

书声刀尺并琅琅，机杼初成向墨庄。岂愿学为女博士，将身希作古贤良。千载彤编推淑德，寸心白璧烔清光。未施巾帼登贞寿，刘向应分史传香。

又

孝廉、本县学博潘取临

君子英年赋壮游，深闺日月几经秋。钗钿不御六旬至，绰楔欲令千载留。孝养已兼为子职，辛勤常代抚孤忧。贞操懿行人间少，青史应书第一俦。

又
孝廉、邑人李临

古虞山南文学里，先贤言氏有贞女。弦歌仿佛千古闻，巾帼堪为后人示。襁褓失怙形影孤，长供甘旨手捋茶。结褵虽诺千里驹，忽惊玉树秋风枯。好逑不得谐君子，崩城空堕湘江水。宗党咨嗟误少年，共姜自矢靡他旨。冰为肌骨玉为神，凛凛严霜操孰怜。参差药室飞蓬影，寂寞兰房莎草春。花钿宝钏生尘土，深闺历历多辛苦。络纬萧条伴玉缸，刀尺声旋泪红补。停梭梭裂如崩弦，春鸿秋燕憔悴年。碧空寒烟袅白日，长松劲节心煎煎。以兹正气贯霓虹，鼓吹当今妇道风。潜德表章姑有待，纲常欣植女儿中。

节妇言氏

节妇，振里公长女也。年二十，归诸生钱国辅，逾年夫亡。族欲夺其志节，妇曰："吾言振里之女，先贤子游裔也。吾闻妇人之行从一而终，未闻有二天者。且吾既有以全其贞，吾独恶丧其节乎？欲夺吾志，有死而已。"人知其不可，乃止。康熙□年□月□日卒，年八十一岁。家贫，不能上闻，士论惜之。

姊妹贞节合传
康熙壬戌进士苏翔凤

言节妇者，先贤吴公裔也。大父心里，父振里，皆有道名儒。节妇兄妹三人，幼丧母，振里公不再娶，恐为子女患也。既长，适诸生钱国辅，生一女。而夫亡，有终身之誓。事晚姑孝，待亲戚上下有礼，守其女，及年嫁之，今亦孺矣。老而贫且无嗣，伤哉，节也。而其妇弟尤异焉。

言贞女者，与节妇同所生，许诸生张銮弟张镳。镳未娶，死于外。贞女不二志，惟兄嫂是依。大父心里公年高，事之不刻离。心里殁，事其父如之。兄亡，抚诸孤，教养嫁娶，皆分寡嫂忧。诸孤以母道事之，不知为姑也。翔凤妻，贞女女侄也，亦有母恩焉。

苏翔凤曰："余登虞山，盖有子游墓云，山水苍秀。古树盘错，瞻拜者穆然有千古之思。至南麓，栋宇崔巍者，先贤书院也，子孙世守焉。入其室，慈孝友恭，备有仪法，学道之遗也。节妇、贞女以闺中荆布见大义，而树高节，吴公之泽不斩矣。"

节妇言氏七十一世若澄公女

节妇，若澄公长女。幼娴《内则》，凤禀端庄。年二十，适太学生任绍孟。越三载而绍孟即世。孺人一恸几绝，以姜汤灌之而醒。夫棺既掩，孺人入室闭户自经，喘声达户外。家人屡呼不应，排闼入救，乃苏。孺人曰："夫魂不远，吾即死尚可与俱，奈何复强我以生乎？"嗣是家人防卫甚严，得不死。孺人乃绝粒，水浆不入口者凡七日，已滨于死矣。其翁泣而谕之曰："身死而名芳，汝之自为计则善矣，独不为我行且就木之老人计乎？且尔夫至孝，其死也一无所系恋，惟戚戚然以不得终养为恨。此尔所目击也。与其捐尔生以成一己之名，孰若少缓须臾，使我老人不至失所，以慰尔夫于地下乎？"孺人曰："儿以为臣死于君，子死于父，妇死于夫，乃职分所当为耳，岂为名计乎？既大人有命，敢弗祗承？"由是乃复食，一以事亲抚孤为事。康熙壬午岁，大祲，孺人食豆渣、杂草根以度日，而翁甘旨之奉未尝少缺。朝饔夕飧必设箸，举案如夫生时。衾端枕上，泪痕未尝干也。年三十三得寒疾，嗣子延医诊视，孺人曰："吾未亡人也，以速死为幸。今乘此疾，旦晚可见尔父于地下矣。奚以药为？"因屏医不令诊，病日剧，遂卒。

驱除异类录

谱之设也，所以序昭穆，亦所以别同异也。是吾族类，录而存之；非其种者，锄而去之。庶几源远流长，万殊一本，俾天下后世知圣贤后裔不同，桃僵李代也，岂不休哉？录驱除异类。

帖文

直隶苏州府常熟县：为异类之冒姓日甚，宗祧之真赝将淆，叩恩存案，勒榜县祠，以全先贤一脉。事据先贤言子裔孙生员言福、言喜、言逢尧、言恂如等具呈前事，内称：始祖先贤言子游，诞生兹土。北学孔门，得圣人之一体。开文学于三吴，功垂万祀，庙享千秋。世奉国恩，优恤子孙，编列儒籍，优免一应杂泛差徭，示与齐民有别，甚盛典也。第子孙世代寥落，现在丁不满百，又皆贫弱不振。岂遭有异类、奸棍、觊福等式微，冒姓为言，如无锡华氏之家奴，丹阳之市井、屠狯，居然称为先贤后裔。更有本族六十六世孙言世杰无子身故，从幼灶养之仆王振寰罝其家资，并冒言姓，可恶已极。切念自始祖以来，子姓虽微，而谱系井井。在县止有县东一支、书院一支，在郡止有岳桥专祠一支，至散处于玉峰及本邑五渠者，皆书院支之分支。其他皆属冒姓，若不吁明存案，将来必至真赝莫辨，挠乱宗祧，冒邀恩典。先贤之真血脉自此而澌灭矣。用敢连名具呈，伏乞垂念先贤，俯怜末裔，准赐。存案。勒榜祠中，永杜冒姓混淆，庶寒裔得全，先贤幸甚。等情前来，据此为照。先贤言子为万世斯文之祖，圣门高弟产于东南者，止有言子一人，所以江南惟言氏一姓编列儒籍，不与齐民为伍，优免差徭，此系历朝恩典，岂容异类冒姓。若不厘剔，将来必致冒恩，奚止淆乱支派！今据前情，除存案外，合行给帖为此帖，仰原呈生员言福等，即将该裔的派各支勒榜县祠，永杜假冒。如有奸棍仍前冒姓，擅敢称先贤后裔者，许该裔即行呈告，以凭拿究。该裔中如有不肖者徇情通谱，并治不恕。均无违错，须至帖者。右帖仰原呈先贤言子裔孙生员言福等，准此。崇祯七年三月十五日给。帖押。

正名法语
七十一世孙清

吾族式微极矣，所幸者子孙不满百人，皆系本宗嫡派，非若他姓之或以科甲炫耀，或以资贷充积，而谓他人侄，谓他人弟也。壬寅春，世仆王振寰之子静伯仲和与邻人哄，居然以言氏名帖诉赵宦，以贤裔禀单达官府。予曰："不可不闻之大宗。"而大宗之孙，则君确也。君确毅然曰："是恶不可长，不大惩之，异日何以为子孙地？"于是与族长连名具呈，遂以冒姓、冒名、欺官、欺主等事控之当道。是时，吾族深讶，咸谓君确且有是举也。越几日，予同族兄公寀、公觐等到家庙，而君确非复毅然之色矣。询其故，则曰："和为贵。"且言及贿嘱之数。予听之勃然，直以祖宗大义责之，不觉声色之俱厉。越几日，而君确密友陈懿叔以名柬相邀，驾言劝解，予避之惟恐不深也。时公寀、公觐、吕又、骏声与予有同心，皆深恶之，而不与事。过问之主议者谁，曰陈懿叔、王东曦、杨午发也。允议者谁，曰某也。受贿者谁，又曰某也。觥筹交错，俨然堂户之嘉宾。丝竹铿锵，不辨主仆之大分。嗟嗟，事既已矣，予又何辞？所惜者，多年之仆上列同宗，百世之支下夷匪类，昭穆何以序？贵贱何以别？吾祖在天之灵，能无恫乎？聊记数言，使后人知正名定分云尔。康熙壬寅春，七十一世孙靖百拜识。

先贤言子裔孙言国辅、言遵道、言继光、言音、言竑、言廉、言彦、言伟锡、言纯锡、言圣锡、言世昌、言载昌等具：

呈为异类冒宗，公吁存案，以别真伪事。始祖先贤子游，诞生常熟。自南归以来，支传七十余世。虽历年久远，而谱系井然，从未有异姓匪类乱吾宗祧者也。今有本族大宗孙言德垩控告王隆士（即王振寰之后）一案，其中之是非曲直，自有明断。但隆士并非本支，辅等从未识面，居然冒姓为言，诉词擅称贤裔。若不吁明存案，则将来之真赝莫辨。辅等恪遵遗教，非训蒙糊口，即闭户读书，从未有片纸只字涉于公庭。今为祖宗起见，不得不鸣。伏乞准赐存案，俾先贤一脉不为异姓混淆。千秋永戴，奕世沾恩。上呈。康熙二十六年十二月日具呈。

本县正堂杨讳振藻批：王隆士冒言为姓已非一日，尔等何不先行控告，直至言德垩索诈不遂，始同声附和耶？但大贤之后不容紊乱宗支嗣后，言隆士但许姓言，不许通谱。存此以为万世铁案可也。此照。

斥逐冒姓异棍言子、言龙、言二等铁案

江南苏州府常熟县正堂加三级成为恭谢台恩事。据原禀先贤言子裔孙生员言廉等具禀前事，内称：今年七月间，有异乡流棍冒称言姓，为横不法。廉等随将异类冒宗为横，恳赐存案，杜后事禀案，荷蒙"俯念先贤，垂青后裔，奉批言龙等冒姓不法，业准翰博移究在案，候讯明给帖，勒榜可也"。捧读钧批，不特合族顶戴，即先贤在天之灵亦式凭之矣。于八月间已蒙研审得实，枷责驱逐在案。今该承至今，尚未送案给帖，用敢具禀，伏乞准着该房备由原禀，及翰博移文给帖遵守，以便勒榜悬祠，永垂不朽。等

情前来。据此，案查原禀贤裔生员言廉、言德垕、言梦奎等，先将异类冒宗为横，恳赐存案，杜后事。内称：始祖先贤言子诞生常熟，北学孔门，得道南归，肇开文教，世奉国恩，子孙编列儒籍，优免差徭，甚盛典也。但子孙寥落，在常熟者止有家庙、书院两支，在苏郡者止有专祠一支，共计老幼不过五十余丁，未有流寓他郡者。谱牒昭然可据，岂遭奸棍觊知。言姓有异，齐民更欺，廉等晨星落落，往往冒言为姓，妄称贤裔，希图滥邀恩典。康熙二十五年间，本邑北水门外有王姓冒为言姓。当经具呈。前县杨讳振藻批，言龙士冒言为姓，已非一日，嗣后永不许通谱存案。康熙五十八年四月间，又有常州府孟河地方异棍言元辉贿购本族不肖子孙，私抄家谱，刷印碑像，立议价卖。祖宗有灵，天遣败露。随经具控前县马行学，撰文勒石永禁。家翰博又经移文常府暨武进县，追取谱像在案。讵今卷墨未干，又有流棍群踞本邑海滨吴市，为横一方。现有被害吴关将冒宗玷辱等事具呈。家翰博窃念此辈冒称贤裔，将来为非作歹，不特有玷先贤，亦恐牵累本裔，实属可虞。用敢连名具呈，伏乞准赐给帖存案，勒榜祠中，永杜后患。等情前来。据此，业准世袭翰林院五经博士加一级言移文为冒宗玷辱事，内开据附：居老吴市吴关具词前事。内称：邑东有老吴市，地近海滨，本属藏垢之所，近有冒称贤裔言子、言龙、言二等，虎踞一方，插盟结社，打降奸淫抢攘，遂为儿戏。被害已有积案，痛身自崇邑渡海，附居佃田活命。不幸母亡，追荐若辈。哨领部党，斩门入室，家伙尽毁，抢去农具、衣帽、香炉等物，喝部党拳勇等搬运装担。居邻敢怒难言，道路侧目。身畏威不敢指名控县，仅告党羽八人，岂棍一任担扛，声言县中关节，有家翰博可通，为此备陈冤略，泣叩电查果否子姓。恩赐移县查访，恶端饬逐，不致扰害。"等情前来。据此，查得本裔寥寥，在本邑者止有家庙、书院两支，在苏郡者止有专祠一支，屈指不过五十余丁。异姓冒宗，历经前县严饬，永禁在案。何意浙省流棍言子、言龙、言二等冒言为姓，虎踞海滨，合行移究。希即查，照来文事理立拘讯，严行驱逐，以靖地方。并赐给帖寒裔，勒榜祠中，永杜后害。为此今将前由移明，事关玷辱先贤，仰祈电照，亟赐施行，幸勿迟滞等因到县，准此。随经拘唤，明确实，枷责驱逐外，今据前情合行给帖，为此，仰该裔原禀生员言廉等遵照帖文事理，刊刻木榜悬祠。如有异类奸棍仍前不法，冒言为姓，横行乡里及贿构不肖族人私抄家谱，买通族谊，以致日后混乱宗祧，实伪莫辨，奸徒匪类，冒滥国恩，许该裔及诸色人等不时首告以凭，立拿究治，仍解宪重惩，决不姑贷。须至帖者。雍正元年十二月，帖给先贤言子裔孙生员言廉等。准此。

言氏家谱跋

先贤言氏宗谱书后
寿州文学徐容敬

先贤封吴公。言氏子游，以吴人而北学于中国，及孔子之门。生平习于礼，以文学著名，得圣人之一体，考诸经可见矣。昔人谓南方之学得其精华，而称公为豪杰之士，不信然哉！容敬幼读孔氏书，至公行事，未尝不慨慕其为人。及来常熟，拜公祠墓，适吾乡张铁冈孝廉御衣司铎是邦，则又因铁冈以晤公之世嫡，今恩授五经博士侣白先生德坚，及文学聚西先生梦奎。又按《图经》欲求公之故宅，及传所谓井者，今俱不可得而见矣。独得拜观世谱，而窃嫌其略也。既而聚西复出其尊人若澄先生重修之本见示，余爱而读之，见其切而不浮，赡而有法。其志古迹也，考订精详。其摈非族也，词严义正。且人物有录，贞节有录，而每条之下又制跋语以并之。其尊祖敬宗之思，与勉励后昆之至意，缠绵悱恻，蔼然溢于语言之外。奉读再三，令人不忍释手。聚西又谓余，是本也，甫属稿而中辍，今行且缮写，乞容敬一言。容敬亦何敢？虽然，愿有复也。夫七十子之在圣门，岂非尽当时之英耶？虽其言行有传有不传，要其姓氏、里居皆可考，其子孙岂遂无人耶？然自颜、曾二氏而外，今子孙可辨识如公者仅三二家，而其他则皆无闻，岂非以谱牒之有存有不存耶？盛朝之尊崇贤儒，录及子孙，恩渥逾前代。然于诸贤后有及有不及，亦视各家谱牒之有存有不存，而使伪者不得冒，非独于公等数氏之子孙有偏厚也。今侣白先生之独荷恩宠，流传无穷，亦幸赖斯谱牒之存，则凡后之人宜何如重斯谱也。今按，谱由周而来二千余年，自公至今博士德坚七十三世。既昭揭其大宗，而亦各其小宗，并附历代名人之传记、诗文，而若澄先生又考订古迹往行，以昭示来兹，力排非种，以杜绝混冒，而谱于是乎秩然大备，洵哉！其为文学之家，足以冠冕江南世族矣。吾于是益叹公子孙之贤，承传世守之美，为他氏所莫及，则凡后之人宜何如重斯谱也。然容敬又窃谓重谱有道，欧、苏二氏之谱，其义例可遵也，凡大家世族之谱，可博睹而择取其长也。谱必有善式，每世一增修，板本有定额，钞本必有副，分掌必择人，查验必以时，损失必严究，如此乃所以重谱也。若不知有此，而徒斤斤于一旧本而什袭藏之，谓可以防奸伪，然其义例不弘，君子能无意外之虑乎？夫冉、宰诸贤非有劣于公也，而其子孙至今有闻有不闻，谱不尽存也。谱不尽存者，其初不知重谱之道也。容敬，江上陋儒，言何足为轻重，第以幼读书，知爱慕公为人。又原籍吴人，旧谱散亡，今来常熟访得之。窃喜附公同桑梓，方有事于谱，以序文有求于博士先生。因聚西文学之请，故敢尽其愚，所谓谈虎色变者。倘明者有取焉，而载语卷末，未必非纂修之一助云耳。康熙辛丑仲秋，淮南后学徐容敬钦居氏顿首拜撰。

记修谱始末
七十二世孙梦奎

大谱者谱也，谱其族姓之源流，与先世之行事，以昭示来兹，垂之不朽也。是故谱之修也，毋或数数，则汗漫而不可训也；尤毋或疏疏，则荒远而无所稽也。按，吾族之谱权舆于十六世祖德弘公，自是厥后二十六世祖子亲公，三十五世祖讳寅恭公，四十三世祖正道公，五十四世祖子慎公，六十一世祖尚贤公，累代增辑。自明嘉靖戊午，六十七世祖吉甫公重修后，至康熙辛卯，已阅百五十年。吾先君子若澄府君恐失此不修，将世愈远而言日湮也。那告之祖庙，锐意纂修，参互考订，既精且详，焚膏继晷者，凡两阅月而竣厥事。会先君子疾作，甫嘱稿而中辍，阅今雍正辛亥，忽忽又二十年。先君子之弃不肖者亦已四改岁矣。元日礼拜祖祠毕，昆弟会英、刚中、观斾辈群谓予曰："前此之修是谱也，殊费苦心，不及今缮写，恐稿帙散轶，有负前人之志。"余闻之而竦然，不知汗之浃背也。乃集昆弟会英、刚中、观斾，子侄祖德、学可、宗可，及甥周逢源辈缮写祠中，浃旬而后毕，将以二月初四日丁酉告成于庙。其自辛卯后二十年间，朝廷之恩泽、名人之题咏及子姓之名字亦遵例入焉。凡以仍先君子之志，尔非敢云续也。雍正九年，岁在辛亥春王正月之二十日，七十二世孙梦奎谨述。

后跋

此谱两册成于前清雍正九年，经七十二世祖刚中公、观斾公，七十三世祖绍闻公、逊之公、因之公亲笔缮写，迄今二百有一年矣。先祖母赵太夫人避洪杨之难，诸物尽弃，独怀此谱，奔波二十余里，赖以保存。今县东家庙支八十一世孙敦源续修家谱，借阅是册，特函忠麒侄由里寄津。尚琳见楮有腐烂，字有模糊之处，恐年久益坏，特雇书匠粘补重装，以免破损，而垂久远。此谱并无副本，爰另抄一部，以备分存。民国二十年十二月一日，七十世孙尚琳记于天津。此谱厚装两册，因加衬纸，改装四册。

言氏家乘

重修言氏家乘序

　　自始祖先贤言子越七十三世,至鲁源公、素园公昆弟于有清乾隆丁亥,师商邱宋文简公家乘之例,成《言氏家乘》六卷。后十二年己亥,七十四世耐偲公踵而行之,均有纪事文。前者为常熟支所专有,后者以常熟支为经,而以凡来通谱之各分支合而一之。规模、体例之精,自明三百年来未之有也。七十八世忠益公于嘉庆癸酉,七十九世良爱公于同治间,皆预于常州支家乘之役,独常熟支以咸丰庚申之乱,八十世翰博家柱公以身殉节,宗谱板本悉付灰烬。同治甲子后,七十九世王父荫谷公摄行翰博,将为家乘之谋,有通告各子姓书,条例具备。未几,遽谢宾客。光绪甲午,先君子辑家乘丛稿成,迄今敦源得以借手者得力斯篇实多。顾自庚申之乱后,吾宗之祠宇、祭器、法物、图籍固已荡焉无存。而其间之男死义、女死节者更仆难数。各子姓之流离失所,散之四方者尤夥。此不能不有待于调查者一也。大宗一支统绪中断,即以县东支论入嗣者已三次。大宗为子,继别为宗。宗法虽今异于古,然枝分派别,源远流长。此有待于调查者二也。往者官拨祭田,以沙田居多。既代远而年湮,复势殊而世异,或桑田而沧海,致今少而昔多。逊国后,优待条件仅及满族世职,言子后裔初改为奉祀官,比中央政府成立,又复撤废。鼎新革故,率非旧观。此有待于调查者又一也。追溯乾隆丁亥以来,时逾百年,世凡十易,经十余寒暑之力续修家乘,粗获观成,体例一仍旧贯,间有补缀,详于凡例。今行将付梓,爰泚笔记其本末。吾宗承先贤遗泽,再世与先儒申详为甥舅,见于《礼经·檀弓》篇中。数千年来,旧德名氏称于海内,十六世成大公始创家谱,三十五世寅恭公、四十三世思本公、五十四世斌公、六十一世顺孙公、六十七世吉甫公,凡续修者又六次。七十三世似白公、七十四世驭平公,苦志励行,得邀世职。逮素园公北游太学,出守为令,宦成归里,兴复故物,耐偲公与弟皋云公秉承父志,肯构肯堂。是时也,海寓乂安,重熙累洽,百货丰牣,费轻而事集。由是丁口繁衍,科第蝉嫣,号称极盛。讵意数传之后,迭经道、咸两朝,水灾与兵灾摧残伤毁,靡有孑遗,伤已!迨先君子流寓北方,荐陟仕途,先兄謇博与敦源亦叨窃天禄,于门衰祚薄中稍稍自振。方以素园公乔梓尽心宗祐为志事,终以时会艰难,物力凋敝,宦囊萧然,微愿莫副。祠宇既未重新图画,空存简策,恢复之望留俟后人。仅以是编昭告先灵,兴废继绝,与敬宗收族云乎哉!

(录自言敦源《烒庄存稿》)

言氏家乘卷七

世系图

大宗之图

谱之兴也,所以维宗法也。我先世大宗凡三绝,而皆以应继者继之。七十世以前大宗之谱已于明季时刻入《虞山书志》中,自是以次递及至七十三世,而系园公拜世职,奉祀事而董族姓,宗法于是大彰矣。爰立大宗之图。

始祖偃—思—丰—昊—球—宜—楷—休—以宪—惟精—苢—谦—庆—罕—敏—成大—富玉—绩—豪—继祖—崇武—定国—琳—明问—黼—既孝——乘—惠—学颜—正之行—英—拱极—庚—寅恭—真儒—庭规—大章—省—恢—端操—诒—思本—榖—克常—旭—若虚—琰—希圣—硕—玄—道民—公怡—斌—彦绪—仁温—义—礼—文蔚—时学—顺孙—烨—墡—铭—江—世恩—祐—谏—序—绍庆—森—煌—德坚—兴—如洙—朝枢—尚燮—忠豫—良爱—家柱—敦道

统宗分派之图

先贤以下再传而支派以分,历今八十余世矣。凡子姓自姑苏常熟散居于四方者,若仅载大宗之谱,而于分支之祖含混靡详,则旁观者难以举目悉达,爰立统宗分派之图以识流之所自源。(略)

言氏家乘卷十

世系传

始祖、二世祖见诸载籍，下此殊少表见。盖我宗自明给谏以实公，以直言得罪，谱牒散佚，六十世以上先人事实阙如，而凡姓氏诸谱及他书所见者，核其时代土著，殊难臆定。今必按诸碑碣、谱牒及各志书方敢采录，于本支稍详焉。官婚卒葬，知无不载。

第一世

始祖先贤言子，讳偃，字子游，又称叔氏，见《檀弓》。《史记》称吴人，今之常熟即故里也。有故宅在县西北，墨井存焉。所居巷曰"子游巷"。桥梁、坊表之以姓氏称者，不可胜数。北学于孔子，为孔门高第弟子，列文学首科，为鲁武城宰。《史记正义》曰："《舆地志》云：'南武城县，鲁武城邑，子游为宰也。在泰山。'"生于周敬王二十六年，自今溯之，岁在乙未，少孔子四十五岁，殁于贞定王二十六年，年六十有四。墓在县城内虞山北麓。唐开元二十七年，追封吴侯。宋大中祥符二年，加封丹阳公。咸淳三年，改封吴公，加冕旒。元大德十一年，加封吴国公。明嘉靖九年，改称先贤言子。国朝因之，累蒙钦赐匾额。圣驾南巡，特遣大臣致祭，以为常典。康熙年间，钦授后裔五经博士，世世弗替，以奉祀事。先贤言行散见《论语》《孟子》《礼记》《家语》《史记》《孔丛子》诸书。宋邑令王爚集《言子》三卷，郡志载宋代陈振孙《直斋书目》中有其书名，书失传。明梁溪侯先春复辑《文学录》，邑令耿橘注。裔孙如泗搜讨阙略，纂《文学录》三卷，雕板行世。子一，思。

第二世

思，字永详。汉郑氏《礼记·檀弓》注曰：思，子游子，申详妻之昆弟，绍承先绪，世习于礼。明邑令耿橘曰："言公之子思，亦贤人也。"卒于鲁。子二，丰、盈。

第三世

丰，字郁周，永详公子。子二，昊、旻。

盈，字叔申，永详公次子。子一，曜。

第四世

昊，字太元，郁周公长子。子一，球。

旻，字太初，郁周公次子。子二，琮、瑄。

曜，字太和，叔申公子。子二，绅、绶。

第五世

球，字端方，太元公子。子三，宣、辅、某。

琮，字孟坚，太初公长子。子一，望。

瑄，太初公次子。子一，翼。

绅，字子书，太和公长子。子二，钺、某。

绶，字子佩，太和公次子。子一，铁。

第六世

宣，字宜之，端方公长子。子二，楷、权。

辅，字佐之，端方公次子。子一，某。

某，端方公三子。子一，陛。

望，字思之，孟坚公子。子一，庄。

翼，字覆之，讳瑄子。子一，某。

钺，子书公长子。子二，渊、湛。

某，子书公次子。子一，涌。

铁，子佩公子。子一，某。

第七世

楷，字鲁林，宜之公长子。子一，休。

权，字仲谋，宜之公次子。子二，集、亿。

某，佐之公子。

陛，字仲迁，某之子。子一，某。

庄，字公严，思之公子。

某，覆之公子。子二，仪、某。

渊，字子深，讳钺长子。子一，椿。

湛，字子孝，讳钺次子。子一，梓。

涌，讳绅之孙、某之子。子一，槚。

某，讳铁子。子二，杞、棣。

第八世

休，字子烈，鲁林公子。子二，以宪、以达。

集，仲谋公长子。

亿，仲谋公次子。

某，仲迁公子。子一，以进。

仪，讳翼孙、某之长子。子一，以选。

某，覆之公次子。

椿，字乃寿，子深公子。子一，勋。

梓，子孝公子。子一，燧。

槚，讳涌子。子二，焕、烈。

杞，讳铁孙、某之长子。子一，炳。

棣，讳铁孙、某之次子。子二，点、燀。

第九世

以宪，子烈公长子。子二，惟精、惟一。

以达，子烈公次子。子三，允中、执中、定中。

以进，讳陛孙、某之子。子二，时中、大中。

以选，字惟择，讳仪子。子三，积中、全中、存中。

勋，字懋功，乃寿公子。子三，埈、在、埙。

燧，讳梓子。子二，垓、某。

焕，字景明，讳槚长子。子二，坤、某。

烈，讳槚次子。子三，城、某、壕。

炳，讳杞子。子二，某、坦。

点，讳棣长子。子三，堑、某、垣。

燀，讳棣次子。子一，塾。

第十世

惟精，讳以宪长子。子一，苣。

惟一，讳以宪次子。子二，蕃、某。

允中，讳以达长子。子一，茂。

执中，讳以达次子。子一，某。

定中，讳以达三子。子一，华。

时中，讳以进长子。子一，芹。

大中，讳以进次子。子二，芝、盖。

积中，讳以选长子。子二，芮、兰。

全中，讳以选次子。

存中，讳以选三子。子一，茪。

埈，懋功公长子，子一，季彦。

在，懋功公次子。子一，融。

埙，懋功公三子，子一，昱。
垓，讳燧长子。子二，伯序、某。
某，讳燧次子。子一，朗。
坤，景明公长子。子二，安全、安定。
某，景明公次子。子，道安。
城，讳烈长子。子一，季庆。
某，讳烈次子。子一，重庆。
壕，讳烈三子。子一，某。
某，讳炳长子。子一，元用。
坦，讳炳次子。子二，元亮、元昌。
堃，讳点长子。子一，元善。
某，讳点次子。
垣，讳点三子。子一，元寿。
塾，讳燀子。子四，元亨、某、元珪、元刚。

第十一世
苢，讳惟精子。子二，谦、表。
蕃，字仲举，讳惟一长子。子一，僖。
某，讳惟一次子。子一，术。
茂，字秀林，允中子。子二，化、让。
某，执中子。
华，字公晔，定中子。子一，某。
芹，字公献，时中子。
芝，讳大中长子。子二，贵、享。
盖，字公覆，大中次子。
芮，积中长子。子一，某。
兰，积中次子。子一，弼。
荛，存中子。子一，某。
季彦，字永长，埈子。子二，擢、挺。
融，字文举，在子。
昱，字元世，埙子。子一，扬。
伯序，字昭举，垓长子。子一，某。
某，垓次子。子二，抗、揆。

朗，燧之孙、某之子。子一，拯。

安全，坤长子。子一，某。

安定，坤次子。子一，翙。

道安，焕之孙、某之子。子一，端。

季庆，城子。子一，某。

重庆，烈之孙、某之子。

某，壕子。子二，竦、某。

元用，炳之孙、某之子。子一，珏。

元亮，坦子。子一，某。

元昌，坦次子。子一，某。

元善，堃子。子二，琪、某。

元寿，垣子。

元亨，塾长子。

某，塾次子。

元珪，塾第三子。子一，玿。

元刚，塾第四子。子一，某。

第十二世

谦，字公谨，苣长子。子一，庆。

表，字公文，苣次子。子二，宽、广。

僖，字子和，蕃子。

术，字子佑，惟一之孙、某之子，无传。

化，茂长子。

让，字公逊，茂次子。子一，度。

某，华子。子一，康。

贵，字文荣，芝长子。子一，宝。

享，字文通，芝次子。子一，奇。

某，芮子，无传。

粥，字彦国，兰子。子一，宾。

某，荛子，无传。

擢，字用之，季彦长子。子一，大有。

挺，季彦次子。子二，有年、某。

扬，昱子。

某，伯序子。子三，起宗、嗣宗、衍宗。

揆，垓之孙、某之长子。

抗，垓之孙、某之次子。

拯，朗子。子一，兴宗。

某，安全子。

翊，安定子。子二，正宗、周宗。

端，道安子。子一，理宗。

竦，壕之孙、某之子，无传。

某，壕之孙、某次子。子一，懋宗。

珏，元用子。子一，德全。

某，元亮子。

某，元昌子。子一，德升。

琪，元善长子。子一，德夫。

某，元善次子。

珆，元珪子。子一，德延。

某，元刚子。

第十三世

庆，字文衍，谦子。子三，罡、阜、希。

宽，字文饶，表长子。子一，平。

广，字文渊，表次子。子二，申、某。

度，让子。子三，早、某、苇。

康，字文泰，华之孙、某之子。子二，皋、某。

宝，字世珍，贵子。子一，庠。

奇，字子异，享子。子二，南、某。

宾，芮孙、某子。子二，韦、某。

大有，擢子。子二，益、颐。

有年，挺长子，子一，临。

某，挺次子。子一，随。

起宗，字文远，伯序之孙、某之长子。子一，咸。

嗣宗，伯序之孙、某之次子。子一，晋。

衍宗，伯序之孙、某之第三子。子二，艮、某。

兴宗，拯子。子一，兑。

正宗，翊长子。子一，蒙。

周宗，翊次子。子二，需、某。

理宗，端子。

孟宗，季庆之孙、某之长子。子一，鼎。

某宗，季庆之孙、某之次子。

懋宗，壕曾孙、某之孙、某之子。子二，泰、某。

德全，珏子。子三，常、某、巽。

德升，元昌孙、某之子。子一，履。

德夫，琪子。子二，济、某。

德延，珆子，子一，节。

第十四世

罕，字希卿，庆长子。子一，敏。

阜，庆次子。子一，某。

希，庆第三子。子一，敎。

平，宽子。子二，敂、某。

申，广长子，子一，某。

某，广次子。子二，敦、效。

早，度长子。子一，某。

某，度次子。

苇，度第三子。子一，某。

皋，康长子，子一，某。

某，康次子，子一，复。

庠，宝子。子二，某、某。

南，奇长子。

某，奇次子。

韦，宾长子。子三，某、某、政。

某，宾次子。

益，大有长子。子一，某。

颐，大有次子。子二，徵、某。

临，有年子。子一，某。

随，挺之孙、某之子。子二，和、某。

咸，起宗子。子二，某、存。

晋，嗣宗子。子二，宠、允。
艮，衍宗长子。子一，某。
某，衍宗次子。
兑，兴宗子。子一，某。
蒙，正宗子。子二，定、某。
需，周宗长子。子一，某。
某，周宗次子。子一，察。
鼎，孟宗子。子，某、宇。
泰，懋宗长子。子一，宙。
某，懋宗次子。
常，德全长子。子一，宿。
某，德全次子。
巽，德全三子。子一，某。
履，德升子。子二，某、容。
济，德夫长子。子一，某。
某，德夫次子。
节，德延子。子一，某。

第十五世

敏，字明勉，罕子。子二，成大、某。
某，阜子。
教，希子。
敬，平长子。
某，平次子。子一，至大。
某，申子。
敦，广长孙、某长子。子一，某。
效，广之次孙、某长子。子一，某。
某，早子。子二，惟大、某。
某，苇子。
某，皋子。子二，志大、某。
复，康之孙、某之子。
某，庠长子。
某，庠次子，子一，必大。

某，韦长子。子一，正大。
某，韦次子。子一，乃大。
政，韦第三子。子一，某。
某，益子。
徵，颐长子。子一，延。
某，颐次子。
某，临长子。
和，随长子。子二，迈、某。
某，随次子。子一，进。
某，咸长子。
存，咸次子。
宠，晋长子。子一，某。
允，晋次子。子一，遇。
某，艮子。子一，遂。
某，兑子。子一，邂。
定，蒙长子。子一，某。
某，蒙次子。子二，通、迁。
某，需子。
察，周宗孙、某子。子二，过、某。
某，鼎长子。
宇，鼎次子，子一，某。
宙，泰子。子一，达。
宿，常子。子一，某。
某，巽子。子一，通。
某，履长子。
容，履次子。子一，某。
某，济子。
某，节子。子一，道。

第十六世

成大，字德宏，敏长子。始创宗谱。子一，富玉。
某，敏次子。子一，富足。
至大，平孙、某子。子一，乾。

某，敦子。

某，效子。子二，亨、利。

惟大，早孙、某子。子一，贞。

某，早孙、某子。

志大，皋孙、某子。

某，皋子。子一，荣善。

必大，庠之孙、某之子。子二，荣禄、荣贵。

正大，韦之孙、某之长子。子一，荣福。

乃大，韦之次孙、某之子。

某，政子。

延，徵子。子一，某。

迈，和长子。子二，会、佥。

某，和次子。

进，随次孙、某之子。

某，宠子。

遇，允子。子二，仝、金。

遂，艮孙、某子。子二，仓、某。

邈，兑孙、某子。子二，枢、某。

某，定子。子一，机。

通，蒙孙、某长子。子一，杲。

迁，蒙孙、某次子。子一，梁。

过，察长子。子一，林。

某，察次子。

某，宇子。

达，宙子。子一，沐。

某，宿子。子一，宋。

通，巽孙、某子。字宗文。敷文阁学士，咸淳间知绍兴府事。

某，容子。

道，节孙、某子。子一，树。

第十七世

富玉，成大子。子二，绩、经。

富足，敏次孙、某之子。子二，瑞凤、某。

乾，至大子。子一，祥鸾。
亨，效孙、某之长子。子一，瑞鹤。
利，效孙、某之次子。子一，瑞象。
贞，惟大子。子一，瑞麟。
荣善，皋曾孙、某之子。子一，应祥。
荣贵，必大长子。子一，应瑞。
荣禄，必大次子。子一，应显。
荣福，正大子。子一，瑞祯。
某，延子。
会，迈长子。子一，壖。
佥，迈次子。子二，竑、某。
仝，遇长子。子一，靖。
金，遇次子。子二，蹲、某。
仓，遂长子。子一，埤。
某，遂次子。子一，蹊。
枢，邈子。子一，肇。
某，邈次子。
机，定孙、某之子。子一，律。
杲，通子。子一，某。
梁，迁子。子一，举。
林，过子，子一，肃。
沐，达子。子二，某、准。
宋，宿孙、某子。子一，聿。
树，字子文，道子。子一，肆。

第十八世

绩，字公纪，富玉长子。子一，豪。
经，富玉次子。子一，某。
瑞凤，富足长子。子一，方。
某，富足次子。
祥鸾，乾子。子二，廓、某。
瑞鹤，亨子。
瑞象，利子。子一，某。

瑞麟，贞子。子一，奉。
应祥，荣善子。子二，廷璋、廷珪。
应瑞，荣贵子。子二，某、廷琏。
应显，荣禄子。子一，廷器。
瑞祯，荣福子。子一，廷玉。
嬬，会子。子一，某。
竑，佥长子。子一，某。
某，佥次子。
靖，仝子。子一，嵩。
僔，金长子。子一，某。
焯，仓子。子一，岳。
蹊，遂次孙、某之子。子一，岩。
肇，枢子。子二，某、嶷。
律，机子。子一，峰。
某，杲子，子一，嵓。
举，字保之，梁子。子一，某。
肃，字敬之，林子。子一，某。
某，沐长子。子一，巍。
准，字平行，沐次子。
聿，宋子。子一，某。
肄，字习之，树子。子一，崔。

第十九世

豪，字怀英，绩子。子一，继祖。
某，经子。
方，瑞凤子。
廊，祥鸾长子。子一，某。
某，祥鸾次子。子一，承祖。
某，瑞象子。
奉，瑞麟子。子二，遵祖、某。
廷璋，应祥长子。子一，某。
廷圭，应祥次子。
某，应瑞长子。

廷琏，应瑞次子。子一，某。

廷器，应显子。子一，某。

廷玉，瑞祯子。子一，某。

某，端子。

某，竑子。子二，溱、某。

嵩，靖子。子二，洧、某。

某，蹲子。子一，沂。

岳，竮子。子一，某。

岩，谿子。

某，肇长子。子一，天叙。

嶷，字功成，肇次子。

峰，字功立，律子。子一，某。

嵩，杲孙、某之子。子一，天听。

某，举子。子二，天秩、某。

某，肃子。

魏，字功高，沐长孙、某之子。子二，某、某。

某，聿子。

崔，肆子。子一，某。

第二十世

继祖，字孝冲，豪子。子二，崇武、扬武。

某，廓子。子一，逞武。

承祖，祥鸾次子、某之子。

遵祖，奉长子。子一，耀武。

某，奉次子。

某，廷璋子。子一，性。

某，廷琏子。

某，廷器子。

溱，竑孙、某之长子。子一，镇。

某，竑孙、某之次子。

洧，嵩长子，子一，镒。

某，嵩次子。

沂，蹲孙、某之子。

某，岳子。子一，镭。

天叙，肇孙、某之子。子一，可学。

某，峰子。

天听，嵩子。子一，可传。

天秩，举孙、某之长子。

某，举孙、某之次子。子二，可读、可讲。

某，巍长子。

某，巍次子。子一，可教。

某，崔子。

第二十一世

崇武，继祖长子。子二，定国、保国。

扬武，继祖次子。子一，安国。

逞武，廓孙、某子。子一，成国。

耀武，遵祖子。子一，英国。

性，字实理，廷璋孙、某子。子二，摅、某。

怀，字实思，廷玉孙、某子。子一，捷。

镇，字永安，溱子。子二，苍、葵。

镒，洧子。子一，荪。

镭，岳孙、某子。子一，蓍。

可学，字时习，天叙子。子二，康伯、安伯。

可传，字世文，天听子。子二，某、武伯。

可读，举曾孙、某之长子。子一，某。

可讲，举曾孙、某之次子。子一，宁伯。

可教，巍次子、某之子。子一，宗伯。

第二十二世

定国，字世安，崇武长子。子一，琳。

保国，崇武次子。

安国，字世宁，扬武子。子一，玛。

成国，字世全，逞武子。子一，珠。

英国，耀武子。子一，某。

摅，字季蕴，性长子。子一，琦。

某，性次子。

捷，怀子。

苊，镇长子。子一，瑗。

葵，镇次子。

苏，镒子。子二，某、玠。

蓍，镭子。

康伯，可学长子。子一，某。

安伯，可学次子。子一，道南。

某，可传长子。

武伯，可传次子。子一，道在。

某，可读子。子一，道行。

宁伯，可讲子。

宗伯，可教子。子一，道德。

第二十三世

琳，字子通，定国子，子一，明问。

玙，安国子。子二，明辨、某。

珠，成国子。子一，某。

某，英国子。子一，明思。

琦，字稚圭，摅子。

瑗，苊子。子二，孟继、仲继。

某，苏长子。

玠，苏次子。

某，康伯子。

道南，字宗一，武伯子。子一，某。

道在，字师德，武伯子。子一，某。

道行，可读孙、某之子。

道德，字公权，宗伯子。子一，某。

第二十四世

明问，琳子。子二，黼、黻。

明辨，玙长子。子一，冠。

某，玙次子。

某，珠子。子一，冕。

明思，英国孙、某之子。子一，衮。

孟继，瑷长子。子一，旒。

仲继，瑷次子。

某，道南子。子二，锡爵、某。

某，道在子。子一，涤爵。

某，道德子。子一，捧爵。

第二十五世

黼，明问长子。子一，既孝。

黻，明问次子。子一，既友。

冠，字禹洁，明辨子。子二，既睦、既姻。

冕，字平冠，珠孙、某之子。子一，既任。

衮，字叔褒，明思子。

旒，字垂玉，孟继子。子一，既恤。

锡爵，字君锡，道南孙、某之长子。子二，某、既成。

某，道南孙、某之次子。

涤爵，道在孙、某之子。子一，既往。

捧爵，道德孙、某之子。子一，某。

第二十六世

既孝，字子亲，黼子。重修家谱。子二，一乘、再乘。

既友，字子交，黻子。子一，三乘。

既睦，字子和，冠长子。子一，四乘。

既姻，字子顺，冠次子。子一，五乘。

既任，冕子。子一，十乘。

既恤，旒子。

某，锡爵长子。

既成，锡爵次子。子二，亿万、十乘。

既往，涤爵子。子二，千乘、百钧。

某，捧爵子。子一，千钧。

第二十七世

一乘，字敬山，既孝长子。子一，惠。

再乘，既孝次子。子，某。

三乘，既友子。子一，感。

四乘，既睦子。子二，慰、某。

五乘，既姻子。子一，恕。

十乘，既任子。子三，愈、某、熊。

亿万，字宗魏，既成长子。

十乘，既成次子。子一，忘。

千乘，既往长子。

百钧，既往次子。

千钧，捧爵孙、某之子。子二，慈、某。

第二十八世

惠，字君恩，一乘子。子一，学颜。

某，再乘子。子二，学孟、学曾。

感，三乘子。

慰，字施恩，四乘长子。

某，四乘次子。子一，学思。

恕，字子勉，五乘子。

愈，字子胜，十乘长子。子一，学尧。

某，十乘次子。

熊，字子度，十乘第三子。子一，学舜。

忘，十乘子。子一，学禹。

慈，字怀幼，千钧长子。子一，学汤。

某，千钧次子。

第二十九世

学颜，字志学，惠子。子一，正。

学孟，字志贤，再乘孙、某之长子。子一，直。

学曾，字志宗，再乘孙、某之次子。子三，圭、某、土。

学思，四乘孙、某之子。

学尧，字志先，愈子。子三，某、基、立。

学舜，字奉先，号志孝，熊子。子二，某、匡。

学禹，忘子。

学汤，慈子。

第三十世

正，字孝直，学颜子。子二，之行、之化。

直，学孟子。子一，之达。

圭，学曾长子。

某，学曾次子。子一，之楚。

土，学曾第三子。

基，学尧长子。子一，之畿。

某，学尧次子。子一，之京。

立，学尧第三子。

某，学舜长子。子二，之晋、之厚。

匡，学舜次子。

第三十一世

之行，正长子。乏后。以之化之子英嗣为大宗，见于大宗之图，而统宗之图仍存其旧。

之化，正次子。子一，英，为大宗之行后。

之达，字子庆，直子。子二，芳、某。

之楚，学曾次子、某之子。子三，雄、某、循。

之畿，学尧长子、某之子。

之京，基子。子一，睿。

之晋，学舜长子、某之长子。子一，嘉。

之厚，学舜次子、某之次子。子二，廉、俊。

第三十二世

英，字文华，之化子，今为大宗之行后。子一，拱极。

芳，之达长子。

某，之达次子。子一，拱辰。

雄，之楚长子。

某，之楚次子。

循，之楚三子。子一，拱照。

睿，之京子。子一，拱曜。

嘉，之晋子。子一，拱乾。

廉，之厚长子。

俊，之厚次子。子一，拱象。

第三十三世

拱极，英子。子二，庚、壬。

拱辰，之达次子某之子。子一，辛。

拱照，循子。子一，甲。

拱曜，睿子。子一，丙。

拱乾，嘉子。子一，某。

拱象，俊子。子一，戊。

第三十四世

庚，拱极长子。子一，寅恭。

壬，拱极次子。子二，某、寅协。

辛，拱辰子。

甲，拱照子。子一，寅正。

丙，拱曜子。

某，拱乾子。子一，寅敬。

戊，拱象子。子二，某、寅缘。

第三十五世

寅恭，庚子，重修宗谱。子一，真儒。

某，壬长子。

寅协，壬次子。子二，成儒、某。

寅正，甲子。子一，大儒。

寅敬，拱乾孙、某之子。子二，先儒、某。

某，戊长子。

寅缘，戊次子。子一，名儒。

第三十六世

真儒，字明道，寅恭子。子一，庭规。

成儒，寅协长子。子一，庭训。

某，寅协次子。子一，庭诫。

大儒，寅正子。子一，庭问。

先儒，寅敬长子。子一，庭箴。

某，寅敬次子。

名儒，寅缘子。子一，庭试。

第三十七世

庭规，字以行，真儒子。子二，大章、大典。

庭训，字以方，成儒子。子二，大韶、某。

庭诫，寅协孙、某之子。子三，大夏、大雅、大诰。

庭问，大儒子。

庭箴，先儒子。子三，大武、某、大射。

庭试，名儒子。子一，某。

第三十八世

大章，庭规长子。子一，省。

大典，庭规次子。子二，某、疏。

大韶，庭训长子。子二，量、称。

某，庭训次子。

大夏，庭诫长子。子二，某、羡。

大雅，庭诫次子。

大诰，庭诫第三子。子一，渐。

大武，庭箴长子。子一，确。

某，庭箴次子。

大射，庭箴第三子。

某，庭试子。子二，繁、某。

第三十九世

省，字惟察，大章子。子一，恢。

某，大典长子。

疏，大典次子。子一，某。

量，大韶长子。

称，大韶次子。子一，惇。

某，大夏长子。子一，忱。

羡，大夏次子。

渐，字惟升，大诰子。子一，恂。

确，字君实，大武子。子一，文仲。

繁，字君冗，庭试孙、某之长子。

某，庭试孙、某之次子。子一，武仲。

第四十世

恢，字宏之，省子。子一，端操。

某，疏子。

惇，字厚之，称子。子一，端立。

忱，字诚之，大夏孙、某之子。子一，端肃。

恂，字信之，渐子。子一，端己。

文仲，字经父，确子。

武仲，字常父，庭试曾孙、某之子。子一，端直。

第四十一世

端操，字维持，恢子。子一，谂。

端立，字子正，惇子。子一，讴。

端肃，字子敬，忱子。子一，谔。

端己，字子方，恂子。子一，某。

端直，字子培，武仲子。子一，燮。

第四十二世

谂，端操子。子一，思本。

讴，端立子。子三，思古、某、思政。

谔，端肃子。子三，某、思则、思迪。

某，端己子。子一，思举。

燮，端直子。子二，思贞、某。

第四十三世

思本，字正道，谂子。重修宗谱。子一，斅。

思古，字志道，讴长子。子一，某。

某，讴次子。

思政，字近道，讴三子。子一，载。

某，谔长子。

思则，字允道，谔次子。

思迪，字凝道，谔第三子。子一，戬。

思举，字贡道，端己孙、某之子。子一，某。

思贞，字周道，燮长子。

某，燮次子。子一，戡。

第四十四世

斅，思本子。子二，克常、克纲。

某，思古子。

载，字子厚，思政子。子一，克绍。

戬，思迪子。子一，克允。

某，思举子。子一，克修。

戡，字方举，燮孙、某之子。子一，克光。

第四十五世

克常，字永夫，戣长子。子一，旭。

克纲，字宏夫，戣次子。子一，某。

克绍，字勉夫，载子。子一，诵。

克允，字仲夫，戡子。子一，扶。

克修，字允夫，思举孙、某之子。子一，某。

克光，字显夫，戡子。子一，澍。

第四十六世

旭，字永延，克常子。子三，若虚、某、若愚。

某，克纲子。

诵，克绍子。子一，若谷。

扶，克允子。子二，若拙、某。

某，克修子。子二，若见、若水。

澍，克光子。

第四十七世

若虚，字公实，旭长子。乏后。以旭次子某之子璘嗣为大宗，见诸大宗之图，而统宗之图仍存其旧。

某，旭次子。子一璘，为大宗若虚后。

若愚，字公仪，旭第三子。子一，环。

若谷，诵子。子二，某、琥。

若拙，扶长子。

某，扶次子。子一，珪。

若见，克修孙、某之长子。

若水，克修孙、某之次子。子一，瑀。

第四十八世

璘，字伯秩，旭次孙、某之子，今为大宗若虚后。子二，希圣、希范。

瑰，若愚子。

某，若谷长子。

琥，若谷次子。子一，希光。

珪，扶次子、某之子。

瑀，若水子。子一，希英。

第四十九世

希圣,字士贤,璪长子。子一,硕。

希范,子士则,璪次子。

希先,琥子。子二,颖、奂。

希英,瑀子。子一,休元。

第五十世

硕,字德夫,希圣子。子三,元、某、约。

颖,希先长子。子二,寓、接。

奂,希先次子。

休元,希英子。子一,腾。

第五十一世

元,字成康,硕长子。子一,道民。

某,硕次子。

约,硕第三子。子一,逸民。

寓,颖长子。子一,某。

接,颖次子。子一,福民。

腾,休元子。子一,遗民。

第五十二世

道民,字行之,元子。子一,公怡。

逸民,约子。子二,公才、公森。

某,寓子。

福民,接子。子一,公谐。

遗民,腾子。

第五十三世

公怡,字友文,道民子。子一,斌。

公才,字羲文,逸民长子。子一,武。

公森,字灿文,逸民次子。子一,威。

公谐,福民子。

第五十四世

斌,字子慎,公怡子。重修宗谱。子二,彦绪、彦纶。

武,字子仪,公才子。子一,彦徽。

威,字子畏,公森子。子一,某。

第五十五世

彦绪，字修之，斌子。子一，仁温。

彦纶，斌次子。子一，仁润。

彦徽，武子。子一，仁泽。

某，威子。子一，仁和。

第五十六世

仁温，字德厚，彦绪子。子二，义、良。

仁润，彦纶子。子一，智。

仁泽，彦徽子。子二，康、庶。

仁和，威孙、某之子。

第五十七世

义，字宜斋，仁温长子。子一，礼。

良，字善斋，仁温次子。子一，恭。

智，仁润子。

康，仁泽长子。

庶，仁泽次子。

第五十八世

礼，字敬夫，义子。子三，文蔚、文明、文学。

恭，字谦夫，良子。子四，文炳、文振、文彪、文郁。

第五十九世

文蔚，字伯茂，礼长子。子一，时学。

文明，字仲明，改名文昭，礼次子。子一，幼学。

文学，字季立，改名文本，礼三子。子二，有学、新学。

文炳，字孟辉，恭长子。子一，志学。

文振，字叔举，恭次子。子一，勤学。

文彪，字彦威，恭三子。子一，逊学。

文郁，字子周，恭四子。子二，敏学、性学。

第六十世

时学，字习之，礼长孙、文蔚子。乏后，以文学第三子有学之子名顺孙嗣为大宗，见诸大宗之图，而统宗之图仍存其旧。

幼学，字衍之，文明子。

有学，字藏之，文学长子，名列儒学（元碑赵孟頫《卢侯生祠记》）。子一，顺孙，为大宗时学后。

新学，字新之，文学次子。子二，昌孙、福孙。

志学，字思远，文炳子。

勤学，字兴祖，文振子。是为常州府青城分支之祖，另图另传。

逊学，文彪子。子一，祐孙。

敏学，字好古，文郁长子。子一，祚孙。

性学，文郁次子。子一，振孙。

第六十一世

顺孙，字尚贤，有学子，嗣大宗时学为后。象贤斋弟子员，掌贤祠典司宗祐，以宗谱残损，厘订其烬余者，请尚书干文传、教授徐梦吉为序。今之世系图皆公手定。秉礼嫉邪，世称克守言氏家法。娶姚氏，子一，烨。

昌孙，字尚明，新学长子。子一，敬。

福孙，字尚德，新学次子。学者称养正先生。元至正二十四年，任常熟州学训导。元碑天台陈基《修学记》末载公衔名。偕大宗尚贤公重修宗谱，修撰张洪谱序及之。子二，忠、信。

祐孙，逊学子。子一，宣。

祚孙，敏学子。

振孙，性学子。子一，实。

第六十二世

烨，字仲辉，顺孙子。重修宗谱，请邵原性为序。修理贤庙。元州学正博著《先贤像赞》碑谓苏州府同知曹恒访得先贤遗像于公家。明洪武四年，给户部户帖，编列儒籍。公是年二十岁。帖今世守。子二，长埔，为大宗；次某。明邑令耿公谓其流于绍兴者也。详载《虞山书院志》。明洪武印帖式：

户部洪武三年十一月二十六日钦奉圣旨：说与户部官知道：如今天下太平了也，止是户口不明白。俚教中省置下，天下户口的勘合，文簿、户帖偶，每户部家出榜去教。那有司官将他所管的，应有百姓教入官。附名字写着，他家人口多少，写得真着。与那百姓一个户的，上用半印勘合，都取勘来了。我这大军如今不出征了，都教去各州县里下，著选地里去点户比勘合，比着的便是好百姓，比不着的便拿来做军，比到其间有司官吏隐瞒了，将那有司官吏处斩。百姓每自称避了的，依律要了罪过，拿来做军。钦此。除钦遵外，合给半印勘合户帖。付本户收执者言烨，系苏州府常熟县东南隅附籍儒户，计家四口，男子一口，成丁一口，本身二十岁。不税。丁妇三口，妻某氏，年二十岁，母姚氏，年五十五岁，女回奴，年一岁。事产瓦屋二间半。右帖付儒户言烨。洪武四年正月日。苏字一伯二十号。

敬，字以诚，昌孙子。

忠，字以善，福孙长子。

信，字以实，福孙次子。明洪武中以象贤斋弟子员、宾兴擢居上舍，寻迁近侍，为给事中，以直谏得罪死。男女族人多谪戍。龚立本旧志述《玉乳闲谈》之说，谓于明成祖时，以伪服得罪。杨仪《明良记》同之。然公之名见于明太祖之大诰。陶编修贞一著《先氏传》，驳《闲谈》之说为齐东野语。陈司业祖范《昭文县志》独据明初修撰张洪言谱序，谓直谏于明太祖而死，声震朝野，叙入列传中，崇祀忠孝祠。核湖南湘潭言氏之谱，其先自茶陵军籍迁湘潭，在明末年，皆公之后也。子一，盛；一另谱。

宣，字著卿，祐孙子。子一，用。

实，振孙子。子二，通、达。

第六十三世

埔，字永坚，烨子。子三，铭、鉴、钦。

某，烨次子。

用，字庸之，宣子。

通，实长子。子一，能。

达，实次子。

第六十四世

铭，字景彝，埔长子。明正统元年，顺天府推官徐郁以褒崇学道事奏上，上可其奏，户部给公勘合收执，碑刻郡庙，公名首列于后。子五，江、淮、滋、澜、藩。

鉴，字景容，埔次子。子三，滋、润、沾。

钦，字景尧，埔三子。

能，字才侯，通子。子一，书。

第六十五世

江，字维瀚，铭长子，邑庠生。邑令甘公泽莅任，公为陈说学道爱人之意，甘公甚器重之，捐俸修建家庙。杨公子器继至，延公为乡饮宾。弘治己未，家庙被毁，杨公助财修建，后给田供祭，邑人桑悦有碑记。公之行事详载邑志。先是，成化间公以巡抚胡公重建专祠，感其意，请吴文恪序其事以颂之，碑勒于祠。正德十二年，南直提学御史张鳌山为公疏请荫袭博士，值武宗巡幸中寝。子一，世恩。

淮，字惟东，铭次子。子二，世荣、世泽。

汉，字惟宗，铭三子。子二，世惠、世美。

澜，字惟涌，铭四子。子三，世清、世源、世澄。

藩，字惟郡，铭五子。子二，世洁、世杰。

滋，钦长子。子一，承业。

润，钦次子。子二，弘德、弘业。

沾，字惟德，钦三子。子一，弘道。

书，字翰宰，能子。

第六十六世

世恩，字承庆，江子。子一，祐。

世荣，淮长子。

世泽，淮次子。

世惠，汉长子。

世美，汉次子。

世清，字承素，澜长子。子一，繹。

世源，字承流，澜次子。子一，祈。

世澄，澜第三子，邑庠生。

世洁，藩长子。

世杰，字国贤，藩次子。

承业，字新之，滋子。子二，鹏、鹗。

弘德，字永思，润长子，是为苏郡学道书院分支之祖，另传。

弘业，字昌之，润次子，是为邑文学书院分支之祖，另图。

弘道，字士表，沾子，生员。子二，应春、龙光。

第六十七世

祐，字吉甫，世恩子。恪守先型，苦志力学，不求闻达。重修宗谱，请参议赵承谦为序。承谦，公之姻亲也。嘉靖间，给事中沈汉为公题请荫袭博士，格于部议不行。子二，谏、谱。

繹，字显甫，清子。

祈，字求甫，源子。

鹏，字时用，承业长子。子一，存诚。

鹗，字时腾，承业次子，生员。子二，惟诚、性诚。

应春，字一岑，弘道长子。子一，祚。

龙光，字二岑，弘道次子。子四，简、默、仲和、继明。龙光同长子简盗卖家庙屋宇基址，占收祭田事，在前明万历、天启间。大宗森君确公以孤霜力为清理，渐次恢复，俾得不废。君确公有手钞原卷传留，是龙光父子可以削籍。前人纯厚，仍存龙光之名，其后久不知其散落何处。乾隆四十八年间，始有县北水门外陶家湾老妪言马氏，年八十余矣，诉于大宗，始知龙光之后尚有数丁，即其开来世次，知简早绝。简既败类，传存名而图削之，亦不为立传，自默以下悉为登之。

第六十八世

谏，字明善，祐长子。子一，序。

瓒，祐次子，奉祀生员。与志等控复贤墓小三台为蒋副使所占之址，详印帖载祠墓门。

存诚，鹏子。子一，必忠。

惟诚，鹗长子，奉祀生员。子二，有章、有德。

性诚，鹗次子。子一，有恒。

祚，应春子。

默，字识之，龙光次子。子二，九成、久彰。

仲和，龙光三子。子二，上玉、文玉。

继明，龙光四子。子三，若荣、若英、若林。

第六十九世

序，谏子。子一，绍庆。

必忠，字近墨，存诚子。

有章，字文中，惟诚子。奉祀生。与志等恢复蒋副使所占贤墓小三台之址，详印帖载祠墓门。子二，继祖、绳祖。

有德，惟诚次子。

有恒，性诚子。子一，阎如。

九成，默长子。子一，德浦。

久彰，默次子。子三，子刚、惟忠、尧滨。

上玉，仲和长子。子一，龙观。

文玉，仲和次子。子二，位公、介公。

若荣，继明长子。子三，三锡、利宾、万贞。

若英，继明次子。

若林，继明三子。子二，廷仙、二喜。

第七十世

绍庆，序子。自公为始，另立县东家庙长支之图。

继祖，字其武，有章长子。奉祀生。

绳祖，字其皇，有章次子。

阊如，字公和，有恒长子。妻某氏。值兵乱，夫妇出文学里奔避，猝遇乱者于途，将牵氏去，阊如相持哭，乱者刃阊如以胁氏，氏不为屈，骂不绝口，并遇害。载邑志。子一，仍新。

德浦，九成子。子一，入观。

子刚，久彰长子。子二，渭滨、道生。

惟忠，久彰次子。子一，道隆。

尧滨，久彰三子。子二，永叙、永兴。

龙观，上玉子。子一，星求。

位公，文玉长子。子一，金观。

介公，文玉次子。子二，本观、三元。

三锡，若荣长子。子二，曾传、惠传。

利宾，若荣次子。子三，在周、三喜、登观。

万贞，若荣第三子。子一，遵周。

廷仙，若林长子。子一，崔观。

二喜，若林次子。

第七十一世

仍新，字无垩，阊如子。

入观，德浦子。

渭滨，子刚长子。子一，文礼。

道生，子刚次子。子一，财观。

道隆，惟忠子。

永叙，尧滨长子。

永兴，尧滨次子。子一，福寿。

星求，龙观子。

金观，位公子。

本观，介公长子。

三元，介公次子。子一，四喜。

曾传，三锡长子。子一，银九。

惠传，三锡次子。

在周，利宾长子。

三喜，利宾次子。

登观，利宾三子。子一，佛林。

遵周，万贞子。子二，永林、寿林。

崔观，廷仙子。子一，常林。

第七十二世

文礼，渭滨子。

财观，道生子。

福寿，永兴子。

四喜，三元子。

银九，曾传子。

佛林，登观子。

永林，道周长子。

寿林，道周次子。

常林，崔观子。

文学书院支世系传

第六十六世

弘业，字昌之，号墨池。讳润次子。旧谱载，山塘泾岸文学书院，嘉靖间为公所建，左为家庙，右为居室。规模宏整，门临琴水。旧谱载其图，邑人钱仁夫有记。时提学江右张公、浙东萧公以公主贤祠事，且教育其子震于学，饬有司拨门保，给月廪，俾勿替。而书院旋为他氏有力者所规夺。相传今之春晖堂第宅即其址。公曾延陈鸿渐纂集宗谱，颇称详赡。郡祠嘉靖年间恩泽碑末载勒公名。公为邑文学书院分支之祖。墓在西麓三条桥中山路北之杏花坛主穴。子三，震、豫、解。

先贤言子六十七世孙

震，字汝升，昌之公长子，奉祀生。子一，志。

豫，字汝悦，昌之公次子。子一，意。

解，字汝行，昌之公三子。子一，愚。

先贤言子六十八世孙

志，字心诚，汝升公子。先贤林墓旁小三台，万历年间为蒋副使所占，公与讳愚等控官复之，邑令给帖。隆庆年间，巡抚海公瑞复给公等膳米，有印帖。子一，庠。

意，字心斋，汝悦公子。无传。

愚，字心里，汝行公子。万历年间，与讳志等规复蒋副使占贤墓小三台之址。齿德兼高，屡饮乡宾。邑令杨公鼎熙嘉给冠带，详列邑志。子三，福、禧、祺。

先贤言子六十九世孙

庠，字企诚，心诚公子。子三，逢尧、遇尧、述尧。

福，字振里，心里公长子。邑增生。天资颖异，肆力于学。天启年间，邑令耿公橘设虞山书院，公与弟讳禧等从耿公讲学，邀公奖拔，凡质疑问难，详载书院中。抗颜为人师，弟子多显者。治家肃穆，壮年丧妻，不再娶。巡按路公振飞旌为义夫。魏珰矫旨毁书院，拮据营复旧址。耿公言谱题辞谓："福、禧、逢尧三生有美质而笃于学者也。"子一，恂如。

禧，字扬里，心里公次子。邑庠生，从兄讳福等讲学于虞山书院中，为耿公所奖拔。著《诗经解》《天文说》。详载邑志。子二，硕、确。

祺，字吉甫，心里公三子。礼部儒士。无传。

先贤言子七十世孙

逢尧，字际唐，企城公长子。邑庠生。从叔父、兄讳福等讲学于虞山书院，知名于时。子二，明选、建。

遇尧，字宾之，企城公次子。子一，遵道。

述尧，字明之，企城公第三子。子二，国辅、继光。

恂如，字恭模，振里公子。邑名诸生。苦志读书，著《诗经汇》，纂《禹贡图说》。娶金氏，有才行。钱陆灿为文介九十觞。子四，端、竑、廉、彦。女二，长适钱，逾年夫卒，寡节以老；次许张镔，镔远游不知所终，女守贞不再嫁。钱陆灿为撰《言贞女传》。

硕，字公宏，扬里公长子。无传。

确，字公坚，扬里公次子。子二，靖、音。

先贤言子七十一世孙

明选，字公抡，际唐公长子。邑庠生。子一，某。

建，字公树，际唐公次子。奉祀生员。子一，永培。

遵道，字公路，宾之公子。子二，载昌、赓昌。

国辅，字公寀，明之公长子。无子，以继光子易文嗣。

继光，字公觐，明之公次子。邑庠生。子二，易文、毓正。易文以胞伯公寀公无后承嗣也。

端，字吕又，恭模公长子。奉祀生。子三，时昌、世昌、运昌。

竑，字学海，恭模公次子。子一，复昌。

廉，字若澄，恭模公三子。邑庠生。生平以祖宗事为己任，力请于宪，将优恤事例勒石遵行。子五，梦奎、永锡、黄封、卞亨、来朝。

彦，字邦之，恭模公四子。子一，履昌。

靖，字李齐，公坚公长子。无传。

音，字骏声，公坚公次子。子一，龄。

先贤言子七十二世孙

某，公抡公子。无传。

永培，字久宁，公树公子。子一，某。

载昌，字子复，公路公长子。无传。

赓昌，字诏宣，公路公次子。无传。

易文，字刚中，号雪石。公觐公长子，以公寀公无后承嗣也。事母以孝闻。年少时臂力绝人，善骑射，以吴让名应试，入武庠。既而悔，曰："我先祖以文学传家，不可自我而坠。"遂折节读书，补博士弟子员。文义尚经术，肄业游文书院，与陶紫师先生齐名。陶公耿介寡合，独与公道谊切磋相友善。晚年讲学于学道堂，即前明文学书院之讲堂也。江陵相国毁乡校，书院遂废。万历间，邑令耿公修复，永为言氏家塾，为子孙世居此者，为书院支。相传旧屋大小一千七百间，如大中馆、体圣堂、莞尔堂、弦歌楼、有本室、友颜诸精舍以下十五精舍、六经各房、言子祠及王杨二公祠。其最著者更有射圃亭、智圣堂、讲武厅，俱在学道堂之后，当虞山之麓。江苏督粮道署隘，借为园囿，分割十之七，加以摧残圮毁，屋之存者十不及一。当雪石公时，学道、有本、莞尔三堂诸精舍犹存，生徒满堂，咸食宿就业，贫不能卒业者，公资之。孺人有贤德，食不足，助以纺绩。又不足，并积年蓄买田十八亩，变价供之。其后生徒通显者买田偿孺人，葺学舍以报公。至今言氏祭田中有称书田名者，以此。公颀而清，须眉疏秀，声若洪钟，每读书，声远道署。某观察素钦公，造门愿执弟子礼，公不敢当，观察曰："某，私淑人矣。"公以为见制艺，然观察曰："某日在隔壁墙听公讲于经谊，折衷汉宋，不分门户，真我师也。"公曰："里巷陋儒，说书溷听，不遭呵问，而又借奖之，为幸已多，敢抗颜乎？"观察叹曰："吾始虑声可得闻，人不可得见，今见其人矣，夫何憾？"自是屡有赠馈，公谢而不受，从未一至道署。由是公之学行，益为士林所重。学使者每试所得士，询以师，则曰言某。李学使者因培谓诸生曰："言生品行第一，文艺亦然，尚未食饩，可异也！"公倦于应举，惟以著作自娱。所著《雪石公诗文集》，手录细积卷盈厨。书法欧阳，率更作擘窠大字，清奇古峭。索书、额联者珍重之。先是公生子二，弟毓正无后，以长子春林嗣之。迨所生及一孙相继殂，族议以先为弟，后者复归公后，公不可，因以族孙入嗣。公笃友于也如此。详列邑志。公生于康熙二十八年十二月二十九日戌时，卒于乾隆三十年五月十五日未时，寿年七十七。配陆孺人，卒年七十二，合葬于西麓三条桥中山路北之山居路首癸山丁向主穴。赞曰：虞山之灵，黉序之英。爱人学道，缵绪传经。生徒济济，俎豆莘莘。七十二世，明德维馨。

毓正，字祥先，公觐公次子。无子，以易文子春林嗣。

时昌，字方来，吕又公长子。无传。

世昌，字序皇，吕又公次子。子二，承烈、祖德。

运昌，字贞符，吕又公三子。无传。

复昌，字中行，学海公子。子一，祖武。

梦奎，字聚西，若澄公长子。幼受业于翰博系园公，公为诸生。先贤、专祠印官，临祭不得分委奉宪，勒石庙中，公力为多。子五，宗宪、赓扬、歌可、起潜、长可。

永锡，字会英，若澄公次子。邑庠生。子二，道可、风可。

黄封，字日三，若澄公三子。子二，学可、远可。

卞亨，字圣修，若澄公四子。邑庠生。诗文醇雅，少负经济，游学齐晋。乾隆十三年，皇上幸鲁，行取陪祀，钦赐克食、貂皮等物。子二，泽可、簪可。

来朝，字观旂，若澄公五子。子四，今存第三子春芳，余悉夭殁。迁大义桥。

履昌，字自昭，邦之公子。子二，祖功、祖德。德嗣世昌为后。

龄，字兴林，骏声公子。子一，承祖。

先贤言子七十三世孙

某，久宁公子。

春荣，字枝繁，号向之，雪石公次子也。幼岐嶷，文思敏捷，未弱冠即补博士弟子员，蜚声黉序。乾隆十三年，公年二十一，皇上幸鲁，公以贤裔陪祀，礼成，钦赐恩贡生，并赐紫绮蓝绸袍一袭，入国子监。肄业期满，就职教谕。公秉雪石公庭训，学业早成。雪石公门墙日进，来学者转就公受业，桃李新阴在鲤庭，学校称之。孝养有至性，不愿仕焉。公生于雍正五年正月初二日巳时，卒于乾隆二十三年六月十五日未时，享年三十二。时人伤之，比于颜回短命云。遗一子，绝慧。雪石公偶携出门，夜从宿，见招牌有未识字，以手指画祖腹，过目不忘如是。九岁而殇。孺人周氏，年三十守节，抚诵之公次子为嗣，教养如所生。后鞠蹊公仕请旌节，敕封七品，孺人犹及见焉。生于雍正五年十一月初七日子时，卒于嘉庆十六年七月初四日未时，寿八十五岁矣。合葬于西麓三条桥中山路北之山居路东，雪石公之昭穴癸山丁向分金。赞曰：英华发越，蔼蔼盈门。咸曰家庆，克沾国恩。伯鱼早世，子渊卅二。德丰命欹，造物何忌。少妇贞操，节苦年高。松心转茂，独茧丝缲。

春林，字枝茂，雪石公子，嗣为毓正公子。子一，日乾。

承烈，字藻伦，序皇公子乏嗣，嗣绍闻公三子大本为后。

祖德，字绍闻，自昭公次子，嗣世昌公为子。子三，大成、大业、大本。大本出嗣为藻伦公后。

祖武，字步先，中行公子。

宗宪，字因之，聚西公长子，子一，维新。

赓扬，字诵之，聚西公次子。子三，企炎、廷镁、受宜。廷镁嗣向之公后。

歌可，字声之，聚西公三子。无传。

起潜，字法之，聚西公四子。子一，暹。

长可，字久之，聚西公五子，无传。

道可，字贯之，会英公长子。子一，曜。

风可，字树之，会英公次子。无传。

学可，字逊之，日三公长子。子二，绍曾、增。

远可，字望之，日三公次子。子，鳌、铨平。

泽可，字培之，圣修公长子。国学生。元配孙氏，生子一，继娶桑氏，生子一。因祖茔无隙地，卜葬于西麓二条桥曹家祠后新阡主穴。惟桑孺人另葬于西麓三条桥李树园主穴。

簪可，圣修公次子。敏颖异常，读书过目不忘，至十岁，无疾而逝。

春芳，观旂公子。

祖功，字念先，自昭公长子。子四，大经、龙生、富元、桂林。

承祖，字载扬，兴林公子。

先贤言子七十四世孙

廷镁，字洪传，号鞠蹊，诵之公次子。入继向之公后，时年十四。年幼失学，周太孺人课读，始从事四子书。太孺人营雪石公丧葬毕，贫如洗，无以自存，雪石公有女适西徐墅徐曾祖，姑亦寡□，家称盈实，延太孺人挈子同灶。塾中有名师，公遂附学焉。如是九年入泮，迎太孺人还里。公教学以脩脯奉，晨昏靡不周至，宗族称孝。乾隆己酉恩科举于乡，名在六十一，时主司转以经谊取才，吾乡胡君鸣谦、吴君蔚光、族孙尚炜皆极一时之选，时人比此科为鸿博云。嘉庆四年，大挑二等，寻补淮安府山阳县儒学教谕。公日课必亲与士子讲贯，以敦崇品谊为先，士风一振。学使者按临深加褒奖，谓众学官曰：“如言老师之教化，斯为称职。”兼署清河县儒学教谕，谕示优异焉。嘉庆十三年，山阳年饥，知县黄绅汉吞赈银，委员李毓昌兼知之，拟禀揭而未发，家人窃其稿示绅汉门丁。绅汉重贿李君，不纳。是夕李公暴得腹疾，公知医，诊视已不可救，实不知其家人之下毒及绅汉吞赈事也。事发，睿宗震怒，绅汉及知府伏诛，漕院及司道凡同城文武大小官员不觉察者，或诛或谴戍，罪罚有差。公坐刑部狱八旬，得腹泄病，几不免。在案中者俱籍没，公无居积，惟书册钞、纱布而已。会言者讼公向有学行，且教官无权，纵觉察亦无奈地方官何。睿宗恩贷，议从末减，戍河南府永宁县。公念太孺人年逾八十，四子一女，惟徐太恭人所出长子成立，方谋家室，不暇顾养。所赖朱太恭人上奉老母，下抚诸儿，纺绩女工，究不能度活老幼七口，正计无所出。适大府知公贤，聘公讲书院，每岁脩脯反丰于教谕，时周太孺人得以无忧。人谓公遇困得亨者，实孝感所致。迨太孺人寿终，我父虞堂公已补得博士弟子员，两叔父亦成童就试，公以不得亲视含敛，泣血尽哀。至道光二年，遇赦归。布衣蔬食，设教生徒，时以医术济人，不入公门，不谈时事，行己以恕，遇人以礼，虽子孙辈有小失，亦和颜婉道，未尝动声色。先是族子职员洵，乃本生父诵之公之嫡孙，与出嗣兄丕丞同居，不协，阋墙之衅无虚日。洵臂力过人，举井栏石三百余斤，肘挽盘旋，其父亦黄公恶之，锁以银铐，巨如臂，能举柱起，掣以足，咸骇，以为疯癫。闻公至，则恂恂循谨如书生。及公教谕山阳，洵益逞暴，亦黄公莫奈，遣之随侍公数年。后归，遂自痛悔，兄弟相安焉。公之德化大率类此。居恒淡泊寡营，年及八十，子女婚嫁始毕。目近视而神明不衰，犹于灯景下以赤纸作蝇头小楷。及卒之年九月上旬，失足跌伤眉棱骨，耗血多，遂不起。易箦前一日，命家人扶起，坐置短几作遗命曰："以蓝布服敛。蒙圣恩浩荡，幸全首领，无颜见先人于地下，不可冒玷朝衣冠。薄葬不封树，及祭品、香楮与祀列代祖忌辰章程。"娓娓数百言。将逝，问子孙媳女可有未到否，苏姑母答曰："俱在。"曰："付托已毕，我去矣。"遂瞑。苏姑母以为可敛，灼艾烟熏鼻窍，附耳嚚嚚，公复苏，肘击床沿怒曰："尔等不会送终，我好好乘云行，被闹回来，魄气不得冰聚。"从此不复言，逾时乃殁，手足嘴唇伸动，不似前之安然矣。公之神灵奔乃信而有征云。公生于乾隆十六年二月二十九日巳时，卒于道光十三年九月十八日丑时，寿八十三，葬拂水涧严寿星桥前之刘神浜，坐落一都二图酉山卯向兼辛巳分金。所著《鞠蹊诗文稿》，乱后散佚。元配徐太恭人，生于乾隆二十年五月初十日午时，卒于乾隆五十二年十二月二十一日午时。生一子一女。子吟江，世父也。女适刘。继配朱太恭人，自公在患难，持长斋事姑，备极甘旨，丧葬尽礼，抚四子成名，皆列胶庠。为长子娶妇，脱簪珥鬘所蓄倍于所生。惟一子一女幼，未毕婚嫁，每夜必焚香祷天，愿公早还，精诚所感果应。太恭人犹持斋弗襄闻。太恭人幼时姆抱在外，有道人过，见之曰："此女有福，惟中有难。"取黄衣囊一枚付姆曰："谨佩之，俟有难折视。"太恭人性严正，迨年长，此囊犹在，遂弃之。值山阳事发，方忆道人语，以为可异耳。太恭人自遭难后，未尝衣绸，日食二饭一蔬，媳女同餐无敢越。故能渐至小康。朱太恭人生于乾隆三十年七月初三日子时，卒于道光十年闰四月初一日戌时，寿年六十。先公三年卒。诸孙罗列，晚境怡然，以长孙南金官公覃恩貤朝议大夫，再赠通奉大夫。徐氏、朱氏皆覃恩貤赠太恭人，晋赠太夫人。赞曰：含和抱德，太邱仲弓。爱人学道，绍述惟公。君子慎独，不诡不渎。时值迍邅，祸兮福伏。貌粹气湛，须眉整肃。贻厥子孙，振振公族。

日乾，字立诚，讳春林子。娶陈氏。子一，如沂。女三，长适湖州沈，次适钱，三适徐。

大本，讳祖德三子，嗣承烈为子。子二，茂祥、茂秀。

大成，字振声，讳祖德长子。子四，邦庆、邦华、邦瑞、邦庸。

大业，讳祖德次子。子三，茂休、茂畅、茂锦。

维新，字亦范，讳宗宪子。娶钱，无出，以企炎长子丕承为子。

企炎，字亦黄，讳赓扬长子。候选州吏目。娶徐氏。子二，丕承、洵。丕承出嗣为维新后。女一，适同邑廪贡生钱贵锦。

受宜，讳赓扬第三子。未婚，早卒。

暹，讳起潜子。

曜，讳道可子。子一，瑞麟。

绍曾，讳学可长子。无传。

增，字喻曾，讳学可次子。娶刘氏。无传。

鳌，字锌和，讳远可长子。娶龚氏。无传。

铨平，讳远可次子。无传。

良贵，字天嘉，培之公长子。妃宋氏，生子一，如沛。公与孺人生卒俱无考。附葬于桑太孺人墓之昭穴。

植，字法叔，培之公次子。未婚，早卒。

大经，讳祖功长子。子一，印。

龙生，讳祖功公次子。

富元，讳祖功公第三子。

桂林，讳祖功公第四子。

先贤言子七十五世孙

登淳，字吟江，邑庠生，鞠蹊公长子也。公性忼爽，赖不羁才。工诗赋，善草书。喜引掖后进，族中子弟多所成就。公生于乾隆□年□月□日□时。卒于咸丰三年□月□日□时。元妃王太孺人，生女二，长适唐，次适胡。继妃章氏无出。合葬于西麓杏花坛，支祖昌之公墓之左傍。

登浚，字凤园，号虞堂，鞠蹊公次子也。幼颖悟，四岁入塾。识纸方字，里语所谓击头字，日课百字。能辨四声五音，塾师温字，背诵如流，大警异，审所以能背诵之故，则每以昼所识字，排成四字句，如柰蒜葱韭等，分类为文，由是里人咸目为神童。客至，应对如成人，不好弄。八岁能诗，时染腹泻病，妣朱太恭人恐吟咏伤血气，止之。先考重违母意，辍咏卧伏枕，取唐人诗观览。盖先考嗜学出天性，弱冠游庠，汤学使者按试后，有辛学使者继之，皆力振文风。先考所业，贞文外悉国初名家，屏绝时墨，岁科试辄高等，补廪膳以候两叔父县试。宵深中寒疾作，饮沸汤嫌冷，医者谓宜附桂服，逾时，大呼脑痛欲裂，呼不已。吾母知为药所误。医药费竭千金，卒无效。是时先大父在河南将方正定，谓真阳为阴寒所遏，激成悍气，故有此疾。宜川文蛤、明珠粉滋阴调阳之剂，服两月，果愈。咸劝先考勿复劳心，遂纳贡以免岁试，然先考终不能一日舍砚席。值紫阳、游文两书院课，每届作二篇，有余晷为笠山叔父代作赋得诗八韵，课辄超等。吟江伯父谓先考曰："就使博如茂先，文如昌黎，书如右军，病将奈何？"先考曰："弟非此不乐。"因是少闲，然黎明起书五百字，晚读子史三十页，犹于除夕、元旦无间焉。古碑靡不窥，弱冠宗二王，求书、折扇、楹联者无虚日。壮岁宗褚、欧、米三家。邑吾翁石梅先生苞封见而叹曰："离形入妙，直造晋唐，今人无此书矣。"族孙尚熙官浙江，任嵊县，迎先考至官廨，凡索书者无不应。大府往往请捉刀，从学日益众。以祖妣病，旋里，及卒，先考辟踊泣血，哀毁骨立，旧病于是又作。迨先祖考殁，又作。每病辄淹□期。尝见先考于孝之际，几不知自有其身。生平惟一赴浙游，缺养，每言之，泪涔涔下。曾赴京兆试，束装矣，适先祖妣有微疾，恻然易虑，遂不往。逢大比年，叔父力不足，先考为备斧资，必使充裕。在浙时，族人不能归者，资之，戚友贷钱及袍服不还，不追也。先祖殁年，少有余资，季父与苏姑母新娶嫁，方议遵遗命均分，先考悉让之。居家不营产业，赖吾母赵太恭人奁田为粮，操持中馈，门弟子渐多显达，馆谷赡给，置买书帖，外无长物。频年多故，家遂中落，先考处之，泊如也。先考祖服阕后，应翁文端公聘，乃往江西。先是文端公子文勤公昆弟从先考学，文端公雅重先考，故学幕抡才，一以先考为衡，甚相得也。先考偶感微疾，友人投附桂汤，触发旧病，旋里一卧，从此不起。夫附桂非毒药，致治乘方酷烈，若是天乎？人乎？先考平居喜怒不形于色，行止有度，虽衣敝袍而折痕不乱，如新出于熨。读书恒坐一木榻，未尝迁易。晚年自制鸡毫笔，运柔得刚，腕力直贯毫巅。他人试之，落纸若蟮蚓、活东耳。一管屡易秃毫，岁久握处成赭，望之若彤管然，命南金赋"彤管有炜"诗。书籍手整理，南金窃翻阅，如式庋置，辄觉，诘责。凡此皆不肖童昏记忆之浅者，亦可征先考精洁端严。虽管幼安不是过，已读书过目不忘，赵太恭人览琼玉海篇，多奇字，询先考，某字某切，应口答，无不合者。才行如先考，咸谓足以华国，乃为疾疢所厄。临终之年，饥寒交迫，受先考所让财者，温饱自适，若罔闻知。先考不为言，亦未尝怨悔，由今以思，忍心人皆已澌灭，三男剥肤余生，得以滥厕冠裳，屡邀恩命者，皆先考德厚绵长，身未食报，余荫及于后人耳。记曰论撰先人之美，而明著之后世。无美而称之是，诬也；有善而弗知，不明也；知而弗传，不仁也。南金纵不明不仁，敢或诬耶？先考所著有《瓻余集》《弦歌楼诗钞》《梅花诗百首》杂文若干卷。生于嘉庆元年七月二十四日午时，卒于道光十九年正月初十寅时，年四十四。病时，吾母百方求治，典尽簪衣，积寒得痁疾，呱呱俱幼，惟不肖南金差长，涕泣哀告戚友，匈得药饵，又乏薪炭，乃斫后园枯树资汤火，天寒甚，被絮破敝无温，南金昼则炽炭，夕则和衣暖足。盖先考自冬十一月咯血，真阳渐息，足冷如冰，两月矣。临终数日，神思转清，向赵太恭人泣曰："子女累汝，汝亦病，奈何？"问思美味否，曰："野鸡可口，恐为儿难，不欲也。"仲子路曰："伤哉！贫也。生无以为养，不肖之谓也。"子三，南金、朝鼎、南星。女二，长适钱明经嘉福，次适□刺史振。孙四，长巽、艮、观、兑。孙女二。祖茔昭穴无隙地，乃卜葬于西山杏花坛昌之公墓之巽方癸丁向。同治五年以子南金官恭遇覃恩，诰赠朝议大夫，再赠通奉大夫。母赵氏覃恩诰封太恭人，晋封太夫人。赞曰：汉曰孔融，唐曰刘晏。克歧克嶷，为国之选。上溯先贤，学道英年。世传七五，诞毓绵延。如何我公，才通命穷。让李成德，正字勿庸。终军弱冠，志酬弃繻。陟岵瞻望，慨然停驹。天伦谊重，人爵慕轻。既游于越，家难旋平。载往豫章，藉展持衡。药违厥疾，大命以倾。遐迩痛悼，善殃舛报。贻我后人，皇穹用告。

  登清，字汇茹，鞠蹊公第三子也。性刚方，行正直，酷嗜经书，虽寒暑而不辍。未弱冠即补郡名诸生。公生于嘉庆四年正月二十六日亥时，卒于咸丰九年四月初七日未时，含笑而逝。谢世之日异香满室，自言舆仗前迎，后人或梦见为某县城隍，或梦见为水府主案，真耶？幻耶？抑幽明一理，其生而为英，死而为灵耶。元妃王太孺人，生于嘉庆五年二月十九日午时，卒于咸丰二年八月十九日午时。生子二，长翔霄，次景松出嗣熙庵公后。女四，长字金，早卒。次适何家市奚家桥监生龚瀛。三未字，早卒。四适董浜监生王燕诒。公与孺人合葬于西麓山居湾新阡之主穴亥山巳向兼乾巽分金。赞曰：不竞名，不争利。心广体胖，融融泄泄。惟修己以安人，复施仁而好义，宜其报施之不爽，而克昌乎后裔！

  登治，字熙庵，鞠蹊公第四子也。公好学笃志，为郡名诸生。性狷洁，一介不取，孝行著于里门。公生于嘉庆辛酉五月二十四日寅时，卒于道光丙申四月二十六日巳时。元妃徐太孺人生于嘉庆甲子正月十一日子时，卒于同治癸亥四月初十日寅时。难中同族议明以汇茹公次子景松承嗣，景松呈请旌节殉烈，恩准给帑建坊。同治七年八月适学宪童公华奏请恩奖，固已颜之曰"冰雪同清"。又十一月，适巡抚丁公日昌，颜之曰"柏节冰清"。呜呼！如太孺人者，坊虽无力未果，亦已名垂史册，邀恩崇祀，汇入总坊，可谓身食其报矣。附葬于鞠蹊公墓之后遍艮脉入手乾山巽向亥巳分金。

  如沂，字南园，立诚公子。国学生。元妃孙氏，生子一，华封。继妃徐氏，生子一，豫封。墓在西麓山居路首刚中公墓之东。

茂祥，大本长子。子三，朝桂、庆麟、庆全。

茂秀，大本次子。子二，朝锡、大得。

邦庆，大成长子。子一，朝松。

邦庸，大成次子。以弟邦华子金寿祧。

邦华，大成第三子。子一，金寿。

邦瑞，大成第四子。子一，柏和。

茂休，大业长子。未婚，早卒。

茂畅，大业次子。子二，朝玉、桂莹。

茂锦，大业第三子。子一，朝发。

丕承，字绍堂，号静远，亦黄公长子，出嗣为维新后。妃尤氏。生子三，嘉植、嘉树、嘉林。女三，长适戴，次适卫，三适查。

如沛，字飞伯，号雨亭，天嘉公子。生于乾隆己酉八月初九日，卒于咸丰甲寅二月十九日。妃赵氏，生于乾隆丁未三月十七日，卒于同治丁卯正月十五日。生子一，楣。女三，长适王，次适巴城蔡，三早卒。公及孺人附葬于李树园祖茔之穆穴癸山丁向。

洵，字日俊，候选从八品，亦黄公子。妃徐氏。生子一，嘉栋。女二，长未字早卒，次适宗直隶刺史振。

瑞麟，字仲方文，曜子。子三，闰得、二得、三得。

印，大经子。

先贤言子七十六世孙

南金，字卓林，号可亭，虞堂公长子。邑庠生。道光壬午十一月初八日吉时生。咸丰三年皇上临雍，陪祀，礼成，钦赏恩贡生，就职直隶州州判，候选内阁中书，奏留安徽巡抚部院文营务处，保留安徽补用同知，赏戴花翎加知府衔，军功随带加二级，覃恩四品封典，诰命二轴，保补缺，后补用知府。历任帮办霍邱县署，太湖、望江两县，庐州、凤阳二府，泗州等处捕盗，水利督粮同知，补授凤颍同知兼署宿州知州。现保补缺后以道员用，覃恩二品封典，诰命二轴。妃赵氏。生子一，尚珍。女一，字山阳葛氏。妾方氏。

朝鼎，字卓山，虞堂公次子。国学生。候选州判，奏留安徽巡抚部院文营务处，保分发江西补用府通判加同知衔，赏戴花翎。道光辛卯十一月二十日吉时生。娶松江廖氏。子一，观。女一。

南星，字朗山，虞堂公第三子。国学生。湖北候补府经历。道光乙未九月二十九日吉时生。娶昆山周氏。生子二，艮、兑。

翔霄，字云林，汇茹公长子。学业渊茂，心性忼爽。作文磊落不平，务于前人名作外独树一帜，然皆根柢经史，语语从性灵中出。年未弱冠，文援笔立就，未尝属草。试辄前茅，邑郡诸尊叠邀首拔，咸以大器期之。案首游庠，仍复专攻制艺。寒暑不辍，以故业益精，名益噪。不幸于咸丰十年七月粤寇警迫，公偕友徐君莘卿越境侦察贼营，久之不返。无何，公之从孙杏村被掠至句容，见河内遗骸三具，公与徐公赫然在焉。其一怒目直视，断舌割臂，状尤惨烈，惜莫知姓氏，殆与公同被执，不屈死。或有知其事者云，公已计入贼营，为所觉，诱降，不从，胁以刃，公厉声骂，徐公同起奋击贼，不中，投水，身被数枪而死。入奏，天子轸惜，御笔特赠监运司知事职衔，荫一子入监读书，崇祀昭忠祠。公于道光癸未四月初四日吉时生，咸丰庚申八月殉难。元配周氏，生于道光戊子七月初二日吉时，卒于咸丰癸丑六月十一日。继娶华氏，生于道光丙戌四月二十七日吉时，咸丰庚申八月城陷殉难。奉旨恩旌殉烈，入祀昭忠祠。无子，以胞弟长子尚森承嗣为后。公与华孺人于同治辛未衣冠殓葬于山居湾汇茹公之昭穴。事载邑志忠节传，后绘《句容痕血图》传家。

景松，字云岑，常庠生，汇茹公次子，出嗣为熙庵公后。公少颖敏，健于为文，必求工而止。平生手不释卷，口不辍吟，敦品绩学，年未弱冠，县、府试均列高等，或褒居首。祁青奎三学使者，虽屡取佾生，而志难遽，屈何如之。迨兵燹后，始见赏于宜学使者，厥后岁科试，均列前茅，而一赴省试，未售，旋以任家督，绝意科举。秉性纯厚，喜引掖后进，子弟多所成就。事嗣母暨本生父母，生养死哀，无不尽礼。以及嗣母徐太孺人守节，年例符请于朝，得旌如例，并请学抚宪奖励匾额。至于咸丰庚申，粤寇陷城，奉母避难，居东乡。贼氛益近，扶母至归墅。贼麇集，母投水，公急掖起，窥贼稍退，乃负母远避董浜镇。母年迈遭变，感寒疾殁，拮据收敛。事平，即营窀穸，奉栗主入节孝祠。生平以敬宗睦族为务。有匪人冒族顶名应试者，公以为有玷先贤，禀太守治其事，士论重之。先是，公之兄死粤寇之难，公复以笃行著。翁侍郎同龢方里居，每称之曰："兄死尽忠，弟生尽孝，如言氏者，可谓二难矣。"公与兄自相师友，著有《弦歌楼同怀诗文集》若干卷，尚未刊行。事载邑志孝友传。公生于道光乙酉九月十七日酉时，卒于同治辛未二月初二日午时，卜葬于西麓山居湾汇茹公墓之右旁，另立主穴癸山丁向兼子午三分分金。娶翁氏，道光己丑九月二十九日午时生。子二，长尚森，出嗣，次尚垚。女一，适同邑庠生严家璋。

华封，南园公长子。未婚，早卒。

豫封，南园公次子。幼殇。

朝桂，茂祥长子。

庆麟，茂祥次子。娶洪氏。子一，妙经。

庆全，茂祥三子。娶陈氏。子一，南宾。

朝锡，茂秀长子。

大得，茂秀次子。娶陈氏。子二，尚根、尚奎。

朝松，邦庆子。

金寿，邦华子，兼祧邦庸为后。

柏和，邦瑞子。早卒。

朝玉，茂畅长子。

桂莹，茂畅次子。娶钱氏。子一，松泰。

朝发，茂锦子。妃张氏。子一，桧临。

嘉植，字松樵，绍堂公长子。妃董氏。子一，复亨。

嘉树，字晓山，绍堂公次子。元妃徐氏，继妃曹氏。子二，复乾、复坤。

嘉林，绍堂公三子。未婚，早卒。

嘉栋，字亮伯，日悛公子。议叙八品衔。妃董氏。咸丰庚申八月初二日邑城陷，夫妇同时殉难。至同治六年，呈报请恤。子一，复震，亦遇害。女一，适周。

闰得，字如山，仲文公子。子二，柏、福。

二得，仲文次子。未婚，早卒。

三得，仲文公三子。未婚，早卒。

楣，字小亭，雨亭公子。议叙九品衔。生于嘉庆辛未二月初八日，卒于同治丙寅八月初一日。妃黄氏，生于嘉庆庚午五月十二日，卒于咸丰己未七月初二日。卜葬于李树园祖茔之左旁。子二，尚达、复堃。

先贤七十七世孙

尚珍，字酉山，卓林子，原名巽。常熟诸生。咸丰壬子十月初一日吉时生。娶苏州潘氏。

观，字用宾，卓山子。同治己巳四月十六日生。

艮，字止斋，朗山长子。同治辛未三月初九日生。

尚森，字少岑，号启东，云岑公长子，出嗣为云林公后。恩荫生，候选县主簿。生于咸丰丙辰十一月二十二日吉时。娶李氏，咸丰丁巳五月初三日吉时生。

尚垚，字云生，号道南，云岑公次子。同治丁卯十月二十八日吉时生。

妙经，庆麟子，娶洪氏。

南宾，庆全子，娶陆氏。

尚要，大得长子。

松泰，桂荣子。

桧临，朝发子。

复亨，字啸斋，松樵公子。配朱氏。咸丰庚申八月初二日城陷，夫妇同时殉难。子一，忠春。女二，长遇害，次适范家市蒋。

　　复乾，字孔琴，晓山公长子，娶顾氏。子二，忠馥、忠馨。

　　复坤，晓山公次子。咸丰庚申八月城陷殉难。

　　复震，亮伯公子，咸丰庚申八月城陷殉难。

　　尚达，字思纯，号志诚，常熟县学生。小亭公长子，道光庚子十二月廿四日生。娶戴氏，道光甲辰十一月初四日生。

　　复堃，字次君，小亭公次子，早卒。

　　柏，字伯钦，如山公长子。娶戴氏。子一，根。女一，适张。

　　福，字仲欣，如山公次子。娶袁氏。子一，椿。女一，适赵。

先贤七十八世孙

　　忠春，啸斋子，咸丰庚申城陷遇害。

　　忠馥，字小琴，孔琴长子，出嗣为啸斋公后。

　　忠馨，孔琴次子，出嗣为复震公后。

　　根，字柏生，伯钦子，娶冯氏。子一，良能。

　　椿，字幼欣，仲欣子。

先贤七十九世孙

　　良能，字心同，柏生子。

郡城学道书院世系传

六十六世

　　弘德，讳润长子。子二，勋、勲。

六十七世

　　勋，字守荆，讳弘德长子。子三，福星、顾行、思忠。

　　勲，字海涯，讳弘德次子。

六十八世

　　福星，字三拱，勋长子。无传。

　　顾行，字观海，勋次子。子一，仲才。

　　思忠，字仰崖，勋三子。子四，仲宗、仲文、仲学、仲章。

六十九世

　　仲才，顾行长子。子二，师皋、师夔。

　　仲宗，思忠长子。

仲文，字墨泉，思忠次子。明隆庆间，自常熟迁居郡城。祠为申文定家所侵，公抱主申诉当事，文定闻而谢过，及为择地建祠宇，捐置祭田。今郡祠一支皆公后也。子一，象先。

仲学，思忠三子。无传。

仲章，思忠四子。无传。

七十世

师皋，字迈德，仲才长子。

师爕，字虞冑，仲才次子。

象先，字纯甫，仲文子。妻屠氏，年二十一来归，甫三载，夫殁，遗孤五月。屠氏断指誓天，矢志抚育，事舅姑克尽诚孝。崇祯七年，巡按御史祁彪佳题请旌节。子一，长春。

七十一世

长春，字寿之，象先子，奉祀生员。子四，伟锡、仙锡、纯锡、圣锡。

七十二世

伟锡，字聚星，长春长子，奉祀生员。子一，芳洽。

仙锡，字琴山，长春次子。

纯锡，字粹中，长春三子。子二，文藻、宗洵。

圣锡，字洙传，长春四子。子二，景濂、潜。

七十三世

芳洽，字峄山，伟锡子。子一，松泉。

文藻，字采章，纯锡长子。子二，六龙、六顺。

宗洵，字成章，纯锡次子。

景濂，字希周，圣锡长子。子一，东华。

潜，字师陶，圣锡次子。子一，来琛。

七十四世

松泉，芳洽子。娶沈氏。子一，如炳。

六龙，文藻长子。

六顺，文藻次子。

东华，景濂子。子二，如溶、如□。

来琛，潜子。

七十五世

如炳，松承子，奉祀生员。娶沈氏，无子，以如泉子朝玺为子。

如溶，东华长子。

如□，东华次子。

七十六世

朝玺，字成山，如泉子，嗣如炳为子。娶沈氏，无子，以朝枢子尚鑠为子。又以朝樲子尚炘为子。

七十七世

尚鑠，字敬安，朝枢子，嗣朝玺为子。娶沈氏。国学生，于乾隆五十年皇上临雍陪祀，礼成，奉旨受恩贡生，赐貂皮内缎、《御论》等件，候选直隶州州判。

尚炘，字留蕴，朝樲子，嗣朝玺子。嘉庆庚申六月初六日生。恩旌孝子。娶萧氏。子二，忠政、忠魁。女二，长适广西张，次适昆山赵。墓在西门外郑家桥查太孺人之昭穴。忠政附葬于侧。

七十八世

忠政，尚炘子。娶某氏。女一。

忠魁，尚炘次子。早卒。

县东家庙长支世系传

七十世

绍庆，字仍衢，讳序子。邑庠生。明万历间，邑令耿公橘定言族六礼，以公为大宗，品行端方，令子姓咸就范焉。壬午生，卒年三十一。娶张氏，葬言家湾。子二，森、林。

七十一世

森，字君确，仍衢公长子。奉祀生员。气体严重，治家有法。公幼孤霜，族人有龙光者，恃长凌之，规夺祠产，公力图恢复。家庙回禄为灾，倾资重建。邑令周公敏见公力弗继，割俸襄之，详见周公碑记。清理庙址，凡族人之他售者，市侩之侵逼者，公悉恢复之。顺治三年，公清理祭田，以都图丘亩起科兑科，分别造册。邑令汤公为之盖印世守。康熙二十五年，巡抚汤文正为公题请荫袭博士，格部议不行。卒年八十。雍正元年以孙德坚官贻赠翰林院五经博士。娶华氏，卒年四十九。合葬于西乡储家桥欧阳墩茔主穴。子一，煌。

林，字君实，仍衢公次子。子一，灯。

七十二世

煌，字宗文，君确公子。奉祀生员。公绍承先业，谨守弗替。遇春秋祀事，躬扫庭除，手涤祭器。平居手不停披，课子严肃，书法习右军。晚年别居西乡圩舍，读书优游以终焉。雍正元年以子德坚官赠翰林院五经博士。娶浦氏。合葬于北旱门外言家湾老茔。子五，德垩、德基、德坚、德重、德垂。女三，长适陈，次适孙，三适浦。

灯，君实公子。子一，德坤。

七十三世

德垩，字静芳，宗文公长子。奉祀生员。性鲠直，家庙颓废，志切兴修，暮年以长子及孙不克家郁郁以卒。乾隆十八年十二月，孙如滋始得奉公之枢同娶周氏合葬于西乡黄石皮桥。子六，锦、铖、镇、金、镜、镒。

德基，字履功，宗文公次子。读书敏，目数行并下，凡经史子集必手自丹黄，文格清超，书法工楷。应试一次即不复赴，弟系园公从而受业。公不事生业，家遂中落。晚年读书课子，日不举火，泊如也。体貌修洁，清癯若仙，以孙如泗官赠奉直大夫。配王氏，性勤俭，机声轧轧，操家殊苦。貤赠宜人。合葬于西乡欧阳墩老茔。安顾氏亦附葬焉。子五，铎、锷、钧，王氏出；鉴、镐，顾氏出。长女适徐。

德坚，宗文公三子。题袭博士，为大宗世职之始，见第七卷世系传。

德重，字礼庄，宗文公四子。娶浦氏、邹氏。合葬于小山头石洞东。子一，镛。

德垂，宗文公五子。子二，文园、文圃。

德坤，灯子。子一，永正。

七十四世

锦，静芳公长子。子三，益清、益涛、益沉。

铖，字载皇，静芳公次子。子一，益源。

镇，字致远，静芳公三子。早世。

金，静芳公第四子。

镜，字律初，静芳公第五子。子三，益源出嗣为铖后、益沐、益洽。

镒，字万玉，静芳公第六子。子一，如滋。

铎，字在兹，履功公长子。奉祀生员。事亲先承志意，友爱昆弟，出于至性，异母弟皆赖公育娶。康熙乙卯生，年四十八卒于苏郡寓。娶张氏。继娶徐氏，年二十归公。家故贫，徐亲操井臼，艰苦备尝。夫染疾危，刺血吁天，愿以身代，寻病愈。逾三载，夫殁，泣血抚孤。遭岁歉，典鬻支持，赖以成立。前妻有女一，抚如己出。课子慈而肃凛如严父。题旌节孝。子一，如潮，徐氏出。女一，适华宝臣，张氏出。

鉴，字明远，号御玉，履功公次子。娶徐氏。子二，如泉、如川。

钧，字驭平，履功公第三子。奉祀生员。幼即岐嶷，年未十岁，俨若成人。大父宗文公指谓宗族曰："兴吾宗者，必此子也。"父履功公自家庙迁于西乡储家桥，公年十五，训蒙童，得脩脯以养亲。入赘于朱，内母孤婺，悉以资产遗公，公悉付所嗣子，而内母之生养死葬公独任之。家庙旁址为豪强所侵，公力恢复之，倾囊不惜。世父系园公荫袭事，往来都下，公肩其费，无几微见颜色。年六十，陶晚闻太常从京邮文为寿，拟公为东汉度尚胡母班之流。至七十，值子如泗分铎国子，年家子负盛名辇毂者，制文征诗，德行流闻，足令远近翕服如此。公言规行矩气神和，见者肃然，亦复蔼然。平生语不涉谑，乡党间排难解纷，周急扶困，未可吏仆数，而尤谊敦族亲，赖公成立者甚众。公既殁，多为公行服。雅好书，书籍尤喜读《朱子》《通鉴纲目》。课子孙严，色不少假，有间即以史书邪正成败娓娓讲解。康熙庚申生，卒年七十八。遗命不得沿俗焚衣毁器。先以出嗣子如洙官貤封翰林院五经博士，寻以子如泗官诰赠奉直大夫。娶朱氏，治家勤苦，亲操井臼。继娶陈氏。合葬于西乡储家桥欧阳墩老茔。子三，长如洙，出嗣大宗，袭世职。次如泗、如济。女三，长适朱，次适王，次适附贡生张仁济。

锷，字建山，履功公四子。昆季友爱，受业于驭平公，事如严父，共灶同财，没齿无间言。乾隆三年，皇上临雍，以奉祀生员行取陪祀，钦赐貂皮、克食等物，复奉恩旨贡入成均。娶乐氏，继娶周氏。子二，如汶、如浩。女五，适吴，适马、适徐、适姚、适吕。

镐，字继城，履功公第五子。娶马氏。子一，如沼。

镛，字万钟，礼庄公子。居王庄，娶陈氏。子三，如汉、如涛、如淮。

文园，讳德垂长子。

文圃，讳德垂次子。

永正，字孝思，讳德坤子。娶姚氏。子一，如涌。

七十五世

益清，讳锦长子。子一，榕。

益涛，讳锦次子。

益沅，讳锦第三子。

益源，字天来，律初公长子，嗣为钺子。

益沐，律初公次子。

益洽，律初公第三子。

如滋，字天一，万玉公子。奉祀生员。娶诸葛氏。墓在羊尖黄石皮桥祖茔之左。子四，朝松、朝桐、朝楠、朝桂_{出嗣为如涌后}。女四。

如潮，字学滨，在兹公子。奉祀生员。娶金氏，无子，以如浩次子朝杲为嗣。

如泉，字方来，明远公长子。娶乐氏，继娶程氏。子三，朝桧、朝植、朝玺_{出嗣郡城支如炳为子}。女三，长适王，次适方，三适王。

如川，明远公次子。

如泗，字溯源，号素园，驭平公次子。邑庠生。乾隆三年恩贡考授州同，补正黄旗教习，刚烈伯鄂公容安荐一等，留学期满，以知县用。乾隆十三年，选授山西垣曲县知县。十八年，调闻喜县，历署绛县、平陆县、稷山县。二十年，计典卓异，候升。二十一年，题升保德直隶州知州。二十二年，陕抚明公德保举堪胜知府，奏章云："人品端方，才具干练，实力任事，实心爱民，到此地着有循声。"未及入都，闻知父疾，即日终养回籍，旋丁外艰，起服赴补汾州府同知、绛州知州、解州知州。三十年，升任湖北襄阳府知府，军功随带加一级。三十四年九月，以失察属员被劾卸事。三十六年，恭祝圣母万寿，奉旨给衔。康熙丁酉生，卒年九十。方伯郭阳胡克家撰墓表。娶卫氏，合葬于西乡储家桥欧阳墩祖茔。子四，朝楫、朝标、朝樾、朝杞。女四，长适归，次适秦、适卫、适邵。妾毛氏、沈氏。

如济，字晋源，驭平公第三子。奉祀生员。为人端谨，惜不永年。雍正庚戌生，存年二十一岁。聘王氏，同里王逢吉女，年十四。许字如济，逾年如济卒，闻讣号恸，遂欲奔丧。家人止之，潜自缢，绳绝，得不死。舅姑哀其志，迎归成服，为之置后。氏孝慈兼尽，迨如济葬，有期，氏绝粒三日矣。抵墓所，一恸而绝。舆归复苏，告姑曰："前此未死者，以待夫之葬耳。今事毕矣，誓与同穴。"掷心呕血而卒。县府上其事，巡抚陈公宏谋题旌贞烈。雍正戊申生，卒年二十八。墓在北门外胜果井，并为氏树绰楔焉。以如洙第三子朝荣为子。

如汶，字太原，建山公长子。奉祀生员。娶吴氏。无子，以如浩长子为子。女一，适季。

如浩，字开原，建山公次子。奉祀生员。娶华氏。子三，朝椿_{出嗣为如汶子}、朝杲_{嗣如潮为子}、朝果。女一，适顾。

如沼，字壬舍，维城公子。娶周氏。

如汉，字楚雄，万钟公长子。娶董氏。

如涛，万钟公次子。娶钱氏。

如淮，万钟公三子。

如涌，孝思公子。无子，以如滋第四子朝桂为子。

七十六世

榕，讳益清子。子三，光耀、先宣、三品。

朝松，字友鹤，天一公长子。娶蔡氏。性方严，勤操作，大故后三十余年，以针线自给，饮水茹蘖，不怨贫乏。偶与宗族相见，言必大义，而应其言者，虽宗老亦必慎择而出口，乡党皆为推重。乾隆五十三年，奉旨旌表建坊于西门外黄石皮桥。以朝桐之子为嗣。

朝桐，字凤台，天一公次子。娶程氏。子三，尚焕出嗣朝松后、尚燏、尚烺。

朝楠，字香谷，天一公三子。聘钱氏，卒，公筑坟宝岩寺后，迎柩归葬。娶戴氏。子二，尚燠、尚熺。女一，适姚。

朝杲，字稼桥，开原公次子，入继学滨公为后也。奉祀生员。娶范氏。子二，尚煇、尚炳。

朝桧，字玉山，方来公长子，娶瞿氏。子二，尚勋、尚炘。

朝植，方来公次子。

朝楫，字耐思，素园公长子。乾隆壬午举人，历任安徽婺源、贵池县知县。代理池州府知府，调任浙江浦江、山阴县知县，杭州府总捕同知。娶屈氏，合葬西乡沙滩口。妾朱氏，墓在西乡塘庄下。子七，长早夭，次尚煐、尚炜、尚炯、尚照，俱屈氏出；尚灿，朱氏出。女七，长适常州潘，次适席，三适屈，四适屈，五适苏州徐，六适苏州温，七字张。

朝标，字起霞，号皋云，素园公次子。邑庠生。应乾隆庚子召试，特赐举人，授内阁中书。乾隆五十年，皇上临雍，陪祀成，奉旨纪录一次，钦赐内缎一端。乾隆五十四年己酉科会试中式第十四名，复试钦定一等第六名，升改为会试第十二名，殿试二甲第四名进士，钦授刑部湖广司主事，升刑部员外郎中。乾隆乙卯科，钦点广东主考，回京复命，旋升郎中，总办秋审处。京察一等，钦授四川夔州府知府，旋调保宁府知府，以丁外艰回籍服阕，赴部选授江西南安府知府。历任广西梧州府、柳州府、镇安府知府，护理右江兵备道。娶叶氏，副室郑氏。子二，尚炽，叶氏出；尚烨，郑氏出。女二，适魏、适钱。

朝樾，字荫林，号爱山，又号叔云，素园公三子。郡庠生。乾隆五十年皇上临雍，行取观礼，成，奉旨准作恩贡生，钦赐内缎一端，候选直隶州州判，寻就教职，历署溧阳、江阴县教谕，选授安徽庐江县教谕，俸满保举。嘉庆十一年九月二十日引见，奉旨以知县用，在部候选。二十二年，选授江西武宁县知县。娶荡口华氏。子五，长尚焞，次尚爔、尚燕，华氏出；次尚焯，副室叶氏出；次尚炘，副室查氏出。尚焞出嗣为朝荣后，尚炘出嗣苏州支朝玺为后。女四，长适苏，华氏出，次适蒋、适严，俱副室叶氏出，又次早卒。墓在北门张钓园。侧室查氏墓在西门外郑家桥。

朝杞，字蕙云，号翠挺，素园公四子。候选刑部司狱。妻瞿氏。子一，尚煦。女一，适徐。墓在桃源涧普福毛太孺人昭穴。

朝荣，字奕簪，鲁源公第三子，嗣晋源公为子。性沉静颖敏，属文必镂肝剔肾，精心独运，辄为师友惊叹。读书偶有所疑，必求甚解乃已。字画端楷，忽一日尽得翻切之学，试辄无讹，咸共奇之。乃以攻苦得疾，髫年赍志以殁，存年十九岁。娶朱氏，国学生朱鼎彝之女，来归未一载而夫殁，哀毁几至捐身。祖姑百计相慰，氏勉承之。秉性严肃，夫殁未尝见齿，逾年貌益羸瘠，母问故，答曰："终期遂我初志耳。"气息奄奄，阅月遂亡于母家，存年二十二。乾隆三十八年，氏与公合葬于北门外胜果井之茔。先嗣朝楫子尚焕，旋卒，继嗣朝樾子尚焯为子。

朝椿，字可庄，开原公长子，嗣太原公为子。邑庠生。乾隆癸未生，卒年三十一。夙有文望，乡党惜之。娶周氏。子一，尚垣。

朝果，开原公三子。奉祀生员。娶王氏。子三，尚焘、尚煜、尚涛。

朝桂，字闻先，号兰池，天一公第四子，嗣如涌为子。娶李氏，夫殁后贫苦自守，抚孤慈而能，严性纯孝，尝割臂肉以愈母疾，事实载入邑志。子一，尚燹。

七十七世

光耀，讳榕长子。娶毛氏。

先宣，榕次子。娶王氏。子一，扣观。

三品，榕三子。乾隆六十年卒。无传。

尚焕，凤台公子，嗣为友鹤公子。奉祀生员。娶吴氏。

尚𤎨，凤台公子。无传。

尚燠，字榛园，香谷公长子。娶王氏。子二，忠安、忠旺。

尚熺，香谷公次子。娶王氏。子二，忠熉、忠侃 早夭。女一，适孙。

尚煩，字午庭，稼桥公长子，娶赵氏。子一，忠顺。

尚焕，字士豪，耐思公子。廪膳生。娶张氏。合葬西门外郑家桥南首，墓门建石坊一座。无子，以尚炜子忠进祧。女一，适浦。

尚炜，字珺香，号雨香，耐思公子。乾隆己酉恩科举人。安徽五河县教谕，保举知县，历任广东琼山、新宁县知县，军功卓异，题升儋州知州，署琼防同知。娶卫氏，继娶季氏。子一，忠进。女三，适苏州徐，同邑李、屈。

尚炯，字立群，号雪香，耐思公子。邑庠生。嘉庆三年，皇上临雍，行取陪祀，奉旨赏恩贡生，并赏貂皮、缎匹等件，候选直隶州州判。娶邵氏。子二，忠亨，邵氏出；忠耀，副室吴氏出。

尚照，字晴香，耐思公子。恩贡生，候选教谕。娶郡城徐氏，抚孤守节，恩旌建坊，附葬沙摊口。子，忠杰。女适陶。

尚灿，字梧香，耐思公子。浙江候补府通判，历署海宁知州，诸暨、青田、武康、遂安、嵊县知县。娶周氏，附葬于朱太宜人之昭穴丑山未向。子三，忠达、忠鼎 出嗣为尚灿后、忠慎。女二，适季，适扬州余。

尚炽，字启昌，号竹泉，皋云公长子。嘉庆三年，皇上临雍，行取观礼，钦赐州吏目。娶曾氏，妾卢氏。子一，忠福。女二，长适同邑李，次适扬州府教授施震福，俱卢氏出。

尚烊，字望之，皋云公次子。道光三年，皇上临雍，行取观礼，钦赐州吏目。娶黄氏。子二，忠曾、忠墀。

尚燨，字朗辉，号竹坪，爱山公次子。嘉庆三年，皇上临雍，以监生行取观礼，钦赐州吏目。娶钱氏，继娶周氏。子四，忠善、忠颐、忠履、忠俊。女三，适顾、适宗，三适荡口华。

尚燕，字翼谋，爱山公三子。候选从九品。娶无锡王氏。子二，忠谐，早卒，次忠经。女一，适陈。墓在北门外报慈桥。

尚焯，字俊三，爱山公四子，议叙八品衔。娶常州王氏。子一，忠录。

尚煦，字淦斋，蕙云子。道光三年，皇上临雍，行取观礼，钦赐恩贡生。娶朱氏，继娶吴氏。子二，忠逵，早卒，次忠建。女二，一适姜，一适陆。墓在普福祖茔。

尚烜，可庄公子，字敬群。笃学，早世。娶张氏，以尚炘第四子忠性为子。

尚燮，字继耀，兰池公子。卒年二十，无传。

尚勋，玉山公长子。娶朱氏。子五，忠仁、忠义、忠礼、忠智、忠明。

尚炘，玉山公次子，娶华氏。子四，忠亮、忠睿、忠峻、忠性 出嗣为尚烜后。

尚炳，稼桥公子。

尚焞，奕簪公子，嗣爱山公长子。生子一，忠显。

尚焘，朝果子。

尚煜，字茂椿，朝果次子。娶华氏。子一，忠汉。女四。

尚涛，字焕文，朝果公三子。娶席氏。子二，忠绥、忠和。

尚烺，凤台公三子。娶卫氏。

七十八世

忠进，字怀荩，号南圃，雨香公子。道光庚子恩科举人。娶屈氏，无子，以忠杰子良锦、良钟分嗣。女一，适国学生归崧奎。

忠亨，字存筠，雪香公长子。候选布理问。娶周氏，妾唐氏。子一，良辅。

忠耀，字小香，雪香公次子。娶无锡杨氏。子一，良镜。

忠杰，字元超，号意芸，晴香公子。候选府照磨。娶席氏，继娶郑氏。合葬于西门外烧香浜鹤隐庵旁。子六，长良发、良鈊、良鉁、良钊、良镕、良锦、良钟。镕、锦、钟俱出嗣。女四，长适郡城徐，四川候补巡检名循；次适郡城徐，候选州同名钊；三适同邑附生蔡埛；四适顾山光禄寺署正周锡智。

忠鼎，字新之，梧香公嗣子。候选从九品。娶苏州顾氏。二十八岁抚孤守节，于同治九年奉旨旌表。子二，良恩、良善为忠慎后。女一，适同邑张。墓在西乡唐庄下。

忠达，心香公长子。早夭，附葬于朱太宜人之再穆穴。

忠慎，字谨之，心香公次子。国学生。附葬于朱太宜人之穆穴。娶张氏，二十二岁夫故守节，于同治九年奉旨旌表建坊，坊建在西门外一都一图司家山。子二，良安、良献，早夭。葬西门外刘家浜。

忠福，字芳华，竹泉公子。咸丰三年，皇上临雍，行取观礼，钦赐州吏目。娶张氏，遇贼殉难，奉旨恩旌殉烈，入祀昭忠祠。子三，长良鑫、次良承、三良康。次、三随母殉难。

忠曾，字兰阶，望之公子。候选训导，廪膳生。娶何市管氏。子二，良贵早卒、良鋆。女一，适邹。

忠墀，字兰楣，望之公次子。早卒。

忠善，竹坪公长子。嘉庆庚申生，早卒。

忠颐，字慎之，竹坪公次子。娶陈氏。子二，良骥、良董嗣忠录后。女一，适张。

忠履，字耿堂，竹坪公第三子。候选从九品。娶苏氏。子二，良鑫、良铨。女一，适张。

忠俊，字士英，竹坪公第四子。候选从九品。娶杨氏，城陷殉难。无子，以忠履子良鑫兼祧。女一，亦随母殉难。

忠谐，翼谋公长子。早卒。

忠经，字见庭，翼谋公次子。钦加六品衔，道光辛巳生，娶无锡孙氏，继娶徐氏。子二，良幹，嗣忠谐为后，早卒。次良明。女一，字曾。

忠录，字震庭，俊三公子。娶孙氏，无子，以忠颐子良董为后。女一，适赵。

忠逵，字少斋，淦斋公子。笃学，早世。

扣观，讳先宣子。娶陶氏。子一，胜德。

忠显，字砚峰，尚焞子。娶叶氏，继娶沈氏。子三，良铁、良钺、良云，俱早夭。女三，长未字早卒，次适黄，三适程。

忠仁，字竹亭，尚勋长子。娶某氏。子三，良芬、良芳、良甫。

忠义，字竹堂，尚勋次子。娶席氏，继娶王氏。子六，良纯、良弼、良模、良猷、良敏、良惠。

忠礼，尚勋三子。

忠智，尚勋四子。

忠明，尚勋五子。

忠亮，尚炘长子。娶某氏。子一，良琎。

忠睿，尚炘次子。

忠峻，尚炘三子。

忠性，尚烜嗣子、尚炘四子。

忠宇，字芝山，尚烜嗣子。娶严氏。子四，良琎为忠亮后、良德、良才、良中。

忠汉，茂椿公子，同治六年六月十五日生。

忠绥，焕文公长子，同治甲子生。

忠和，焕文公次子，同治庚午生。

忠安，尚燠长子。

忠旺，尚燠次子。

忠煏，字墨卿，尚熺长子。候选从九品。咸丰庚申，城陷殉难，恩旌忠义，世袭云骑尉。娶颜氏。子一，良锡。

忠侃，尚熺次子，早卒。

七十九世

良锦，字文城，南圃公嗣子、意芸公第六子。福建候补巡检，署汀州府石牛司巡检。生于道光七年二月二十六日，卒于同治十年七月十五日。娶苏州彭氏。子五，家桢，早夭；次家鸿、家鹏、家贵，彭氏出；家泰，妾巫氏出。女三，长适苏州吴，次适福建杨，三未字。

良钟，南圃公嗣子、意芸公第七子，字之万，号学坚。原名良钠。咸丰三年，皇上临雍，行取陪祀，钦赏恩贡生，就职直隶州州判。娶何氏。子三，家治、家鸥、家汶。妾邹氏。

良辅，字子敬，存筠公子，咸丰壬子生。娶蒋氏。

良镜，小香公子。咸丰庚申，城陷殉难。

良发，意芸公长子，早逝。

良鈖，字碧城，意芸公次子。笃学，早世，附葬西门外烧香浜。未婚，以良鉁长子家麟嗣。

良鉁，字荫谷，意芸公三子。咸丰三年，皇上临雍，陪祀，礼成，钦赏恩贡生，就职直隶州州判，改官浙江候补布政使司照磨厅，升用知县帮办、鄞县知县代理，世袭五经博士。聘邵氏，未娶而卒。继娶左氏，因母病、姑病，割臂肉疗治，孝行恩准建坊旌表，以庚山甲向合葬洞泾桥新阡。子五，长家麟出嗣良鈖后，次家驹、家栋、家震出嗣良钊后、家祐早夭。

良钊，字鉴远，意芸公第四子。卒年十六。聘仲氏，闻讣抑郁以逝，应以良鉁次子家驹为嗣。因家麟早夭，家驹之子出嗣家麟，已为良鉁立后，应改以良鉁幼子家震继宗。

良恩，字慰堂，新之公子。娶章氏，无子，以家隆祧，附葬唐庄下祖茔东。

良安，谨之公长子，早夭。

良献，谨之公次子，早夭。

良镕，谨之公嗣子、意芸公第五子。字陶盦，候选道库大使。娶张氏。子一，家幹，妾钱氏出。女一，家云，张氏出，字张。

良善，字性盦，谨之公嗣子、新之公次子。娶郑氏。子二，家正，夭；次家隆，兼祧良恩。

良鑫，字松森，号某，芳华公子。咸丰辛亥七月二十九日卯时生。娶蒋氏。

良鋆，字采南，兰阶公子。候选训导，廪膳生，年甫二十四而卒，士林惜之。

良骥，字杏村，慎之公长子。娶蒋氏，继娶严氏。

良鑫，字宪亭，原名良书，耿堂公长子。道光辛丑生。聘陈氏，卒迎柩归葬。兼祧士英公后。

良铨，字选才，耿堂公次子。咸丰庚申殉难，奉旨恩旌忠义，入祀昭忠祠。

良幹，忠谐公子，早卒。

良明，字诚盦，号舜徽，见庭公子。咸丰甲寅生。娶无锡孙氏。改名良翰。

良董，字士卿，震廷公嗣子、慎之公次子。

胜德，扣观子。娶杨氏。子二，家柏、家松。

良铁，砚峰公长子，早卒。

良钺，砚峰公次子，早卒。

良云，砚峰公三子，早卒。

良芬，竹亭公长子。

良芳，字朗轩，竹亭公次子。娶朱氏，继娶陈氏。子三，家荣、家桂、家梓<small>出嗣为良甫后</small>。

良甫，竹亭公三子。娶徐氏，继娶吴氏。无子，以家梓为后。

良纯，竹堂公长子。娶华氏。子一，家裕。女一，适苏。

良弼，字寿春，竹堂公次子，娶姚氏，继娶周氏。子四，家规、家矩、家准、家绳。女二。

良模，竹堂公第三子。娶胡氏。

良猷，竹堂公第四子。

良敏，竹堂公第五子。娶周氏。

良惠，竹堂公第六子。娶李氏。

良珊，字关应，忠亮子。娶孙氏。

良德，字荣生，芝山公长子。娶席氏。

良才，字金生，芝山公次子。

良中，字春生，芝山公三子。

良锡，字载臣，墨卿公子。咸丰壬子正月二十九日戌时生，应袭云骑尉。

八十世

家桢，文城公长子。殇。

家鸿，文城公次子。字寅宾，号圣机。道光丙午生。聘苏州亢氏。

家鹏，字翥云，文城公三子。道光丁未生。

家贵，字岳生，文城公四子。咸丰甲寅生。

家泰，字松生，文城公五子。同治甲子生。

家治，之万公长子。早逝。

家鸥，字泮芹，号梦熊，之万公次子。道光己酉生。娶归氏。

家汶，字祝六，号因澜，之万公三子。早卒。

家瑞，子敬公子，同治壬申生。

家祥，良镜子。

家麟，字仁生，又字少白，荫谷公长子，意芸公命嗣为良鉁，早卒，未娶。良鉁命以家驹长子敦厚为嗣。厚殇，应以家驹次子敦相祧。

家驹，字应千，号幼谷，又字仲伟，荫谷公次子。由军功保举，赏戴蓝翎，同知用直隶候补知县。道光壬寅生。娶浙江钱塘汪氏。子三，敦厚出嗣、敦相、敦榜。

家栋，字叔材，荫谷公三子。浙江候补县丞，道光甲辰生，卒年二十三。娶安徽蒋氏。

家祜，荫谷公五子。早逝。

家震，字骏声，鉴远公嗣子、荫谷公第四子。直隶长芦盐运巡检。道光戊申生。娶金陵谢氏。

家隆，字盛卿，慰堂公嗣子，兼祧性盦。咸丰丙辰生。娶钱氏、袁氏。

家幹，字恒轩，陶盦公子，咸丰壬子生。娶张氏。

家正，性盦公长子，早夭。

家隆，性盦公次子，兼祧慰堂公。

家荣，朗轩公长子。

家桂，朗轩公次子。

家梓，良甫子。

家裕，良纯子。

家规，寿春公长子。

家矩，寿春公次子。

家准，寿春公三子。

家绳，寿春公四子。

家柏，胜德子，配钱氏。

家松，胜德次子。

八十一世

敦厚，应千公长子，入继少白公后也，殇。

敦相，字肖荃，应千公次子，兼祧少白公后，同治乙丑生。

敦榜，字蕊君，应千公三子，同治己巳生。

世职宗派世系传

第七十三世

德坚，字侣白，号系园，县东家庙长支讳煌第三子也。幼受业于苏公翔凤，苏公固言婿也。稍长，游陶公元淳、何公焯两公门，陶公即以子正靖受业于公。为文得力韩苏诸家，纵横排奡。诸生时试辄前茅，因得食饩。试文脍炙人口，省试屡绌，而傲岸不羁，海内胜流所至盍簪。康熙四十四年，圣祖南巡，迎赴维扬，进谱牒，召见行在，遂赐庙额。明年再迎圣驾，献诗十章，钦取第一。请世职，所司格不行。学使张元臣、巡抚王度昭以公文行交荐，始得旨授五经博士，俾世世不替。虔修林墓、恢复故宅，请给祭田、祭银，祀事方克丰洁。雍正四年，钦差大臣兴修东南水利，大浚白茆等塘，蒋文肃公亦在是役，延公赞画，多所裨益。陶退庵诸人醵金购立石梅书院，昭令劳必达创修新志，公为校定。陶太常正靖纂常邑志，事必咨访于公，文献得资完备。凡地方有兴举大吏，有司必问及公，公亦直陈无隐。公胸无城府，见义必为，手不释卷，笔不停缀，友教四方，出其门者咸有文望。子三，兴、立、镳，俱早亡。与宗老若澄等择驭平公子如洙承袭世职。康熙三年八月初四日生，乾隆五年七月初六日卒，年七十七。娶王氏，卒年六十六。合葬于大河新阡，门人太常陶正靖志墓石。

系园言公墓志铭

维尼山之德教，久而愈光，施及贤裔，皆有禄于朝。独子游之后，以贫困不克彻闻。迟之又久，我系园先生始拜君恩。盖康熙五十一年也。先生讳德坚，字侣白，系园其号也。先贤为邑人，祠墓及故宅可考。先生于世系为大宗，于世次第七十三。先生志锐以专，强力无懈。虽闲居未尝自逸，胸无城府，言于人无矫饰，于世故若疏而大体明了，遇所当为必殚其力，卒用是有成。少攻举子业，声籍甚，补诸生试辄高等，得食饩。省试屡绌，仍遘家祸，奔走四方。脩脯之入散施立尽，乃慨然曰："吾其已，夫今山左及中州诸贤裔皆蒙恤录，独吾宗无有，是余之责也。"康熙四十四年，迎圣祖于维扬，进谱牒，赐书祠额曰"文开吴会"。越明年，再迎驾，献诗十章，遂请世职，下所司格不行，最后学使张公元臣为请巡抚王公度昭以先生名上，始得旨授五经博士，奉祀事。先生既受官，肃恭主鬯，比老益虔。先贤墓在虞山北麓，松楸久剪；故宅在县治西北，西洋人踞为教堂；有祠在县治东，其隙地为豪家所有，而书院之在西者亦多颓败。先生移牒有司，并悉私财，次第修复，于是方伯鄂公表墓道，从子锷等七人先后予冠带奉祀。先生既老，而传以无田不祭为忧。乾隆三年，上将临雍，孔氏及诸贤裔胥朝京师，乃推恩录诸从行子弟入胄监，悉如仲氏例，未赐田者，岁支帑供牲醴费，如河南程氏例。而先生从孙如洙等以陪祀，礼成，由诸生入贡，凡春秋之事，由官给焉。初，先生之请世职也，无毫发之藉诸左右先生者，仅得从官，虽有言虑亡足取重，或疑所持狭而所欲奢，先生弗顾也。竟酬其志，乃作家训以勖后人，且戒曰："我行实具是矣，无烦更作。"以乾隆五年七月初六日卒于家，距生于康熙三年八月初四日，享年七十七。祖讳森，父讳煌，皆赠如先生官。先生子兴、立、镰，皆早亡。择近属诸孙中以如洙为兴后，嗣世职。曾孙朝枢、朝栻、朝桀，皆幼。如洙，以乾隆八年十二月十一日卜葬西大河之新阡来征铭。先生少从学于先君，得授文章指要，且俾靖受业焉。先生所与及善，若故行取令魏君允恭、龚竹谿叔度、汪殿撰东山、王赣州人武，暨亡兄退庵皆一时胜流，先后游岱，惟靖仅存，为习知先生者，不敢以辞。铭曰：书先拔起世清秩，传千万襈莫余夺。洁粢盛丰严洒扫，虽不赢兮幸无阙。章缝家风如是足，其艰其勤绥后禄。衔训嗣事承优渥，卜其宅兆安且康。白首门生翻涕滂，追感昔游如沧乘，酬恩敢谓有文章。

七十四世

兴，字于诗，系园公长子，应袭世职，卒年二十八。雍正十三年，以嗣子如洙官赠世职。娶朱氏，年二十四，夫亡无子，子其侄如洙。孀居十年，茹荼集蓼，不怼不怨，持身凛凛，言笑不苟，乡党称其贤。事姑王太孺人，得其欢心。康熙二十六年六月初七日生，以劳勚成疾，雍正五年三月初八日申时卒。敕赠孺人，题旌节孝，邑人陈祖范志墓石。合葬于大河之阡。以钧长子如洙为嗣。女一，适方宪宜。

节孝朱孺人墓志铭

陈祖范

博士言君侣白为余言子妇朱孺人之贤，曰："余穷士也，幸际圣明，求先贤后，得特达拜今职。先时憔悴屯邅，饥驱四出，授徒异地，家无一瓦之覆、罂粟之储以庇余，予又无他材能可自存立，而年复不永。有媳朱氏，其处最苦，其行最贤淑。死既久，而余不忍忘也。方其夫妇居穷乡，度歉岁，糠粃不继，不戚不怼，惟勤手指以糊口。二十四岁，夫殁。余出外殓葬事，氏独肩之，既以孤嫠庐书院中。书院为宗党聚居之所，长幼卑尊，礼接得宜，持身凛凛，不苟言笑。余岁一归，宗老未尝不交口称媳妇贤。迨后妇姑相依，欢好无间，有疑难事，氏从旁献言，多得其助。劳勚成疾，亟请立后。后之者，今袭授世职如洙。氏节以完，遇恩典得赠孺人，身后可谓光显矣。而余心恻恻念其生平不置，子肯为我志其墓石，则幸甚。"予曰："为人妇，而其君舅称之若是，是固宜。"铭曰：北麓迁柩，西田同藏。生聚甚短，死聚则长。捋茶集蓼，顺事尊嫜。有寡高行，绵代不忘。

立，字于礼，系园公次子。娶黄氏。同葬于黄氏母家之小山头。

镰，字闻和，系园公三子。娶陶氏。女一，适殷。

七十五世

如洙，字鲁源，号紫峰。驭平公长子，以德坚长子乏嗣，族长若澄等议立为兴后。雍正十一年，礼部考袭博士，吏部题准给札任事。乾隆三年，皇上临雍，钦取陪祀，礼成，上御彝伦堂听讲，如洙随同衍圣公，赐坐、赐茶、赐果品。越日，传旨于乾清宫暖阁召见，钦奉上谕，恭载卷二十四。钦赐《御制乐善堂集》全部、墨二匣、貂皮二张、数珠一串、缎一袭。乾隆十三年，皇上东巡幸鲁，谒孔林，如洙至德州恭迎圣驾。二月二十四日，皇上诣孔林酹酒，如洙随同王大臣、衍圣公陪祀，行礼。越日，皇上诣先师庙酹酒，如洙随同王大臣、圣衍公陪祀，礼毕，赐坐、赐茶、赐克食，随赴行在谢恩，赐宴，奉旨：如洙加一级，赐蟒袍一袭、缎二匹、《朱子文集》一部、《御选唐宋文醇》一部、《日知荟说》一部。乾隆十六年，皇上南巡，如洙恭迎圣驾。乾隆二十七年，皇上南巡，如洙恭迎圣驾，奉旨：言如洙赏缎一匹。乾隆三十三年，皇上南巡，如洙恭迎圣驾，奉旨：赏缎一匹。乾隆三十六年，皇上东巡幸鲁，谒孔林，如洙至德州恭迎圣驾。皇上诣孔林酹酒，同前陪祀，礼毕，皇上诣先师庙，同前陪祀，礼毕，赐坐、赐茶、赐克食，随赴行在谢恩，赐宴，奉旨：赏蟒袍一袭。乾隆四十一年，皇上东巡幸鲁，谒孔林，如洙随同圣衍公出曲阜四十里恭迎圣驾。越日，皇上诣孔林酹酒，如洙随同王大臣陪祀，行礼。越日，皇上诣先师庙，同上陪祀，礼毕，赐坐、赐茶、赐克食，随赴行在谢恩，赐宴，奉旨：赏蟒袍一袭。溯公职几五十年，凡遇大典，叨沐恩赉，异数最为优渥。公□而英敏，及长，识量过人。事祖系园公，得其欢心，于祖先事尽力为之。请于当事，拨给祭田百亩，偕同产弟如泗修废举坠，尤于贤墓注意，树坊甃路，规制一新，于他庙宇亦以次整理，用成先志。邑中善举及大兴作，必推公领袖。性乐易坦，率无崖岸，遇事不避劳怨，而人亦无怨之者。著《鲁园诗稿》若干卷。康熙辛卯十一月初九日午时生，享年七十二。娶王氏。子四，朝枢、朝栻、朝棨、王氏出；朝楠，妾杨氏出。朝棨出嗣为如济子。女三，长适钱用之，次适张元芝，俱王出，又次适萧敬止，杨出。

七十六世

朝枢，字缙云，鲁源公长子。郡庠生。气宇挺立，文采斐然，志在制科，哦声达署，人咸以远大期之。乾隆三十五年，赴礼部考袭，操笔立成，自大宗伯悉为推重。旋赴南闱，荐而未售。益自发愤，遂致噎疾。易箦之夕，神明不乱，吟两绝口而殁。娶苏氏，继娶苏氏。子三，尚燮、尚烈，前苏氏出；尚鑠，后苏出。女一，字汪。尚鑠，出嗣郡城支如炳为孙。

朝栻，字凤怀，号金圃，鲁源公次子。邑廪生。五岁即入塾读书，有所作辄惊长老。试必前茅，侪辈倾心下之，诗文斐然可观。性笃孝友，侍母疾，且不交睫者累月，抚犹子若己出。乾隆三十六年，皇上巡幸鲁，奉部行取，入庙陪祀，礼成，奉旨：赏白金五两、克食二种。平生重信义，赴急难。赍志以卒。娶程氏、黄氏。子二，尚焜、尚辉。

朝楠，字体仁，鲁源公三子。奉祀生员。娶朱氏。子二，尚煟、尚灼。

七十七世

尚燮，字理羹，号晓山，缙云公长子。乾隆四十一年，皇上东幸鲁，奉部行取，尚燮以应袭入庙陪祀，礼成，奉旨：赏大缎一匹。乾隆四十七年，由附生承袭世职。乾隆五十年，皇上临雍，驿召陪祀，礼成，奉旨：纪录一次，并赐《御论》、缎匹、貂皮等件。乾隆五十五年，皇上东巡幸鲁，随同衍圣公出曲阜十六里恭迎陪祀，礼成，赐坐、赐茶、赐克食，随赴行在谢恩，赐宴，奉旨：赏蟒袍一袭。嘉庆三年，皇上临雍，驿召陪祀，礼成，恩赉如乾隆五十五年例。娶陈氏。子三人，忠豫、忠益、忠复。女三，长适潘，次适屈，三适屈。

尚烈，字葆叔，缙云公次子。由监生于乾隆五十年皇上临雍驿召至京陪祀，礼成，钦赐恩贡生，并赐貂皮、内缎、《御论》各件。乾隆壬申三月二十三日生。娶汪氏。子三，忠晋、忠丰、忠泰。

尚焜，字峻望，号可樵，凤怀公长子。邑庠生。乾隆五十年，皇上临雍，行取观礼，礼成，奉旨：准作恩监生。乾隆五十五年，皇上东巡幸鲁，行取陪祀，钦赐白金一锭。乾隆丙寅恩科顺天乡试中式第九十八名举人。嘉庆六年，大挑一等，奉旨：以知县用。分发福建，历署上杭、南平等县，经阿制府林保、张中丞师诚专折保奏，特授闽县知县。娶徐氏。子一，忠萃。

尚辉，字蕴香，号玉阶，凤怀公次子。奉祀生员。乾隆五十五年，皇上巡幸鲁，行取陪祀，钦赐白金一锭。娶方氏。子一，忠良。

尚煟，字克宽，号恒亭，体仁公长子。娶某氏。子一，忠相。

尚灼，体仁公次子。

七十八世

忠豫，字继高，号一琴，理羹公长子。嘉庆三年，皇上临雍，钦取陪祀，礼成，奉旨：承袭世职，并赐貂皮、缎匹等件。旋因患病呈请以胞弟代理世职。娶王氏。子一，良爱。

忠益，字巽行，号松生，理羹公次子。以大宗长兄患病，奉礼部给札代理世职，嘉庆十三年任事。娶孙氏。

忠复，字见心，号竹生，理羹公三子。郡庠生，试用训导。元配李氏，继配沈氏。子三，良绍，嗣仲兄忠益为后，李氏出；良琛、良瑜，沈氏出。女二，长适陈，次适钱。

忠晋，敬叔长子，早卒。

忠丰，敬叔次子，早卒。

忠萃，字聚伯，号琪生，可樵公子。陕西布政司经历，钦加四品衔。配姚氏，妾陈氏、江氏。子二，良钰，姚氏出；良淦。女一，适冯，皆陈氏出。

忠良，玉阶公子，早卒。

忠相，号筱亭，恒亭公子。配李氏。

七十九世

良爱，号稷堂，一琴公子。邑庠生。道光三年，皇上临雍，奉文入都陪祀，礼成，奉旨承袭世职。二月十四日，上御养心殿听讲，赐坐、赐茶、赐宴，礼部十六日赐貂皮、缎匹等件，随同王大臣、衍圣公诣午门谢恩，旋奉礼部给札，驰回里任事，历遇覃恩，加四级。配屈氏。子一，家柱。继配朱氏，生子一，家桢。

良绍，字继松，竹生公长子。嗣忠益为后，早卒。

良琛，字石癯，号赍臣，竹生公次子。保举从九品。道光己丑生。配朱氏，庚子生。子二，家鼐、家熹。

良瑜，字幼竹，号瑾庵，竹生公三子。议叙八品衔。道光甲申生，配孙氏，子家振。

良钰，号宝侯，琪生公长子。国学生。道光三年，皇上临雍，陪祀，礼成，钦赏恩贡生，并赐白金两钱、笔墨等件，就职直隶州州判，分发广东，署理罗定直隶州州判、澄海县县丞，保升知县，历任乳源、阳江、香山、顺德、南海、新会等县知县，升直隶州知州，代理广州府知府，署南雄州知州，奏署罗定直隶州知州，加五级。娶叶氏，妾沈氏。子一，家骏。女五，长适金，次适冯，三殇，四适徐，皆叶氏出；五适钱，沈氏出。

良淦，字西泉，琪生公次子。监生。县丞，分发福建，补古田县县丞，保升知县，署清流县知县。配瞿氏，妾朱氏。子二，家璋、家顺。

八十世

家柱，号穉擎，稷堂公长子。应袭博士，连丁内外艰，未及袭职。咸丰庚申八月，城陷被掳，满望其归，至同治丁卯始具禀呈报。生于道光戊子六月十二日吉时。配李氏。子二，敦道、敦仁。

家桢，稷堂公次子，早卒。

家鼐，字养和，号调甫，赘臣公长子，同治己巳九月初四日生。

家燾，字小存，赘臣公次子，早亡。

家振，字一峰，号声甫，瑾庵公长子，同治戊辰十月初四日生。

家骏，字星房，号穆君，宝侯公子。兵马司副指挥，改官县丞，分发浙江候补。道光丙戌生。娶吴氏、徐氏。子三，敦莹、敦琳、敦球。

家璋，西泉公长子。

家顺，西泉公次子。

八十一世

敦道，字君学，号春门，穉擎公长子。应袭博士。咸丰乙卯十二月生。娶邵氏。

敦仁，字仲义，穉擎公次子，早亡。

敦莹，字子瑚，号琇甫，穆君公长子。道光己酉生。娶张氏。子一，雍清。

敦琳，字子瑞，号琅甫，穆君公次子。浙江候补典史。道光庚戌生。

敦球，穆君公三子，早卒。

八十二世

雍清，字宝生，琇甫公长子。同治辛未五月初九日生。

言氏家乘卷十一

第五十五世常熟支
彦绪，字修之，斌长子。子一，仁温。

第五十六世
仁温，字德厚，彦绪子。子二，义良、义世，居常熟。

第五十七世
义良，字善斋，仁温次子。子一，恭。

第五十八世
恭，字谦夫，良子。子四，文炳、文振、文彪、文郁。文炳、文彪、文郁支派世居常熟。

第五十九世
文振，字叔举，恭次子。子一，勤学。

第六十世青城支
勤学，字兴祖，号发祥，又字修来。文振子。公自常熟赘无锡华氏，后徙常州府武进县之青城镇，为青城始迁之祖。今街东、街西、潘封、仲庄、臧墅、马庄、小都、葛墅、梁巷等支，皆其后。公卒，合葬华氏坟。子二，裕孙、贻孙。

第六十一世
裕孙，字尚仁，勤学长子。娶何氏。子一，忠，世居街东。
贻孙，字尚义，勤学次子。娶赵氏。子三，信、孝、悌，分居街西。

第六十二世
忠，字克仁，裕孙子。娶王氏。子三，鼎、鼐、鼎。
信，字克友，贻孙长子。娶陈氏。子一，栋。
孝，字克全，贻孙次子。娶李氏。子一，柱。
悌，字克恭，贻孙三子。娶胡氏。子二，材、株。

第六十三世
鼎，忠长子。娶郑氏。子一，敦。
鼐，字九如，忠次子。娶钱氏。子二，敬、教。
鼎，忠三子。子一，恭。

栋，字国重，信子。子一，性。

柱，字国器，孝子。子二，情、怡。

材，字国用，悌长子。子二，恬、悚。

株，字国典，悌次子。子三，悦、恰、恒。

六十四世

敦，字作厚，鼎子。子二，烜、火。

敬，字作所，鼐长子。子一，熏。

教，字作训，鼐次子。子二，熙，煜。

恭，鼒子。

性，字秉初，栋子。子一，炜。

情，字克初，柱长子。子三，燧、灿、燔。

怡，字聿初，柱次子。子五，熊、端、辉、烈、炳。

恬，字养智，材长子。子一，炤。

悚，材次子。

悦，株长子。

恰，株次子。

恒，字得常，株三子。子二，煓、焕。

六十五世街东支

火，字质阳，敦长子。子二，江、淮。

烜，字昭宣，敦次子。子二，湖、汉。

六十六世

江，字大川，火长子。子一，廷谏。

淮，火次子。子一，廷富。

湖，字济川，烜长子。子二，廷玉、廷贵。

汉，字天章，烜次子。子一，廷美。

六十七世

廷谏，江子。子二，岳、昆。

廷富，淮子。子一，岗。

廷玉，湖长子。子二，苍、鳌。

廷贵，湖次子。子三，积、粟、梁。

廷美，汉子。

六十八世

岳，廷谏长子。

昆，字产璧，廷谏次子。子一，禄。

岗，字产珍，廷富子。子一，袍次，从释。

苍，字国持，廷玉长子。子二，福、祚。

鳌，廷玉次子。子二，复、祜。

积，廷贵长子。

粟，廷贵次子。子三，祼、禩、祥。

梁，廷贵三子。子二，初、祳。

六十九世

禄，字万荣，昆子。子四，体评、体谊、体谟、体词。

袍，岗长子。子二，体才、体能。

福，字守德，苍长子。子二，体议、体证。

祚，苍次子。子二，体训、体诚。

复，鳌长子。

祜，鳌次子。子一，体息。

祼，粟长子。

禩，粟次子。

祥，粟三子。

初，梁长子。

祳，梁次子。

六十五世西仲庄支

熏，字廷燎，敬三子。公生于青城，后迁居孟河西仲庄，俗名光天里。子三，洪、浩、海。

六十六世

洪，字禹绩，熏长子。子二，景兰、景祖。

浩，字孟养，熏次子。子一，景和。商家村派。

海，字南庄，熏三子。恩赉寿者，赏给五品顶戴。子四，景枋、景椿、景桢、景楠。

六十七世

景兰，洪长子。子一，宗仕。

景祖，洪次子。子一，宗儒。

景和，浩子。子三，宗林、宗森、宗杰。
景枋，字蒲溪，海长子。子四，宗文、宗武、宗政、宗德。
景椿，字菊轩，海次子。子四，宗仁、宗义、宗礼、宗智。
景桢，字柳庄，海三子。子四，宗显、宗邦、宗国、宗治。
景楠，字友松，海四子。子二，宗臣、宗相。葛墅支。

六十八世

宗仕，景兰子。
宗儒，景祖子。
宗林，字子泉，景和长子。子三，珊、璛、瓘。
宗森，景和次子。子一，玮。
宗杰，景和三子。
宗文，景枋长子。子二，玺、瓒。
宗武，景枋次子。子二，宝、环、珪。
宗政，景枋三子。子二，珠、珂。
宗仁，景椿长子。子三，玉、珍、璧。
宗义，景椿次子。
宗礼，景椿三子。
宗智，景椿四子。
宗显，字达卿，景桢长子。子一，璋。
宗邦，景桢次子。
宗国，景桢三子。子一，瑗。
宗治，景桢四子。
宗臣，景楠长子。子二，瑢、玥。
宗相，景楠次子。子一，玑。

六十九世

珊，宗林长子。子二，应信、应倡。
璛，宗林次子。子三，应宝、应乾、应浩。
瓘，宗林三子。子二，应康、应泰。
玮，宗森长子。子一，应科。
玺，字信甫，宗文长子。子一，应奇。
瓒，宗文次子。子二，应家、应珍。
宝，字东楼，宗武长子。子三，应震、应宿、应宾。

环，字循甫，宗武次子。子一，应忠。

珪，字介夫，宗武三子。子二，应安、应宁。

珏，宗政长子。子一，应宗。

琥，宗政次子。子二，应宝、应宽。

珀，宗政三子。子一，应宜。

琪，宗政四子。子三，应寅、应宇、应宙。

珠，宗德长子。

珂，宗德次子。子一，应亨。

玉，宗仁长子。子四，应方、应元、应高、应京。

璧，宗仁次子。子二，应文、应章。

珍，宗仁三子。子一，应褒。

璋，宗显子。子四，应亢、应克、应立、应辛。

瑷，宗国子。子一，应宋。

瑢，宗臣长子。子，应衮。

玥，宗臣次子。

玑，宗相子。

六十五世梁巷支

熙，教长子。

煜，教次子。子五，淇、泗、淞、涓、沧。

六十六世

淇，字公瞻，煜长子。子一，景鉴。

泗，煜次子。

淞，字君济，煜三子。子一，景匆。

涓，煜四子。

沧，字可耀，煜五子。子一，景钦。

六十七世

景鉴，淇子。

景匆，淞子。

景钦，沧子。子二，宗朝、宗纲。

六十八世

宗朝，景钦长子。子五，清、冷、通、润、海。

宗纲，景钦次子。

六十九世

清，宗朝长子。子一，秉□。

冷，宗朝次子。

通，宗朝三子。子一，秉成。

润，宗朝四子。

海，宗朝五子。

六十五世马庄支

炜，字盛之，性子。子二，温、清。

六十六世

温，炜长子。子三，赞、诜、谊。

清，炜次子。子三，详、诚、谎。

六十七世

赞，温长子。子三，恩、忠、恕。

诜，温次子。子一，宪。

谊，温三子。子二，惠、德。

详，字简之，清长子。子二，琛、珍。

诚，清次子。子二，珠、玺。

谎，清三子。子一，环。

六十八世

忠，赞长子。子一，信。

恕，赞次子。子一，伦。

恩，赞三子。子一，俊。

宪，诜子。子一，杰。

惠，谊长子。

德，谊次子。子一，备。

琛，详长子。子二，仪、亿。

珍，详次子。子二，僖、儒。

珠，诚长子。子三，仁、侃、化。

玺，诚次子。

环，谎子。子三，傧、偃、俪。

六十九世

信，忠子。

伦，恕子。子二，世旭、世昭。

俊，恩子。子二，世升、世杲。

杰，宪公子。

备，德子。子二，世晏、世景。

仪，琛长子。

亿，琮次子。

僖，珍长子。子，世昺。

儒，珍次子。子三，世昆、世晟、世暲。

仁，珠长子。子一，世昂。

侃，珠次子。子一，世明。

化，珠三子。

傧，环长子。子一，世昌。

偃，字近溪，环次子。子二，世昊、世旻。

偶，字竹溪，环三子。子二，世昱、世荣。

六十五世街西支

燧，字左佩，情长子。子三，济、溥、洲。

灿，字明如，情次子。子一，治。

燔，字君锡，情三子。子四，敬五、敬六、敬七、敬八，俱无传。

六十六世

济，燧长子。子二，诏、讷。

溥，燧次子。子二，记、谏。

洲，燧三子。子二，沈、志。

治，灿子。子三，征、海、全。

六十七世

诏，济长子，子一，芹。

讷，济次子。子二，芝、萱。

记，溥长子。

谏，溥次子。子三，福、祜、祐。

沈，洲长子。子三，菘、蔚、葵。

志，洲次子。子三，苞、蕢、荚。

征，治长子。子四，蔺、苌、莪、芥。

海，治次子。子一，英。

全，治三子。子一，鍪。

六十八世

芹，诏子。子二，和、穆。

芝，讷长子。子四，纠、彩、缯、绫。

萱，讷次子。子一，统。

福，谏长子。子二，纭、纮。

祜，谏次子。

祐，谏三子。子一，弦。

菘，讹长子。子一，縚。

蔚，讹次子。子五，绛、绪、绘、缘、滕。

葵，讹三子。子二，蕰、缜。

苣，志长子。

蕢，志次子。子二，缙、缴。

荚，志三子。子二，绩、纠。

蕎，字君植，征长子。子一，统。

苌，征次子。子一，纲。

芥，字君实，征三子。子四，徽、显、綝、绅。

莪，字君孝，征四子。子一，约。

英，诲子。子五，绍、纨、绽、缊，缑。

鍪，全子。子五，缵、绿、緦、茧，絑。

六十九世

和，芹长子。子三，体让、体谦、体谅。

穆，芹次子。

纠，芝长子。

彩，芝次子。子一，体诡。

缯，芝三子。子一，体诸。

绫，芝四子。子一，体谓。

统，萱公子。

纭，福长子。

纮，福次子。

弦，祐子。子一，体察。

縚，字子仪，菘子。子四，体询、体诉、体全。

绰，字乐田，蔚长子。子三，体诣、体经、体訾。

绪，蔚次子。

绘，蔚三子。子一，体论。

缘，蔚四子。子四，体谋、体谛、体诏、体诂^{出嗣}。

縢，蔚五子。子三，体诊、体格、体心。

蕴，字怀扬，葵长子，以缘四子诂嗣。

缜，葵次子。子二，体阙、体亡。

缩，字怀椿，蓂长子。子二，体衷、体裁。

缴，蓂次子。

绩，荚长子。

纠，荚次子。子二，体躬、体家。

统，字道传，蔺子。子三，体谔、体谞、体诞。

纲，苌子。子一，体语。

徽，芥长子。子二，体诗、体源。

显，字子华，芥次子。子三，体谆、体诏、体明。

綝，字北轩，芥三子。子三，体良、体恭、体俭。

绅，芥四子。子二，体科、体举。

约，莪子。子三，体讲、体阆、体诏。

绍，英长子。

纵，英次子。子一，体谋。

绽，英三子。

缊，英四子。

编，英五子。子三，体和、体穆、体夷。

缵，鳌长子。子一，体前。

绒，鳌次子。

总，鳌三子。

茧，鳌四子。子一，体直。

綀，字子章，鳌五子。子二，体因、体都。

六十五世街前西房支

熊，字梦祥，怡长子。子一，澄。

端，字正之，怡次子。子一，澈。

辉，怡三子。子五。

烈，怡四子。子二。

炳，字著明，怡五子。子一。

炤，字胡初，恬子。子四。

煓，字鉴如，恒长子。子一，润。

焕，字灿生，恒次子。子二。

六十六世

澄，字清之，熊子。子二。

澈，字敬庵，端子。子二。

津，辉长子。子二。

溶，辉次子。子三。

渚，辉三子。子二。

潘，辉四子。

滔，辉五子。子一。

浦，烈长子。子三。

深，字济之，烈次子。子一。

淑，字善之，炳子。子二。

沂，炤长子。子一。

沛，炤次子。子一。

淳，炤三子。子一。

洋，炤四子。

润，煓子。子二。

滋，焕长子。

泽，焕次子。子五。

六十七世

兰，字国芳，澄长子。子二。

苣，字君临，澄次子。子二。

聪，字正谋，澈长子。子一。

聆，澈次子。子三。

经，津长子。子二。

纶，津次子。子一。

彩，溶长子。子一。

组，字仲德，溶次子。子三。

绶，溶三子。

绸，渚长子。子一。

纪，渚次子。子一。

徽，滔子。子二。

山，字仁乐，浦长子。子二。

颥，浦次子。

安，浦三子。

瑞，字祥之，深子。子一。

鋈，字世珍，淑长子。子二。

垒，淑次子。子一。

华，淑三子。

金，沂子。子一。

镇，沛子。

银，淳子。

堂，字玉席，润长子。子二。

峰，字冲霄，润次子。子三。

岱，泽长子。子一。

峤，泽次子。

六十八世

椿，兰长子。子二。

桂，兰次子。子三。

柔，茬长子。子四。

桔，茬次子。子一。

志，字尚之，聪子。子五。

恂，聆长子。子二。

悌，字友之，聆次子。子一。

悦，字东园，聆三子。子一。

文，经长子。子一。

学，经次子。子一。

誉，字实之，纶子。子一。

举，彩子。

齐，组长子。子一。

稠，组次子。

斐，组三子。

和，绸子。子三。

穆，纪子。子二。

茌，徽长子。子一。

苒，徽次子。子三。

芸，山长子。子三，洁、缁、纤。

蓁，瑞子。子三。

茏，崟长子。子二，缙，次绅早卒。

芗，崟次子。子一。

茂，字南渠，崟子。子二。

佩，金子。子二。

芍，堂长子。

藁，堂次子。

莘，峰长子。

菡，峰次子。

奠，峰三子。

渠，岱子。

六十九世

绎，椿长子。

丝，椿次子。

纳，桂长子。子一，体咏。

绰，桂次子。子一，体儇。

缃，桂三子。子四，体汉、体唐、体咏。

系，柔长子，子一，体诗。

绎，柔次子。

纂，柔三子。子一，体华。

索，柔四子。

繁，桔子。

经，字子常，志长子。子三，体诏、体诰、体诚。

纶，志次子。

维，志三子。子三。

纪，志五子。子一。

繁，志六子。

纲，恂长子。子一。

络，恂次子。子一。

綎，悌子。子二。

綦，悦子。子二。

终，文子。子四。

纁，字复初，学子。子一。

绣，誉子。子一。

叙，齐子。

绎，字天成，和长子。子一。

纬，字东溪，和次子。子一。

绥，和三子。子一。

烁，穆长子。子一。

缜，穆次子。子二。

廷，茬子。

谷，苒长子。子一。

纹，苒次子。子二。

缇，苒三子。子一。

组，芸子。子一。

洁，字子推，芳长子。子一。

缁，字子宜，芳次子。子二。

纡，芳三子。

纮，蓁长子。子一。

绡，蓁次子。子一。

纲，字洁之，蓁三子。子一。

缙，尧长子。子二。

缮，芎子。子三。

绶，茂长子。子四。

绂，字大成，茂次子。子四。

绘，佩长子。

缁，佩次子。

言氏家乘卷十二

第七十世街东支

体评，字克议，号二怀，禄长子。娶潘氏。子二，可成、可立。

体谊，字克美，禄次子。娶陈氏。子一，可忠。

体谟，字克济，禄三子。娶蒋氏。

体词，字克安，禄四子。娶杨氏。子一，可信。

体才，字廷策，袍长子。

体能，袍次子。娶萧氏。子二，可卿、可相。

体议，福长子。娶陈氏。子二，可孝、可济。

体证，字克明，福次子。娶陈氏。子一，可悌。

体训，祚长子。

体诚，祚次子。娶顾氏。子一，可宗。

体愒，字克发，祜子。子三，可陶、可镕、可董。

第七十一世街东支

可成，字汝玉，号振东，体评长子。子二，以孔、以孟。

可立，字汝林，体评次子。子一，以德。

可忠，体谊子。子一，以缮。

可信，体词子。娶孙氏。子六，以功、以能、以勋、以勣、以经、以纶。

可卿，体能长子。子二，以辉、以昭_{出嗣}。

可相，体能次子。以可卿次子以昭嗣。

可孝，字汝敬，体议长子。子一，以恒。

可济，字坦如，体议次子。子二，以金、以石。

可悌，字汝恭，体证子。子一，以晋。

可宗，字汝依，体诚次子。

可陶，字尔台，体愒长子。子一，以普。

可镕，体愒次子。

可董，体愒三子。

七十二世街东支

以孔，字圣修，可成子。

以孟，可成次子。

以德，可立子。

以缮，可忠子。

以功，字尔勋，可信长子。子四，立政、立教、立敬、立学。

以能，字尔贤，可信次子。子二。

以勋，字尔鸿，可信三子。子二。

以勣，字尔伟，可信四子。子二。

以经，字尔术，可信五子。子二。

以纶，字尔颁，可信六子。子三。

以晖，字尔曜，可卿长子。迁居镇江。

以昭，可相嗣子。

以恒，字尔贞，可孝子。子三。

以金，字粹然。可济长子。子一。

以石，字确然。可济次子。

以晋，可悌子。

以普，字泰然，可陶子。

七十三世

立政，字尊美。号宏基，以功长子嗣。子，其祉、其裔。

立教，字敷五，以功次子嗣，子，其祐。

立敬，字奉之，以功三子。

立学，字习之，以功四子。子三，其礽、其裔_{出嗣}、其璋。

立标，字建之，以能长子。子二。

立栋，字祥之，以能次子。子一。

立孝，以勋子。子四。

立炽，字章之，以勣子。

立悌，字逊之，以勣嗣子。子一。

立仪，字端之，以经长子。子二。

立规，字成之，以经次子。子二。

立威，字振之，以纶长子。子五。

立矩，字用之，以纶次子。子二。

立爵，字欣之，以纶三子。子四。
立度，字公量，以恒长子。
立序，字公顺，以恒次子。
立庠，字学祖，以恒三子。
立庆，字兆祥，以金子。
立庶，以石子。

七十四世

其祉，字五叙，立政嗣子。子二，德洋、德沛。
其裔，立政嗣子。子四。
其祐，字介美，立教子。子二。
其礽，字介繁，立学长子。子二。
其璋，字紫绶，立学三子。子一，德仪，早逝，嗣子德恕。
其纬，字介伯，立标嗣子。子二。
其秀，字介锦，立标生子。子二。
其福，字介年，立栋子。子二。
其裳，字受天，立孝长子。子三。
其邦，字若遇，立孝次子。子三。
其香，字介升，立孝三子。子二。
其右，字维天，立孝四子。子一。
其裀，字介如，立悌子。子三。
其裕，字洪甫，立仪长子。子一。
其武，字介文，立仪次子，监生，原名斌。子三。
其祚，字觐天，立规长子。子一。
其辉，字介荣，立规次子。子三。
其祯，字祥明，立威长子。子二。
其庆，字祥卿，立威次子。
其禄，字受天，立威四子。
其寿，字君锡，立威五子。子二。
其禧，字养初，立矩长子。子二。
其耀，字介明，立矩次子。子一。
其翰，字介维，立爵长子。子三。
其敏，字介公，立爵次子。子四。
其景，字介福，立爵四子。子三。

言氏家乘卷十三

七十世商家村支

应信，珊长子。子二，惟德、惟业。

应倡，珊次子。

应宝，璛长子。子一，惟名。

应乾，璛次子。子三，惟誉、惟品、惟器。

应浩，璛三子。

应康，瓘长子。子二，惟谦、惟诠。

应泰，瓘次子。子五，惟认、惟价、惟讥、惟诔、惟谧。

应科，玮子。子二，惟诇、惟诒。

应奇，字汝韬，玺子。子一，惟谏。

应家，瓒长子。子一，惟禧。

应珍，瓒次子。子二，惟祜、惟祐。

七十一世商家村支

惟德，应信长子。

惟业，应信次子。子，一贯。

惟名，应宝子。子四，一善、一理、一是、一教。

惟誉，应乾长子。

惟品，字士超，应乾次子。子三，一芝，次、三早逝。

惟器，字士廉，应乾三子。

惟谦，字益之，应康长子。

惟诠，字解之，应康次子。子二，一穆、一稼。

惟认，字孟纳，应泰长子。子二，一秩、一谷。

惟价，字仲豁，应泰次子。子一，一稽。

惟讥，字叔珍，应泰三子。子一，一积。

惟诔，字季谐，应泰四子。

惟谧，字幼宁，应泰五子。

惟诇，字元朗，应科长子。子二，一秀、一程。

惟谏，应奇子。子一。

惟禧，应家子。

惟祜，应珍子。

惟祐，应珍次子。

七十二世

一贯，字唯儒，惟业子。子二。

一善，字得中，惟名长子。子二。

一理，字扶微，惟名次子。子四。

一是，惟名三子。子三。

一教，字四兼，惟名四子。子二。

一芝，字君芳，惟品子，以一善子宪宰兼祧。

一穆，字绍文，惟诠次子。

一稼，字盈之，惟诠三子。

一秩，惟认长子。子一。

一谷，惟认次子。

一稽，字受之，惟价子。子三。

一积，字久之，惟讥子。子三。

一秀，字俊之，惟诇长子。子三。

一程，字公路，惟诇次子。子一。

一忱，惟谏子。

一统，惟祐子。

七十三世

宪安，字静之，一贯长子。子一，其梧。

宪宁，字熙之，一贯次子。

宪宰，字辅之，一善子，祧一芝公后。子二。

宪宸，字升之，一理长子。子三。

宪富，字宏之，一理次子。子二。

宪寀，字耀之，一理三子。

宪亮，字佐之，一理四子。

宪宾，字国祥，一是长子。

宪朋，字国珍，一是次子。子一。

宪宙，字永明，一是三子。子一。

宪宇，字永昭，一教子。子一。

宪容，字式之，一教嗣子。子二。

宪寓，字公遇，一秩子。子一。

宪宫，字公达，一稽长子。子一。

宪寰，字广成，一稽次子。

宪宇，字顺臣，一稽三子。子二。

宪堂，字启公，一积长子。

宪尚，一积次子。

宪掌，字公权，一积三子。

宪皓，一秀长子。

宪皦，一秀次子。

宪晔，一秀三子。

宪𡧃，字丽明，一程子。

七十四世

其梧，字凤栖，宪安子。子一。

其刚，字耀柏，宪宰长子。子三。

其坚，字耀松，宪宰次子。子二。

其祖，宪宸长子。子二。

其晓，字鸣皋，宪宸次子。子二。

其碬，字锡仁，宪宸三子。子一。

其蜀，字仲鼎，宪富长子。子四。

其魏，字北雄，宪富次子。子一。

其膺，宪朋嗣子。

其育，宪宙次子。

其奂，字采文，宪宇嗣子。

其斐，字宏文，宪容长子。

其裴，字普文，宪容次子。

其勇，宪寓子。子一。

其福，宪宫嗣子。子二。

其禄，宪宇次子。子一。

其寿，宪宇三子。子一。

七十世仲庄支

应震，字汝觐，号慰东，宝长子。子五。

应宿，字汝文，号少东，宝次子。子一，惟闾。

应宾，宝三子。子四，惟清、惟明、惟和_{出嗣}、惟穆。

应忠，字汝信，环子。公相距南庄公四世，克举坠绪，家累巨资，勤朴如故，邻烟待举，以劳瘁著称。子六。

应安，珪长子。

应宁，珪次子，以应宾三子惟和嗣。

应宗，字汝承，珏子。子二。

应宣，珀子。子二。

应方，字汝正，玉次子。子三，惟信、惟谓_{出嗣}、惟证。

应元，字汝证，玉次子。以应方次子惟谓嗣。

七十一世

惟敬，应震长子。子二。

惟祥，应震次子。

惟瑞，应震三子。子一。

惟恭，应震四子。子二。

惟良，字遇明，应震五子。为人敦厚，排难解纷，见推闾里。子二，一定、一任。

惟闾，字子田，应宿子。子一，一治。

惟清，应宾长子。子三，一奇、一本、一宏。次、三出嗣。

惟明，字君远，应宾次子。子一。

惟穆，字君遂，应宾四子，嗣子二。

惟诚，字敦实，应忠长子。子二。

惟谔，应忠次子。子一，一鳌。

惟赞，应忠三子。

惟诗，应忠四子。子一。

惟谟，应忠五子。子一。

惟许，应忠六子。

惟和，应宁嗣子。子一。

惟谊，应宣长子。

惟诒，应宣次子。子一。

惟信，应方长子。子一。

惟证，应方三子。

惟谓，应元嗣子。

七十二世

一龙，字云伯，惟敬长子。子二。

一凤，字祥伯，惟敬次子。子一。

一政，字正吾，惟瑞子。子一，宪魁。

一元，惟恭长子。子一。

一奎，惟恭次子。

一定，字候靖，惟良长子。子一。

一任，字重侯，惟良次子。子一。

一治，字泰征，惟阆子。子三。

一奇，字正生，惟清长子。子二。

一中，惟明子，以一庸次子宪禄嗣。

一宏，字毅生，惟穆嗣子。子二。

一庸，字道恒，惟穆嗣子。子二，宪爵、宪禄出嗣。

一扬，字道兴，惟诚长子。子一。

一捷，字功成，惟诚次子。

一鳌，字刊载，惟谔子。子三。

一亮，惟诗子。

一昌，字禹钦，惟谟子。子四。

一本，字道生，惟和子。

一诺，字鼎如，惟诒子。子二。

一鹏，字羽翔，惟信长子。

一鹤，字于宣，惟信次子。子四。

一鹗，惟信三子。

一真，字诚宰，惟谓子。

七十三世

宪策，字君陈，一龙长子。子四。

宪章，字鲁生，一龙次子。

宪武，字公烈，一凤子。子四。

宪魁，字文斗，一政子。子一。

宪文，字文显，一元子。

宪功，字锡侯，一定子。子一。

宪勋，字建文，一任子。子六。

宪高，字少游，一治长子。子一。

宪祖，一治次子。子二。

宪德，一治三子。子二。

宪常，字肃承，一奇长子。

宪当，一奇次子。

宪禄，字受侯，一中子。子一。

宪权，字硕侯，一宏子。

宪爵，字福侯，一庸子。子三。

宪纪，字肃行，一鳌长子。子二。

宪纶，一鳌次子。子三，长，其旻；次，其勖，无传；三，其昊。

宪经，字恭式，一鳌三子。子一。

宪邦，字遇侯，一昌长子。子三。

宪畿，字进侯，一昌次子，以宪邦次子其炘嗣。

宪都，字达侯，一昌三子。子一。

宪群，字得侯，一昌四子。

宪栋，字任侯，一诺长子。子一，其升，无传。

宪梁，字起云，一诺次子。子二，其依、其修，兄弟同迁北华山。

宪松，字直侯，一鹤长子。子一，其雷，无传。

宪柏，字秀钦，一鹤次子。子一，其霆，无传。

宪财，字道卿，一鹤三子。子一，其霖，无传。

宪聚，字盈侯，一鹤四子。子三，其云，次、三出嗣。

七十四世

其造，字子源，宪策长子。子一。

其诣，字子升，宪策次子。子五。

其训，字子教，宪策三子。

其渊，字成宇，宪策四子。子三。

其正，字端如，宪武长子。子三。

其直，字明如，号再言，宪武次子。子四。

其公，字信如，宪武三子。子二。

其平，宪武四子。

其鹄，字于轩，宪魁子。子一。

其隼，字羽健，宪功子。子二。

其鸿，字于丰，宪勋长子。

其牲，宪勋三子。

其产，字育生，宪勋次子。

其眘，宪勋四子。子一。

其翌，字子扬，宪勋五子。

其鸫，宪勋六子。

其仁，字子厚，宪高子。子一。

其仪，字俊卿，宪祖长子。

其礼，字彬如，宪祖次子。子二。

其圣，字集成，宪德长子。

其诚，宪德次子。

其相，字玉质，宪禄子。子二。

其容，字斯受，宪爵长子。子一。

其宜，字斯顺，宪爵次子。

其宏，字斯裕，宪爵三子。

其学，字子仁，宪宗长子。

其景，字子仪，宪宗次子。子二。

其昌，字我章，宪宗三子。子四。

其明，宪纪次子。子四。

其旻，字太宇，宪纶长子。子一。

其曜，字允祥，宪经子。子一。

其炤，字季明，宪邦三子。子一，德淑。

其灼，字季华，宪邦三子。

其炘，字季云，宪畿嗣子。子一，德善。

其㧑，字学仁，宪都子。

言氏家乘卷十四

七十世臧墅支

应亢，璋长子。

应克，璋次子。

应立，字沙河，璋三子。娶顾氏。子五，惟训、惟海、惟谅、惟讷、惟谌。女一，适濮。公迁臧墅，为臧墅始迁之祖。

应辛，璋四子，娶徐氏。子一，惟谌。

应宋，瑷子。子二，惟岳、惟辅。

七十一世臧墅支

惟训，字隐耕，应立长子。子二，一阶、一陛。

惟海，字乐耕，应立次子。子三，一陛、一旸、一夔。

惟谅，字守耕，应立三子。子二，一俊、一义_{早卒}。

惟讷，字省耕，应立四子。子二，一爵、一禄。

惟谌，字莘耕，应立五子。平生器宇仓宏，性情恬淡，持己处世颇有古君子风。子三，一英、一慎、一匡。

惟谌，应辛子。娶巢氏。

惟岳，应宋长子。子一，一能，无传。

惟辅，应宋次子。

七十二世臧墅支

一阶，字云衢，惟训长子。顺治十年，与弟一陛等创建臧墅祖祠。子四，宪诗、宪书、宪礼、宪乐。

一陛，字觐宸，惟训次子。子一，宪畴。

一陛，字五瞻，惟海长子。以一旸次子宪易嗣。

一旸，字旭初，惟海次子。子二，宪律、宪易_{出嗣}。

一夔，字君聘，惟海次子。子六，宪皋、宪契、宪稷、宪猷、宪谟、宪谋。

一俊，字惠宣，惟谅长子。子二，宪尹、宪惠。

一爵，字台元，惟讷长子。子五，宪周、宪召、宪荣、宪太、宪闳。

一禄，字鼎元，惟讷次子。子一，宪姜。

一英，字廷启，惟谌长子。子二，宪舜、宪镇。

一慎，字敏之，惟谌次子。子四，宪禹、宪汤、宪铭。

一匡，字公辅，惟谌三子。子四，宪纶、宪纲、宪绋、宪纬。

七十三世臧墅支

宪诗，字绍南，一阶长子。子三，其悳、其忠。

宪书，字政原，一阶次子。子三，其评、其详、其诔。

宪礼，字圣执，一阶三子。子二，其恩、其智。

宪乐，字幼成，一阶四子。

宪畴，字范如，一陞子。子三，其毅、其敏、其政。

宪易，字尚贞，一陞嗣子。子四，其珍、其璧、其瑛、其琏。

宪皋，字法元，一夔长子。

宪契，字法渊，一夔次子。

宪稷，字元祥，一夔三子。子三，其理、其玿、其璟。

宪猷，字元辉，一夔四子。子三，其琥、其珀、其璇。

宪谟，字巨卿，一夔五子。子二，其琮、其玩。

宪谋，字君亮，一夔六子。

宪尹，字元任，一俊长子。子一，其宏。

宪惠，字介如，一俊次子。

宪周，字公旦，一爵长子。子二，其瑢、其璨。

宪召，字南棠，一爵次子。子一，其城。

宪荣，字公耀，一爵三子。

宪太，一爵四子。

宪闳，字公爽，一爵五子。

宪姜，字公望，一禄子。子一，其珝。

宪舜，字效虞，一英长子。子一，其琳。

宪镇，字国安，一英次子。子一，其环。

宪尧，字效唐，一慎长子。子三，其珪、其玺、其信。

宪禹，字德远，一慎次子。子二，其璲、其珉。

宪汤，字绍卿，一慎三子。子一其儒。

宪铭，字又新，一慎四子。子一，其瓒。

宪纶，字渔滨，号渭征，一匡长子。子三，其揆、其拔、其搢_{出嗣}。

宪纲，字东万，原名刚，一匡次子。邑庠生，以宪纶三子其搢嗣。

宪绛，一匡三子。

宪纬，字甸维，一匡四子。子二，其捷、其振。

七十四世臧墅支

其悫，字子行，宪诗长子。子一，德信。

其志，字子高，宪诗次子。

其忠，字心赤，宪诗三子。

宪详，字子政，宪书长子。子三，德仁、德仕、德依。

宪评，字克论，宪书次子。

其诼，字君献，宪书三子。子五，德盈、德益、德盎、德盛、德监。

其恩，字禹昌，宪礼长子。子三，德令、德恒、德恢。

其智，字秉先，宪礼次子。子三，德天、德地、德人。

其毅，字克任，宪畴长子。

其敏，宪畴次子。

其政，字廷扬，宪畴四子。子一，德万。

其珍，宪易长子。子三，德祐、德昌_{出嗣}、德治。

其璧，字连城，宪易次子。子一，德佐。

其瑛，字楚珍，宪易三子，以其珍次子德昌为嗣。

其琎，字国重，宪易四子。子四，德麒、德麟、德麟、德丽。

其玉，字子美，宪律长子。子二，德龙、德虎。

其祥，字仲芳，宪律次子。子一，德鹤。

其瑞，宪律三子。

其理，字虎臣，宪稷长子。子一，德山。

其珩，字苍臣，宪稷次子。

其璟，字汝臣，宪稷三子。子一，德岳。

其琥，字玉琮，宪猷长子。子一，德峻。

其珀，字玉珍，宪稷次子。子四，德岐、德岱、德华、德岳。

其璇，字玉衡，宪猷三子。子五，德岣、德昆、德仑、德峪、德峨。

其琮，字玉瑞，宪谟长子。子一，德嵩。

其玩，字蓬玉，宪谟次子。子二，德嶂、德嵘。

其宏，宪尹子。子二，德佳、德位。

其瑢，字玉鸣，宪周长子。子五，德寅、德宣、德安、德宁、德宽。

其璨，字玉文，宪周次子。

其城，字玉采，宪召子。子五，德斐、德奇、德和、德玉、德嘉。

其珸，字玉如，宪姜子。子一，德扩。

其琳，字玉成，宪舜子。子二，德川、德朋_{出嗣}。

其环，字玉嘉，宪镇子。以其琳次子德朋嗣。

其珪，字允恭，宪尧长子。子三，德午、德秀、德丰。

其玺，字玉符，宪尧次子。子二，德太、德震。

其信，字翰臣，宪尧五子。子三，德贵、德名、德乔。

其璲，宪禹长子。子一，德铭。

其珉，字玉泉，宪禹次子。

其儒，字序珍，宪汤子。

其瓒，字玉相，宪铭子。子三，德钟、德铨、德录。

其揆，字绍圣，宪纶长子。以其揞次子德凤嗣。

其拔，字萃超，宪纶次子。子一，德谷。

其揞，字近文，宪纲嗣子。子四，德隆、德凤_{出嗣}、德麟、德麒。四子俱无出，复入继其捷次子德城嗣。

其捷，字奏三，宪纬长子。子三，德武、德城_{出嗣}、德宰。

其振，字越千，宪纬次子。子二，德优、德伸。

七十世葛墅支

应兑，璿子。子一，惟源。

七十一世葛墅支

惟源，应兑子。子三，一龄、一礼、一贤。由仲庄迁居葛墅，为葛墅始迁祖。

七十二世葛墅支

一龄，惟源长子。

一礼，惟源次子。子三，宪恩、宪志、宪聪。

一贤，惟源三子。子四，宪元、宪亨、宪利_{早卒}、宪贞_{早卒}。

七十三世葛墅支

宪志，一礼长子。

宪恩，字仲卿，一礼次子。子二，其纲、其纪。

宪聪，字季卿，一礼三子。子四，其纹、其章、其华、其国。

宪元，字复卿，一贤长子。子一，其琪。

宪亨，字达卿，一贤次子。子二，其瑜、其珺。

七十四世葛墅支

其纲，字立之，宪恩长子。子一，德倹。

其纪，字惠之，宪恩次子。子二，德杰、德征。

其纹，宪聪长子。

其章，宪聪次子。

其华，字瑞林，宪聪三子。子二，德佣、德偁。

其国，宪聪四子。

其琪，字玉之，宪元子。子二，德僼、德仪。

其瑜，字佩之，宪亨长子。子二，德清、德位。

其珺，宪亨次子。

七十世梁巷支

秉权，清子。子二，惟恩、惟礼。

秉成，通子。子二，惟聪、惟智。

七十一世梁巷支

惟恩，秉权长子。子三，士仁、士义、士礼。

惟惠，秉权次子。

惟聪，秉成长子。子四，士献、士旭、士壹、士介。

惟智，秉成次子。子四，士岳、士嵩、士泰、士岱。

七十二世梁巷支

士仁，惟恩长子。

士义，惟恩次子。娶马氏。子二，益福、益禄。

士礼，惟恩三子。

士献，字征之，惟聪长子。子一，益谔。

士旭，字明之，惟聪次子。子二，益祖、益让。

士壹，字久之，惟聪三子。

士介，字纯之，惟聪四子。

士岳，惟智长子。

士嵩，字秀之，惟智次子。子四，益谅、益谐、益诚、益议_{出嗣}。

士泰，字宝之，惟智三子。

士岱，字示之，惟智四子。以士嵩四子益议嗣。

七十三世梁巷支

益福，字子明，士义长子。迁居奔牛下塘。子四，其渊、其泉、其河、其海。

益禄，字子秀，士义次子。子二，其洪、其滨。

益谔，字泉欣，士献子。子三，其渟、其淑、其浩。

益祖，士旭长子。

益让，字逊之，士旭次子。子二，其泽、其津。

益谅，字信之，士嵩长子。

益谐，字和之，士嵩次子。

益诚，字忠贞，士嵩三子。子一，其成。

益议，字顺之，士岱嗣子。

七十四世梁巷支

其渊，字洪生，益福长子。子一，德履。

其泉，字逢源，益福次子。

其河，字九清，益福三子。子二，德秀、德胜。

其海，字安澜，益福四子。子五，德阊、德阅、德间、德闵、德兰、

其洪，字禹疏，益禄长子。子二，德义、德智。

其滨，字溥若，益禄次子。子三，德参、德赞、德协。

其渟，益谔长子。子二德森、德和。

其淑，字长渊，益谔次子。

其浩，字广生，益谔三子。

其泽，字润宇，益让长子。子三，德原、德有、德纯。

其津，字滨宇，益让次子。

其成，字功一，益诚子。

言氏家乘卷十五

七十世马庄支

世旭，伦长子
世昭，伦次子。
世升，俊长子。子二，可寿、可富。
世昺，俊次子。
世晏，备长子。
世景，备次子。娶姜氏。嗣侄可瑞为子，有遗产入家庙，供岁时祭祀。
世昺，僖子。子一，可义。
世昆，儒长子。子二，可旅、可豫。
世晟，儒次子。
世暲，儒三子。从释，不载。
世昂，仁子。子一，可大。
世昊，俊长子。子二，可祥、可瑞_{出嗣}。
世旻，偳次子。子二，可庆、可贺。
世昱，偶长子。子五，可敦、可厚、可雍、可穆、可永。
世杲，仍由次子。子二，可贤、可哲。

七十一世马庄支

可寿，字康之，世升长子。
可富，字安之，世升次子。子一，以典。
可瑞，字献之，世景嗣子。子一，以节。
可义，世昺子。子一，以道。
可旅，字宾之，世昆长子。子一，以典。
可豫，字悦之，世昆次子。子三，以谟、以训、以诰。
可大，世昂子。子一，以庸。
可祥，字呈之，世昊子。子二，以矩、以规。
可庆，字赏之，世旻子。子二，以古、以时。
可贺，字来之，世旻次子。

可敦，字崇之，世昱长子。子四，以温、以良、以臧、以善。

可厚，字戴之，世昱次子。子二，以讦、以谠。

可雍，字肃之，世昱三子。

可穆，字绥之，世昱四子。子一，以谦。

可永，字誉之，世昱五子。子二，以让、以谦_{出继可穆为嗣}。

可贤，世暠长子。

可哲，世暠次子。

七十二世马庄支

以兴，字得诗，可富子。子二，立卿、立相。

以节，字子序，可瑞子。子一，立谚。

以道，字子修，可义子。

以典，字克诠，可旅子。

以谟，可豫长子。

以训，可豫次子。

以诰，可豫三子。

以庸，字子常，可大子。子四，立朝、立廷、立邦、立国。

以矩，字子范，可祥长子。

以规，可祥次子。

以古，字子述，可庆长子。子一，立赞。

以时，字子宜，可庆次子。子一，立进。

以温，字子宣，可敦长子。子四，立道、立义、立信、立佐。

以良，字最甫，可敦次子。

以臧，字用甫，可敦三子。

以善，字性甫，可敦四子。

以讦，字长如，可厚长子。子一，立恕。

以谠，字正如，可厚次子。子一，立选。

以谦，字逊甫，可穆嗣子。子二，立超、立起。

以让，字顺甫，可永子。子二，立遇、立通。

七十三世马庄支

立卿，以兴长子。

立相，字君弼，以兴次子。

立谚，字君告，以节子。子二，其叙、其叡。

立朝，字觐宸，以庸长子。

立廷，字翼宸，以庸次子。

立邦，字赞宸，以庸三子。

立国，字拱宸，以庸四子。子二，其敦、其敷。

立赞，字公奏，以古子，以立义次子其质嗣。

立进，字公遇，以时子。

立道，字公甫，以温长子。

立义，字公理，以温次子。子三，其厚、其质_{出嗣}、其醇。

立信，字公佐，以温三子。子二，其效、其敞。

立佐，字公翼，以温四子。子二，其滋、其治。

立恕，以讦子。

立选，以谠子。

立超，字公度，以谦长子。子一，其绰。

立起，字云程，以谦次子。子一，其绳。

立遇，字公会，以让长子。子一，其绮。

立通，字文斗，以让次子。子三，其绥、其维、其纪。

七十四世马庄支

其叙，字兆甫，立谚长子。以其叡长子德英嗣。

其叡，字明夫，立谚次子。子四，德英_{出嗣}、德清、德香、德茂。

其敦，字亮甫，立国长子。子一，德兆。

其敷，立国次子。

其质，字郁生，立赞嗣子。以弟长子德生嗣。

其醇，字增生，立义三子。

其效，字瑞生，立信长子。子一，德瑾。

其敞，字欣生，立信次子。子一，德珍。

其滋，字润生，立佐长子。子二，德正、德臣_{出嗣}。

其治，字凤生，立佐次子。以其滋次子德臣嗣。

其绰，字元裕，立超子。以其绳长子德昆嗣。

其绳，字元超，立起子。子二，德昆_{出嗣}、德仑。

其绮，字元瑞，立遇子。子，德福。

其绥，字元靖，立通长子。

其维，字元林，立通次子。

其纪，字元兴，立通三子。

七十世街西大房支

体让，字克敦，号柳溪，和子。子二，可行、可用。

体谦，和次子。

体谅，和三子。

体谠，彩子。子二，可藩、可屏。

体诸，缯子。子一，可魁。

体谓，绫子。

体察，弦子。子二，可范、可箴。

体志，绍长子。

体询，字克问，绍次子。子二，可安、可定。

体诉，字克陈，绍三子。子二，可因、可依。

体全，字克成，绍四子。子一，可久。

七十一世街西大房支

可行，字奉溪，体让长子。子四，以韩、以柳、以欧、以苏。

可用，字达之，体让次子。子一，以杜。

可藩，字固之，体谠长子。子一，以立。

可屏，字卫之，体谠次子。

可魁，字元之，体诸子。

可箴，字元警，体察长子。子二，以昌、以炽。

可范，体察次子。

可安，字居之，体询长子。

可定，字静之，体询次子。子一，以衍。

可因，字宗之，体诉长子。子一，以启。

可依，字倚之，体诉次子。子一，以德。

可久，字大之，体全子。子一，以廉。

七十二世街西大房支

以韩，可行长子。

以柳，可行次子。

以欧，可行三子。

以苏，可行四子。

以杜，字希美，可用子。子二，立德、立恩。

以立，可藩子，娶倪氏。子一，立承。
以昌，字尔荣，可箴长子。子三，立维、立绍、立彩。
以炽，字尔盛，可箴次子。子二，立缙、立绅。
以衍，字尔绳，可定子。子一，立祎。
以启，字尔开，可因子。
以德，字尔欣，可依子。子一，立纬。
以廉，字君素，可久子。子一，立本。

七十三世街西大房支
立德，字仁升，以杜长子。子三，其知、其能、其元。
立恩，字仁溥，以杜次子。子一，其慧。
立承，以立子。子一，其山。
立维，字公治，以昌长子。嗣子其丰。
立绍，字公继，以昌次子。子一，其暄。
立彩，字公秀，以昌三子。子一，其睕。
立缙，字秀钦，以炽长子。
立绅，字寅初，以炽次子。
立祎，字良卿，以衍子。
立纬，字公理，以德子。子二，其遵、其遂。
立本，字生甫，以廉子。子三，其长、其远、其高。

七十四世街西大房支
其知，字彦明，立德长子。
其能，字彦才，立德次子。
其元，字彦元，立德三子。
其慧，字彦申，立恩子。子一，德玉。
其山，字鲁瞻，立承子。
其丰，字永余，立维嗣子。子一，德著。
其暄，字永芳，立绍子。子一，德流。
其睕，字永钦，立彩嗣子。子一，德西。
其遵，字庆生，立纬长子。嗣子德兴。
其遂，字如意，立纬次子。子二，德隆、德兴_{出嗣}。
其长，字日生，立本长子。子三，德维、德继、德绪。
其远，字茂生，立本次子。子四，德纲、德纬、德经、德纶。

其高，字集生，立本三子。子二，德纲_{出嗣}、德宏。

七十世街西二房支

体恺，字克勤，绛长子。子四，可偕、可御、可荣、可传。

体经，字克俭，绛次子。子一，可则。

体訾，字克让，绛三子。子三，可思、可念、可应。

七十一世街西二房支

可偕，字鼎如，体恺长子。子一，以文。

可御，字驾之，体恺次子。子一，以质。

可荣，体恺三子。

可传，体恺四子。

可则，字钦之，体经子。子一，以便。

可思，字近之，体訾长子。孝友慈和，上事萱帏，下抚幼弟，勤俭成家，宽和处众。子一，以恂。

可念，字维之，体訾次子。子三，以阅、以阎、以简。

可应，字念之，体訾三子。子二，以心、以隆。

七十二世街西二房支

以文，字尔彬，可偕长子。

以质，字尔素，可御子。

以便，字尔谨，可则子。子一，立仁。

以恂，字信夫，可思子。子三，立郡、立都、立郁。

以阅，字孟历，可念长子。子三，立陞、立阶、立陛。

以阎，字仲和，可念次子。子一，立隆。

以简，字叔敬，可念三子。子一，立陶。

以心，字倾素，可应长子。子一，立奇。

以隆，可应次子。子三，立京、立元、立鳌。

七十三世西街二房支

立仁，字培天，以便子。子一，其冈。

立郡，字达选，以恂长子。子二，其磬、其砥。

立都，字公建，以恂次子。子四，其矶、其碑、其磋、其磁。

立郁，字公焕，以恂三子。

立陞，字公朝，以阅长子。子二，其增、其广_{出嗣}。

立阶，字公升，以阅次子。子一，其庑。

立陞，字公履，以阅三子。以立陞次子其广嗣。
立隆，字公盛，以闾子。子三，其征、其聘、其聪。
立陶，字公述，以简子。子一，其瑞。
立奇，字公祥，以心长子。子二，其兴、其隆。
立京，字公仁，以隆长子。子二，其材、其森。
立元，字公玉，以隆次子。子四，其凤、其岐、其鸣、其喈。
立鳌，字公麟，以隆三子。子二，其诚、其思。

七十四世街西二房支

其冈，字象成，立仁子。子二，德溥、德涵。
其磬，字泰安，立郡长子。子二，德重、德盛_{出嗣}。
其砡，字永安，立郡次子。以其磬次子德盛嗣。
其矶，字子安，立都长子。子二，德雄、德先_{出嗣}。
其碑，字铭安，立都次子。子四，德洪、德湔、德温、德清。
其碏，字恭安，立都三子。嗣子德先。
其磁，字嘉安，立都四子。子四，德淳、德宜、德宣、德寅。
其增，字宏谟，立陞子。子一，德蕴。
其庑，字宏谋，立阶子。以其广次子德沦嗣。
其广，字宏绪，立陞子。子三，德淘、德沦_{出嗣}、德滔。
其征，字廷召，立隆长子。子一，德至。
其聘，字廷求，立隆次子。娶祁氏。子一，德和。
其聪，立隆三子。
其瑞，立陶子。
其兴，字时生，立奇长子。娶谢氏。子一，德曜。
其隆，字泰生，立奇次子。娶仇氏。子三，德漩、德涎、德浦。
其材，字笃生，立京长子。娶钱氏。子一，德璋。
其森，字稠生，立京次子。娶朱氏、蒋氏。子一，德纯。
其凤，字来仪，立元长子。娶沈氏。子二，德永、德章。
其岐，字起周，立元次子。娶莫氏。
其鸣，字于冈，立元三子。娶杨氏。子一，德幽。
其喈，字清和，立元四子。娶祁氏。子一，德冈。
其诚，字正心，立鳌长子。娶钟氏。子一，德仁。
其思，字彦修，立鳌次子。娶王氏。迁居淮上。

言氏家乘卷十六

七十世街西八房支

体论，字克阐，绘公之子。娶李氏。子二，可复、可从。

体谋，字克和，缘公长子。娶陈氏。子三，可怀、可悦、可绎_{出嗣}。

体谐，字克睦，缘公次子。娶冷氏，以体谋三子可绎为嗣。

体诏，缘公三子。

体诊，滕公长子。子二，可为、可升。

体格，字克政，滕次子。子一，可暹。

体心，字克运，滕三子。子一，可治。

体诂，字克润，蕴嗣子。子一，可振。

体阙，绩长子。

体绛，绩次子。

体衷，缊长子。子一，可循。

体裁，缊次子。

体躬，字克修，纠长子。

体家，字克斋，纠次子。子一，可表。

七十一世街西八房支

可复，字逮之，体论长子。子一，以智。

可从，字守之，体论次子。子一，以明。

可怀，字畏之，体谋长子。子二，以鼎、以鼐。

可悦，字会之，体谋次子。子一，以京。

可绎，字采如，体谐嗣子。事伯兄以逊，顺抚仲兄之孤以成人，出纳经营立心公义，孝弟克敦。子二，以亮、以丹。

可为，字以立，号振之，体诊长子。子一，以厚。

可升，体诊次子。

可暹，字造之，号谷初，体格子。为人刚方素著，恬退自守，俭而不失鄙，和而不至流。子一，以褒。

可治，字理之，体心子。子一，以雅。

可振，字树之，体诂子。

可靖，体衷子。

可表，字奖之，体家子。

七十二世街西八房支

以智，字君美，号克神，可复子。子二，立元、立议。

以明，字秀之，号公远，可从子。

以鼎，字新甫，可怀长子。

以鼐，字调甫，可怀次子。子一，立豪。

以京，字平甫，可悦子。

以亮，字允明，可绎长子。子一，立芳。

以丹，字衷赤，可绎次子。

以厚，字公纯，可为子。子一，立茂。

以褒，字奖甫，可偋子。子五，立康、立熙、立宁、立玢、立瑞。

以雅，字廷吹，可治子。

七十三世街西八房支

立元，字初培，以智长子。子一，其岳。

立议，字培德，号惟馨，以智次子。子二，其岱、其岚。

立豪，字公俊，以鼐子。子一，其就。

立芳，字顺之，以亮子。子二，其岳、其崧。

立茂，字公芳，以厚子。子二，其嵩、其岗。

立康，字公泰，以褒长子。子二，其俊、其杰。

立熙，字志和，以褒次子。子二，其勋、其猷。

立宁，以褒三子。以立玢次子其栋为嗣。

立玢，字天祥，以褒四子。子四，其枢、其栋、其梁、其尊，次子出嗣。

立瑞，字云祥，以褒五子。子四，其桢、其干、其本、其桐。

七十四街西八房支

其岳，字鲁望，立元子。以其岱次子德孚嗣。

其岱，字岳生，立议子。子二，德泰、德孚_{出嗣}。

其岚，字岳林，立议次子。子三，德润、德修_{从释，不载}、德恒。

其就，字汝成，立豪子。

其岳，字云申，立芳长子。以弟之子德图为嗣。

其嵩，立茂长子。

其岗，立茂次子。

其俊，字秀卿，立康长子。子二，德福、德寿_{出嗣}。

其杰，字秀夫，立康次子。以其俊次子德寿嗣。

其勋，字能臣，立熙长子。以其猷次子德建嗣。

其猷，立康次子。子二，德禄、德建_{出嗣}。

其栋，字维成，立宁次子。子一，德涣。

其枢，字维乾，立玢长子。子二，德溶、德均。

其梁，字维元，立玢三子。子二，德文、德章_{出嗣罗姓}。

其尊，字维岳，立玢四子。子三，德造、德启、德修。

其桢，字维藩，立瑞长子。子二，德中、德培_{出嗣}。

其干，立瑞次子。

其本，字维安，立瑞三子。子一，德齐。

其桐，字维音，立瑞四子。以其桢次子德培嗣。

七十世街西五房支

体谔，统长子。子三，可文、可武、可季_{从释}。

体谞，统次子。子一，可封。

体诞，统三子。

体语，字克伦，纲子。

体诗，字二南，徽嗣子。常州府学附生。子一，可用。

体源，徽嗣子。子一，可据。

体谆，显长子。

体昭，显次子。

体明，字克据，显三子。子二，可符、可羡。

体良，字克仁，綝长子。

体恭，綝次子。

体俭，綝三子。

体科，绅长子。

体举，字克第，绅次子。子一，可陛。

体讲，字克解，约长子。子二，可顺、可遂。

体阎，约次子。子一，可惕。

体诏，字克新，约三子。子二，可远、可述。

体谋，纨子。

体和，字蔼然，缗长子。子一，可师。
体穆，蔼次子。迁居马迹山。
体夷，蔼三子。
体前，字汝器，缵子。子一，可传。
体直，字汝道，兰长子。子二，可襄、可赞。
体平，兰次子。
体国，絑长子。子二，可仪、可俨。
体都，絑次子。

七十一世街西五房支

可文，体谔长子。子一，以逊。
可武，体谔次子。子三，以逸、以遒、以逾。
可封，字建之，体谔子。子二，以延、以才。
可用，体诗子。
可据，字质之，体源子。子一，以成。
可符，字合之，体明长子。子二，以华、以英。
可羡，体明次子。子一，以豪。
可陛，字抡之，体举子。
可顺，体讲长子。
可遂，体讲次子。
可惕，字竦之，体闾长子。子一，以临。
可远，字慎之，体诏长子。
可述，字称之，体诏次子。椿萱早谢，棠棣中凋，以身任家务之烦，生财有道，庭无间言，型于之化，足称述焉。子二，以升、以新。
可师，字信之，体和子。子二，以恕、以忠。
可传，字受之，体前子。子二，以儒、以俸。
可襄，字君翼，体直长子。孝友天植，果毅性成，临事敢言，与物无竞。子三，以倬、以佳、以艺。
可赞，字君化，体直次子。
可仪，字君象，体国长子。子三，以瞻、以赈、以赠。
可俨，字君肃，体国次子。子一，以材。

七十二世街西五房支

以逊，字君让，可文子。子一，立昌。

以选，字俊卿，可武长子。子一，立明。

以逵，字达卿，可武次子。

以逾，字选卿，可武三子。

以延，字君仁，可封长子。以以才长子立讦嗣。

以才，字君奇，可封次子。子三，立讦_{出嗣}、立徽、立法。

以成，可据子。

以华，字藻甫，可符长子。

以英，字荣南，可符次子。

以豪，字侠甫，可羡子。子一，立崇。

以临，字尔庄，可惕子。子一，立曜。

以升，字伯启，号廷芳，可述长子。子三，立勋、立功、立勣。

以新，字雨初，可述次子。子一，立泰。

以恕，字公甫，可印长子。子二，立芝、立兰。

以忠，字亮甫，可印次子。子一，立蕙。

以儒，字士望，可传长子。

以俸，可传次子。子三，立健、立顺、立常。

以倬，字士立，可襄嗣子。子一，立葵。

以佳，字士余，可襄次子。子二，立禔、立祺。

以艺，字士才，可襄三子。子二，立廉、立哲。

以瞻，字裕卿，可仪长子。子二，立庄、立蕃。

以赈，字济卿，可仪次子。子二，立慕、立爱。

以赠，字锡卿，可仪三子。

以材，字序卿，可俨子。子一，立声。

七十三世街西五房支

立昌，字禹嘉，以逊子。子一，其岿。

立明，字尔芳，以逸子。

立讦，字嘉谟，以延嗣子。乾隆五十年万寿，恩赐绢米等物。娶王氏。子二，其说、其方。

立徽，字嘉猷，以才次子。子一，其直。

立法，字嘉程，以才三子。子二，其温、其良。迁居北门外。

立逢，字遇隆，以英子。子三，其全、其祥、其年。

立崇，字尔瞻，以豪子。子一，其泽。

立曜，以临子。

立勋，字尔功，以升长子。子二，其岗、其崔_{出嗣}。

立功，字尔侯，以升次子。子三，其华、其屺_{出继王姓}、其岵_{出继巢姓}。

立勋，字尔卿，以升三子。以立勋次子其崔嗣。

立泰，字尔康，以新子。子一，其峒。

立芝，字尔芳，以恕长子，子二，其卫、其勇。

立兰，字尔秀，以恕次子。子一，其冲。

立蕙，字尔秀，以忠子。子一，其瑶。

立健，字履乾，以俸长子。子二，其良、其善。

立顺，字履坤，以俸次子。

立常，字履仁，以俸三子。

立葵，字尔开，以倬子。

立混，字尔安，以佳长子。子一，其芳。

立祺，字尔祥，以佳次子。子二，其英、其恭。

立廉，字尔清，以艺长子。子二，其谦、其连_{出嗣}。

立哲，字尔明，以艺次子。以立廉次子其连嗣。

立庄，字尔临，以瞻长子。子一，其仁。

立蕃，字尔茂，以瞻次子。子一，其充。迁居孟河东门外汤巷里。

立慕，字尔美，以赈长子。

立爱，字尔敦，以赈次子。

立声，字章时，以材长子。

七十四世街西五房支

其嵚，字明华，立昌子。子一，德敷。

其谠，字果升，立讦长子。以其方长子德君嗣。

其方，字居义，立讦次子。子三，德君_{出嗣}、德臣、德意。

其直，字居道，立徽长子。

其温，字居谦，立法长子。

其良，字居安，立法次子。

其全，字振法，立逢长子。以其祥长子德仁嗣。

其祥，字长发，立逢次子。钦赏六品顶戴。子三，德仁_{出嗣}、德义、德章_{出嗣}。

其年，立逢三子。以其祥三子德章嗣。

其泽，字利舟，立崇子。

其岗，字天生，立勋长子。子四，德全、德企、德会、德余。

其华，字近宇，立功子。子二，德申、德和。

其崔，字广生，立勋嗣子。子二，德介、德金。

其峒，字斗生，立泰子。

其卫，字扦成，立芝长子。

其勇，字干成，立芝嗣子。子二，德忠_{出嗣}、德先_{出嗣}。

其冲，字会城，立兰长子，以其勇长子德先嗣。

其宝，字玉生，立蕙次子。

其良，字天生，立健长子。子二，德浩、德荡_{出嗣}。

其善，字明章，立健次子。以其良次子德荡嗣。

其芳，字达文，立禔子。子一，德高。

其英，字达元，立祺长子。子二，德行、德寿_{出嗣}。

其恭，字居逊，立祺次子。以其英次子德寿嗣。

其谦，字居敬，立廉长子。子二，德传、德嗣_{出嗣}。

其连，字居教，立哲嗣子。以其谦次子德嗣为嗣。

其仁，字居慈，立庄子。子二，德源、德沾。

其充，立繁子。子二，德玉_{出继汤姓}、德昌。

七十世街西前房支

体咏，纳公子。子一，可泰。

体儇，绰公子。

体周，缃长子。娶孔氏。子二，可望、可诒。

体汉，缃次子。子二，可由、可云。

体唐，缃三子。

体宋，缃四子。

体时，纂公子。

体诏，字克宣，号乐耕，经长子。子三，可学、可道、可实。

体诰，经次子。子二，可进、可登。

体识，字克明，经三子。子二，可仕、可正。

体谡，维长子。

体謦，维次子。

体诱，维三子。子二，可宏、可毅。

体讯，纪子，娶谢氏。子三，可遵、可遴、可选。

体诨，绷次子。子二，可践、可度。

体梧，络子。子一，可采。

体权，绽长子。

体柄，绽次子。

体中，字克允，綦长子。子三，可恭、可参、可慕。

体正，字尔端，号企园，綦次子。为人诚笃，内守温恭，外见理业，既勤制用惟约，克缵祖父之绪，足为乡间之表。子二，可垂、可重。

体钧，字尔衡，号友桥，綦三子。子三，可录、可铭、可铨。

体认，字元真，缥子。子二，可嘉、可乐。

体諒，绣子。子一，可捷。

七十一世西街前房支

可泰，字芳之，体咏子。子一，以诚。

可望，字子畏，体周长子。

可诒，体周次子。

可由，字循之，体汉长子。子二，以情、以性。

可云，字谕之，体汉次子。

可学，体诏长子。

可道，字达之，体诏次子。

可实，字践之，体诏三子。子一，以宣。

可进，体诰长子。子一，以章。

可登，体诰次子。

可仕，字用之，体识长子。子四，以淳、以源、以潘、以清。

可正，字子艮，体识次子。子三，以理、以佩、以玺。

可宏，体诱长子。早卒。

可毅，体诱次子。子三，以敬、以敏、以教。

可遵，体讯长子。子一，以达。

可选，体讯次子。娶臧氏，继甥以式为嗣。

可遴，字拔之，体讯三子。子二，以端、以程。

可践，体诨长子。

可度，体诨次子。

可采，字纳之，体梧子。

可恭，字承之，体中长子。子二，以祯、以祥。

可参，字微之，体中次子。子二，以黼、以黻。

可慕，体中三子。

可垂，字久之，体正长子。

可重，字珍之，体正次子。子一，以震。

可录，字九如，体钧长子。

可铭，字君行，可钧次子。子二，以馨、以馥。

可铨，字敬之，体钧三子。子一，以香。

可嘉，体认长子。子三，以奏、以讽、以谕。

可乐，字忻之，体认次子。

可捷，字胜之，体諒长子。子二，以提、以撕。

七十二世街西前房支

以诚，字贞卿，可泰子。

以情，字蔼卿，可由长子。

以性，字秉卿，可由次子。

以宣，字纶卿，可实子。

以章，字斐卿，可进子。以以端次子嗣。子，立晨。

以淳，字粹卿，可仕长子。

以源，可仕次子。子一，立喜。

以濬，字哲卿，可仕三子。

以清，字廉卿，可仕四子。子二，立美、立华。

以理，字治卿，可正长子。孝以事亲，友以爱弟，性格温和，有纯古之风。子二，立宗_{出嗣}、立宏。

以佩，字玉卿，可正次子。子一，立欣。

以玺，字信卿，可正三子。

以敬，字庄甫，可毅长子。

以敏，字功甫，可毅次子。

以教，字育甫，可毅三子。

以达，字章甫，可遵子。子一，立业。

以式，字谷卿，可选子。子二，立基、立坤。

以端，字君兆，可遴长子。子四，立志、立升_{出嗣}、立心、立忠。

以程，字公度，可遴次子。

以祯，可恭长子。以以祥长子立维嗣。

以祥，字公卿，可恭次子。子二，立维出嗣、立林。

以黼，字公服，可参子。子一，立谷。

以黻，字公袍，可参次子。子三，立辑、立轩、立谷出嗣继胞兄以黼为嗣。

以震，字东生，可重子。子三，立组、立绥、立统。

以馨，字德生，可铭长子。子一，立薰。

以馥，字芳生，可铭次子。

以香，字瑞生，可铨子。子一，立征。

以奏，字省宸，可嘉长子。子一，立纪。

以讽，字廷纳，可嘉次子。子一，立鹍。

以谕，字君俞，可嘉三子。子二，立宗、立鹏。

以提，可捷长子。

以撕，可捷次子。

七十三世街西前房支

立升，字尔超，以章嗣子。子一，其仑。

立晨，字尔明，以章子。

立善，字尔修，以源子。子一，其举。

立美，字尔珍，以清长子。子一，其奏。

立华，以清次子。子一，其谋。

立宏，字尔光，以理子。子一，其嵋。

立欣，字尔欢，以佩子。子一，其舟、其朱。

立业，字尔承，以达子。

立基，字尔裕，以式长子。

立坤，字尔顺，以式次子。子一，其崤。

立志，字勖卿，以端长子。

立心，字尔仁，以端次子。子二，其峘、其嵧。

立忠，字尔贞，以端三子。

立维，字季宗，以祯嗣子。子二，其宽、其宣。

立林，字渭生，以祥子。子一，其宗。

立谷，字尔琦，以黼子。子三，其华、其彩、其麟。

立辑，字尔瑞，以黻长子。子一，其赞。

立轩，以黻次子。子一，其贵。

立组，字二如，以震长子。

立绥，以震次子。子一，其聪。

立统，以震三子。

立薰，字采南，以馨子。子二，其荣、其富。

立征，字清元，以香子。子一，其顺。

立纪，以奏子。子二，其峨、其嵝。

立鸥，字尔升，以讽子。子五，其骥、其骐、其驹_{从释，不载}、其骆、其驷_{出嗣}。

立鹏，字尔翔，以谕子。以立鸥五子其驷嗣。

七十四世街西前房支

其仑，字俊宇，立升子。子一，德秀。

其举，立善子。

其奏，字元章，立美子。子二，德时、德厚_{出嗣}。

其谋，字元文，立华嗣子。以其奏次子德厚嗣。

其峒，字俊如，立宏子。子一，德辉。

其舟，字彤平，立欣长子。

其朱，字彤阶，立欣次子。子二，德文、德武。

其峭，字云升，立坤子。子一，德望。

其峘，字仰之，立心长子。子一，德明。

其嵴，字升之，立心长子。子一，德昭。

其宽，立维长子。子一，德高。

其宣，字润章，立维次子。

其宗，字润福，立林子。子一，德山。

其华，字润年，立谷长子。以其麟长子德产嗣。

其彩，立谷次子。

其麟，立谷三子。子二，德产_{出嗣}、德业_{出嗣}。

其赘，字润林，立辑嗣子。以其麟次子德产嗣。

其贵，立轩子。子二，德正、德玉。

其聪，字懿文，立绥子。子一，德富。

其荣，字茂章，立薰长子。子一，德诚。

其富，立薰次子。

其顺，立征子。子一，德金。

其峨，字集甫，立纪长子。子二，德孚、德孟。

其嵝，立纪次子。子一，德厚。

其骥，字周骏，立鸥长子。子一，德仰。
其骐，字周谋，立鸥次子。子一，德悦。
其骆，立鸥四子。
其俊，字大升，立宗子。子五，德勤、德俭、德成、德家、德本。
其䮄，立鹏嗣子，早卒。

七十世小都曹巷支

体调，绎长子。
体托，绎次子。
体记，绎三子。子一，可仿。
体谨，字克慎，纬子。子一，可达。
体誩，绥公长子。
体谌，绥次子。子二，可美、可善。
体谐，灿子。
体献，谷子。子二，可贵、可贡。
体讱，纹长子。子一，可宾。
体讦，纹次子。子一，可赏。
体诓，体子。子二，可资、可赠。
体诊，组子。子一，可教。
体谉，洁子。
体具，字克圣，缁长子。子二，可献、可证。
体全，字克成，缁次子。
体德，字克明，纮子。子一，可宣。
体圣，字克念，纲子。子一，可审。
体净，字克忠，缙长子。子一，可遵。
体访，字克用，缙次子。子一，可得。
体谆，缮子。
体祷，字克计，缮次子。子一，可爵。
体谶，缮三子。子一，可禄。
体诚，绶长子。子三，可政、可法、可度。
体谏，字克成，绶次子。
体谕，字克悦，绶三子。子二，可宪、可章。
体谡，字克睿，绶四子。子二，可端、可揆。

体祺，绂长子。子一，可澄。
体讯，字克执，绂次子。子二，可鼎、可履。
体试，绂三子。子一，可敬。
体谳，字克审，绂四子。子一，可玄。

七十一世小都曹巷支

可仿，字型之，体记子。

可达，体谨子。子二，以曾、以孟。

可美，体谌长子。

可善，体谌次子。

可贵，体献长子。子二，以惟、以怀。

可贲，体献次子。子四，以恩、以惠、以懋、以志。

可宾，字来之，体切子。子一，以慈。

可赏，体价子。子一，以悥。

可资，字厚之，体逅嗣子。子三，以慰、以慎、以真。

可赠，字佩之，体逅子。子二，以瑞、以秩。

可教，体诊子。

可献，字廷允，体具长子。

可证，字廷验，体具次子。子一，以助，迁居街西。

可审，字原之，体圣子。子一，以劢。

可宣，体德子。

可遵，体诤子。

可得，体访子。

可爵，字德荣，体诗子。子一，以勋。

可禄，字德腴，体谶子。

可政，字理之，体诚长子。娶盛氏。子一，以约，早卒，无传。

可法，字行之，体诚次子。子一，以名。

可度，字序之，体诚三子。子一，以实。

可宪，字守之，体谕长子。

可章，字焕之，体谕次子。子一，以宗。

可端，字正之，体谩长子。

可揆，体谩次子。

可澄，字清之，体祺子。

可鼎，字新之，体讯长子。

可履，字旸之，体讯次子。

可敬，字奉之，体试长子。子一，以巽。

可玄，体谕公子。

七十二世小都曹巷支

以曾，可达长子。子三，立谟、立谋、立谌。

以孟，可达次子。

以惟，字贞儒，可贵长子。

以怀，字敦儒，可贵次子。子一，立皋。

以恩，可贲长子。子二，立稼、立穑。

以惠，可贲次子。子二，立宇、立宙。

以懋，字方儒，可贲三子。子一，立静。

以志，字德儒，可贲四子。子一，立倬。

以慈，可宾子。子二，立恺、立慷。

以意，字笃儒，可赏子。

以慰，字悦如，可资长子。子三，立恒、立怡、立惇。

以慎，字谨如，可资次子。

以真，字懋如，可资三子。

以瑞，可赠长子。

以秩，字天如，可赠次子。

以助，字亮如，可证子。子二，立体、立身。

以劢，字正如，可审子。

以勋，字功如，可爵子。

以名，字方侯，可法子。子一，立纲。

以实，字笃卿，可度子。

以宗，可章子。

以巽，字元侯，可敬子。

七十三世小都曹巷支

立谟，字伯成，以曾长子，以立谌次子其焕为嗣。

立谋，字叔成，以曾次子。子三，其岖、其岷、其嵞。

立谌，字季成，以曾三子。子四，其巍、其焕_{出嗣}、其岩、其显。

立皋，字赓扬，以怀子。子三，其瑺、其琚、其球。

立稼，字书田，以恩长子。子三，其仁、其义、其智。
立穑，以恩次子。子一，其礼。
立宇，以惠长子。子一，其信。
立宙，以惠次子。
立静，以懋子。子三，其明、其用、其秀。
立倬，以志子。子四，其达、其通、其形、其迹。
立恺，以慈长子。
立慷，字时行，以慈次子。
立恒，字居方，以慰子。子一，其起。
立怡，字圣伦，以慰次子。子三，其发、其财、其顺。
立体，字直方，以助长子。以立身长子其龙嗣。
立身，以助次子。子二，其龙_{出嗣}、其虎。
立纲，字冰若，以名子。子一，其峰。

七十四世小都曹巷支

其焕，字斗瞻，立谟嗣子。以其显四子德谋嗣。
其岖，立谋长子。子三，德权、德量_{出嗣}、德度_{出嗣}。
其岷，字圣瑞，立谋次子。以其岖次子德度嗣。
其嶒，字尔瞻，立谋三子。子二，德轨、德矩。
其巍，字岳瞻，立谌长子。子三，德彦、德方、德容。
其岩，立谌三子。
其显，字尹瞻，立谌四子。子四，德声、德模、德范、德谋_{出嗣}。
其瑞，字尔珍，立皋长子。子二，德渊、德厚。
其琚，字尔玉，立皋次子。
其球，立皋三子。
其仁，字存诚，立稼长子。子一，德泰。
其义，字方表，立稼次子。
其智，字方明，立稼三子。
其礼，字用谦，立穑子。
其信，字芳英，立宇子。
其明，字尔说，立静长子。子一，德奇。
其用，字尔成，立静次子。
其秀，字尔明，立静三子。

其达，字鸿如，立倬长子。

其通，字明如，立倬次子。

其形，立倬三子。

其迹，立倬四子。

其起，立恒子。子三，德仁、德义、德礼。

其发，字履乔，立怡长子。子二，德智、德信。

其财，立怡次子。子二，德贵、德名。

其顺，字季序，立怡三子。子二，德源、德流。

其龙，字大冈，立体嗣子。子二，德明、德瑞_{出嗣}。

其虎，字大荣，立身次子。以其龙次子德瑞嗣。

其峰，字岱生，立纲子。子一，德庄。

言氏家乘卷二十三

七十五世马庄支

德英，字祝林，其叙公嗣子。入继德香长子懋锦为嗣。

德清，字太林，其叡公次子。以德茂长子懋文为嗣。

德香，字元林，其叡公四子。娶顾氏。子二，长懋锦_{出嗣}，次懋秀。女二，适金、张。

德茂，其叡公四子。娶韩氏、潘氏。女二。子二，懋文_{出嗣}、懋章。

德兆，字祥元，其敦子。娶吴氏。子二，懋惠、懋荣。

德生，字圣林，其质嗣子。娶恽氏。螟蛉恽姓之子懋全为嗣。女适李。

德庚，字噈林，其厚嗣子。娶王氏。子一，懋龙。

德瑾，字天成，其效子。娶盛氏、吕氏。女二，适周、适丁。子二，懋春、懋松。

德珍，字天瑞，其敞子。娶张氏。子一，懋成。

德正，字天俊，其滋公长子。娶张氏、恽氏。子三，懋日、懋月_{出嗣}、懋星。

德臣，字天玉，其治公嗣子。

德昆，字天圣，其绰公嗣子。娶王氏，螟蛉恽氏子为嗣。

德仑，字圣位，其绳次子。无传。

德福，字天如，其绮公子。娶陈氏。子二，懋银。

德官，字矢如，其绥公嗣子。无传。

七十六世马庄支

懋锦，字顺喜，德英公嗣子。娶恽氏、周氏。子一，昭沟。

懋文，字福海，德清嗣子。

懋秀，德香次子。早卒。

懋章，字福洪，德茂公次子。娶袁氏。

懋惠，字周歧，德兆公长子。以懋荣长子昭明为嗣。

懋荣，字渭川，德兆公次子，娶恽氏、陈氏。子三，昭月、昭明、昭宾。长子昭月出继胞兄为嗣。女二，适谢、适刘。

懋全，字裕春，德生嗣子。娶李氏。子三，昭郡、昭都、昭市。次子昭都出继昭堂弟懋龙为嗣。女一，适薛。

懋龙，字裕文，德庚公子。以堂兄次子昭都为嗣。

懋春，字继得，德瑾长子。娶蒋氏，以胞弟三子昭经为嗣。女三。

懋松，字季汝，德瑾次子。娶巢氏。子四，长昭书、次昭法_{出嗣}、三昭经_{出嗣}、四昭传。女二，适恽、适刘。

懋成，字正道，德珍公子。以懋松次子昭法为嗣。

懋日，字裕占，德正公长子。娶唐氏。女一，适袁。子一，昭德。

懋星，字裕龙，德正公三子。娶郑氏。子二，长昭殷_{出嗣}、次昭勤。

懋月，字裕年，德臣公嗣子。以懋星长子昭殷为嗣。

懋喜，字时行，德昆公嗣子。娶孙氏、薛氏。子三，昭性、昭本、昭善。长子昭性出继恽姓为姓嗣，年表不载。

懋银，字志法，德福公子。娶盛氏。女一，适巢。子一，昭良。

七十七世马庄支

昭沟，懋锦公子。

昭月，字凤华，懋惠公嗣子。以昭宾长子声奎为嗣。

昭明，字凤林，懋荣次子。以昭宾次子声扬为嗣。

昭宾，字凤兴，懋荣三子。娶黄氏。子二，声奎、声扬。长子出继昭月兼嗣，次子出嗣昭明为嗣。

昭郡，字朝松，懋全长子。娶巢氏、钱氏。女二，长适查。

昭市，字明松，懋全三子。娶陈氏。

昭都，字顺松，懋龙嗣子。娶陈氏。

昭经，字明发，懋春嗣子。娶巢氏。以昭得三子声贞为嗣。

昭书，字龙书，懋松公长子。娶丁氏。

昭传，字行法，懋松公四子。

昭法，字龙法，懋成嗣子。早卒。

昭德，字朝龙，懋日子。娶恽氏。子四，声光、声明、声贞、声大。三子声贞出继堂弟明经为嗣。女一，适陈。

昭勤，懋星公次子。

昭殷，字明得，懋月公嗣子。娶陈氏。女一，适恽。

昭本，字宝宜，懋喜公次子。

昭善，懋喜公三子。

昭良，字仁因，懋银公子。娶袁氏。

七十八世马庄支

声奎，字玉全，昭月嗣子。娶袁氏。

声扬，字洪全，昭明嗣子。早卒。

声光，字玉林，昭得长子。娶周氏。以胞弟之子洪治兼祧。

声明，字玉宏，昭得次子。娶恽氏。子一，洪治，祧胞兄声光为嗣，又祧胞弟声贞为嗣。

声贞，字玉升，昭经嗣子。昭得三子。娶金氏，以胞兄子洪治兼祧。

声大，字传升，昭得四子。被掳。

七十九世马庄支

洪治，字继大，号景法，声明子。兼祧声光、声贞为嗣。咸丰甲午生，娶范氏。

言氏家乘卷二十四

第七十五世街西大房支

德玉，字石生，其慧公子。娶朱氏。女一，适杨。子二，懋开、懋高。

德流，字近云，其暄公子。

德著，字近秀，其丰公子。子一，懋盛。

德西，字近华，其晼子。无传。

德兴，字际云，其遵嗣子。娶仇氏，螟蛉查姓之子懋喦为嗣。

德隆，字际昌，号天福。无传。

德维，字瑞臣，其长公长子。娶邹氏。女三，适谢、适盛、适孔。子一，懋鲁。

德继，字瑞麟，其长公次子。娶谢氏、孙氏。子五，懋泰、懋华、懋乔、懋岗、懋斌。

德绪，字天山，其长公三子。举乡饮宾。娶潘氏。女一，适张。子一，懋鸥。

德纲，字建中，其远公嗣子。娶丁氏。女一，适邹。子二，长懋圣、次懋荣_{出嗣}。

德纬，字建章，其远次子。娶曹氏。女一，适张。子一，懋义。

德经，字建侯，其远三子。娶张氏。子一，懋道。

德纶，字建昌，其远公四子。娶恽氏。女一，适邓。子二，懋羔、懋懦。

德宏，字若宇，其高次子。以德纲次子懋荣为嗣。

七十六世街西大房支

懋开，字永文，德玉公长子。以懋高子昭聚为嗣。

懋高，字宝文，德玉公次子。娶刘氏。子一，昭聚，兼祧懋开。后迁居奔牛。

懋盛，字连喜，德著公子。早卒。

懋喦，字继松，德兴螟蛉子。娶陈氏。女一，适张。子一，昭财。

懋鲁，字受诏，号懋仁，德维子。娶商氏。子三，昭志、昭忠、昭恕。女二，适潘、适陈。

懋泰，字崧高，德继公长子。娶孙氏。子二，昭雯、昭飏。女二，适樊、适刘。

懋华，字于春，号岱松，德继公次子。娶祁氏。女一，适邹。子一，昭岳。

懋乔，字贤松，号岳高，德继公三子。娶潘氏。子一，昭嶴。

懋岗，字茂春，号峻高，德继四子。娶杨氏。子三，昭旻、昭旦、昭旨。女三，懋斌，字金高，号计柄，德继五子。娶仇氏、邓氏。子三，昭相、昭珏、昭湖。女二。

懋鹍，字羽丰，号寿喜，德绪子。娶张氏、管氏、潘氏、贾氏，妾陈氏。子，昭武。

懋圣，字御宾，德纲长子。娶何氏。子二，昭宏、昭大。

懋义，字寿松，德纬子。娶李氏。螟蛉温姓之子昭韵为嗣。

懋道，字正初，德经子。娶恽氏。子四，昭仲、昭仪、昭仢、昭侣，次子出嗣。

懋羔，字志高，德纶长子。以懋道次子昭仪为嗣。

懋懦，字明高，德纶次子。早卒。

懋荣，字御元，德宏嗣子。娶恽氏。子二，昭裕、昭祥。女三。

七十七世西大房支

昭聚，字正方，懋开嗣子。娶顾氏。子一，声谱。

昭财，字昭法，懋畕公子。娶蒋氏。女一，适马庄湾陈。子一，声洽。

昭志，字应南，号明元，懋鲁公长子。娶蒋氏。子二，声文、声本。

昭忠，字振南，号明允，懋鲁公次子。娶陈氏。子二，声武、声骇。

昭恕，字庆南，号明九，懋鲁公三子。娶李氏、金氏。子一，声号。女三。

昭雯，字岳喜，号仁龙，懋泰长子。娶郑氏。子一，声咏。女一，适张。

昭飔，字仁凤，懋泰次子。娶陈氏。子二，声谐、声诜。女一，适张。

昭岳，字尊元，懋华公子。娶祁氏。子一，声训。

昭曒，字东元，懋乔子。娶张氏。子一，声诂，早卒，以昭湖子声谦兼祧。

昭旻，字东阳，懋岗长子。娶薛氏。子三，声访、声䜣、声调，三出嗣。

昭旦，字东升，懋岗次子。娶李氏。受继胞兄三子声调为嗣子。子一，声详。

昭旨，字东安，懋岗三子。娶恽氏。子一，声讥。

昭相，字明阳，懋斌长子。娶仇氏。女二，适殷、适钟。子一，声谟。

昭珏，字明鹤，懋斌次子。娶孙氏。子一，声谞。

昭湖，字明凤，懋斌三子。娶邓氏。女三，适邓、适马。子二，长声谦，出嗣昭曒为后，次声訚。

昭武，字汉章，懋鹍子。娶顾氏。子二，声侃、声倬。

昭宏，字凤喈，懋圣长子。娶钱氏。子二，声珍、声珠。

昭大，字凤申，懋圣次子。娶刘氏。子二，长声亮，次声豪，继弟昭裕为嗣。

昭韵，字鹤云，懋义螟蛉子。娶朱氏。

昭仲，字书大，懋道长子。娶李氏。女一，适杨。子二，声洋、声荣。

昭仁，字玉明，懋道三子。早卒。

昭侣，字书山，懋道四子。娶蒋氏。子二，声溢、声嘉。

昭仪，字书二，懋羔嗣子。娶秦氏。女一，适陈。子一，声浩。

昭裕，字鹤喈，懋荣长子。娶祁氏，入继昭大次子声豪为嗣。

昭祥，字鹤升，懋荣次子。

七十八世街西大房支

声谱，字专法，昭聚子。娶高氏。子四，洪奎、洪仪、洪喜、洪吉。

声洽，字方度，昭财子。娶钱氏。

声文，字宏道，昭志长子。娶白氏。女二，适沈、沈殷。以声骇子洪兴兼祧。

声本，字宏远，昭志次子，娶张氏。女一，适杨。

声武，字宏如，昭忠长子。早卒。

声号，字洪明，昭恕次子。娶杨氏。子一，洪高。女二，适丁、适宦。

声咏，字宏珅，昭雯子。娶毛氏。女三，适钱、适张、适丁。子二，洪晃、洪朗。

声谐，字通海，昭飏公长子。娶陈氏。女二，适陈、适马。以胞弟子洪美为嗣。

声诜，字福海，昭飏次子。娶陈氏、张氏。子一，洪美，兼祧继胞兄为嗣。

声训，字须德，昭岳子。娶邓氏、张氏。女二，适吴、适王。子一，洪儒。

声诂，字胜乾，昭暾子。早卒。

声谦，字良善，昭暾嗣子，昭湖长子。娶邓氏、商氏。子一，洪立。

声访，字宏叙，昭旻长子。娶杨氏。子一，洪宽。

声诉，字宏郎，昭旻次子。早卒。

声调，字宏玉，昭旦嗣子。娶秦氏。女一，适陈。子二，洪庆、洪云_{出嗣}。

声详，字胜达，昭旦次子。咸丰庚申被掳。娶戴氏，以声调次子洪云为嗣。

声讻，昭旨子。娶白氏。子二，洪耀、洪发。

声谟，字宏书，昭相子。

声谞，字致和，昭珏子。女一，适蒋。子一，洪灵。

声訚，字良庚，昭湖公次子。咸丰十年被掳。娶钱氏。

声侃，字法熊，昭武长子。咸丰十年殉难。娶张氏。女一，适白。子一，洪开。

声倬，字法彬，号梦熊。娶王氏。子一，洪启。

声珍，字红度，昭宏长子。娶张氏，妾赵氏。子一，洪吕。

声珠，昭宏次子。

声亮，字龙法，昭大长子。娶陈氏。

声洋，字冬发，昭仲长子。

声荣，字金法，昭仲次子。娶徐氏。子一，洪涯。女一。

声溢，字裕发，昭侣长子。娶吴氏、陈氏。女一。

声嘉，字银法，昭侣次子。娶恽氏。子一，洪鼎，出继声浩为嗣。

声浩，字春法。娶张氏，入继堂弟洪鼎为嗣。

声豪，字龙海，昭裕公嗣子。娶陈氏。女一，适柴。

七十九世街西大房支

洪奎，字行书，声谱长子。道光戊戌生。

洪仪，字庚书，声谱次子。道光辛丑生。

洪喜，字庚喜，声谱三子。被掳。

洪吉，字庚吉，声谱四子。咸丰辛亥生。

洪兴，字圣法，声骇子，声文兼祧子。娶张氏。子一，光朝。

洪高，字金保，声号子，道光癸卯生。娶王氏，道光戊戌生。

洪晃，字文峻，声咏长子。娶张氏。女一。

洪朗，字文秀，声咏次子。娶张氏。

洪美，字文龙，声诜子，声谐嗣子，道光戊申生。娶陈氏。

洪儒，字纪保，声训子。早卒。

洪宽，字大成，声访子。

洪庆，字文虎，声调子，咸丰辛亥生。娶陈氏。

洪云，字文林，声详嗣子。早卒。

洪耀，声讱长子，道光庚戌生。

洪发，声讱次子，咸丰甲寅生。

洪灵，字文廊，声谞子。被掳。

洪立，字顺廊，声谦子，同治戊辰生。

洪开，字孟川，声侃子，早卒。

洪启，字行川，号廷贵，声倬子。娶潘氏。

洪吕，字银泉，声珍子，道光乙酉生。

洪涯，字顺海，声荣子，同治庚午生。

洪鼎，字国瑞，声嘉子，声浩嗣子，同治癸酉生。

七十五世街西二房支

德溥，字九州，其岗长子。娶宗氏。子一，懋域。

德涵，字履温，其岗次子。娶陈氏。女二，适吕、适张。子一，懋金。

德重，字春元，其磬长子。娶薛氏。子五，懋方、懋成、懋山、懋经、懋纶。女一，适杨。

德盛，字连元，其玉嗣子。娶陈氏。女三，适张、适杨、适宦。子一，懋宣。

德雄，字近刚，其矶长子。娶王氏。子一，懋俊。

德鸿，字天如，其碑长子。娶刘氏。入继德温长子懋诗为嗣。

德潜，字一心，其碑次子。娶李氏。子二，懋耕、懋读。

德温，字仲湖，其碑三子。娶张氏。子二，懋诗、懋书，懋诗_{出嗣德洪为嗣}。

德清，字仲禄，其碑四子。娶夏氏。子一，懋耘。

德先，字勤生，其碏公嗣子。无传。

德淳，字善行，其磁长子。娶郑氏。子三，懋卿、懋臣_{出嗣}、懋义。

德宜，字近义，其磁次子。娶张氏。女一，适刘。子二，懋士、懋儒。

德宣，字近礼，其磁公三子。娶丁氏。子二，懋春、懋发。

德寅，字近智，其磁公四子。娶薛氏，以胞兄次子懋臣为嗣。

德蕴，字圣授，其增子。娶张氏、冯氏。子二，懋荆、懋阵。

德沦，字成文，其庑公嗣子。以堂弟次子懋富承嗣。

德淘，字心安，其广长子。娶巢氏。子一，懋寿。

德滔，字惠安，其广三子。娶陈氏。子三，懋福、懋富、懋贵，次出嗣。

德至，字子来，其征子。娶吴氏。子一，懋量。

德曜，字广明，其隆长子。无传。

德漩，字惠川，其隆长子。无传。

德涎，字济川，其隆次子。娶臧氏。无传。

德浦，字巨川，其隆三子。娶仇氏。无传。

德璋，字奉山，其材子。娶王氏。子一，懋孝。

德永，字孝思，其凤长子。无传。

德章，字玉相，其凤次子。无传。

德幽，字位大，其鸣公子。娶吴氏。子三，懋导、懋龙、懋理。

德冈，字远声，其阶子。娶周氏。子一，懋周。

德仁，字孟增，其诚公子。娶曹氏。子一，懋崧。

七十六世街西二房支

懋域，德溥子。以堂弟长子昭松为嗣。

懋金，字顺先，德涵子。娶孔氏。子二，长昭松_{出嗣}、次昭荣。

懋方，字行奎，德重长子。娶金氏。子二，长昭玲_{出嗣}、次昭江。

懋成，字行福，德重次子。娶陈氏。以四胞弟长子昭淮为嗣。

懋山，字三喜，德重三子。娶商氏、朱氏。子一，昭河。

懋经，德重四子，咸丰庚申殉难。娶钟氏。子二，长昭淮_{出嗣}、次昭汉。

懋纶，德重五子。娶盛氏、潘氏。子一，昭汝。

懋宣，字行寿，德盛子。以堂兄长子昭玲为嗣。

懋俊，字俊添，德雄子。娶马氏。子一，昭杰。

懋诗，字富高，德鸿嗣子。娶潘氏。子三，昭情、昭性、昭悭_{出嗣}。

懋耕，字行高，原名懋太，学生德潜公长子。娶刘氏、陈氏。子一，昭昶。

懋读，字继高，德潜公次子。娶杨氏。子二，昭南、昭卿。女二，适包、适刘。

懋书，字富行，德温次子。娶张氏。子三，昭悦、昭来、昭贵。次子昭来，从释，不载。

懋耘，字志高，德清子。娶丁氏。子一，昭贞，早卒，以堂兄三子昭悭为嗣。

懋卿，字明章，德淳长子。娶陈氏。子一，昭富。

懋义，字舜德，德淳三子。娶李氏。子二，昭宝、昭鹤。

懋士，字大章，德宜长子。娶顾氏。子二，昭贵、昭全。

懋儒，字俊章，德宜次子。娶管氏。子二，昭松、昭柏。

懋春，字瑞章，德宣长子。娶巢氏。子一，昭月。

懋发，字胜章，德宣次子。

懋臣，字秀章，德寅嗣子。子一，昭宗。

懋荆，字正荣，德蕴公长子。娶邓氏。子二，昭继、昭连。

懋阵，字胜传，德蕴次子。娶车氏。子一，昭明。

懋富，字长富，德沦嗣子。娶陈氏。子一，昭平。

懋寿，字长寿，德淘公子。娶陈氏。子三，昭喜、昭欢、昭乐。

懋福，字长福，德滔长子。娶陈氏。子一，昭吉，兼祧懋贵为嗣。

懋贵，字贵富，德滔三子。娶孙氏。以胞兄之子昭吉兼祧。

懋量，字连城，德玛子。娶周氏。子一，昭坤。

懋奎，字川大，德曜子。娶潘氏。子一，昭泉。

懋孝，字继纯，德璋子。娶雷氏。子一，昭元。

懋导，字天喜，德幽长子。娶潘氏。子二，昭发、昭方。

懋龙，字龙喜，德幽次子。娶刘氏。以懋理次子昭敏祧嗣。

懋理，字龙三，德幽三子。娶张氏。子二，昭能，早卒；昭敏，兼祧继胞兄懋龙为嗣。

懋周，字季洲，德冈子。无传。

懋崧，德仁子。无传。

七十七世街西二房支

昭松，字家珍，懋域嗣子。以堂弟长子声文为嗣。

昭荣，字峻德，号凤贺，懋金次子，乐舞生。娶丁氏。子三，声文、声扬、声广。长子继兄昭松为嗣。女一，适储。

昭江，字书文，懋方次子。娶毛氏，夫妇同日殉难。子二，声明、声沛。

昭淮，字英华，懋成嗣子。娶薛氏。子二，声涯、声清。

昭河，字景大，懋山子。娶秦氏。子二，长声昌、次声耀_{出嗣}。

昭汉，字正华，懋经次子。

昭汝，字如明，懋纶子。娶孙氏。以昭河次子声耀为嗣。女二，适钱、适恽。

昭玲，字九大，懋宣嗣子。

昭杰，字顺二，懋俊子。娶王氏。子一，声休。

昭情，字小坤，懋诗长子。

昭性，字小龙，懋诗次子。

昭昶，字大元懋耕子。娶曹氏。子一，声阳。女一，适金。

昭南，字达源，懋读长子。娶徐氏。子一，声和。女二，适杨、适严。

昭卿，字达卿，懋读次子。娶薛氏。子二，声稠、声秩。女一，适曹。

昭悦，字瑞昆，懋书长子。娶朱氏。子二，声进、声邌。

昭贵，字龙法，懋书三子。娶顾氏。子三，声迨、声迪、声遥。

昭贞，字顺法，懋耘子。早卒。

昭悭，字小法，懋耘嗣子。娶商氏。子一，声成。

昭富，字玉砚，懋卿子。娶丁氏。女一，适顾。子二，声根、声桂。

昭宝，字福良，懋义长子。娶邓氏。以昭宗次子声泉挑嗣。女一，适丁。

昭鹤，字金福，懋义次子。娶郑氏。子一，声荣。

昭贵，字玉明，懋士长子。娶秦氏。子二，声湘、声治。

昭全，字玉得，懋士次子。娶陈氏。

昭松，字学明，懋儒长子。被掳。娶陈氏。子二，声浚、声溶。女一。

昭柏，字学明，懋儒次子。娶徐氏。子一，声潮。

昭月，字玉振，懋春。娶唐氏。子一，声溁。

昭宗，字季年，懋臣子。娶费氏。子三，声涌、声泉、声源。次子兼继昭实为嗣。

昭继，懋荆长子。娶徐氏。无传。

昭连，字连冠，懋荆次子。娶王氏。子一，声振。

昭明，懋阵子。娶陈氏。子二，声松、声柏。女二，适恽、适包。

昭平，字万庆，懋富子。娶蒋氏。子一，声林。

昭喜，懋寿长子。娶贾氏。以胞弟次子声云嗣。

昭欢，字欢喜，懋寿次子。娶周氏。子三，长声雨、次声云_{出嗣}、三声星。女一，适丁。

昭乐，字春喜，懋寿三子。早卒。

昭吉，字万吉，懋福子。娶陈氏。女一，适陈。子一，声忠。

昭元，懋孝子。

昭发，字书法，懋导长子。

昭方，字书方，懋导次子。

昭能，字季方，懋理长子。早卒。

昭敏，字景方，懋理次子，懋龙兼祧嗣子。娶韩氏。女一。

七十八世街西二房支

声文，字廷仪，昭松嗣子。

声扬，字宏谟，号时鸣，昭荣次子，道光丁酉生。娶眭氏。

声广，字时灵，昭荣三子。

声明，字阿东，昭江长子，道光丁未生。客商在外。

声沛，字东宜，昭江次子，道光庚戌生。

声涯，字锡桂，昭淮长子。被掳。

声清，字全桂，昭淮次子。

声昌，字锡昌，昭河长子，同治乙丑生。

声耀，字宏昌，昭汝嗣子，同治丁卯生。

声休，字儒林，昭杰子。早卒。

声阳，字文开，号勖之，昭昶子。娶陈氏、金氏。女一。子一，洪钧。

声和，字文启，昭南子。娶管氏、韩氏。女三。子一，洪瑞。

声稠，字文澜，昭卿长子。娶商氏。子一，洪畅。

声秩，字文郁，昭卿次子。

声进，字景得，昭悦长子。娶吴氏、倪氏。子一，洪淇。

声遄，字文孝，昭悦次子。娶巢氏。女一。迁居魏村东滩港字三号。

声迬，字文德，昭贵长子。娶叶氏。

声迪，字须得，昭贵次子，道光己巳生。

声遥，字长得，昭贵三子，咸丰甲寅生。

声成，字文林，昭悭子。

声根，字传芳，昭富长子。娶钱氏。子二，洪俊、洪银。

声桂，字宜芳，昭富次子。

声泉，字荣庚，昭宝兼嗣子昭宗次子。娶商氏。子一，洪兴。

声荣，昭鹤子。早卒。

声湘，字朝品，昭贵长子。庚申殉难。

声治，字朝方，昭贵次子。

声浚，字桂方，昭松长子，道光乙巳生。被掳。

声溶，字茂方，昭松次子，咸丰辛亥生。

声潮，字芳林，昭柏子。

声溱，字若河，昭月子。早卒。

声涌，昭宗长子，娶毛氏、潘氏。

声源，字荣山，昭宗三子。

声振，昭连子。娶李氏。

声松，字松庆，昭明长子。娶蔡氏。

声柏，字百庆，昭明次子。娶李氏。咸丰庚申，夫妇同日殉难。

声林，字荣桂，昭平子。早卒。

声云，字季明，昭喜嗣子。娶谢氏。子一，洪炳。继胞兄声雨兼祧。

声雨，字季德，昭欢长子。以胞弟子洪桃。

声星，字龙明，昭欢三子，咸丰辛亥生。

声忠，昭吉子。早卒。

声芳，字云海，昭坤长子。被掳。

声莲，字荣河，昭坤次子，道光庚戌生。

声纯，字海荣，昭泉子。娶耿氏。子一，洪淮。

声涌，字涌泉，昭泉次子。

七十九世街西二房支

洪钧，字铭善，声扬子。咸丰丁巳生。

洪瑞，字宝善，声和子。咸丰己未生。

洪畅，字士善，声稠子。咸丰乙卯生。

洪淇，字玉麟，声进子。同治戊辰生。

洪俊，字克峻，声根长子。被掳。

洪银，字克银，声根次子。被掳。

洪兴，字发宣，声泉子。早卒。

洪炳，字遗庚，声云子，声雨兼祧子。同治辛未生。

洪淮，字汝洽，声纯子。同治辛未生。

七十五世街西八房支

德孚，字成一，其岳嗣子。娶商氏。女三。子二，懋贻、懋膏。

德泰，字舜年，其岱长子。娶朱氏。女一。子二，懋武、懋桂。

德润，字身修，其崴长子。以弟长子懋宗为嗣。

德恒，字寿福，其崴三子。娶陈氏。子二，长懋宗继兄德润为嗣、次懋族。

德图，字义端，其岳嗣子。娶祁氏。子二，懋玽、懋珥。

德泓，字清声，其崧次子。娶刘氏。子一，懋珊。

德福，字天申，其俊长子。娶钟氏。子一，懋兆。

德寿，字天助，其杰嗣子。娶苏氏、钱氏。子二，长懋照出继弟德建为嗣、次懋元。女一，适朱。

德建，字万有，其勋嗣子。娶管氏、孙氏。以兄长子懋照为嗣。

德涣，字文明，其栋子。娶孙氏。子一，懋洽。

德溶，字文焕，其枢长子。以德均子懋贡兼嗣。

德均，字秉公，其枢次子。娶江氏。子一，懋贡，兼嗣德溶为后。女一。

德文，字文庆，其梁长子。娶陈氏。子一，懋恒。

德造，字仲和，其尊长子。以弟长子懋朝为嗣。

德启，字仲林，其尊次子。娶秦氏。子四，懋朝继兄德造为嗣、次懋致、懋禄继弟德修为嗣、四懋吉。

德修，字仲双，其尊三子。娶林氏，以兄三子懋禄为嗣。

德中，字守真，其桢长子。娶于氏。子三，懋宏、懋华、懋永。懋华早卒。

德齐，字大鹏，其本子。娶时氏。子五，懋温、懋良、懋恭、懋俭、懋让。

德培，字义元，其桐嗣子。娶查氏。子一，懋仿。

七十六世街西八房支

懋贻，字高大，德孚长子。娶秦氏。子一，昭鸿。

懋膏，德孚次子。

懋武，德泰长子。娶范氏、刘氏。子四，昭坤、昭敬、昭漳、昭汉，次子昭敬继弟懋桂为嗣。

懋桂，德泰次子。娶高氏、吴氏。女一，适陈。以兄次子昭敬为嗣。

懋宗，德润嗣子。早卒。

懋族，字文宗，德恒子。早卒。

懋玘，字文德，德图长子。娶朱氏。子二，昭佑、昭穆。

懋珥，字文行，德图次子。娶张氏。子一，昭云。

懋珊，字文高，德泓子。娶钟氏。子二，昭庚、昭法。

懋兆，字兆元，德福子。娶史氏。子一，昭聪。

懋元，字赦年，德禄子。娶周氏。子二，长昭礼。次昭义，届继懋照为嗣。

懋照，字顺年，德建嗣子。以弟次子昭义为嗣。

懋洽，德涣子。娶邓氏、徐氏。子一，昭全。

懋贡，字常雄，德均子，德溶兼祧子。娶曹氏。子一，昭星。

懋恒，字顺行，德文子。娶陈氏、王氏。以德均子昭星嗣。

懋朝，字朝洪，德造嗣子。

懋致，字季祥，德启次子。

懋吉，字理吉，德启四子。被掳。娶朱氏。女一，适吴。

懋禄，德修嗣子。娶王氏，女一。

懋宏，字文珩，德中子。娶周氏。子一，昭善。

懋永，字五二，德中三子。娶张氏。女一，适毛。子二，昭财、昭源。

懋温，字隆吉，德齐长子。

懋良，字盛山，德齐次子。

懋恭，字盛隆，德齐三子。

懋俭，字顺喜，德齐四子。早卒。

懋让，字顺五，德齐五子。

懋仿，字庚宏，德培子。娶于氏。子一，昭道。

七十七世街西八房支

昭鸿，懋贻子。被掳。娶魏氏。子一，声吉。女一。

昭坤，字万大，懋武长子。娶邓氏、恽氏，夫妇殉难。子一，声佳。

昭漳，字成大，懋武三子。娶章氏。子一，声祥。

昭汉，字五大，懋武四子。娶张氏。

昭敬，字书度，懋桂嗣子。娶刘氏。子二，声良、声斗。

昭佑，字达喜，懋玘长子。娶潘氏。子一，声远。

昭云，字银凤，懋珥子。以堂弟昭佑子声远兼祧。

昭庚，字龙法，懋珊长子。

昭法，字法行，懋珊次子。

昭聪，懋兆子。娶周氏。子一，声名。女一，适钟。

昭礼，字兆俊，懋元长子。娶陈氏。子一，声宣，兼嗣昭义为嗣。女二。

昭义，字兆启，懋照嗣子。以昭礼子声宣祧。

昭全，字虎文，懋洽子。娶徐氏。子二，声书、声玉。女二，适陈、适潘。

昭星，字新法，懋贡子，懋恒嗣子。娶刘氏。子三，声珍、声珠、声球。

昭善，字凤得，号庆风，懋洪子。娶恽氏、钱氏。女一，适王。子一，声洁。

昭财，字品臣，懋永长子。被掳。娶巢氏。子一，声全，早卒。

昭源，字品全，懋永次子。娶张氏。

昭道，字书招，懋仿子。娶谢氏。子一，声清。

七十八世街西八房支

声吉，字季庚，昭鸿子。道光庚戌生。

声佳，字通法，昭坤长子。道光乙巳生。

声祥，字圣法，昭漳子。早卒。

声良，字廷和，昭敬长子。娶祁氏。

声斗，字廷荣，昭敬次子。被掳。

声远，昭佑子，昭云兼祧子。娶潘氏。

声名，字顺高，昭聪子。娶钱氏。女一，适周。

声宣，字安行，昭礼子，昭义兼祧子。娶周氏。子一，洪树，兼继声书嗣。

声书，字庆书，昭全长子。娶杨氏。入继声宣子洪树兼嗣。

声玉，字庆玉，昭全次子。娶苏氏。女一，适姜。

声珍，字金玉，昭星长子。殉难。

声珠，字全虎，昭星次子。娶王氏。女一。

声球，字金桂，昭星三子。娶仇氏。

声洁，字大有，昭善子。娶钱氏。以声清长子洪俊为嗣。

声清，字大全，昭道子。娶罗氏。子一，洪俊，嗣声洁为后。女二。

七十九世街西八房支

洪树，字乾标，声宣子，声书兼嗣子。

洪福，声玉嗣子。

洪寿，声珠子。

洪俊，字荣华，号月斋，又号溪堂，声洁嗣子，声清子。

七十五世街西房支

德敷，其嵝公子。早卒。

德君，字季松，其说嗣子。娶陈氏。子一，懋荣。

德臣，字明松，其方次子。娶李氏。子一，懋华。

德意，字寿松，其方三子。娶管氏。子四，懋宝、懋玉、懋升、懋发。

德仁，字文周，其全嗣子。娶马氏。子一，懋溱。

德义，字富周，其祥次子。娶袁氏。子一，懋源。

德章，字瑞周，其年嗣子。娶刘氏。子二，懋缠、懋洧。

德全，字志周，其岗长子。娶罗氏。子一，懋萱。

德企，字启周，其岗次子。娶张氏。子一，懋菽。

德会，字韶周，其岗公三子。无传。

德余，字子俊，其岗四子。无传。

德申，字维周，其华长子。娶薛氏、恽氏。子二，懋隆、懋兴，次出嗣。

德和，字行周，其华次子。娶钱氏，入继德申次子懋兴为嗣。

德介，字子延，其崔长子。娶蒋氏。子三，懋英、懋陞、懋阶，三子出嗣。

德金，字金周，其崔次子。以德介三子懋阶为嗣。

德先，字季宜，其勇子。以德忠次子懋节为嗣。

德忠，字季成，其冲公嗣子。娶袁氏、王氏、马氏。子二，长懋任、次懋节_{继弟德先嗣}。

德浩，字书林，其良长子。娶朱氏。子一，懋津。

德荡，字书先，其善嗣子。无传。

德高，字圣皋，其方子。娶徐氏。子二，懋聪、懋明。

德行，字顺高，其英长子。无传。

德寿，字绥高，其恭嗣子。无传。

德传，字喈高，其让长子。娶仇氏。子二，懋曦、懋晖_{出嗣弟德嗣后}。

德源，字长年，其仁长子。无传。

德沾，字增元，其仁次子。无传。

德昌，字鲁窗，其充次子。娶何氏。子一，懋盛。

七十六世街西五房支

懋荣，字正芳，德君子。娶金氏、秦氏。子五，昭炘、昭耀、昭炳、昭灯、昭耿，次出嗣懋任，弟五出嗣懋华兄。女一，适张。

懋华，字玉书，德臣子。娶张氏，以懋荣子昭耿为嗣。

懋宝，字玉佳，德意长子。

懋玉，字玉洪，德意次子。娶商氏、贾氏。

懋升，字玉山，德意三子。娶丁氏。子一，昭瑄。女一，适张。
懋发，字玉法，德意四子。娶吴氏、孙氏。以懋洧子昭琭为嗣。
懋溱，字舒龙，德仁子。娶陈氏。子二，昭瑚、昭璜。女三，适刘、适潘、适陈。
懋源，字书庚，德义子。娶邹氏。子二，昭琨、昭琏。
懋缠，字书方，德章长子。早卒。
懋洧，字舒宏，德章次子。娶储氏。子三，昭球、昭琭、昭季，次出嗣。
懋萱，字正祥，德全子。无传。
懋菽，字正瑞，德企子。娶刘氏。女一，适管。子一，昭珍。
懋隆，字子龙，德申长子。娶李氏。以懋兴长子昭理为嗣。女一，适季。
懋兴，字正欣，德和嗣子。娶刘氏。子二，长昭理_{出嗣}、次昭璜。女二。
懋英，字富龙，德介长子。早卒。
懋陞，字行隆，德介次子。娶邓氏。子三，昭瑃、昭玢、昭瑺。
懋阶，字庆隆，德金嗣子。娶巢氏。子二，昭璠、昭明。
懋节，字正元，德先嗣子。无传。
懋任，字三元，德忠长子。娶周氏。以懋荣次子昭耀为嗣。
懋津，字衡儒，德浩子。娶陈氏。
懋聪，字顺章，德高长子。无传。
懋明，字云章，德高次子。
懋曦，字建章，德传长子，娶仇氏。子一，昭灯。
懋晖，字卓章，德嗣公嗣子。早卒。
懋盛，字申发，德昌子。

七十七世街西五房支

昭忻，字传金，懋荣子。娶叶氏。
昭炳，字传行，懋荣三子。
昭灯，字传富，懋荣四子。娶吴氏、邓氏。女二。
昭耿，字传兴，懋华嗣子。
昭瑄，字来成，懋升子。娶巢氏。
昭琭，字达武，懋发嗣子。娶王氏。
昭瑚，字学礼，懋溱长子。被掳。
昭璜，字学道，懋溱次子。
昭琨，字传保，懋源长子。客外。
昭琏，字峻保，懋源次子。娶张氏。子一，声荣，客外。

昭球，懋洧长子，娶姜氏。

昭季，字达勇，懋洧三子。

昭珍，字玉桂，懋菽子。

昭理，字桂庄，懋隆嗣子。娶丁氏。子三，声谨、声祺、声谕。女三，适商、适袁、适殷。

昭璜，字玉庄，懋兴次子。娶萧氏。子一，声谐。女一，适刘。

昭瑃，字盛玉，懋陞长子。娶高氏。

昭玢，字顺发，懋陞次子。娶庄氏。子二，声尧、声舜，声舜出嗣昭明后。

昭瑞，字顺高，懋陞三子。娶邓氏。

昭璠，字传玉，懋阶长子。

昭明，字传海，懋阶次子。娶邓氏。以昭玢次子声舜为嗣。

昭耀，字传春，懋任嗣子。娶杨氏。子一，声豪。女二，长适巢。

昭灯，字进明，懋曦子。娶朱氏。

七十八世街西五房支

声荣，字云梁，昭琏子。被掳。

声信，字森茂，昭球子。

声谨，字圣伦，昭理长子。娶恽氏。

声祺，字达伦，昭理次子。

声谕，字住伦，昭理三子。娶邓氏。

声谐，字余伦，昭璜子。娶秦氏。

声尧，字汝金，昭玢长子。

声舜，字汝曾，昭明嗣子。

声豪，字金招，昭耀子。

七十五世街西前房支

德秀，字圣功，其奋子。娶陈氏。无传。

德时，字天球，其奏长子。娶金氏。以德厚之子懋凤兼祧。

德厚，其谋嗣子，娶周氏。子一，懋凤出嗣。

德辉，字仪廷，其嵋嗣子。娶陈氏。无传。

德望，字枚臣，其崥子。娶祁氏。子二，懋辰、懋梨。

德明，字克峻，其峘子。娶臧氏。子一，懋智。

德招，字代彰，其嶍子。娶郑氏，子一，懋昌。

德高，字圣大，其宽子。无传。

德山，字圣祥，其宗子。游学在外。

德产，字林玉，其华嗣子。娶沈氏。子一，懋贤。

德业，字君修，其贽嗣子。娶徐氏。

德正，字圣文，其贵子。娶焦氏。子二，懋顺、懋林。

德富，字圣宣，其聪子。娶朱氏。子一，懋径。

德诚，其荣公子。娶秦氏。以族兄次子懋珍为嗣。

德金，字圣荣，其顺子。娶俞氏。子二，懋楚、懋珍，次懋珍出嗣德诚弟后。

德孚，字盛行，其峨次子。娶朱氏。无传。

德后，字敦如，其巘子。娶邹氏。子一，懋信。

德仰，字泰来，其骥长子。娶恽氏。子二，懋诰、懋诏。

德悦，字太林，其骥次子。无传。

德勤，字金生，其峻长子。娶顾氏。以德家长子懋乾为嗣。

德俭，其峻次子。以德家次子懋坤为嗣。

德成，字寅生，其峻三子。以德家三子懋坎为嗣。

德家，字富生，其峻四子。娶陈氏。子六，懋乾、懋坤、懋坎、懋艮、懋巽、懋兑。女一，适恽。长、次、三、六俱出嗣。

德本，字玉生，其峻五子。娶陈氏。以德家六子懋兑为嗣。

七十六世街西前房支

懋凤，字达升，德时兼嗣子。娶仇氏、张氏。子二，昭容、昭宣。

懋辰，字仁林，德望长子。无传。

懋梨，字九龄，德望次子。无传。

懋智，字元林，德明子。娶梅氏。无传。

懋昌，德招子。娶梅氏。无传。

懋贤，德产子。娶巢氏。以堂兄次子昭海为嗣。

懋顺，字季绶，德正长子。流居在外。

懋林，字林寿，德正次子。流居在外。

懋径，德富子。娶金氏。子二，长昭隆，次昭海，桃懋贤为嗣。

懋珍，字富龙，德诚嗣子。

懋楚，字令龙，德金长子。

懋信，德后公子。徙居东角。

懋诰，字福瑞，德仰长子。无传。

懋诏，字边瑞，德仰次子。无传。

懋乾，字志富，德勤嗣子。以懋巽之子昭发为嗣。

懋坤，字须隆，德俭嗣子。

懋坎，字明富，德成嗣子，娶朱氏。

懋艮，字心富，德家四子。

懋巽，字圣武，德家五子。娶郑氏。子一，昭发，出嗣。

懋兑，字六富，德本嗣子。娶张氏。

七十七世街西前房支

昭容，懋凤长子。娶陈氏。子二，声恂、声恺，次子声恺兼继昭宏为嗣。

昭宣，懋凤次子。娶王氏。

昭海，字季春，懋贤嗣子，懋径次子。娶吕氏、陈氏。子二，声翕、声绎。

昭隆，字季贞，懋径长子。娶丁氏。子一，声应，早卒，以胞弟长子嗣。

昭发，字传得，懋乾嗣子。娶郑氏，以房弟次子声翕为嗣。

昭宏，字季长，懋坎子。以昭容次子声隆兼嗣。

七十八世街西前房支

声恂，字金孝，昭容子。

声翕，字顺兴，号雅堂，昭隆嗣子，昭海长子，昭发嗣子。

声绎，字顺林，号树堂，昭海次子。

声恺，字赓扬，昭宏嗣子。

言氏家乘卷二十五

七十五世小都曹巷支

德谋，字文儒，其焕嗣子。娶查氏。子四，懋功、懋龙、懋昭、懋贞，懋功出继德声为嗣，懋贞出继德范为嗣。

德权，字取中，其岖长子。娶钱氏。子二，懋莲、懋芸。

德度，字容均，其岘嗣子。娶王氏。子一，懋芝。

德轨，字道揆，其峿长子。无传。

德矩，字士行，其峿次子。娶武氏。子一，懋臣。

德彦，字文博，其巍长子。无传。

德方，字文正，其巍次子。无传。

德容，字文华，其巍三子。无传。

德声，字文荣，其显长子。娶刘氏。以德谋长子懋功为嗣。

德模，字文奎，其显次子。娶谢氏。子一，懋忠。

德范，字文英，其显三子。娶朱氏。以德谋四子懋贞为嗣。

德渊，字文标，其璹长子。

德厚，字近和，其璹次子。

德泰，字国安，其仁嗣子。娶张氏、陈氏。子一，懋俊。

德奇，字龙高，其明子。娶吴氏。女一，适秦。子二，懋典、懋型。

德仁，字季欣，其起长子。娶沈氏。子二，懋安、懋壬。

德义，字龙兴，其起次子。娶曹氏。子一，懋璿。

德礼，字龙山，其起三子。娶睦氏。子二，懋华、懋彩。

德智，字顺昭，其发长子。娶周氏。子一，懋绩。

德信，字顺宜，其发次子。娶眭氏。

德明，字名得，其龙长子。无传。

德叙，字瑞得，其虎嗣子。无传。

七十六世小都曹巷支

懋龙，字学博，德谋次子。

懋昭，字学厚，德谋三子。娶蒋氏。

懋莲，德权长子。早卒。
懋芸，德权次子。早卒。
懋芰，德度子。娶余氏。子一，昭隆。
懋臣，字顺川，德矩子。
懋功，字学高，德声嗣子。娶刘氏。子二，昭峻、昭杰。
懋忠，字学九，德模子。娶刘氏。子一，昭俭。
懋贞，字慎九，德范嗣子。娶杨氏。子一，昭泰。
懋俊，字顺章，备泰子。娶曹氏。子一，昭法。
懋典，字瑞周，德奇长子。娶尤氏。
懋型，字瑞发，德奇次子。
懋安，字连喜，德仁长子。以堂兄之子昭良为嗣。
懋壬，字元喜，德仁次子。娶陈氏。子二，昭统。
懋瑢，字连英，德义子。娶周氏。子一，昭良，祧堂弟懋安为嗣。
懋华，字天大，德礼长子。娶尤氏。子二，昭温、昭恭。
懋彩，字天如，德礼次子。
懋绩，字宏深，德智子。娶查氏、韩氏。子一，昭来。女一，适陈。

七十七世小都曹巷支

昭隆，懋芰公子。
昭峻，字舒德，懋功长子。以堂弟昭俭子声辉为嗣。
昭杰，字庆度，懋功次子。娶郑氏。
昭俭，字圣琦，懋忠子。娶曹氏、陈氏。子一，声辉，祧昭峻、昭泰兼嗣。
昭泰，字洪奇，懋贞子。娶于氏。以昭俭子声辉祧嗣。
昭法，字季瑶，懋俊子。娶陆氏。无传。
昭统，字长发，懋瑢子、懋安嗣子。
昭温，字长行，懋华次子。
昭来，字国泰，懋绩子。娶秦氏。

七十八世小都曹巷支

声辉，字金书，昭俭子，昭峻、昭泰兼祧子。

七十五世小都支

德贵，字九高，其财长子。娶陈氏。子二，懋毅、懋成，次子出嗣德名后。
德名，字年高，其财次子。以胞兄次子懋成为嗣。
德源，字墩元，其顺长子。娶李氏、薛氏。女一，适韩。以弟之子懋成为嗣。

德流，字年源，其顺次子。以兄子懋毅为嗣。

七十六世小都支

懋毅，字鲠大，德贵长子，德流嗣子。

懋成，字鲠保，德贵次子，德名嗣子，德源嗣子。

言氏家乘卷二十六

第八十世街西四房支

光律，洪宣公子。同治二年殉难。

光招，字锡镕，洪惠公长子。同治乙丑生。

光晞，字云保，洪慈嗣子。同治壬申生。

第八十世街东大房支

光魁，洪孝子。同治壬申生。

第八十世街东十房支

光曦，字锦荣，洪范嗣子。同治乙丑生。

光朝，字森荣，洪泉长子。同治庚午生。

第八十世仲庄支

光恒，字添开，洪江长子。

光福，字天玉，洪江次子。娶邱氏。子一，裕和。

光禄，字天山，洪江三子。无传。

光寿，字天和，洪江四子。无传。

光前，字有恒，洪海长子。娶郑氏、蒋氏。子二，裕后、裕均。

光宗，字嘉兴，洪湖长子。以光彩长子裕隆为嗣。

光彩，字嘉瑜，洪湖次子。娶胡氏。子三，裕隆出嗣、次裕朝、三裕酴。女二。

光照，字天成，洪淮子。娶蒋氏。子五，裕庆、裕海、裕庝、裕屾、裕霄。

光邦，字天祥，洪汉长子。娶郑氏。子一，裕艳。

光廷，字天瑞，洪汉次子。娶吴氏。子二，裕礽、裕䪿出嗣。

光远，字天益，洪泗子。咸丰庚申被掳。娶殷氏。以光廷次子为嗣。

光泰，字间如，洪济长子。娶黄氏。子裕服。

光华，字宗伦，洪济次子。

光清，字侃如，洪济三子。同治三年被掳。娶周氏。子裕丹。

光发，字仪大，洪渊子。娶蒋氏、黄氏。以光照四子裕屾为嗣。

光治，字秀山，号有文，洪泽嗣子。娶蒋氏。子五，裕儨、裕韵、裕槷、裕阜、裕晶。女二，长适刘，次子韵出嗣胞弟光史受嗣。

光世，字秀川，一字有章，洪澍次子。娶陈氏。子二，裕姱、裕修，次出嗣。

光史，字顺清，号有经，洪澍三子。娶李氏。子二，裕贻、裕业早卒，以胞兄次子裕韵受嗣，又以次胞兄光世次子裕修应嗣。

光策，字燕明，号有纬，原名国庆，洪澍四子。娶李氏。子一，裕遠。

光熊，字东启，洪澍五子。

光日，字升云，洪骊长子。以光礼次子裕赿为嗣。

光星，字荣朝，洪骊三子。同治三年被掳。娶刘氏。

光礼，字荣方，洪骐子。娶陈氏。子二，裕旭、裕赿出嗣。

光信，字荣庆，洪骥子。

光宏，字春元，洪祥子。咸丰庚申被掳。

光春，字春红，洪伦长子。咸丰庚申被掳。娶朱氏。

光孝，字小红，洪伦次子。早卒。

光迊，字春南，洪轩长子。道光壬寅生。

光迓，字遵南，洪轩次子。道光甲辰生。

光逾，字法南，洪轩三子。道光丁未生。

光匃，洪程长子。道光庚戌生。

光廙，洪程次子。咸丰壬子生。

光霍，字洪九，号隆法，洪程三子。咸丰丙辰生。

光池，字锦表，洪明次子。早卒。

光淋，字沛荣，洪明次子。早卒。

光停，字锦昌，洪高子。早卒。

光艳，字庆敖，洪明兼嗣子。娶巢氏。

光豁，字金亮，洪川子。咸丰丙辰生。

光曜，字敖书，洪朝子。被掳。

光迦，字敖中，洪廷公子。被掳。

光涵，字庆二，洪廷嗣子，洪淇次子。

光跃，字庆大，洪兴子。娶葛氏。

光辉，字裕方，洪谋长子。

光耀，字遇清，洪谋次子。

光迪，字雨芳，洪庭长子。

光甲，字庆方，洪庭次子。

光连，字芳三，洪庭三子。娶巢氏。洪溱嗣子。

光旺，字芳四，洪庭四子。娶巢氏。

光艳，字庆敖，洪淇长子。

光骢，字正海，洪洽子。

光骈，字正和，洪濬子。

光骘，字季宗，洪怿子。

光跊，字通孝，洪荻子。

光启，字秀法，洪仁嗣子。以光茂长子裕欢兼祧。

光茂，字季安，洪义次子。娶汪氏。子二，裕欢出嗣、次裕啸。女二，长适巢。

光搕，字纪敖，洪义三子，洪道嗣子。

光芝，字纪福，洪礼子。咸丰乙卯避难游荡在外。

光瓯，字纪顺，洪楠子，洪信嗣子。

光棁，字纪绶，洪弼子。以光盛次子为嗣。

光和，字纪朝，洪开子。娶张氏。以光盛三子裕阁为嗣。

光盛，字汝能，洪寿子。娶符氏。子四，裕闓、裕闿、裕阁、裕阒，次、三出嗣。

光守，字书玉，洪富长子。娶周氏。子一，裕祥。

光勤，字书龙，洪富次子。娶杨氏。子一，裕溢，兼嗣光俭为后。

光俭，字山龙，洪富三子。娶蒋氏，以光勤子裕溢为嗣。

光立，洪福长子，娶王氏、恽氏。子裕银。

光成，字汝宜，洪福次子。娶邱氏。子一，裕叽出嗣。

光正，字汝南，原名邦直，洪福三子。邑庠生。娶钱氏、蒋氏。女二。

光伦，洪福四子。娶恽氏。以光成子裕叽为嗣。

光学，字德茂，洪明子。娶巢氏。以光聚次子裕闱兼嗣。

光聚，字舒受，洪图长子。娶孙氏。子二，长裕阒出继光通为嗣、次裕闱出继光学为嗣。

光通，字达寿，洪图次子。以光聚长子裕阒嗣。

光田，字玉书，洪柏子。娶潘氏。以光衍子裕彡嗣。

光恢，字裕清，洪日子。娶郑氏。

光煮，字乾清，洪月嗣子，洪星子。

光瀞，字书连，洪玉子，洪树嗣子。

光衍，字林大，洪金子，洪章嗣子。娶束氏。子裕彡出嗣。

光福，字国仲，洪书嗣子，洪魁长子。娶蒋氏。子一，裕顼。

光愁，字国仕，洪兰嗣子，洪泰长子。

光禄，字国佐，洪魁次子。娶蒋氏。

光寿，字国儒，洪魁三子。

光珥，字国均，洪泰次子。

光竽，洪永子。

光颁，字会宾，洪兴长子。娶蒋氏。

光颥，字球进，洪兴次子。

光锦，洪书子。

光金，字一封，洪诰嗣子。娶吕氏。子裕魁。

光正，字林松，洪范长子。

光庸，字万封，洪范次子。娶巢氏。

光富，字祥封，洪文长子。

光贵，字万封，洪文次子。

光荣，字封三，洪文三子。

光何，字金玉，洪泉次子。

光艳，字永盛，号本立，洪连嗣子，洪宝子。

八十一世仲庄支

裕和，字启茂，光福子。娶蒋氏。子二，庆衍、庆彴。女二，适周、适恽。

裕后，字乾春，光前长子。娶孙氏。子二，庆碑、庆砚。

裕均，字遇春，光前次子。流居在外。

裕隆，字长读，光宗嗣子。

裕朝，字长耕，光彩次子。

裕豁，字朝庆，光彩三子。

裕庆，光照长子。娶李氏。子一，庆壮。

裕海，光照次子。娶周氏。

裕庌，光照三子。娶刘氏。

裕岼，字余中，光照四子，光发嗣子。

裕霏，字遇林，光照五子。

裕艳，字瑜定，光邦子。

裕礽，字余福，光廷长子。

裕礥，字裕寿，光廷次子，光远嗣子。

裕服，字汝藩，光泰子。

裕丹，字于芳，光清子。

裕益，光发子。早卒。

裕賮，字忠信，光治长子。娶张氏。子一，庆绽。

裕斄，字应达，光治三子。

裕皋，字乾升，光治四子。

裕晶，字晋宾，光治五子。

裕婍，字书德，号杏林。娶蒋氏。

裕贻，字愈茂，光史长子。娶袁氏。

裕韵，字寿祺，光史受嗣子。娶常氏、张氏。

裕业，字于铨，光史次子。早卒。

裕修，字书芳，号翰卿，光史应嗣子。

裕遥，字庄生，号良佐，光策子。

裕馗，字瑜昆，号中才，光日嗣子。娶胡氏。

裕旭，字瑜存，号进卿，光礼长子。

裕欢，光启兼嗣子。

裕啸，字裕德，光茂次子。

裕闾，字雨松，光梾嗣子。

裕阁，字雨申，光和嗣子。

裕閗，字雨真，光盛长子。

裕闑，字雨宏，光盛四子。

裕祥，光守子。

裕滏，字雨法，光勤子，光俭嗣子。

裕银，光立子。

裕叽，字金开，光成子，光伦嗣子。

裕闲，字雨莲，光学嗣子。

裕阒，字裕开，光聚长子。

裕彡，光田嗣子，光衍子。

裕项，字忠海，光福子。

裕魁，光全子。

八十二世仲庄支

庆衍，字季富，裕和长子。

庆衕，字景鸿，裕和次子。

庆碑，裕后长子。

庆砚，字应鸿，裕后次子。

庆壮，字牧保，裕庆子。

庆丰，字宜保，裕庆次子。

庆绽，字今孝，号育才，裕赟子。

八十世前臧墅支

光国，洪谟长子。娶臧氏。以光家之子裕发兼嗣。

光家，洪谟次子。娶冷氏、周氏。子一，裕发，兼嗣光国后。

光耀，洪绪长子。娶戎氏。子二，裕朝、裕秀。

光文，字金元，洪猷长子。娶袁氏。子一，裕德。

光武，字宜元，洪猷次子。娶陈氏。子一，裕年。

光瑞，字松元，洪范长子。娶殷氏。子二，长裕忠，次裕吉 出嗣。

光宇，字士昌，洪范次子。娶朱氏。

光焕，字法尧，洪才子。娶徐氏。以光辉次子经为嗣。

光流，字川灵，洪训长子。娶吴氏，以光瑞次子裕吉为嗣。

光照，字小川，洪训次子。

光三，洪训三子。流落在外。

光覆，字占元，原名慎余，洪文长子。乡饮介宾。娶周氏。子三，裕昌、裕丰、裕茂 出继光大为嗣。

光载，字庚元，洪文次子。娶周氏。子二，长裕礼、次裕海 出嗣。

光表，洪林子。被掳。

光正，字庆元，洪遇长子。娶张氏。子一，裕泽。

光大，洪裕公次子。娶周氏。以光覆次子裕茂为嗣。

光洁，字双寿，洪庚子。娶蒋氏。以光载次子裕海为嗣。

光渐，字茂方，洪章子，洪刚兼祧子。娶戎氏。子裕春。

光灿，字汝荣，原名邦泽，洪烈嗣子。太学生，被掳在外。娶蒋氏、胡氏。子一，裕源。女适罗。

光和，字汝谐，原名邦忠，洪纪长子。职员。娶潘氏。子一，裕耕。

光顺，字汝为，洪纪次子。娶邱氏。

光积，字汝贤，洪纪三子。

光中，字汝舟，原名邦达，洪纪四子。邑庠生。娶蒋氏。子一，裕畴。

光晔，字学成，洪九长子。娶蒋氏。子五，裕本、裕亨、裕远、裕章、裕兴。

光皦，字汝成，洪畴嗣子。娶殷氏、邱氏。子二，裕选、裕进。

光镇，字汝范，原名邦镇，洪范次子。监生。娶叶氏。

光旭，字汝弼，原名邦泰，洪仪三子。监生。娶陈氏。子一，裕昆。

光黼，字玉润，洪亮子。早卒。

光美，字汝培，洪亮嗣子。娶戚氏。

光显，字汝玉，原名邦本，洪毅长子。职员。娶蒋氏。子一，裕纶。

光昱，字永德，洪基嗣子。

光明，字达书，洪德子。娶汤氏。子裕奎。

光德，洪业子。娶邱氏。

光皎，字永秀，洪士长子。娶袁氏、张氏。

光昌，字通海，洪度长子。娶陈氏。

光盛，字福度，洪度次子。

光斗，洪度三子。咸丰庚申被掳。

光荣，洪仁嗣子。娶陈氏。女一，适蒋。

光书，洪道次子。娶戎氏、吴氏。子一，锦孝。

光发，洪桂嗣子。娶江氏、王氏。子一，裕兆。

光临，洪勋长子。

光元，洪勋次子。

光舟，洪勋三子。

光明，洪勋四子。

光奇，字启顺，洪吉长子。娶宋氏。

光雅，字顺元，洪吉次子。娶恽氏。

光秀，字顺庚，洪吉三子。娶袁氏。

光旦，字方明，洪畿长子。

光上，字乾明，洪畿次子。娶蒋氏、荆氏。子一，裕孝。

光祖，字亦民，洪都嗣子。

光叙，字得人，洪廷子。娶邱氏。

光被，字道明，洪邦长子。

光起，字玉明，洪邦次子。

光普，字亦清，洪惠公子。

光喜，字双吉，洪国子。娶张氏。子一，裕龙。

光荣，字双庆，号龙秀，洪家子。

八十一世前戚野支

裕发，光国嗣子。娶袁氏。子三，庆祯、庆祥、庆余。

裕朝，光耀长子。娶祁氏。子一，广泰。

裕秀，光耀次子。娶陈氏。子一，广镕。

裕元，字敖明，光辉长子。

裕德，字守和，光文长子。娶殷氏。子二，广寿、广龄。女一，适刘。广龄出嗣。

裕年，字汝德，光武子。娶陈氏。以裕德次子广龄为嗣。

裕忠，光瑞长子。娶王氏、项氏。子二，广远、广有。

裕经，字顺林，光焕嗣子。聘戴氏。

裕吉，光流嗣子。娶汪氏。子二，广昌、广朋。

裕昌，光覆长子。娶周氏。子三，广福、广和、广云。女二，适谢、适薛。

裕丰，光覆三子。娶殷氏。子一，广瑞。

裕礼，字顺昌，光载长子。娶蒋氏。

裕泽，字海潮，光正子。

裕茂，光大嗣子。娶吴氏。子二，广禄、广隆。

裕海，光洁嗣子。娶祁氏。

裕春，光浙子。

裕源，字永铭，光灿子。聘周氏。

裕耕，字肇德，号燮和，光和长子。娶张氏。

裕畴，字福孝，光中子。

裕本，字大顺，光晔长子。被掳在外。娶邵氏。子一，广海。

裕亨，字理顺，光晔次子。娶宋氏。子一，广生。

裕远，字豫顺，光晔三子。娶巢氏。

裕章，字正顺，光晔四子。

裕兴，字永顺，光晔五子。

裕选，字保顺，光皦长子。娶蒋氏。

裕进，字焕顺，光皦次子。聘袁氏。

裕昆，字永茂，光旭长子。

裕纶，字沛泉，光显子。

裕奎，字合兰，光明子。娶徐氏。

裕谦，字锦孝，光书子。聘夏氏。

裕兆，字金连，光发子。

裕孝，字顺开，光上子。

裕龙，光喜子。

八十二世前臧墅支

庆祯，字春度，裕发长子。娶潘氏。子二，肇源、肇熊。

庆祥，字小春，裕发次子。被掳。

庆余，字永春，裕发三子。

庆泰，字春年，裕朝子。娶孙氏。

庆镕，字福宜，裕秀子。

庆寿，字治林，裕德长子。

庆龄，裕年嗣子。

庆远，裕忠长子。

庆有，裕忠次子。

庆昌，裕吉长子。

庆朋，字福大，裕吉次子。

庆盛，字圣大，裕吉三子。

庆福，字用宾，裕昌长子。娶恽氏、郑氏。子一，肇连。

庆和，字国宾，裕昌次子。娶刘氏。

庆云，字尚宾，裕昌三子。被掳。

庆瑞，字用庄，裕丰子。被掳。

庆禄，字用行，裕茂长子。

庆隆，字用立，裕茂次子。

庆海，裕本子。聘邱氏。

庆生，字俊德，裕亨子。

八十三世前臧墅支

肇源，庆祯长子。同治戊辰生。

肇熊，庆祯次子。

肇连，字云林，庆福子。

八十世后臧墅支

光贵，字复初，洪龙子。咸丰癸丑生。娶巢氏。

光学，字行和，洪虎长子。聘郑氏。

光铭，字双和，洪虎次子。

光谟，字和孝，洪宝嗣子。

光富，字庚福，洪智子。娶蒋氏。

光仁，字庚孝，洪智二子。

光连，字孝清，洪业子。

光玉，字龙孝，洪开长子。娶巢氏。

光金，字龙书，洪开次子。

金阳，字学均，洪为嗣子。

光昭，字学海，洪治次子。

光溶，字季得，洪连嗣子。娶朱氏。子二，裕先、裕成。女二，长适钱。

光科，字秀福，洪玉长子。

光含，字荣福，洪玉次子。

光嘉，字荣德，洪玉三子。

光存，字汝德，洪清子。娶戎氏。子二，裕福、裕乐。

光厚，字汝吉，洪清次子，被掳。

光祥，浇法子。

光优，字寅保，洪因子，同治壬申生。

八十一世后臧墅支

裕先，字永清，光溶长子。

裕成，字永森，光溶次子。

裕福，字庆福，光存长子。

裕乐，字玉虎，光存次子。

八十世街西大房支

光朝，字安国，洪兴子，道光庚子生，咸丰庚申被掳。

八十世葛墅支

光鹭，字荣祖，号廷显，洪焘长子，同治丁卯生。

光赪，字荣焕，号俊堂，洪焘次子，同治壬申生。

光至，字全衡，号若兰，洪筍子，咸丰己未生。

言氏家乘卷二十七

世职

博士之设，仿于前明景泰二年，命礼部召取颜、孟子孙长而贤者各一人，至京师官之。自后圣门后裔均续设博士。曩者惟言氏独阙，骏奔俎豆者，只奉祀生数人而已。明臣累疏请，终格不行。自七十三世系园公奉朝命拜是职，克光祀典，遂为世职之始。凡前后疏奏及事例之关涉博士者，悉为录入，冠诸世职名氏之前。

明

直隶提督学校御史张鳌山题请荫袭疏

题为褒崇先贤，以隆圣化事。据直隶苏州府常熟县儒学申照得：自古圣贤有功于吾道者，必享无穷之报，所以崇先德，劝后学也。窃见本县先贤言偃，当春秋以南壤之产，北学中国，得圣人之一体。其遗迹、故址，载文公朱子、鹤山魏公所撰祠记，俱可考见。其嫡派子孙传衍于本土者，至今不绝，但微弱不振，虽主奉及生员在学奉祀，亦各年迈多物故者。近蒙选取嫡派子言世澄、言鹗在学作养，以为盛举。但揆之本朝表章先贤之典，较之吴公，尚有未厌。查得宋儒朱熹子孙在建宁者，蒙我朝特赐世袭五经博士一员，奉承祭祀。若吴公之在圣门，虽其传道之功未及颜、孟，比于朱熹，意或过之，而祠宇仅存，苗裔微弱，杂居民伍。乞为上请于朝，量加恩荫，庶使圣贤之后不至泯灭，来学有所激励。等因到职。臣窃惟太史公《记》称："孔门弟子多东州之士，独偃为吴人，而巷名'子游'，桥名'文学'。"《图经》载："偃之故宅在县西北，旧井尚存，其不绝如线之绪，虽齿于编氓而尚有一邑之望。"宋儒朱熹《记子游祠》云："三代之前，帝王之兴，率在中土。故德行道艺之教，行于近而入人者深。若勾吴之墟，尚服要荒，鄙朴不文。而公生其间，乃独能悦周公、仲尼之道，北学中国，得圣人之一体。"魏了翁谓："三代典章之遗，赖子游以有存。"则子游之在孔门，视颜、曾或不及，而视宋时朱熹因典籍以求圣贤之道，存著述以启来学之功，或亦过之。况我朝表章先贤，以朱熹辈俱有五经博士，则子游之后，似亦相应。伏望皇上特敕该部查照朱熹事例，札行该抚勘保言氏嫡派子孙一人，起送赴部，除授五经博士之职，使统率宗族，世承祭祀。仍行比照山东邹县孟庙规制，改建祠宇，使得展盘辟、周旋之礼，容笾豆、器数之仪。

庶见先贤之后异于编氓，而圣朝之治亦有休焉！缘系比例褒崇先贤，以隆圣化事，未敢擅便，为具本专差。舍人张鉴谨题请旨。正德十二年四月初四日，奉旨：礼部知道。

礼部尚书汪俊等议覆刑科给事中沈汉题请荫袭疏

题为崇先德，录后嗣，以隆圣治事。该臣等议得刑科给事中沈汉题称：吴公言偃乞要比照颜、孟、朱熹事例，勘保言氏嫡派子孙一人，除授五经博士世袭，以掌祭祀。再乞比照山东邹县孟庙规制，改建庙廷，仍量置祭田，以命主祀者掌之。供祀一节事，亦尊师重道之至意。所据要言氏子孙比照颜、孟、朱熹事例，世袭博士，遽难轻议。合无俟命下之日，札行该府查勘，原祠果系卑隘不堪，即行修葺；仍区处祭田一二百亩，令其子孙管业，以为祭祀、修葺、养赡之资。有司仍与优免一应杂差，以示朝廷崇祀先贤之美。嘉靖二年八月二十四日题。奉旨：是。准修庙宇，量给祭田。着他子孙管业，还优免杂泛差徭。

国朝

江南巡抚汤斌题请荫袭疏

题为请录先贤以彰圣化事。臣闻历代圣主莫不褒崇儒学，优礼先贤，本朝尤为明备。孔、颜、曾、孟及先贤仲由、先儒朱熹子孙皆世袭博士。我皇上崇儒重道，复录程颢、颐子孙。圣驾东巡，录周公子孙。近又录周敦颐子孙，皆世袭博士。圣贤后裔尽承异数，甚盛典也。臣躬逢圣朝，愧无以仰助文治。臣谨案：臣属苏州府常熟县为先贤言偃故里，以文学著称，弦歌之化深契圣心，其"学道爱人"一语可为治行之准，所称"行不由径，非公不至"可为取人之法。更考《礼记·檀弓》所载，时人问礼者，十有四皆以子游一言为可否。盖其考礼论道，必贵知本，不仅在器数仪文之末，可为得圣学之精华者矣。且孔门诸贤多产鲁卫，密迩圣居，兴起为易。独偃生长勾吴，政教之所不通，乃能奋起勾吴，北学洙泗，开东南数千年人文之盛，其功之所及尤大且远。而后裔未获邀一命之恩，实为阙典。惟恭我皇上神圣天纵，集尧舜以来之大成。既已海内乂安，治化蒸蒸，更修明典礼，表章先哲，文治之隆，万古为昭。倘蒙圣恩，念偃之贤，比例仲由，录其子孙，以光大治化，昭示来兹，裨益良非浅鲜矣。臣又见宋太祖、真宗皆尝亲制孔子及诸弟子像赞，故一代儒臣，号称最盛。我皇上道本生知，学深邃密，天文炳焕，辉丽日星，薄海臣民莫不颙仰。倘万几之暇，挥洒宸翰，御制先圣、先贤像赞，颁示天下学宫，传之史册，当与典谟并重。熙朝人文之盛，必将驾汉逾唐，比隆三代，岂近世所敢望哉！伏乞睿鉴施行。康熙二十五年三月十九日题。

先贤七十三世孙廪膳生员言德坚奏请荫袭疏

奏为褒贤幸沐圣恩，恤裔恳同往哲，以溥皇仁，以光史册事。臣伏见皇上功德巍峨，治隆尧舜，文章炳蔚，度越典谟，重道崇儒，出乎至性。念先圣之有功，更推恩其弟子。自颜、曾、思、孟四氏而下，如仲由、闵损、端木赐等，皆录其子孙世袭博士，此诚旷古之殊恩，百代之盛典。有伏念臣祖言偃子游，生于吴地，北学圣门，列文学之科，播弦歌之化，文开百代，道启东南，其有功于后学，久在圣明洞鉴之中。是以康熙四十四年驾幸江南，念臣祖诞生之地祠宇仅存，御书"文开吴会"匾额，蒙赐光祠。臣随在行宫，叩谢讫，即制匾悬挂。龙飞宸翰，奎璧生光，实为祖宗之荣，子孙之幸。抑臣更有请者：臣祖名列四科，同居十哲，今仲、闵、端木皆有世袭博士，而臣祖之后尚未邀恩。兹又恭遇皇上阅视河工，翠华南幸，沾恩望泽，千载一时。伏冀皇仁俯念臣祖化被三吴之功，或可与诸贤一视同仁，特出圣裁，敕谕该督抚验明嫡派，准膺袭典，以承祭祀，不独一门世世顶戴高厚，而于圣朝文治之化亦愈有光矣。臣草莽愚昧，干冒天威，无任惶悚战栗之至。谨奏。

礼部仪覆江南学政张元臣题请荫袭谕

题为请录先贤后裔，以光文治事。该臣等议得江南学政张元臣请以子游后裔比照闵子、子贡后裔，世袭博士，同沐国恩等语。查康熙三十九年，原任山东巡抚王国昌题先贤闵子后裔闵衍䙫、端木子后裔端木谦世袭博士。臣部以圣门弟子内定有等差十哲之例，未曾授与博士，无庸议具题。奉旨：九卿、詹事、科道会议具奏。九卿议覆：恭遇皇上崇德重道之时，两贤后裔似应授与官职，以昭旷典，准袭博士在案。今子游在圣门十哲之列，既与闵子、子贡相应，如学臣所请，行文江宁巡抚，会同衍圣公确查子游后裔嫡派应授之人，取具宗谱并通族甘结印结，保送具题，到日再议可也。俟命下之日臣部钦奉施行。康熙五十年八月二十三日题。二十八日奉旨：依议。

礼部议准江宁巡抚王度昭保题荫袭疏

题为请录先贤后裔，以光文治事。臣等议得先经臣部议江南学政张元臣题请子游后裔比照闵子、子贡后裔，世袭博士，同沐国恩等语。查子游在圣门十哲之列，与闵子、子贡相同，应如学臣所请，行文江宁巡抚，会同衍圣公确查子游后裔嫡派，保题到日再议等因具题。奉旨：依议。钦此。钦遵行文江宁巡抚、衍圣公去后。今据代理江宁巡抚印务王度昭会同衍圣公孔疏称：言子七十三世裔孙廪膳生言德坚，文品兼优，委系大宗嫡派，允宜承袭博士，送有宗谱并印结各结前来。相应将言德坚准授为世袭五经博士，俟命下之日移咨吏部，照例给札可也。康熙五十一年八月二十三日题。九月初一日奉旨：依议。

礼部议准条奏荫先行考试注册疏

奏为遵旨议奏事。该臣等曾议得条内称：先贤子孙世袭博士，奉祀祠庙，此皆国家崇儒重道之盛典也。但各贤后裔资性不同，且知有世职可袭，未免怠于学问，将来或以目不识丁之人滥膺世职，不特上负国恩，亦且有玷先贤。似应饬令现在博士将子弟严加训导，嗣后有应袭者，令地方官给文赴国子监考试，如有不堪，缓令袭职，令其在监肄业三年，然后准袭。如此，庶先贤子孙有所顾虑，人知自奋等语。查五经博士有奉祀祠庙之职，若不事诗书，不识礼仪，滥膺世职，有玷先贤先儒人，殊负国家崇儒重道之意。应如所请，行令衍圣公交现在博士，将子弟严加训导，将应袭职之年十五岁以上者，衍圣公保送赴臣部考试。果能文理通晓，注册存案，俟应袭之时，令衍圣公查案具题，准其袭职。如有不及，令其再行肄业三年，方准注册。如此则先贤子孙各自奋励，于皇上崇儒重道之意不敢有负矣。谨奏。雍正二年九月十六日题。十八日奉旨：依议。

衍圣公孔题请承袭疏

题为循例保题贤裔袭职事。窃照先贤嫡派世袭博士，奉祀祠庙，实我皇上崇儒重道之盛典也。伏查雍正二年九月内定例，礼部议覆：现在博士子弟应袭之人，果能文理通晓，令臣送部考试注册。俟袭职之时，令臣查案具题，准其承袭。奉旨：依议。钦遵在案。今有先贤言子嫡裔世袭博士言德坚，因告休员缺，臣咨部扣缺，随将言德坚嫡长孙言如洙遵例咨，部送礼部考试。续准礼部咨开：考得言如洙文理明顺，堪以承袭等因到臣。理合循例保题言如洙承袭，仰祈皇上敕部议覆施行。谨请旨。雍正十一年九月日题。奉旨：该部议奏。

吏部议准世袭疏

为循例保题贤裔袭职事。议得衍圣公孔疏称：言子嫡裔世袭博士言德坚告休员缺，随将言德坚长孙言如洙遵例咨送礼部考试。续准礼部咨开：考得言如洙文理明顺，堪以承袭等因到臣，理合循例保题等因具题前来。雍正二年九月内，礼部会同臣部议覆条奏：先贤子孙世袭博士，令衍圣公交现在博士，各将子弟严加训导，将应袭之人，衍圣公保送礼部考试，果能文理通晓，注册在案，俟应承袭之时，衍圣公查案具题，准其承袭等因。奉旨：依议。钦遵在案。今衍圣公既称世袭博士言德坚告休员缺，将长孙言如洙遵例咨送礼部考试，得文理明顺，堪以承袭，理合循例保题等语，应将言如洙准其承袭翰林院五经博士。俟命下日，臣照例给凭，令其任事可也。谨题。雍正十一年九月日题。奉旨：依议。

吏部给博士札付

为请录先贤后裔，以光文治事。文选清吏司案呈准礼部咨称：先经议覆，江南学政张元臣题请子游后裔比照闵子、子贡后裔世袭博士，同沐国恩等因，行文江宁巡抚及衍圣公确查子游后裔嫡派，到日再议。今据江宁巡抚王度昭会同衍圣公疏称：言子游七十三世裔孙言德坚准授为世袭博士，移咨吏部，照例给札等因具题。奉旨：依议。钦此。移咨到部，相应照例给札，咨发衍圣公转给本官，钦遵任事可也等因，呈堂奉此照行，为此合札前去查照施行，须至札付者。右札付衍圣公府博士言德坚。准此。康熙五十一年十月十三日，给博士驰驿勘合。《大清会典·兵部门》载：康熙五十一年题准五经博士朝贺来京，给勘合马五匹，不用马者照马折夫（每马折夫三名）。水路船一只，夫八名。京师至江南苏州巡抚驻札所二千五百四十里，共四十驿。

袭封衍圣公府为循例请给勘合事。准兵部咨开：车驾，清吏司案呈袭封衍圣公咨称，颜、曾、孟、仲各博士，每岁恭遇万寿圣节，例有勘合一道，驰驿广贺。今常熟县先贤言子七十三世孙言德坚，仰荷皇上特恩，世袭博士，每年万寿朝贺，循例请给勘合一道，行文江苏巡抚知会该驿道给发。等因前来。相应行文该抚转行该驿道，于万寿之时照颜、曾、孟、仲各博士之例给与勘合一道，仍知会衍圣公可也等因。案呈到部，理合就行。为此合咨前去查施，照行。等因到府。除本府咨行江苏巡抚知会驿道给发勘合外，合行札付世袭博士言德坚，照例于驿道移取施行，须至札付者。康熙五十二年正月十九日。《会典·行人司》内开：凡圣驾诣学，差本司官一员，行取衍圣公并博士等官驰驿赴京陪祀，俟礼部行文到司，照次开送。

世袭五经博士冉天琳、言如洙、颛孙诚道、端木派、卜尊贤等具呈为循例请给勘合，一体均沾事。切职等恭遇临雍大典，荷蒙皇上隆恩，得与颜、曾、孟、仲诸贤裔一体钦取，各带族人二名，驰驿赴京陪祀，恩至渥也。但部文行取于二月二十三日始到，自文到之日扣至临雍之期，为日无多，时难刻缓。职等俱系远隔本省，散处河南、江南、山东地方，往返或千余里，或三千余里，若赴省领取勘合，必至迟误大典，是以未径领取。然虽不得沐惠以来时，犹异邀恩于去日，伏祈大人准赐循例照孔、颜、曾、孟、仲后裔，一体给与勘合，驰驿旋里。职等不至有徒步之苦，均沐皇仁无暨矣。右呈兵部。乾隆三年三月二十一日具。

谨查博士朝贺驰驿进京，在江宁驿道衙门领取勘合，夫马照数外至水路前站，船一只，不在勘合数内。旱路由京回籍，在淮安山阳县淮阴驿换船，自己雇船一只，站船一只。每站贴银一两三钱五分，下水不用纤夫，亦可折银贴付船户，即作船价。仍抄马牌至扬州江都县广陵驿方换水牌，此例于乾隆三十四年奉文博士朝贺停止勘合，惟逢临雍大典照例随带族人，俱乘驿赴京。

礼部知会博士庆贺仪注

庆贺万寿，次日宴于礼部。是日穿朝服赴宴，衍圣公进仪门内下轿，博士至仪门下轿，本部迎接至露台上，一同拜阙，鸿胪寺鸣赞，赞礼毕，登堂，依次相揖，次博士一揖，登席，主席居左，客席居右，晏毕散席，仍于露台上叩阙谢恩，送到仪门。

衍圣公府颁发博士仪注札付

为请颁仪注事。据世袭博士加一级言德坚呈请前事到府，据此相应比照山东颜、曾、思、孟、仲、闵、端木、东野各翰博，遵行成例，颁发前去，一体遵行。除咨江宁巡抚转行饬知外，合行札付该翰博知照施行，须至札付者计粘仪注一纸。右札付博士言德坚。准此。康熙五十三年三月三十日。计开仪注：一，凡元旦、长至令节，各翰博例于本爵衙门随班行礼。今该翰博江南路远，应于自己衙门恭设龙亭，缺位用鸣赞，行三跪九叩首礼。本族绅衿随班行礼。遇皇太后圣寿令节，亦照例行礼。一，凡接诏例由布政司咨颁到爵，转颁各翰博。今江南路远，应由本省布政司誊黄，差委赍颁，翰博率通族绅衿一体迎接至衙门，开读行礼。一，覃恩诰命由本爵开送到部，题请颁给。一，每年进京广贺圣寿，该翰博移文驿传道给发兵部勘合，该驿递应付。其有事告假在籍，即于自己衙门行广贺礼，通族绅衿随班行礼。一，开封印信、斋戒、穿朝服日期及日食月食救护时，该俱由本省布政司预先移会至期。一，先贤言子专祠例应春秋致祭，该县照例备办祭器、祭品，该博士主祭，本县印官陪祭。如遇广贺入京，移县印官代祭。一，山东先贤各庙例有陈设鸣赞读祝，各执事供祀生六十名，该翰博应于本族并邻近地方遴选俊秀，身家无故者给札供事，行文该县照庠生例，一体优恤，蠲免杂徭，有缺即补。一，凡丁艰事故，承袭等事具除，通族邻佑甘结开报本爵，咨部题请，仍报明地方官衙门。一，凡遇会议公事，该翰博坐次在司道官以下，府县官以上。一，言氏通族子姓皆以该翰博为宗主，凡事悉听约束。设有争斗雀角者，该翰博自行处分。如在有司处评告者，亦移文关取审理。其有与百姓、有司官处互相评告者，移文该衙门，从公审理。一，见督抚用治晚生帖，由中门进至仪门外下轿，行宾主礼，坐次平行，迎送至堂檐。下文用移咨呈。一，见藩臬、司道用治侍生帖，府州县治弟帖。至仪门内下轿，迎送至堂檐下，行宾主礼，坐次平行，文移用移会其州县与该博士，用官衔帖。一，与州同、县丞用通家弟帖，与吏目、主簿、典史用通家侍生帖，其州同、县丞、吏目、主簿、典史与翰博俱用手本。一，见将军、都统、提镇以下，悉照翰林院旧规。

博士奉部准给钤记原案

袭封衍圣公府为奏明事，乾隆三十四年十一月初五日准。山东布政使司咨前事内开，乾隆三十四年八月二十二日准。蒙吏部咨文选司案呈，知照文武佐杂等官钤记，由省会官铺镌给，其余市肆不准私雕，犯者按律问拟一案等因。行据经历司刊刻，呈送前来，拟合移送，为此合咨。希即查收备阅施行。计移送例册一本等因到爵。准此，查本爵所属各官，除四氏学教授、学录原有部颁印信外，其各氏五经博士及委办孔氏族长，均有钤束族人之责，世袭太常寺博士，各书院学政、学录及圣庙六品官，各有分主祀事。委办林庙举事一官监管林庙岁修工程。百户一官守卫林庙，管束庙户，编审人丁，经征丁赋。典籍官专守御赐书籍，管领礼生。司乐官管领乐舞生。管司勾官总理圣庙祭田，编审佃户。五屯屯官分催祀银。书写、奏差、伴官等员，俱有呈详结领。往来以上各员或表率族人，分主祀事，或有经征钱粮，或管辖生徒户，均职有专司。圣庙执事官一项，虽专事骏奔，但在藩库支领俸薪，有应办册领本爵委查。林庙工程及粢盛牲只，亦需具文申报。是以同上各官，向俱自刻钤记盖用，但往往大小不伦，真篆随便，甚非体制。现在遵照现例，将自刻钤记悉令缴销，由本爵衙门官匠镌给，每颗照例给工料银三钱，编列字号后先交代，将来有模糊者，呈请更换，以昭画一。惟查执事官四十员，从前每员皆刻钤记，未免太滥。今应共给钤记一颗，交与三品者一员掌管，遇事公用，以杜滥用之弊。至此，内有委办族长举事，二员各有承办事件，必需专给钤记。所有遵例办理，缘由相应咨明，并将新镌钤记汇总印册，造送贵部备查。再查现在部议，佐杂各官钤记，系比照部颁分，仿县丞钤记尺寸。《会典》"失载"条记：尺寸凡有二等，礼部铸印局、州儒学、县儒学各守备长二寸六分，阔一寸六分五厘，库大使、批验所、驿丞、监课司、递运所，各局、各仓场、各闸长二寸四分，阔一寸三分五厘。今应换各钤记，内除知印掌书、书写、奏差、伴官及五屯屯官等员，均应照佐杂钤记镌给。外其学正、学录与儒学教官相等，且本系京衔百户一官，品级与守备相当，似均应比照儒学及守备条记尺寸镌给至各博士。圣庙六品官执事委办，族长举事之执事官，及典籍司乐管勾等官，或官带京师衔，或秩列七品以上，与佐杂微员有间，是以均照州县儒学条记尺寸镌给，以示区别，而符体制。合并声明为此合咨贵部，请烦查照施行。随奉颁给衍字第十一号言氏世袭翰林院五经博士之钤记一颗。

准授翰林院五经博士世次

德坚，字系园，先贤七十三世大宗孙。康熙五十一年以廪生奉特恩授世袭翰林院五经博士，雍正十一年致仕。子兴早卒，孙如洙袭。

如洙，字鲁源，先贤七十五世大宗孙。雍正十二年承袭世职。

朝枢，字缙云，先贤七十六世大宗孙。乾隆三十五年由附生承袭世职。

尚燮，字理羹，先贤七十七世大宗孙。乾隆四十七年由附生承袭世职。

忠豫，字一琴，先贤七十八世大宗孙。嘉庆三年承袭世职，因病呈请以弟忠益代理世职。

忠益，字松生，先贤七十八世裔孙。嘉庆十三年礼部给札代理袭职。

良爱，字稷堂，先贤七十九世大宗孙。道光三年由附生承袭世职。子家柱于咸丰十年殉粤寇之难，奉旨吏部议给云骑尉世职，未及承袭五经博士世职，孙敦道袭。

敦道，字君学，先贤八十一世大宗孙。光绪六年承袭五经博士兼袭云骑尉世职。

言氏家乘卷二十八

恩赉

崇贤恤裔，代所时有。迨至我朝，殊恩叠沛，旷古未闻。今一以时代为次，其出于有司之条教，亦附及焉。

明洪武三年，诏言氏子孙编列儒籍，给户部札付

正统元年，奉旨优免言氏子孙差徭。所在儒学作养，择其材质可用者，量加甄录。有行在户部苏字一百四号勘合札付给六十四世孙言铭收执。

嘉靖二年，奉旨优免言氏子孙杂泛差徭。成丁即寄学作养，择其材质可用者，量加甄录。有志读书与童子试者，由学牒县府送督学考试。

学道书院内碑载前明恩恤言氏各项原文

正统元年正月十九日，顺天府推官臣徐郁谨题为褒崇学道事，随该六部都察院覆议妥当。奉旨：是。凡圣贤子孙，合于所在儒学作养，择其材质可用者，量加甄录。祠墓官为修葺，差徭一概优免。钦此。正德十二年四月初十日，直隶提督、学校监察御史臣张鳌山谨题为褒崇先贤，以隆圣化事。奉旨：是。礼部知道。值武宗皇帝巡幸，中寝。嘉靖二年七月初一日，刑科给事中臣沈汉谨题为崇先德，录后嗣，以隆圣治事，随该礼部勘明的当。奉旨：是。准修葺庙宇，量给祭田，着他子孙官业，还优免杂泛差徭及丁役等项。钦此。直隶苏州府知府臣胡缵宗同知臣于溱、周仲仁、郭田，通判臣熊伯峰、蒋文奎，推官臣左季贤，长洲县知县臣田定，吴县知县臣苏祐，常熟县知县臣梁英，先贤六十四代孙主奉言铭，六十五代孙生员言润，六十六代孙生员言弘德、言弘业、言弘道、言勋，嘉靖岁次乙酉立石。

附常熟县奉宪给贤裔优恤事例帖

为宪德崇贤事，奉督学阁院张批，据先贤后裔生员言廉具呈前事，呈请将世恩优恤事例勒石遵行，并请给额县祠缘由。奉批：大贤后裔，岂有派其击柝巡更之理？仰常熟县查禁，并将开派之人惩责。其祠宇制匾书"学道爱人"四字，务要工彩，候发价仍具遵行缘由等到县，奉经帖，仰乡耆查勘。去后据该耆陈元吉查确具缴前来，本县看得先贤言子，奋志北学，受一贯之心传，得道南归，开三吴之文教，四科高弟，十哲名贤，大江以南亘古一人而已。常熟为桑梓之乡，弦歌遗韵犹存，后裔式微实甚，以致优恤盛典稍虚。今奉宪批，本县仰体崇贤恤后至意，即查拿开派之人责惩，并即发价构造匾额，择吉致送，外具呈内优恤事例既据该义，耆确查具缴复核无异，相应勒石永遵，俾旧章不致湮没，皆出自宪台一笔千载之鸿恩也。申覆阁院复奉批：优恤贤裔，俱照往例遵行。为此仰该裔生员言廉即便勒石永遵，如有故违，许即禀究。计开奉宪帖载优恤事例：一，贤裔编列儒籍，成丁即寄学作养。一，应杂派差徭尽行优免，混派不遵，定行拿究。一，贤裔有志读书与童子试者，每遇岁科试，由学县府起送院试。一，贤裔世袭奉祀生与庠生一体优恤。一，祭田公产及子姓户田，设立先贤图办粮。右帖给仰贤裔生员言廉，准此。

国朝顺治元年钦奉恩诏，凡圣贤子姓悉照旧例举行。《大清律例》载，凡历代帝王陵寝及先圣、先贤、忠臣、烈士坟墓所在，当加护守，不许于樵采、耕种及牧放牛羊等畜，违者杖八十。

康熙二十三年十一月戊寅，圣驾幸鲁，衍圣公、各博士族人奉上谕：至圣之道与日月并明，与天地同参。万世帝王咸所师法，下逮公卿士庶，罔不率由。尔等远承世绪，世守家传，务期型仁讲义，履中蹈和，存忠恕以立心，敦孝弟以修行，斯须弗去，以奉先训，以称朕怀。其祗遵毋替。钦此。

康熙四十四年，圣驾南巡，特召先贤言子七十三世孙廪生言德坚至行在，赐御书"文开吴会"额悬祠。

康熙五十年，圣驾南巡，裔孙言德坚献迎銮诗十首，钦取第一名。

康熙五十一年，礼部议覆江南学政张元臣题请先贤言子后裔，比照闵子、子贡后裔世袭五经博士，同沐国恩一疏，随经行文江宁巡抚、衍圣公确查后裔的派。复据巡抚王度昭会同衍圣公疏称，先贤言子裔孙廪生言德坚文品兼优，委系大宗的派，允宜承袭。奉旨：依议。

雍正二年三月初四日，博士孔传志等恭遇皇上诣学大典，来京陪祀听讲，礼成谢恩，召见于乾清宫。奉上谕：尔等皆是圣贤后裔，与众人不同。然身为圣贤后裔之身，必心为圣贤后裔之心，方不愧先圣先贤。今因尔等远来，朕特召见面谕，愿尔等慎修厥德，以继家声，勉之勉之。钦此。

雍正七年三月初十日，钦奉上谕：自古帝王缘有功德于民，虽世代久远，而敬礼崇奉之心不当弛懈。其陵寝所在乃神所凭依，尤当加意防卫，勿使亵慢。至于往圣先贤、名臣、忠烈，芳型永作楷模，正气长流天壤，其祠宇茔墓亦当恭敬守护，以申仰止之忱。著各督抚转饬各属，将境内所有古昔陵寝、祠墓，勤加巡视、防护、稽查，务令严肃洁净，以展诚恪。若有应行修葺之处，著动用本省存公银两，委员料理。朕见历代帝王皆有保护古昔陵寝之饬谕，而究无奉行之实。朕雍正元年恩诏内，即以修葺历代帝王陵寝，通行申饬，亦恐有司相沿积习，视为泛常。嗣后著于每年年底，该地方官将防护无误之处结报督抚，该督抚造册转报工部，汇齐奏闻。倘所报不实，一经发觉，定将该督抚及地方官分别议处。特谕。钦此。

乾隆三年，皇上临雍，行释奠礼，大学士鄂等议准御史陶正靖条奏疏

奏为临雍之盛典将举，贤裔之被泽宜均，恭陈末议，仰候睿裁事。该臣等会议得协理山东道事、湖广道监察御史陶正靖奏称：我皇上以生安之资，集君师之统，景行先哲，肇称殷礼，择日临雍，四方之士，踊跃观光。伏查旧例，衍圣公暨诸博士咸得与祭，而四配暨仲氏五家兼取嫡孙二人观礼。礼成之后，酌量加恩，其余诸贤裔尚未得与。现经衍圣公孔广棨将闵氏、冉氏、言氏、卜氏、颛孙氏陆续咨部，该部以旧例所无，未敢遽行。臣思十哲之在圣门，品第略同，则仲氏之例即诸家之例也。圜桥观听，胄子云集，济济多士，皆得仰瞻天颜，宁独靳乎！诸贤之后，请敕部一体行文咨取，俾与骏奔，垂为永例等语。查《会典》内载，视学、释奠例差官行取衍圣公并孔、颜、曾、孟、仲等五经博士及孔氏族人，孔、颜、曾、仲等族人各二人，赴京陪祀，礼成加恩有差。今乾隆三年，皇上行视学释奠礼，礼部照例题请差官行取衍圣公孔广棨并孔、颜、曾、孟、仲等氏世袭博士，及孔氏族人五名，孔、颜、曾、孟、仲族人各二人，驰驿赴京。又准衍圣公将闵、冉、言、卜、颛孙诸氏世袭博士闵兴汶、冉天琳、言如洙、卜尊贤、颛孙诚道送部一体题请，钦取陪祀。礼部以闵氏世袭博士闵兴汶于雍正二年世宗宪皇帝临雍曾经入庙观礼，雍正三年与五氏后裔俱蒙恩赐匾，将闵兴汶照五氏之例一体题请，钦取陪祀。其冉、言、卜、颛孙四氏因向无行取陪祀之例，是以未便一体题请。今御史陶正靖奏称闵、冉、言、卜、颛孙五氏世袭博士请照仲氏之例一体行取等语。臣等伏思圣门诸贤均有羽翼圣道之功，而十哲内惟仲氏诸孙得与观礼，亦向来循照旧例，实非等差于其间。今仲、闵二氏后裔业经恩准一体行取陪祀，则现在衍圣公咨到之冉、言、卜、颛孙四氏等，其先贤俱在十哲之列，且各设有博士，应如该御史所请，准照仲、闵之例行取该博士各带族人二人入庙陪祀观礼。至十哲后裔内尚有端木氏世袭博士，应请一并行取陪祀观礼，俾得均沾圣恩，以光大典。又奏称，四配及仲氏皆有祭田，兼有庙户，而河南程氏，岁给祭银一百两，皆历代暨本朝恩赐，其余尚有未得者。臣思先贤、先儒并羽翼道统，垂范后来，报祀之礼，讵有等差。至朱子已经升配，尤不容稍异于程氏。盖缘从前未经陈请，是以一大恩未逮，臣请敕部行查诸贤本籍，地方如有闲田，即照仲氏之例量行拨给，若无闲田，即照程氏之例岁给祭银。仍各与庙户数名，以供扫除等语。查《会典》内开：颜、曾、孟、仲裔俱载有祭地、庙户，其他先贤祠基拨给地亩总列各省项下，不复备载等语。今该御史奏称，四配及仲氏皆有祭田、庙户，而河南程氏岁给祭银一百两，其余尚有未给者，请行查诸贤本籍，地方照例拨给等

因。臣等伏思先贤先儒羽翼圣经，扶持名教，其后裔有五经博士，自应有祭田以供粢盛，有庙户以供洒扫。但先贤、先儒祠散在各省，其有无祭田、祭银，及田银之多寡，难以悬疑，应令各省督抚逐一查明。现有祭田、祭银、庙户，现已足供用者不识外，其无祭田、祭银、庙户及虽有而不敷用者，各督抚详查酌议咨覆，到日再行定议可也。谨奏。乾隆三年二月初五日奏，初六日奉旨：依议。

礼部行取博士并族人二名陪祀咨文

为临雍之盛典将举，贤裔之被泽宜均等事，仪制司案呈内阁大学士会同本部议：陪祀观礼等因一折，于乾隆三年二月初五日奏，初六日奉旨：依议。钦此。相应抄录原奏，行文该抚照奉旨内事理遵行可也。为此合咨前去遵照施行，计开世袭博士言如洙并族人二名。乾隆三年二月十八日，特命行人司董宏召取衍圣公及孔、颜、曾、孟、仲五经博士暨五氏观礼，族人驰驿赴京，旋命十哲中闵、冉、言、卜、颛孙、端木及元圣裔东野氏俱一体赴京陪祀。先贤言子七十五世孙世袭博士言如洙遵旨率族人言锷、言如泗驰驿赴京。三月初二日，皇上临雍，王以下陪祀官及衍圣公、五经博士、十三氏族人俱随行礼。礼成，皇上彝伦堂听讲。讲毕，赐王以下衍圣公、博士、十三氏族人坐，赐茶、赐果品八十盒。初三日，皇上御太和殿，受百官贺，传旨召衍圣公及博士陪祀人员入便殿，赐御膳。又传旨于乾清宫西暖阁召见，钦奉上谕：尔等俱系圣贤后裔，因朕临雍来京，特行召见。尔等既为圣贤之后，即当以圣贤之心为心。凡学圣贤者，非徒读其书而已，必必当躬行实践，事事求其无愧，方为不负所学。况身为圣贤子孙，本与凡人不同，若不能实加体验，徒负读书之名，实于祖德、家风不能无忝。尔等须勤思勉励，克绍先传，以副朕谆切期望之至意。钦此。又赐衍圣公《御制乐善堂集》全部、墨二匣、貂皮四张，五经博士《御制乐善堂集》全部、墨二匣、貂皮二张，观礼族人各貂皮一张。是日，赐宴礼部。初四日，赐衍圣公貂皮朝冠一顶，素珠一串，蟒朝衣一袭，五经博士各素珠一串，缎袍一袭，十三氏族人各缎袍一袭。初五日，早集圆明园谢恩，赐克食十六盒。初八日，奉旨：十三氏观礼，孔继衮等三十一人俱准入监读书，三月期满即作恩贡。观礼附生言如泗、奉祀生言锷均贡入成均。十五日，奉旨：赐宴于礼部。恭查《钦定吏部铨选汉官现行则例》，内开：贡监考职项下，凡陪祀孔子圣裔恩贡，以通判、知县用。颜、曾、孟、仲等氏恩贡，以州同、州判用，榜示照考案俟选。又查《钦定吏部现行则例》，内开：凡陪祀恩贡，准其与贡监一体考职等语。乾隆三年，临雍，恩贡内有冉继先，于乾隆六年考授县丞四十八名。言如泗于乾隆九年考职州同第二名，乾隆七年考取国子监八旗教习九名，是年考实录馆誊录二十七名。仲蕴钎于乾隆九年考授州判五名。孟兴铎于乾隆十三年考授县丞十七名，乾隆四十三年补宣城县丞。以上俱由国子监汇册送部考试。曾尚渭于乾隆十二年武英殿议叙，以应得之缺授大同县丞。孔广棣于乾隆六年题补四氏学教授。孔继汾，乾隆丁卯举人，圣驾幸鲁，特恩以内阁中书用。东野崇铉捐纳县丞，仍照捐贡交银。以上八人备载于右，以备查考。

先贤裔孙恩贡生言如泗呈为恳赐一体考选教习，以备广教思事。切泗系昭文附生，恭遇临雍大典，行取陪祀，奉旨入监读书。又蒙拔取一等，在内肄业在案。前日考选八旗教习，因监书不知向有成例，未曾备卷，以致不得报考。切查临雍典礼，凡陪祀入监读书者即准作恩贡，即如曾子裔孙曾闻进，系康熙八年幸学恩贡，考取正红旗教习，授湖广德安府云梦县知县。现有成案可据，伏乞照例一体考选，沾恩无既。上呈。右呈总理国子监事，系乾隆三年六月十一日蒙准一体考选。

乾隆三年六月初三日，吏礼两部会议御史陶正靖条奏为名器宜重等事。案内议得：查举行临雍典礼定例，差官行取衍圣公带领引见，孔氏族人五人，四配十哲等氏族人各二名，驰驿赴京陪祀，礼成，礼部奏请送监读书在案。是陪祀人员既有定额，而观礼人员若不酌量数目，似属未协，应如该御史所奏，观礼人员圣裔勿过二十人，四配裔勿过八人，十哲裔勿过四人，至所称四配十哲裔各博士亲送至部之处。相应仍照旧例，由衍圣公送部，在观礼人员入庙观光。事关钜典，务择近属通晓文艺、堪加培植之人。如不得其人，宁缺勿滥，仍由礼部查验，札送国子监，准其观礼。礼成之日，由礼部册送吏部题请加恩，其议叙之处应如该御史所奏。观礼各员除执事官无庸议叙外，现任者准其纪录一次候补，候选者于补官日各准其纪录一次。恩拔副岁贡及捐贡监生准予应考，职衔掣签注册，廪生准作贡生，增附生准作监生等语。奉旨：依议。

附乾隆三年以前观礼议叙旧例

《会典》内开：圣祖仁皇帝幸鲁，至阙里，特授孔氏后二人为国子监博士，其圣贤后裔陪祀者从优议叙现任及候选官，遇应升应选缺先行录用。举人以知县缺先用，贡生俟考定职衔后以应得之缺先用。陪祀听讲职事各官俱加一级，其异姓职事官员不在此例。《会典》"圣裔"一条内开载：雍正二年诣学礼成，凡孔、颜、曾、孟、仲五氏有职衔候补候选者，准以应得之缺先用，举人以本科先用，贡生以教职、主簿分别先用，监生准给州同职衔，生员准作岁贡送监读书。

乾隆十三年正月初六日衍圣公知照博士一体陪祀札付

为咨覆事，乾隆十二年正月初六日准礼部咨开：查乾隆三年本部议准御史陶正靖条奏内圣门诸贤均有羽翼圣通之功，其冉、言、卜、颛孙等氏俱各设博士，应取博士入庙观礼，以光大典。奉旨：依议。钦此。钦遵在案。今查康熙二十三年，圣祖驾幸阙里，闵氏等尚未承袭博士，是以未得陪祀。今俱系承袭博士，与孔、颜、曾、孟、仲自无庸歧视，应移咨衍圣公，照乾隆三年皇上临雍博士等陪祀之例，一体陪祀可也。等因到府。准此，拟合就行，为此札付该翰博，照依准咨内事理，即便遵照乾隆三年皇上临雍博士等陪祀之例，先期造册，连人送府，以凭查验。汇册咨部，毋违，速速须至札付者。右札付言如洙。准此。乾隆十三年，皇上东巡幸鲁，谒孔林，七十五世孙世袭博士言如洙率族人言下亨、言春荣至德州恭迎圣驾，奉御制诗一律，颁示衍圣公、博士及族人等。诗曰：和风融日飐前旌，近止尼山慰素诚。道左追随贤后裔，心殷瞻就鲁诸生。宫墙乍可窥巍焕，笾豆犹知备洁清。岂为卿家荣幸独，崇儒雅化示寰瀛。二月二十四日，皇上诣孔林酹酒，王大臣、衍圣公、五经博士陪祀行礼。二十五日，皇上诣先师庙行礼，王以下、衍圣公及十三氏博士、族人坐，赐茶，赐克食六十盒。皇上还行在，衍圣公及十三氏博士等赴行在谢恩，赐宴，奉旨：孔氏子孙官员及十三氏子孙各官员著加一级。钦此。又赐衍圣公狐裘蟒褂、表里缎十匹、博士蟒袍一袭、缎二匹，《朱子文集》全部，《御选唐宋文醇》全部，《日知荟说》全部，陪祀人员缎一匹、银五两。奉上谕：衍圣公、五经博士等曰，至圣之道，参天地，赞化育，立人之极，为万世师表。凡兹后裔，派衍支繁，尤当永念先型，以期无忝。昔我皇祖东巡时，迈阙里，特颁圣谕，炳若日星。朕仰绍前徽，虔修展谒之礼，念尔等令绪相承，渊源勿替，载申诰谕，用示训行，其务学道敦伦修身，克懔先师之彝训，祇遵圣祖之诲言，弗愧为圣贤子孙。朕心实嘉予之。其钦承毋怠，特谕。同日又奉上谕：十三氏子孙远承世绪，济济胶庠，其中当有文学可观、读书立品之彦，宜加甄拔，以广恩施。其令该学政考验文行加优者数人，咨送礼部，贡入成均，示鼓励焉。其引驾官孔继汾，朕看其人尚可造就，著加恩以内阁中书用，嗣经学政庄有恭考取。言氏族人言春荣贡入成均。乾隆十六年，皇上南巡，七十五世孙世袭博士言如洙率族人恭迎圣驾，特遣刑部侍郎钱陈群致祭道南书院。谕祭文曰：

维乾隆十六年，岁次辛未二月己巳朔越二十一日己丑，皇帝遣经筵讲官、刑部左待郎钱陈群致祭于先贤言子之神，曰：维先贤言子，灵萃勾吴，道成东鲁。赞成麟笔，首圣门文学之科；小试牛刀，布下邑弦歌之化。周旋裼袭，群推习礼之宗；品藻端方，允副得人之问。殿庭俎豆，班十哲以同尊；庙祠枌榆，阅千秋而在望。朕省方时迈，览古兴怀。问俗武城，信学道之遗风足尚；敷文南国，溯人材之教泽所渐。用遣专官，虔申告奠。苾芬在列，尚冀格歆。

复蒙御书"道启东南"额，悬祠。乾隆二十三年，裔孙言如泗恭建谕祭文碑亭、御书坊于墓前。乾隆二十年奉旨纂辑会典，户部行文江苏巡抚查取先贤言子庙祭田银数目，载入《会典》。乾隆二十二年，皇上南巡，世袭翰博言如洙恭迎圣驾，特遣散秩大臣李镜致祭道南书院。谕祭文曰：

维乾隆二十二年，岁次丁丑二月癸亥朔越二十日壬午，皇帝遣散秩大臣、副都统、懋烈伯李镜致祭于先贤言子之神，曰：惟先贤言子，秀毓东吴，教开南国。从游观上，闻型仁讲让之风；出宰武城，本爱人易使之训。守知能而识学原于道，辨品节而知礼制乎情。朕稽古时巡，心怀贤哲，夙仰弦歌之化，益钦文学之宗。访宅里以非遥，命具官而荐飨。灵其昭鉴，格此明禋。

乾隆二十七年，裔孙言如泗恭建谕祭文碑于亭墓前。乾隆二十七年，皇上南巡，博士言如洙恭迎圣驾，特遣礼部侍郎程景伊致祭道南书院（是岁，谕祭文，部议停止）。皇上回銮，如洙恭送圣驾，奉旨：言如洙赏缎一匹。钦此。

乾隆三十年，皇上南巡，博士言如洙恭迎圣驾，特遣礼部侍郎程严致祭道南书院。皇上回銮，如洙恭送圣驾，奉旨：言如洙赏缎一匹。钦此。乾隆三十六年二月，皇上东巡幸鲁，臣言如洙于二月十七日随衍圣公在德州恭迎圣驾。三月初五日，率领裔孙生员言朝栻陪祀阙里，礼成，奉旨：如洙赏蟒袍一袭，克食二盒。朝栻赏白银二两，克食二种。初六日，奉旨召见衍圣公及各博士等，赐茶、赐宴。

乾隆三十六年二月，原任湖广襄阳府知府裔孙言如泗于德州恭迎圣驾，奉旨：赏缎一端。钦此。是年冬，如泗赴京恭祝圣母皇太后八旬万寿，奉旨以平定两金川祭告阙里。三月二十四日，圣驾临幸曲阜，翼日黎明，诣圣庙，臣言如洙带同应袭博士言尚燮随衍圣公等陪祀，祀成，奉旨：赏言如洙蟒袍一袭，言尚燮缎一匹。钦此。又明日，召见行宫，赐宴、赐茶。二十七日恭送圣驾回銮。乾隆四十五年，皇上南巡，臣言如洙、言如泗、言尚燮恭迎于望亭。二月二十三日，特遣内阁学士、礼部侍郎嵩贵致祭郡城先贤言子庙。二十七日，驻跸江宁，在钟山书院召试江苏、安徽、江西三省进献诗册诸生。先贤后裔廪生言朝标与试，奉上谕：考取一等之言朝标，着特赐举人，授内阁中书学习行走，与考取候补人员挨次补用。钦此。乾隆四十九年三月，皇上南巡，臣言如泗同博士臣言尚燮恭迎于望亭。初八日，特遣兵部侍郎玛兴阿致祭言子庙，原任安徽贵池县知县臣言朝楫于圆妙观经坛恭迎圣驾，奉旨：赏缎一匹。钦此。

衍圣公知照博士札付

为知照事。乾隆四十九年十月十九日，准礼部咨开：仪制司案，呈礼科抄出，明春恭逢皇上临雍讲学，本部照例题请令衍圣公等赴京陪祀一疏，于乾隆四十九年九月初十日发报具题。本月十三日，奉旨：依议，钦此。相应抄录原题并夹片开单知照衍圣公转行各氏后裔，一体遵照，务于乾隆五十年开印以前到京可也。计粘单一纸。等因到本爵。准此，恭照皇上临雍讲学，事关巨典，本爵应照例率五经博士各带族中俊秀赴京恭陪盛典。兹准前因，拟合就行为此札付该博士遵照礼部具题。奉旨内事理，速将本族内俊秀族人，秉公详慎拣选，务必学行兼优，堪加培植者二人。如不得其人，宁缺勿滥。限十一月十五日内造具年貌清册，一样二本，迅即开报，申送前来，听候本爵府躬亲验看后驰驿赴京，以便届期率领陪祀行礼，毋得草率迟误，致干查参未便。该博士务于乾隆五十年开印以前，各带族人到京，即赴本爵府邸，第报到可也。毋违。须至札付者。右札付言氏世袭博士，准此。计粘单一纸。乾隆四十九年十月二十八日礼部谨题为请旨事，乾隆四十九年八月初八日内阁抄出，上谕：稽古明伦，设教典重学官，国学为首义之区，桥门观听，规制尤宜隆备。前命尚书刘墉、德保、金简，侍郎德成鸠工庀材，兴建辟雍，现在已届落成。朕于明年仲春，释奠礼成，即临雍讲学，所有应行典礼着各该衙门详议具奏。钦此。钦遵抄出到部。臣等谨查《会典》内载：皇上视学之礼，臣部预期题请行取衍圣公、五经博士、至圣裔五人、元圣周公裔、四配十二哲裔，乘传赴京，暨各氏子孙列官于朝者，并各官学师生，直省在京需次之进士、举人、贡生、监生咸与观礼。礼成次日，衍圣公率博士各氏后裔，祭酒、司业率所属官暨进士、举人、诸生等请谢恩等语。该臣等议得：乾隆五十年仲春，恭逢皇上临雍讲学，应照例行取袭封衍圣公孔宪培带领族中俊秀五人，并元圣裔、四配十二哲后裔、世袭博士各带族中俊秀二人，照例驰驿赴京，并行令该管衙门各该督抚一体遵照办理。除应行典礼仪注，臣部遵旨详悉酌议，另行具奏外，为此谨题。

博士申请公府查例咨部行取观礼文

为知照事，乾隆四十九年八月十二日准常熟县移开：本年七月二十日，奉布政司李宪牌内开：案奉苏抚部院闵宪行准礼部咨兴建辟雍工程，秋冬可以落成。明春皇上临雍举行释奠，循例行令衍圣公、东野氏、四配十二哲博士各带族中俊秀，乘驿赴京，咸诣太学观礼等因，计抄粘部文等因到职。奉此遵即慎选俊秀，领取勘合火牒，赶紧起程外，惟查部文行取俊秀未经指定何项人员，诚恐届期有误，理合申请明示。查《会典》内开：诣学定例，先期取衍圣公及博士并孔氏族人生员五人，孔、颜、曾、孟、仲等氏族人生员各二人到京陪祀等语。礼成，礼部奏请送监读书，期满准作恩贡，送部考职。又《会典》内开：凡陪祀恩贡，顺治十年覆准免其拨历，孔氏以通判知县考用，颜、曾、孟、仲等氏以州同、州判考用。雍正二年，覆准诣学礼成，凡孔、颜、曾、孟、仲等氏陪祀人员，有职衔候补、候选者俱准以应得之缺先用，举人以本科先用，贡生以教职、主簿分别先用，监生准作州同职衔，生员准作岁贡送监读书。乾隆间，新纂《吏部现行则例》内开：凡陪祀恩贡准与贡监一体考职。乾隆三年，诣学礼成，陪祀生孔继衮等三十一人送监读书，照例准作恩贡，内恩贡言如泗考授州同，仲蕴钰考授州判，冉继先、孟兴锌考授县丞职等在案。至乾隆十三年，圣驾幸鲁，陪祀阙里人员奉祀生不准入庙，钦奉恩旨，令该学政于各氏子孙生员内拔取文行兼优者贡入成均在案。此次创建辟雍工程落成，恭逢皇上临雍大典，所有奉部行取俊秀，驰驿赴京，奉祀生既不合例，至生员或有不敷，应请即于俊秀监生内慎选充补，以光祀典。再查乾隆三年六月吏部、礼部议覆御史条奏，为名器宜重事，案内议得：举行临雍典礼，定例差官行取衍圣公孔氏族人五人，四配十二哲等氏各二人，驰驿赴京陪祀，礼成，礼部奏请送监读书在案。是陪祀人员既有定额，而观礼人员若不酌量数目，似属未协，应如该御史所奏，观礼人员圣裔不过二十人，四配裔勿过八人，十哲裔勿过四人。至所称四配十哲裔各博士亲送至部之处，相应仍照旧例，由衍圣公送部，在观礼人员入庙观光，务择近属通晓文义，堪加培植之人。如不得其人，宁缺毋滥。仍由礼部查验，札送国子监，准其观礼，礼成之日，由礼部册送吏部，题请加恩，其议叙之处应如该御史所奏。观礼各员除职事官、毋庸议叙外，现任者准其纪录一次，候补、候选者于补官日各准其纪录一次，恩贡、拔贡、副榜及岁贡、捐贡、监生准予应考职衔掣签注册，廪生准作贡生，增附准作监生。等因。于六月初三日奏，奉旨：依议。钦此。钦遵在案。此次观礼人员，除俊秀二人慎选申送外，此外名列仕籍及贡监生员准一体观礼之处应查照乾隆三年定例额数汇册申送，大宗主查验送部核办。事关大典，理合查叙前例，慎择人数，备由具申。仰请先期咨明礼部核办，行知各该翰博，画一遵照，由马上飞递，实为公便，须至申者。乾隆四十九年九月初四日。

按察司琅咨明勘合俟部覆文

为知照事，准贵院咨开：明春皇上临雍，举行释奠，奉部奏准本职乘驿赴京观礼，所有应用勘合一道，并俊秀言尚烈、言尚鑅应领火牌各一张，即赐给发等因，到司，准此。查江省十二哲后裔，此次应行诣学观礼者，萧县颛孙博士明德、常熟县言博士尚夒、崇明县有子祀生昭熊均应遵照部文，咸令乘驿前往。其如何分别办理之处，前准苏藩司咨会核议缘由，到当经本司核查中枢政考内开：五经博士朝贺来京者，给勘合、马五匹；不用马者，照马折夫，水路船一只，夫八名。又正一真人来京，奉特旨：驰驿者照五品官例给勘合。若带法师、堂事，各加马一匹。又载，云南、贵州会试，给与火牌，每名马一匹，廪粮俱不支等语。明春恭逢临雍，举行释奠，所有五经博士赴京观礼一节，自应查照。朝贺来京之例，填给勘合，骑马五匹，外加引马一匹，包马一匹。水路给船一只，夫八名。至博士所带俊秀，部中既令乘驿，似亦应一体填入勘合，但例内并无作何填给明文，亦无办过成案，可否援照正一真人所带法师、堂事各加马一匹之例，按每名各加马一匹，至包马、船只概不另给，统于博士勘合内一并填入。惟是有子后裔系属祀生，并非博士可比，虽不应给与勘合，但同在奉部乘驿之列，似未便令其自备前往，可否循照云贵会试举人给与火牌，每名马一匹之例，填给火牌，给马一匹外，仍水路给船一只，不给纤夫，饬令随同赴部。该祀生如有随带俊秀，应否亦照博士所带俊秀一体于火牌内填，给马一匹，抑或令其自行雇备等缘由，业经详奉抚宪批开：有子后裔祀生应否与给火牌，拨给马匹之处已据详咨请部示，俟覆到饬遵缴等因，在案。是此案奉抚宪咨请部示者，虽为有子祀生起见，但博士所带俊秀作何给与马匹之处，虽经详明援照正一真人所带法师、当事之例办理，究系事属创始，既奉抚宪咨部，自应统俟部覆，至日一并填给，俾免歧异。正在办覆间，兹复准贵院咨催前来合就录案，移覆为此合咨，贵院烦为查照施行，须至咨者。乾隆四十九年十一月十三日。

按察司琅咨送勘合文

为知照事，准贵院咨开：明春临雍，举行释奠，奉部准本职乘驿赴京观礼，所有应用勘合一道，并俊秀言尚烈、言尚鑅应领火牌各一张，即赐给发等因，到司，准此。查江省博士此次应行诣学观礼者，前经本司议详查，照朝贺来京之例填给勘合。至所带俊秀，部中虽令乘驿，但例内并无作何应付，明文亦无办过成案。随经援照正一真人所带法师、堂事各加马一匹之例，按每名各加马一匹，即于博士勘合内一并填入，至包马、船只概不另给等因，详明抚宪咨部覆准在案，是所带俊秀应须马匹自应遵照详案办理，未便另结火牌致滋歧异。兹准前因，除将部颁安字六十号勘合一道填明，夫马、船只各数，交差移送。再近奉新例，所需附发传牌，除已檄交常熟县照例填发外，相应移明。为此合咨贵院，烦为查照。希将移来勘合查收见覆，并希于希程前来一日将勘合特赴常熟县查照内填马匹等数填入传牌，递传各站，一体应付施行，须至咨者计咨送勘合一道。乾隆四十九年十一月二十二日。

乾隆五十年二月初七日，奉上谕：朕此次释奠礼成，临雍讲学，圜桥观听，文教覃敷，实为盛典。且自冬春以来，雨雪尚未沾足，朕心焦切，兹当俎豆馨闻，春膏沾需，深为欣庆。第念允宜广锡恩施，所有执事、扈从之王公大臣、衍圣公并文武各员俱著纪录一次。其观礼诸生及至圣后裔并著查明，分别赏赉。至临雍讲学礼成赐茶时，听讲皆赐茶，而进讲之人，咸立殿外，不得赐，糊涂疏略至此。所有礼部堂官不必纪录，仍著交部察议。钦此。又奉上谕：朕此次释奠礼成，临雍讲学，诸生观礼，环集桥门，允宜广锡恩施，以昭盛典。着于乾隆五十一年顺天乡试皿字号卷内广额十五名，用示嘉惠胶庠，鼓励人才之至意。钦此。贤裔陪祀监生言尚烈、言尚鑅奉旨准作恩贡生观礼，廪生言朝樾、附生言尚焜奉旨，朝樾准作恩贡生、尚焜准作恩监生，内阁中书言朝标纪录一次。

常熟县移博士临雍陪祀准作贡监文

江南苏州府常熟县为知照事，本年六月初四日，奉本府胡宪牌内开：奉布政司李宪行乾隆五十一年五月初五日，奉苏抚闵宪行乾隆五十一年四月二十五日，准礼部咨仪制司案呈，所有本部具奏，上年临雍陪祀各氏后裔，酌拟恩例，并核人数进呈清单，于乾隆五十一年四月初二日奏。奉旨：依议。钦此。相应抄录原奏并清单知照吏部、国子监，并行文衍圣公查照外，查此次陪祀，内监生言尚烈、言尚鑅、颛孙宏倬三名俱准作恩贡，奉祀生颛孙宏溎一名准作监生。除本部给发该生执照外，至江崇明县奉祀生有昭熊，带领之监生有照烜、有昭炯二名，本部于核定清单内声明扣除，相应一并知照该抚可也。计粘单一纸等因到院。由司行府奉此合就。抄单转饬等因，并粘单到县。奉此：合行移明。为此合移贵博士，将此次陪祀后裔监生言尚烈、言尚鏻准作恩贡缘由知照，仍住图籍贯事，由关送备查转，覆须至移者，计抄粘乾隆五十一年七月初十日移礼部，谨奏为请旨事。本年二月内准吏部咨上年恭逢皇上临雍，礼成后所有陪祀各氏后裔送监读书。据国子监咨报，陪祀后裔孔毓珣等三十七名，开单咨送到部，随将该生等捐贡、监及补、增、廪、奉祀生各年分咨查各该处去后，今准户部等衙门陆续咨覆相符相应，将各衙门咨覆原文一并咨送礼部查办。等因前来。臣等伏查陪祀人等恭遇临雍，礼成送监肄业，向由臣部奏请加恩，原系圣朝优待圣贤后裔，以光盛典。惟查从前陪祀生员、监生、祀生均一体准作恩贡，无所区别，而此次陪祀后裔内复有贡生、武生、俊秀等项，为向来所无，其应作何办理无例可循。臣等悉心核议，所有生员、监生应照旧例准作恩贡外，其贡生、武生、俊秀、奉祀生四项谨酌拟恩例，开列清单，恭请钦定。至陪祀例由衍圣公及各氏博士带领族人，向经定有额数，其中亦有应行核定及节次增设博士之处，并缮单进呈，伏候训示。所有孔毓珣等三十七名，即照此例办理，并纂入臣部则例，永远遵行。谨奏。夹单：

酌拟陪祀恩例清单：

一，贡生向来陪祀，并无此项，此次陪祀，贡生应请照乾隆三年吏部奏准观礼贡生之例，以本身应考职衔挈签注册。

一，武生向来陪祀，亦无此项，若照文生之例，准作恩贡，铨选教职，难资考课，应请准作监生。

一，俊秀向来陪祀，亦无此项，伊等原无项带，但既圣贤后裔，躬奉盛典，在陪祀之列，应请酌量加恩，作监生。

一，奉祀生向来陪祀，虽有此项，但该生等以娴熟仪节专司祠祀，与考试录取者不同，若照从前一例准作恩贡，铨选后亦于考课非宜，应请将旧例酌改，准作监生。

核定陪祀人数清单：

一，至圣裔向例陪祀五人，皆曲阜籍，由衍圣公带领。此次衢州孔氏南宗五经博士带领二人。查与各氏带领人数亦符，但不行区别恐致牵混，嗣后请定为曲阜五人，衢州二人。

一，元圣裔向例陪祀二人，系山东之东野氏。今查陕西姬氏于乾隆四十四年蒙因添设博士。请将元圣裔照各氏博士每员带领二人之定例，东野氏一人，姬氏一人。

一，有子裔向例陪祀二人，此次系江苏崇明有氏由奉祀生有昭熊带领，与各氏博士带领族人之例不符，且随从奉祀生之人邀恩转过于奉祀生，实未允协。自应照例扣除。

现在有氏五经博士经臣部议覆，山东抚臣、学臣奏请，以山东肥城有氏承袭，俟查明准袭后令该博士遵例带领。

一，朱子裔向来陪祀二人，查安徽婺源、福建建安各有额设博士。此次二人俱系婺源籍，未免偏枯，亦未便照衢州孔氏、陕西姬氏之例，嗣后请定为婺源一人，建安一人。

恩贡二十人：廪生孔毓瑄、增生孔宪圭、附生孔昭焘、监生孔宪均、监生孔宪垫，以上衍圣公带领。附生孔继泮、附生孔继沄，以上衢州博士带领。增生孔昭炽，以上公府博士带领。监生颜崇杭、监生东野绪询、廪生孟尚迎、附生仲振玺、附生端木中桂、监生言尚烈、监生言尚鏮、附生冉广居、附生冉广敏、监生颛孙宏倬、监生朱光煌。

恩监十四人：奉祀生孔传杼，公府博士带领。奉祀生颜崇移、奉祀生曾传锡、奉祀生曾典庶、奉祀生闵作求、奉祀生闵继磐、奉祀生仲振圻、奉祀生卜承祖、奉祀生卜国珖、奉祀生冉继德、奉祀生冉继宗、奉祀生颛孙宏溱、武生端木元锦、俊秀朱学稽，擎定职衔。一人贡生孟典俊扣除，二人监生有昭煊、有昭炯，崇明奉祀生有昭熊带领。

衍圣公行知博士临雍观礼议叙原文

为知照事，准吏部咨前事内开：议叙观礼各氏后裔等因，具题，奉旨：颜崇沩着纪录一次，余依议。钦此。知照前来又准礼部咨开：仪制司案呈准吏部咨吏科，抄出本部题准礼部咨，将衍圣公并各衙门册送临雍观礼各氏后裔，照例给与议叙等因一疏，除举贡廪附生于存部册内注明外，相应抄录原题并粘单知照衍圣公可也。各等因到本爵府。准此拟合粘抄饬知为，此札付该博士一体遵可也。须至札付者计粘单一纸。乾隆五十年十二月初四日。

吏部为知照事，文选司案呈吏科抄出本部题前事，内开：议得礼部各将衍圣公并各衙门册送观礼各氏后裔，抄录各单咨送到部。查本年恭逢皇上临雍讲学，所有衍圣公册送观礼各氏后裔，先经礼部奏明，礼成后，照例移交臣部职官准其纪录一次。贡监生给予应考职衔，廪生、准贡生、增附生准作监生。等因。具奏。奉旨：知道了。钦此。钦遵知照在案。今据礼部将观礼各氏后裔开送到部，应请照该部奏准之例，分别办理。查单开：观礼之现在翰林编修、今升侍读之颜崇沩，内阁中书闵思毅，四氏学教授颜崇櫐，臣部学习司务孔毓璠，礼部七品官颜检，钦天监博士孟兴声，天文生孔传济，浙江乌程县训导孔继洙等应各准其于现任内纪录一次。翰林院编修考试改用部属之闵思诚候补中书，言朝标候补助教，卜维吉候袭五经博士，孔继涛、孔广杓捐职中书，孔广埙应袭博士，曾传镇、闵传基候选知县，孔广才、孔昭暎举人，孔广菜、孔继升、孔继棠、颜崇椓、颜怀宪候选布政司理问，孔传津捐职布政司理问，孔兴荫、孔继杓捐职州同，孔宪奎、孔继牲、孟传楫捐职盐大使，孔广秀候补吏目，孔继荣候选从九品，孔传安、仲振松、仲青云候选未入流，仲耀田等应均准其于补官日各给与纪录一次。贡生孔传张、曾兴祖，监生孔广辉、孔继鹭、孟毓溥、仲贻杰、卜日樘、颜模等应均准其以应考之主簿、吏目二项职衔，兼以挈得之项注册。廪生曾毓垲、言朝槭等应均准作贡生。附生曾兴煖、曾衍东、言尚焜，生员孔毓烜、孔传勋等应均准作监生。奉祀生孔毓升、孟毓武、卜思义、卜贻恩、冉廷班、有昭熊等，经臣部咨查，礼部覆称奉祀生一项例有衣顶之生自应与增附生相同等语，此次观礼议叙，应即照增附之例，亦俱准作监生。以上议叙各员除给予纪录人员，毋庸给发执照外，其余各生均照例给与议叙执照。内有监生仲贻杰，衍圣公原册内开：三十九年捐监，现据户部查覆，该生册内并无其名，应俟命下之日行文山东巡抚，查明该生于何年月日在何处报捐监生。声覆到日再行挈签，给发执照，恭候命下等因。乾隆五十年九月初七日题。本月十一日奉旨：颜崇汸着纪录一次，余依议。钦此。相应知照可也，须至咨者。

吏部为给发执照事，文选司案呈先准礼部咨称：将衍圣公并各衙门册送观礼各氏后裔，抄录名单咨送到部。本年恭逢皇上临雍讲学，所有衍圣公册送观礼各氏后裔，先经礼部奏明，礼成后照例移交臣部职官准其纪录一次，贡监生给予应考职衔，廪生准作贡生，增附生准作监生等因。具奏。奉旨：知道了。钦遵在案。今据礼部将观礼各氏后裔，开送到部，应将江苏常熟县廪生言朝槭、附生言尚焜准作贡生、监生注册等因，于乾隆五十年九月初七日题。十一日奉旨：依议。钦此。相应填写执照给发该员收执可也，须至执照者，右执给言朝槭、言尚焜。准此。乾隆五十年九月二十九日给礼部为请旨事，乾隆五十一年四月初二日本部具奏：上年恭遇临雍礼成，所有衍圣公及各氏博士、带领陪祀后裔送国子监肄业，期满后生员、监生应照旧例准作恩贡生，武生、俊秀、奉祀生俱准作监生等因。奉旨：依议。钦此。钦遵在案。今据江苏苏州府常熟县、长洲县陪祀、监生言尚烈、言尚鑠准作恩贡生，相应给与执照，以杜假冒顶替等弊。须至执照者，右执照给言尚烈、言尚鑠。准此。乾隆五十一年四月给。嘉庆三年恭遇皇上临雍大典，奉部行取博士尚燮即率族人驰驿赴京陪祀，礼成，赐坐，赐茶，赐克食，赐宴，赐蟒袍一袭、貂皮四张、八丝大缎一匹、徽墨四匣、御论一篇。陪祀子姓二人附生尚炯、尚照钦赐恩贡。观礼子姓四人监生尚焞、尚炽、尚燨、尚灿皆议叙州吏目注册，恩赉如乾隆五十年例。

贤裔陪祀观礼人数（不挨世次挨年次）：

锷，字建山，先贤言子七十四世孙。乾隆三年恭遇临雍，以奉祀生员入庙陪祀，礼成，钦赐恩贡生并蒙貂皮、克食之赐。

如泗，字素园，先贤言子七十五世孙。乾隆三年恭遇临雍，以昭附生入庙陪祀，礼成，钦赐恩贡生并蒙貂皮、克食之赐。

春荣，字向之，先贤言子七十三世孙。乾隆十三年恭遇幸鲁，以府学生入庙陪祀，礼成，钦赐恩贡生并蒙紫绮蓝绸袍一袭之赐。

卞亨，字圣修，先贤言子七十二世孙。乾隆十三年恭遇幸鲁，以附生入庙陪祀，礼成，蒙貂皮、克食之赐。

朝栻，字凤怀，先贤言子七十六世孙。乾隆三十六年恭遇东巡幸鲁，以廪膳生员入庙陪祀，礼成，蒙白金五两、克食二种之赐。

朝樾，字以南，先贤言子七十六世孙。乾隆五十一年恭遇临雍，以府学生行取观礼，礼成，钦赐恩贡生并蒙内缎一端之赐。

尚烈，字敬叔，先贤言子七十七世孙。乾隆五十一年恭遇临雍，由监生陪祀，礼成，钦赐恩贡生并蒙貂皮、内缎、御论之赐。

尚鑅，字敬安，先贤七十七世孙。乾隆五十一年恭遇临雍，由监生入庙陪祀，礼成，钦赐恩贡生并蒙貂皮、内缎、御论之赐。

朝标，字皋云，先贤七十六世孙。乾隆五十一年恭遇临雍，由内阁中书行取陪祀，奉旨：纪录一次并蒙赐内缎一端。钦此。

尚焜，字可樵，先贤七十七世孙。乾隆五十一年恭遇临雍，由附生行取观礼，礼成，钦赐恩贡生。

尚辉，字蕴香，先贤七十七世孙。乾隆五十五年恭遇东巡幸鲁，由奉祀生入庙陪祀，礼成，蒙白金之赐。

尚煜，字可樵，先贤七十七世孙。乾隆五十五年恭遇东巡幸鲁，由附恩监生入庙陪祀，礼成，蒙白金之赐。

尚炯，字雪香，先贤七十七世孙。嘉庆三年恭遇临雍，由附生行取陪祀，礼成，钦赏恩贡生并蒙貂皮、缎匹之赐。

尚照，字晴香，先贤七十七世孙。嘉庆三年恭遇临雍，由附生入庙陪祀，礼成，钦赏恩贡生并蒙貂皮、缎匹之赐。

尚灿，字梧香，先贤七十七世孙。嘉庆三年恭遇临雍，由监生行取观礼，礼成，钦赐州吏目。

尚爔，字竹坪，先贤七十七世孙。嘉庆三年恭遇临雍，以监生行取观礼，礼成，钦赐州吏目。

尚炽，字竹泉，先贤七十七世孙。嘉庆三年恭遇临雍，由监生行取观礼，礼成，钦州吏目。

尚焞，字古泉，先贤七十七世孙。嘉庆三年恭遇临雍，由监生行取观礼，礼成，钦赐州吏目。

尚煦，字淦斋，先贤七十七世孙。道光三年恭遇临雍，行取观礼，奉旨：准作恩贡生。

良钰，字宝侯，先贤七十九世孙。道光三年恭遇临雍，由监生行取陪祀，礼成，钦赐恩贡生并蒙白金、笔墨之赐。

尚燡，字望之，先贤七十七世孙。道光三年恭遇临雍，行取观礼，礼成，钦赐州吏目。

南金，字卓林，先贤七十六世孙。咸丰三年恭遇临雍，由附生行取观礼，礼成，钦赐恩贡生。

良钟，字之万，先贤七十九世孙。咸丰三年恭遇临雍，行取陪祀，礼成，钦赐恩贡生。

良鉁，字荫谷，先贤七十九世孙。咸丰三年恭遇临雍，行取陪祀，礼成，钦赐恩贡生。

忠福，字芳华，先贤七十八世孙。咸丰三年恭遇临雍，行取观礼，礼成，钦赐州吏目。

家大人纂辑家乘既竟，授朝楫读之，谨识于后，曰：甚哉！创与守之不易也，朝楫生也晚，不及见先翰博系园公，犹得侍先王父之侧，王父母及祖宗事辄涕洟交下。凡祠墓之待整厘者，虽贫乏不遗余力，病且革，犹以谱稿属后人成之，此非可以见创之难乎！家大人受遗命而辑之也，亦有年矣。曾吏事鞅掌，作辄相半。甲申之秋，官解州时，行且梓矣，旋以迁守襄阳而罢。其役越年，丁亥始克成书。夫以似续妣祖其艰其勤又如此。朝楫于此窃有所幸焉，幸夫祖宗之事皆祖父竟厥绪而得与观成也。抑有所惧焉，惧夫异日之自我而或坠之也。朝楫材谫，其与诸兄弟偕勉之矣。乾隆三十二年七月既望，七十六世孙、壬午贡士、安徽婺源县知县朝楫谨跋。

言氏家乘后跋

乾隆五十六年仲秋之月，重刊家乘既成，盖距丁亥之初刊是书也，已逾二十五年矣。是书有不能不续纂者三：此二十五年中，人丁较前而增，远则有湖南湘潭支系合于大宗之请，近则有常州支系正其支谱之役，不能不载笔者一。又二十五年中，凡吾虞祠墓及郡祠皆竭资修建，不能不志其年月者二。又前谱率在宦游修辑于国家赐赉，先人事实弗暇详备，朝楫归林泉，随侍大人二十年，禀承庭训，辄随时讨辑，所当纂而入之者三。然则重刊之其可以已乎？书告成窃自欣慰宜矣。尚望后来者勿替引之宗主。尚燮校核详慎，率子弟以襄是举，庶几职思其居焉。先贤七十六世孙朝楫谨跋。

言氏家乘卷二十九

始迁祖发祥公传
盖有世德相承者，其后必昌，而后人昌大之业，罔不本诸开先。窃维古之有大志者，其平生行止即寓于命名之中。斯意也，吾于发祥公得之。公讳勤学，字修来，发祥其号。先贤五十九世孙，文振公子也。公自常熟赘于无锡，后徙武邑北乡之青城。青城者，诚隐士所宜居也。考其地，则黄山峙其北，养济贯其中，田园美，水土肥，不近冲衢，不邻城郭，数百世之利在焉。公之卜宅于此，殆有相其阴阳，观其流泉遗意乎？公以读书创业，故取其义而命名，与公为始迁之祖，或因迁徙而称字欤？至号为"发祥"，又将为万世开基之兆与？噫，公抱经济良才，不求闻达于世，林泉僻处，乐志田园，穆然有古君子之风。声均撰

敬庵公澂
持己以敬，理家以勤。接人以恭，御下以宽。因青城生齿日繁，基房渐窄，乃创别业于马庄。其置田宅必厚其价，至重券负租而不校。惟日与邻翁引壶觞，植柳分筠，大有鹿门庞公之致，故号"敬庵"。

友桥公体钧
澄波送鉴，古树团荫。俯仰其间，享林泉之快境。问禾南亩，悠然自在之天。或邀游寄兴，金兰结契；或歌咏舒怀，长幼咸欣。四时得趣，三桂服劳，而颐养若此，宜号曰"友乔散人"。

垣如公可济
颐丰体厚，质直心冲，真须眉大丈夫也。胸藏星斗，片言决休咎之机囊，贮江山跬步，定兴衰之局。交接遍绅衿，指青龙而分贵贱；其事有寒素，览白虎而示穷通。名曰"可济"，实乃是可济乎！人者也，中吴有逸士，文学代相沿，艺业原经术，行藏在达天。三江囊里贮五岳杖，头悬涉世能超世，堪舆称地仙。陆遇安赠

庆之公可嘉
义路礼门，流行坎止。集众善于厥躬，贻一安于孙子。观其仪则表表可矜，发其心则休休无已。行将付物我于两忘，庶几寓幽情于山水。

乐间公可治
禀性温良，立己刚方。不柔不竞，有纪有纲。得安闲之佳趣，阐岩壑之幽光。是以

甘清约而人不以为矫，任笑傲而人不以为狂。

绍耕公可实

能勤能俭，克敬克恭。人惊其名，君图其实。虽无济世安民之具，却有慷慨恬和之致。击康衢之壤，扶莘野之犁，尚有乃父之风。号曰"绍耕"，良无忝也。

君翼公可襄

孝友天真，果毅性成。临事敢言，与物无竞。善于理家，力于农亩。不失礼于人，勿取怨于友。

孟历公以阅

胸襟光霁，赋性刚方。遇事不忧不惧，临机敢作敢为。与人恭而有礼，处世和而不流。才堪泛应，力足独行。磊磊落落，大丈夫之意气；疏疏爽爽，士君子之襟怀。

庭相公以新

用严直峻洁之道律于己，用温和坦夷之道接于人，故交友以信，临财以廉。其仁德之风，足为乡邻所矜式，远近所称扬者，实有宽宏之量，惇恪之诚也。

治卿公以理

君之状貌，有纯古之风。君之性格，有温和之德。故虽觅利杖头，不欺三尺，素立廛市，不沾尘浇。君之可重，不惟于是。克孝以事其亲，克友以爱其弟。天眷有德而兰桂生芳，正在是也。

东生公以震

君之立志也，良其制行也。方或理于庭，或断于乡，无不服其公直。或耕于亩，或钓于江，莫不钦其恬淡。因其素养有由，故自得如此。

顺甫公以让

律己端庄，交朋久敬。不留心上怨，不蓄旧时愆。众称蔼蔼吉人，我谓谦谦君子。

尔术公以经

赋性质直，安分乐天。日勤日俭，日广田原。既丰于德，又富于年。邑侯嘉奖，合地尊瞻，光启前人，业庇后贤。

尊美公立政

朴乎其貌，爽乎其神。胸无宿怒，口无恶声。不知者畏其德性之坚刚，知之者爱其峻拔之天真。西溪垂钓，南亩课耕，樽酒欢歌，以陶遣乎芳辰。丹忱好道，以清洁其身心。徜徉化日，以成其羲皇之上人。

敷五公立教

笃学励行，尚友好义。不规规于事物，不屑屑于利名。内富诗书，外优礼节，宅念忠诚，冲襟粹白。慷慨而行，朗如日月。合族称云"白眉君"也。

立隆公

天性醇厚，举止端详。言讷而义，行柔且刚。是以进退周旋而有节，博闻善道而无违。

立宏公

志敦诚悫，性禀端方。望之而恕，即之而庄。治家有则，处世贤良。克恭克俭，闾里名彰。

习之公

性秉纯粹，蔼若阳春。与物无忤，于人不争。修行持戒，翻阅金经。好施树德，昌裕后昆。

用之公

厌世浇漓，惟笃其行。与人为善，每格其心。名缰不竞，其如豹隐。野老田夫，莫之与京。公之德教，溢乎乡邻。

君让公

襟怀潇洒，度量宽洪。持己以敬，待人以恭。临事而惧，慎始慎终。相交亲友，四海春风。乡邻有事，处之必公。无拘无束，任尔从容。

子让公

能和能敬，惟俭惟勤。逐邪秉正，睦族善邻。周旋中矩，谨慎持身。笑傲林泉，先民是程。

介维公

作事性格，近仁木讷。道貌儒风，威仪抑抑。正直端方，德音秩秩。死守书乡，克承祖式。报答深恩，粥产殚力。训诲诸生，忘倦不息。恕以待人，谦以自益。闲暇欢娱，抱孙弄膝。钦哉钦哉，令人动笔。

介裕公

早得弄璋，天付厚禄何其福。少年辞世，天付之年何其速。厚禄可钦，遭逢可悯。噫嘻！颜氏之早世，禹兄之不永，吾安得不为之耿耿。

介明公

睦庭孝友，处世端庄。其言可表，其行贤良。存心为此，后必克昌。

介升公其香

端方正直，慷慨谦恭。克勤克俭，家道日隆。孝其亲，敬其长，一乡诵美；和于家，睦于族，众口称贤。四海交游，宾朋相得，以自无思无虑之天耳。<small>华萼千撰</small>

端之公立仪传

公讳立仪，字端之，其先虞山人，先贤后裔也。徙居云阳，再徙毗陵之青城。家世耕读。父君实公，督公治产，以故中道废学，尝语人曰："往而不可还者，亲也。悬而不可知者，禄也。自襁褓以来，亲恩罔极，即使列鼎而祭，孰与竭力耕田以逮亲存乎？"于是日夜经营，家以丰厚。然天性慷慨好义，不吝千金。独建家庙，以妥祖灵。仿义田之式，捐百亩之产，俾期功之亲各安其业焉。亡弟成之无后，为立甥承嗣，其笃亲亲之谊有如此。他若建桥梁以济众，捐田亩以饭僧，一方咸倚赖之。公素恬淡，不慕纷华，安治田园，为终老计。徜徉自适，不与外事。乡人咸啧啧称为隐君子。又常施药济人，危急之疾，靡不立效，活人甚众。平居所乐者，奇花怪石，所享者，家酝园蔬。无怀葛天之民，公实近之。公娶商氏，名门壶范，贞静幽闲，年逾百岁。嗣子其武，武之本生母为予之族姊，故知公独稔，因武之请，而为之传，其梗概云。_{孔毓范撰传}

用之公传

用之，讳立矩，以伦其父也，路氏其母也，谢氏其室也，介裕、介明其子也。赋性刚直，不肯队附，不受挫屈。乡有善，奖之劝之，又从而成之；乡有恶，嫉之攻之，又从而屏之。承其先祖也，尽力公祠。其于耕稼也，料理兼人；其于治家也，法更周密；其于交游也，慷慨而略虚文；其于亲戚也，缠绵而笃情谊。父子不失其至性，兄弟不失其怡怡。教子孙慈而严，待奴婢宽而肃。里有事，不惜己财以分解之；亲有急，不惜己资以救恤之。故历年八十七幸遇皇恩，赐以冠带，赐以绢米，厚享儿孙，诚天之报善人也。

谢氏孺人赞

俭勤蚕绩咏豳风，淑德操家仿佛同。敬事公姑严课子，恩看奴婢惠施穷。阃内规模遵母训，厨中道义述贤衷。天年虽既归长寝，名振伦常万代丰。

大行公传_{候选州同}

大行讳德洽，年二十七岁丧父，事母以孝闻，抚幼弟教育备至。节俭不衣裘帛，与佣工、仆隶同甘苦，其接人蔼如也。乡里有缓急，多取给焉。有田数十顷，虽遇丰岁，租不取盈。力不偿者，辄取券焚之，无愠色。岁乙亥大饥，邑绅设局劝捐以赈，公自诣局，慨然以数千金为创。后凡遇捐岁捐输，至数千缗。又日置钱米，以给乡党宗族之贫者。_{吕荣撰}

赞曰：仪容肃穆，器宇兼冲。轻裘骏马，带绂扬骢。席丰履厚，赡乏周穷。处己处物，矢慎矢公。光前裕后，耀祖荣宗。翩翩佳士，有长者风。

德绪公传

德绪，字天山。为人沉默好静，不妄交游，常扃户独处。中年后与里中二三耆老往还，清谈竟日，略不及琐务。所居一室，惟置茶铛、竹炉、泉水数瓮、杂书数卷。庭中植梅花、芍药、兰菊之属，手自灌溉。每饱饭后，辄啜佳茗一瓯，淡芭菇一器，时复弄孙以嬉。如是者久之。偶缘事适市，市中小儿童至有不识公面者。其恬淡盖如此。乾隆乙亥壬寅岁，俱荐饥，众议捐资设赈，举公董其事。公身先输金，营画尽力，赖以济者颇众。后又举公为乡饮宾，名副其实，远近美之。戎翰撰传

寿行公传

寿行，讳德濡，字邦彦。为人和而介，言行纯粹，尤笃友爱。偕弟作息间，具甘旨必共膳。泊馆予时，公老矣，而雍睦如故，谓非因心则友者欤！家仅中资而轻财好义。有曹将军祠，福镇之社也。辛巳岁，火公创议修之，财力并殚，重新庙貌，公力居多。至其倾囊解难，曷胜枚举。公虽力田自给，志趣廓然。好豢马，中有所感，辄骑欷假，独行旷野中。或问，故笑而不答。方是时，西陲告警，莲匪干纪于滑台，林爽文之徒负嵎海岛，朝廷方急武备，海内有志之士，莫不敌王所忾，然则公之习骑，得无意乎！朱锦魁撰传

行高公传

行高，讳懋，太学生。幼纯孝，读书能通大义，甫总角，动如成人，迫于家计，工苦未纯，遂喟然弃去，以治生为急。务耕蓄学，经营三十，而业渐饶。乙丑岁，父有疾，公日侍汤药，未尝废离。已而居父丧，哀毁骨立，远近咸称之。事母极孝，朝夕劝慰，侍甘旨，虽年近耆艾，孺慕如婴儿。居身俭约，有忌之者，公晓之以义，宽之以恩，卒得如其意以去。而常愧读书未竟，不得稍为显扬计，遂于丁丑岁援例入太学。族里咸服公之豪，谓有志竟成，斯人可云有志矣。而公益暗然。曹子隽撰传

继高公传

公幼读书，寻随父治生产，服勤就养时，得堂上欢。后以其兄习陶朱业，持筹入肆。会计之当，管钥之慎，公以身任之。盖仲无伯氏无以开其先，伯氏无仲无以襄其业，凡所建树，无不与仲偕也。性纯厚，于族党尤有加焉。见其贫乏者，量力而济之。人有忿争，得公一言，无不相悦以解。以故远近感公之仁，仗公之信，啧啧称长者之名不衰。乃其兄方赖公之才以相翊赞，忽于癸未岁捐馆舍。春秋四十有八疾革时，无他嘱，惟以不克终事母为恨，盖犹幸其兄之存也。谁识其兄后亦抱不克终事之痛哉！公娶于杨，端庄贞静，仰事俯育，亲族咸重之。公殁后，辛卯岁亦相继卒，年四十九。子二，昭南、昭卿，昭南早卒。娶于徐，生子一，昭庆。卿娶于薛，生子二。庚子，庆以其祖父暨伯之德，恳传于余。余愧不文，以戚谊故不得辞，爰各为述其大概，以俟夫能文者云尔。曹子隽撰传

言氏家乘卷三十

南庄海公赞

貌则清奇似鹤，体则兀立如山。趣则闲闲桑者，志则坎坎伐檀。燕贻奕禩，荒秽手芟。既耋且耄，恩荣允颁。上天福善，枝远实繁。

讷斋公讳惟阎

孔门訚訚，传一闵氏子耳，公以是名，宜若实之难副也。及相悟，果其渊如温如，体度闲雅，吉士叹仁人欤。斯真闵氏子之流亚矣。号曰"讷斋"，洵不诬云。

省耕公讳惟讷

为问年来陇亩何，镃基弗具即蹉跎。天工告歉春须补，地利云亏岁月扶。瑞雪满郊曾有诵，两歧得穟又堪歌。省耕省敛年年事，万斛仓箱在此途。

莘耕公惟諟

器宇恬夷，性资安定。混俗也和而不流，御物也宽而有道。且夫神游尧舜之天而种耨罔怠，德裕阿衡之养而名誉不干。齐眉绕膝，鼓腹含饴，非所谓尔昌尔炽者耶？诗曰：世间名利莫相羁，每至春深带雨犁。漫说商王勤往聘，三公不换绿蓑衣。

禹钦公一昌

端严可畏，乐易可亲。居家克勤克俭，作事有始有终。胸无冰炭，事少风波，君子人也。

靖侯公一定

茅茨不剪，乐尧舜之天；麴蘖为欢，得李刘之趣。植桑麻，分五谷，既适性而自如；安孝养，享遐龄，亦循分而自足。

道兴公一扬

生富厚之家，秉豪侠之性。见有不平事，辄思削之。即如明末粮业不清，课粒烦重，害岂一己哉？公以缟氓独挺身上叩，不惜私财，倾囊倒箧，以致清厘，非所谓烈丈夫欤？惜身没京师，未获食报，虽声称不朽，得无抱恨于九原？因举一端，以窥全概。

台元公一爵

具陶朱、猗顿之智，而缓急济人。有随机应变之才，而解纷排难。虽臧获不能为之憾，凄菲不足为之累。远近咸服其公，长幼皆称其直。是以庭桂森森，阶兰济济。上天福善，良有以也。

公旦讳宪周赞

心存中正，性秉坚刚。立身质直，涉世温良。乡邻之事，排解有方，是非予夺，不畏豪强。义同管鲍，信比范张。闾里爱慕，内外称扬。猗与公旦，于宗有光。

舜卿公宪易

秉性纯朴，不尚虚文。乡邻有事，悉待君正。虽非天家之柱石，实可称当代之能人。

惠公讳宪稷

刚方其性，济干其才，奉萱闱，笃爱日之诚；友诸弟，敦常棣之谊。真元方、季方之流亚也欤！

继芳公宪宗

克勤克俭，家道复兴。克宽克仁，洽悉舆情。施有余之谷，烧积欠之文，非以市恩也。完外戚之姻，纾同宗之难，岂曰图报哉！痛乃父之叩阍，天涯魂断；悼伊子之蚤世，地府神伤。幸而善人终有后，岂其天道竟无知。足供贤达之品题，抑志生平之阅历。

君陈公宪策赞

禀性纯笃，体貌恂恂。金玉为质，秋水为神。满门和气，蔼然可亲。勤俭素著，家业日新。睦邻善族，礼节恪遵。不事雕饰，惟守天真。庭前三凤，象贤克仁。兰孙济济，歧嶷出伦。百年眉案，福寿同臻。猗欤君陈，葛天氏民。

公烈讳宪武赞

幽居林下，秉性温良。读书知乐，倜傥非常。笃生三凤，俊伟齐芳。翚飞堂厦，辟土开疆。不求不忮，万虑皆臧。惟和惟敬，远近称扬。里言恭赠，难效君长。

肃行公宪纪

遇事有刚方之气，应机具果敢之才。《诗》有云："柔亦不茹，刚亦不吐。"公之谓乎？而且堂构聿新，膏腴连陌，恢先业而裕后昆，非大丈夫之作用哉？

开先公宪祖

其居衷也，恺悌慈祥。其制行也，正直刚方。接人以敬，持己以庄。耒耜惟勤，契陶朱之术；埙篪迭奏，追公艺之风。创业兮可继，垂统者何穷。号曰"开先"，实符厥躬。

俊儒公其礼

伟哉儒君，卓立人群。襁褓竟遭失恃，瞻依尽属家君。服先畴，惟安耕耨；尊祖训，无废俭勤。殚穷年之矻矻，务缵绪为殷殷。迈众克娴算书，交朋不愧斯文。虽然未得同登士箓，却也竟能洗去尘氛。

允文公德道

睹君之貌，诚然长者。听君之言，蔼乎仁人。则有其文，圣门雅范。以直为道，三代遗民。持躬谦谨，待物和均。田畴日富，堂构日新。眉齐案举，桂菀兰蓁。善继子渊，克绍君陈。

仲卿公宪恩

自乃祖梅溪出赘，世牒几于失系。惟君克缵前徽，续宗图于再造；昭兹来许，绵瓜瓞于无穷。承先启后，公真无愧。

其公讳朋贤

赋性刚方，秉心严肃。存心以孝弟自凛，处众以诚意相孚。酷嗜经书，虽寒暑而不辍；善和争讼，纵仇怨而冰消。诚哉，一乡之善士！允矣，族中之伟人也！无何玉楼有召，方五九而云徂。余恐世远人遥，泯没其懿迹，故略赘言，以垂家乘之末，且以为后世之龟鉴焉。甥张纯撰

渭徵公宪纶

状貌魁梧，言行笃实。昆弟四人，皆善读书，承父志。忆余奉圣祖诏入国子监修史时，君之弟东万已蜚声黉序，克绍文学之流风。独君以数奇历落，连不得志于有司。每与说剑论文，谈及年少登科，未尝不狂歌欲泣。然久之心亦灰矣。昔人有言，"不为宰相，必为良医"。医虽小道，其所以燮理阴阳，利济苍生者，与宰相等。是用攻岐黄以活人。虽平生嗜酒，当课功问疾之时，则又屏而勿御，夫岂溺情杯饮者比哉？昔者言夫子自东鲁告归，尼父目而送之曰："吾道南矣。"后之尚论者，咸谓南方之学，得其精华。今君本名士，以作名医，仁人之德，溥及无涯。其亦犹学道爱人之遗意也与！巢宏干展廷氏撰

东万公刚

人之成败利钝，虽曰人事，实亦有天命焉。吾友东万公，不羁才也。余因数奇，十困棘闱，郁郁不得志，设帐于河之北，与巢邱诸生几历寒暑。其地与公居甚近，因得登公之堂而亲炙焉。公为人敦厚谨慎，讷讷焉如不出诸口，下笔纵横千言立就。予尝心折其为文，以为必得当事赏。乃历久始售为诸生，屡试辄冠其曹，口授生徒，笔耕自食，环堵萧然，宴如也。系出先贤之裔，以纂修族谱自任，支派里居，分别详悉，秩然有条。年五旬，未举子，抚兄渭徵子其擂为嗣。姜朝翰撰

道生公德太

癸酉春，访友刘宏谟于臧墅，始见言君，一座哗然。君讷然如不能言，然间发一语，无不中窾要，余窃异之，特未能定其为何如人也。后宏谟过余而问之曰："子与言君居最近，交最深，彼果何如人也？"宏谟曰："言君之为人，大约处事敬，临财廉，交

友信者也。"余益心契之，遂相往来三载，莫逆乃知宏谟之论道生犹未尽也。盖尝闻言君治家，于母每饭必请，于弟有甘必共尝。夫口腹之需，事甚微耳，犹且孝友若此，其他又何容殚述乎？呜呼！如言君者，诚足风矣。_{吴瑞撰}

允明公德暹

幼事父母，先意承志，随诸兄后，推梨让枣，以孝友闻。比长，工心计纵横术，竹头木屑，雅善经纪，遂以资雄里中。然性豁达，视持筹障簏辈蔑如也。里有公事，辄捐资不吝。族故有吴公祠，倾圮者久矣。乾隆辛未，公爰向德仪等谋曰："吾祠不修即废，废则祖宗露处，其曷以妥先灵，庇后嗣乎？"公于是首捐白金数十两，即量土木，不数月而落成。由是燕寝有室，更衣有所，斐然是举也。奔走先后者，虽有德仪、懋棠等若而人，而董率之功，惟公为最。公治家严肃，御仆隶、训子孙俱有法，故人以此重公也。蒋省之撰传

楚珍公懋璠

家声日起，潜德未耀。公为克家子，备历艰苦，随父移居前村，广田畴，建栋宇，盖所以承先志也。公凡遇事，披星戴月，独肩其劳，不以诿弟，友爱甚至，终身无间言。治家严整，俱有礼法，课耕课读，至老不倦。岁时伏腊，与宗党往来，雍容揖让，无不爱敬而称道之。颐养天和，年登大耋，推为乡祭酒，恭逢庆典，有粟帛之赐。盛惇崇撰传

搏九公

秉性刚直，律己甚严，而以宽和待人。无疾言遽色，每为人排难解纷，倚赖者恒踵相接。家庭雍睦，与诸伯叔昆季爱敬无间言。教子甚有义方，命其长君声纵董修家乘，发微阐幽，窃见公之盛德也云尔。

声金公雍和

公之言行卓卓，凡在族姓莫不称贤，而考其尤足传世者，可历举焉。一曰修祠宇以敦本也。西仲祠宇，建自崇祯年间。乾隆五十六年，垣颓瓦破，迥非昔日规模。公创议修理，族众捐资，共襄厥事。其所以妥先灵而裕后昆者，公之力居多。一曰通缓急以施惠也。富者多吝德，而创业之人习知稼穑艰难，虽吝亦无足怪。公以勤俭起家，而好行善事。宗族、亲友之贫乏者，有求必应，不能偿者置之，能偿而不即偿者亦置之。曰："安得以身外之物，伤亲族情耶？"可谓仁矣。嘉庆十二年，岁谷不登，公捐资赈乡里，举充图董办劝捐，能非好施乐善之一证也哉？一曰息争讼以善俗也。近今风俗鲜纯，事无巨细，动辄成讼。公持躬以礼，待人以和，生平未涉讼累。里族中有将讼者止之，已讼者息之。凡不平之事，咸来质成，得公片语而解，退无后言。可谓信义行而善化乡人者矣。余因修谱事至毗陵，得悉公之为人，诚有可垂诸家乘而无忝者，爰略举梗概而为

之传。弟忠益撰

集贤公

公天性孝友，事二人则怀橘承欢，抚诸弟则分梨推爱。怜孤恤寡，慕羊石之高风；悯旧急丧，效尧夫之盛谊。抑且持身纯谨，处众和平，岂非一乡之善士与？余闻其言，而钦敬之不忘。甥张惇撰

昭虎，字润林。早岁游庠，行芳志洁，处事明决，排解纷争，无不帖服。其大节则于敬宗尊祖见之。即如北大坟，河西始迁祖与各支祖也，前无蓄积，春秋祭扫，往往缺如。公独深慨，纠族画策。伐松鬻之，以资费出纳经营。不辞劳瘁，间或补垫，不细校。不数年而祭资足，又数年而积益饶。迄今塚旁隙地，栽植成林，祭享馂余，不遗冠者，皆君赐也。使非经营善始，将必有感霜露而唏嘘，叹邱山之逐逐者，恶能荫树葱茏？大可为梁，细亦盈把，层峦叠嶂，一目数百本，以生色于其地乎？宜夫没世已久，而族人犹口公不置矣。呜呼！世之人竭蹶营私，因循公事者，往往而有，如公者可多得乎哉？黄之晋撰传

昭瑶，字俊章。性谦谨，好释人争难，终身无疾言遽色。素嗜酒，醉后益恭。少以贫，故不知书。然善识，尝主祖茔租蓄事，不用记注，而会计无讹，人咸异之。且人以勤朴起家，每多吝啬，公独慷慨好义，饥者食之，寒者衣之，岁岁不懈。尤笃友于。诒母弟二恒，周其困乏，委曲恳挚，迥非恒情所能及。乐行如此，以终其身，卒年五十八。卒之日，闾里莫不流涕，咸谓天将昌大其后矣。朱锦魁撰传

昭士，字□□。性刚方，行正直，乡邻有争事，必排解，族分有公务，必力成。其接人也和而介，不茹不吐，高风尚焉。其交友也，信而义，不谄不渎，立品峻焉。其事亲也，生事葬祭，尽合礼，不以空乏而稍薄。其治家也，整内肃外，悉堪师，无所偏僻其好恶。由少而壮而老，虽无甚奇绩可嘉，其能人所不能者，盖亦不少矣。侄尚义撰传

昭玉，字骏发。生而岐嶷，弱不好弄，喜读书，旋以境窘辍业。然乘间即执卷吟哦，其嗜学有过人者。性孝友，幼居母丧，哀毁如成人。已而父病痿，食息须人，公晨昏侍奉，寒暑无间持家俭约，始困后饶，人咸谓孝友之报焉。公卒年四十八，闾里惜之。朱锦魁撰传

尚礼，字松英，原名声纵，太学生。其幼也聪颖过人，其长也意气豪迈。齐家之道足法于儿辈者，不胜纪；排解之事见称于乡邻者，亦不衰。夫非英杰者流耶？侄绍文谨述

尚义，字松吉。性方正，济困扶危，人言无间。顾平生所难及者，好施不与。其事亲也，婉容愉色，如孺慕然。父搏九公素刚毅，辞色不稍假，惟君左右就养，得其欢心。族旧有祠，堂庑寝座，草创未就，君则朴者饰之，隘者廓之。先是储积尚微，君乘

正经营，一身任责。黄炳撰传

三德，字德宰。秉性刚直，持论间不失大体，与人交无一毫苟且，然诺不欺。家贫，读书未竟，寄迹陇亩中，荷锄插畚，虽严冬烈日弗避也。居家以节俭自守，一丝一粟靡不珍之。然亲邻有急难事，竭情相助，即赔费钱钞，不吝焉。延师训子，备极诚敬，惜未成立而卒。先生自叹且自责曰："修短命也，然天早夺予子，予行其有亏与？"爰将家产尽捐入祠，以助祭费。其为族尊也。与父言慈，与子言孝，谆谆若师保。剖晰族中事，是非曲直一凭公论，不以私意分向背，数十年如一日，人咸赖之。咸丰庚申，粤匪扰乱，乡人聚众拒贼，众败，遂遇害焉，卒年七十九。恽文燮撰传

尚志，字灿明。少游武庠，然遇文墨之士，甚尊礼之。平居自奉俭约，尝谆谆以惜福养廉为子孙训，唯师长之脩脯，必腆必丰。其接物也，春温而谷虚。即下至臧获，未尝有疾言遽色。又遇事辄晓大义，为人排解，剖决如流。虽桀点，靡不帖然服者。张汝镕撰传

绍文，字勉斋。少敏悟，读书目数行下，行文折衷章罗，兼参稽国初诸老，同学翕然称之。然数奇，屡赴童子试不售，爰循例纳粟太学。丁酉、庚子两次赴乡闱，先达奇其文，以为元魁可许。迨榜发，寂然。公喟然曰："予不敢违老父意耳，乡举非吾愿也。"遂弃举业，留心节制家政。乐天公持身严肃，不苟言笑，公先意承志，能得其欢心。待弟绍周，君恩意备至，内外无间言。指挥乡里事，如烛照数计，无不中肯。其性天真实，才干敏达，类如此。家政之暇，惟以翰墨自娱，书法直入二王之奥，片纸寸楮，人争藏之。尤喜为古文，峭劲宏博，有宋唐诸大家风力。丁未岁，公之父弃世，公哀毁尽礼，家事悉委之绍周。君以书自课诸子，春则倚杖踏花，夏则持竿垂钓，益翛然有出尘之想矣。恽文燮撰传

直如，以素所见，证素所闻，而得其大略焉。公幼灵敏，爰读书，长能文，工于诗，屡童子试，竟困场屋，不获自如。即弃文就武，穿杨七札，技冠一时。四方来学者，实繁有徒。其为人持己以敬，接人以恭，其言直以正，其性果且刚。怜孤恤寡，扶弱抑强，尊师儒，重道学，广交游，闻恶则隐，见善则扬。貌甚古而心最良，有处世才。排难解纷，论断曲直，是非不爽，利不苟取，义不敢忘。壬申岁，创修宗谱，秉笔精详。癸酉春，事将半而驾返西方。推其鹤算，二载杖乡。呜呼！公胸襟何磊落，品概不寻常，诚一方之柱石，一姓之辉光。予不敏，拙于文，揭其尤者，以表芬芳。贡宝琮撰传

雍正岁次壬子重修宗谱芳名录

南萃周壎和衷编辑，男大绶文显董梓。第十二世裔孙成之主修。第十三世裔孙桂

森，第十四世裔孙瑞之、习之、子丹、东万监修。尔卿、明祥、天祥创修。公佐、建侯、元辉、第十五世裔孙介文、日生、子升、宗彝、斌儒协修。

乾隆岁次乙亥重修宗谱芳名录

云阳书林华明韩萼千氏校梓。第十三世裔孙以助，第十四世裔孙圣范、清源，第十五世裔孙玉宗、介维、介升同主修。日生、天生、云升、其徵同协修。第十六世裔孙连捷、崧若、国安、候选州同知大行同监修。道行、嵩高同创修。

乾隆岁次庚戌重修宗谱芳名录

云阳华其极用久氏辑修。世袭翰林院五经博士加七级、第七十五世大宗孙如洙，湖广襄阳府知府护理分守安襄郧兵备道、七十五世裔孙如泗，七十四世裔孙其景、其徵、其捷，邑庠生、七十六世裔孙懋峻同主修。七十五世裔孙德会、德绪、德培、德成、德溥同创修。七十六世裔孙懋梅、懋根、懋权，七十七世裔孙昭旦、昭鹤、昭明同协修。昭凤监修。

嘉庆岁次壬申重修宗谱芳名录

代理世袭翰林院五经博士、七十八世大宗孙忠益，刑部主事、壬午举人、七十六世裔孙朝楫，钦授江西南安府知府、己酉进士朝标，七十四世裔孙其磁、其捷同主修。选授安徽庐江县学教谕、恩贡、七十六世裔孙朝樾，七十四世裔孙其桐，七十五世裔孙德成、德和，七十六世裔孙懋契同创修。懋本，七十七世裔孙昭武、七十八世裔孙声纵、七十九世裔孙洪淮同监修。七十五世裔孙德富，七十六世裔孙懋梅、懋儒同协修。

道光岁次庚子重修宗谱芳名录

世袭翰林院五经博士、七十九世大宗孙良爱，邳州学正、辛巳科举人、七十七世裔孙昭灿，河东局主修、七十五世裔孙德仁同主修。德义，七十六世裔孙懋明、懋忠、懋元、懋儒，佾生、七十七世裔孙昭荣同创修。昭焕，七十八世裔孙声咏同监修。七十六世裔孙懋荣，七十七世裔孙昭庆、昭益、昭隆，七十八世裔孙声远同协修。河西局主修、七十五世裔孙德宰，七十七世裔孙昭昌、昭士、昭潮同主修。邑庠生、七十九世裔孙洪泽，七十八世裔孙声皋、声锈同创修。声畅，七十九世裔孙洪汉、洪连同协修。殿呈、太学生绍文同监修。

同治岁次癸酉重修宗谱芳名录

世袭翰林院五经博士、八十一世大宗孙敦道，六品衔候选府经历、七十八世裔孙忠经，保举从九品、七十九世裔孙良琛，七十七世裔孙昭籍，七十八裔孙声暗同主修。太学生孙声均，声阳，职员、八十世裔孙光显，光策同监修。

七十六世裔孙懋洧，七十七裔孙昭谊、昭姻、昭海，七十八世裔孙声溥、声钲、声调、邑庠生声吉、声远、声雅，七十九世裔孙洪兴、洪宝，太学生、第八十世裔孙光旭同协修。

珍藏谱引

族谱一书，祖宗名号，历世源流无不悉载于其间也。凡我诗礼之家，片纸只字尚宜爱惜，况至尊至重如谱牒耶？各分受谱者，当韫椟珍藏，勿致尘污鼠坏。倘有不肖子孙不加宝惜，轻掷乱置，甚至弃作覆瓶，使祖宗名号入于污秽，罪孰甚焉！目今宗谱重修告竣，共成十八部，每部二十册，编列字号外有草谱一部。并将各分收谱人名开载于后，以便查核，责有攸归。同治十二年季夏中浣声均谨识。

颁谱字号 编十八字

文学振家声螽麟衍庆弦歌开雅化谱牒增辉。

文字号一部，常熟大宗支收领。

学字号一部，常熟大宗支收领。

振字号一部，街东支收领。

家字号一部，街东支收领。

声字号一部，商家村支收领。

螽字号一部，西仲庄支收领。

麟字号一部，西仲庄支收领。

衍字号一部，西仲庄支收领。

庆字号一部，西仲庄支收领。

弦字号一部，西仲庄支收领。

歌字号一部，后臧墅支收领。

开字号一部，后臧墅支收领。

雅字号一部，前臧墅支收领。

化字号一部，葛墅南庄支收领。

谱字号一部，梁巷支收领。

牒字号一部，街西支收领。

增字号一部，街西支收领。

辉字号一部，街西支收领。

草谱一部，通族尊长收存。

言氏家乘采访稿

文生言景松咨呈常熟县知县汪祖绥更正先贤不科祭田文稿

为呈明免科粘单叩核事。切生系先贤后裔，向有钦赐不科粮祭田，坐落南一场五都四图，共田一百亩有零。因兵燹之后内有遗失，兹仅存八十九亩四厘五毫。自同治三年至五年，生族兄小亭经管，被伊误报言莞尔户。今族兄小亭已故，族议文生执管。伏查莞尔堂系先贤书院匾额名，并非办粮户名。是田实系钦赐不科粮祭田，向无掣串，缘每亩所赐租额二三斗之数，以给贤裔祭祀修葺之费，历来如是。兹有言莞尔户掣串在外，为亟开单禀叩，伏乞电鉴仰令经造将言莞尔户更正。先贤不科粮祭田照旧免科，永远立案。戴德无暨。上禀。

计粘米串一纸：同治七年八月初三日递，批：实系祭田，仍照旧例不完。

思荫生即选县主簿言尚森咨呈常熟县知县汪坤厚更正先贤言子书院不科祭田文稿

为呈明免科粘单叩核事。切职系先贤后裔书院支，缘言子书院内向有钦赐先贤不科粮祭田一百亩有零，坐落南一场五都四图，每亩赐租二三斗之数，以给贤裔祭祀修葺之费。兵燹后，租簿遗失，查存八十九亩四厘五毫，系职伯父小亭经管，当时误报言莞尔户名。追小亭故后，族议职父文生景松执管。同治八年又查得二亩五分五毫，现共田九十一亩五分五厘，系职父故后议职经理。伏查莞尔堂系先贤书院匾额名，并非办粮户名，此田实系钦赐不科粮祭田，向不办赋。同治七年禀，蒙前县汪批准，有案。今有经造掣给言莞尔户串催完，为亟开单禀报，伏乞电鉴收回言莞尔户串，并饬经造更正。先贤言子不科粮祭田照旧免科，永远立案。戴德无暨。上禀。

计粘单：

抄汪前县批：实系祭田，仍照旧例不完。

熟号存田三亩三分八厘，新号存田二十九亩零五厘，历号存田二十六亩七分四厘，渠号存田三亩，大号存田二十五亩三分六厘，欣号存田四亩。

同治十三年十一月□日递，十二月十八日批：饬着经造更正等情，据此查此项祭田既据向不办赋，该经造何以查造册串，并不声清免征，除照会清粮局董外，合行谕饬谕到该经造，即便查明确切禀复。

光绪元年二月二十六日批：已谕饬经造将前项田亩注册免征矣，印帖式附。印帖式已刊入家乘中。

文生言尚达咨呈常熟县知县郭元昌祭银备案文稿

为呈请备案事。切生始祖先贤言子家祭及田亩等事，本应袭翰林院五经博士敦道专司。去春敦道入都袭职，敦道以生族中居长，托生代理祭租事宜。上年秋祭业已请领祭银，承办所收祭田租息，修葺祠墓及添置钟鼓等项次第举办，余息登册，已函致敦道，以备日后应用。刻接堂叔安徽凤颍府同知南金家报，招生即赴任所襄理要事，生将上年所余租息暂寄在台治下南门大街公典中，俟敦道归取。至于本年春祭事宜，接敦道信，中以荫生尚森诚恪可靠，兹故转托堂弟尚森暂行办理。恐族中或有阻挠、冒领等弊，故先具禀存案，届时由尚森具禀请领承办。为此具呈，伏乞电鉴俯赐备案，实沾德便。上禀。

光绪六年正月十六日递，十七日批：据禀已悉。

荫生即选县主簿言尚森呈常熟县知县郭元昌领祭银文稿

为请计领祭银事。切职始祖先贤言子故宅、林墓历年给发编银致祭在案，向由应袭翰林院五经博士敦道领办。今因敦道入都袭职，托职代理祭事。现届仲春，为此具呈请领祭银贰拾两正。庙户、墓丁工食银陆两，俾得备办一切。伏乞电鉴饬承给发，实为公便。上禀。

计粘领结状两纸：

荫生言尚森今具结到公祖大人台下实领得光绪六年分始祖先贤言子春祭纹银贰拾两正，发给承办祭品，中无捏饰冒领。

朝鼎，字卓山，虞堂公次子。国学生，候选州判，奏留安徽巡抚部院文营务处，保分发江西补用府通判，加同知衔，赏戴花翎，题补广信府通判，兼理广信府河口同知。道光辛卯十一月二十日吉时生。妻松江廖氏，子三，女三。

南星，字朗山，虞堂公三子。国学生，湖北候补府经历，加五品衔，署郧阳府经历，补襄阳府经历。道光乙未九月二十九日吉时生，娶昆山周氏。子三，艮、兑、尚玑。女三。

翔霄，字云林，汇茹公长子。学业渊茂，心性忼爽。作文磊落不平，务于前人名作外独树一帜，然皆根柢经史，语语从性灵中出。年未弱冠，文援笔立就，未尝属草。试辄前茅，邑郡诸尊叠邀首拔，咸以大器期之。案首游庠，仍复专攻制艺。寒暑不辍，以故业益精，名益噪。不幸于咸丰十年七月粤寇警迫，公偕友徐君莘卿越境侦探贼营，久之不返。无何，公之从孙杏村被掠至句容，见河内遗骸三具，公与徐公赫然在焉。其一怒目直视，断舌割臂，状尤惨烈，惜莫知姓氏，殆与公同被执，不屈死。或有知其事者云，公以计入贼营，为所觉，诱降，不从，胁以刃，公厉声骂，徐公同起奋击贼，不中，投水，身被数枪而死。入奏，天子轸惜，御笔特赠盐运司知事衔，荫一子入监读书，入祀昭忠祠。公生于道光癸未四月初四日吉时，咸丰庚申八月殉难。元配周氏，生于道光戊子七月初二日吉时，卒于咸丰癸丑六月十一日吉时。继配华氏，生于道光丙戌四月二十七日吉时，咸丰庚申八月城陷殉难。奉旨恩旌殉烈，入昭忠祠。无子，以胞弟长子尚森承嗣为后。公与华孺人于同治辛未衣冠殓葬于山居湾汇茹公之昭穴。事载邑志忠节传，后绘《句容痕血图》传家。

景松，字云岑，邑庠生，汇茹公次子，以熙庵公无后，承嗣也。公少颖敏，健于为文，文必求工而止。平生手不释卷，口不辍吟，敦品绩学，年未弱冠，县、府试均列高等，或衮居首。祁青奎三学使者，虽屡取佾生，而志难遂，遂屈何如之。迨兵燹后，始见赏于宜学使者，厥后岁科试，均列前茅。而一赴省试，未售，旋以任家督，绝意科举。秉性纯厚，喜引掖后进，子弟多所成就。事嗣母暨本生父母，生养死哀，无不尽礼。以及嗣母徐太孺人守节年例，符请于朝，得旌如例，并请学抚宪奖励匾额。至于咸丰庚申，粤贼陷城，奉母避难，居东乡。贼氛益近，扶母至归墅。贼麇集，母投水，公急掖起，窥贼稍退，乃负母远避董浜镇。母年迈遭变，感寒疾殁，拮据收敛。事平，即营窀穸，奉栗主入节孝祠。生平以敬宗睦族为务。有匪人冒族顶名应试，公以为有玷先贤，禀太守治其事，士论重之。先是，公之兄死粤寇之难，公复以笃行著，翁侍郎同龢方里居，每称之曰："兄死尽忠，弟生尽孝，如言氏可谓二难矣。"公与兄自相师友，著有《弦歌楼同怀诗文集》若干卷，尚未刊行。事载邑志孝友传。公生于道光乙酉九月十七日酉时，卒于同治辛未二月初二日午时，卜葬于西麓山居湾汇茹公墓之右旁，另立主穴癸山丁向兼子午三分分金。娶翁氏，道光己丑九月二十九日吉时生。子二，长尚森，出嗣，次尚垚。女一，适同邑庠生严家璋。赞曰：学术湛深，志行端洁。名实相符，众论翕然。

嘉栋，字宙伯，日悛公子，议叙八品衔。配董氏。咸丰庚申八月城陷，夫妇同时殉难。子一，复震，亦遇害。女一，适周辛桥。

七十七世

尚珍，字西山，卓林公子，原谱名巽，邑庠生。咸丰壬子十月初一日吉时生。娶苏州潘氏，道光戊申生。

尚璆，字用宾，卓山公长子，原谱名观，又字宝仁。同治己巳十二月十八日吉时生。

尚琳，字□，卓山公次子。光绪乙亥生。

尚琅，字□，卓山公三子。光绪戊寅生。

尚瑾，字止斋，朗山公长子，原谱名艮。同治己巳四月十六日吉时生。

尚瑜，字悦生，朗山公次子，原谱名兑。同治辛未三月初九日吉时生。

尚玑，朗山公三子。光绪乙酉生。

尚森，字启东，云岑公长子，出嗣为云林公后。荫生，入国子监，拨入率性堂读书，六月期满，铨选主簿，由新疆采办保举赏加六品衔并戴蓝翎，台防筹饷保举赏加五品衔并换花翎。咸丰丙辰十一月二十二日吉时生。娶李氏，咸丰丁巳五月初三日吉时生。

尚垚，字道南，云岑公次子。同治丁卯十月二十八日吉时生，卒于光绪壬午二月十二日午时。敏颖早世，附葬西麓山居湾父茔之右旁穆穴。

复亨，字啸斋，松樵公子。娶朱氏，咸丰庚申城陷，夫妇及子忠春同时殉难。女二，长亦遇害，次适同邑蒋洪畴，入继复乾长子忠馥为嗣。

复乾，字孔琴，晓山公长子。娶顾氏。子二，长忠馥，出嗣啸斋公后，次忠馨，出嗣为复震公后。

复坤，晓山公次子。咸丰庚申城陷，殉难。

复震，亮伯公子。咸丰庚申城陷，殉难，以复乾次子忠馨为嗣。

尚达，字思纯，号志诚，小亭公长子。邑庠生，道光庚子十二月二十四日吉时生。娶戴氏，道光甲辰十一月初四日吉时生。

柏，字伯钦，如山公长子。娶戴氏。公卒于光绪辛巳三月十一日戌时。子一，根。女一，适张。

福，字仲欣，如山公次子。娶袁氏。子一，椿。女一，适赵。

七十八世

忠春，啸斋公子。咸丰庚申城陷，遇害。

忠馥，字小琴，孔琴长子出嗣为啸斋公后。

忠馨，孔琴次子出嗣为复震公后。

根，字柏生，伯钦子。娶冯氏，继娶周氏。子一，良能。根改名忠懋。

椿，字幼欣，仲欣子。娶□氏。子一，良冶。

忠勤，思纯次子。光绪壬午九月二十三日吉时生。

七十九世

良能，字心同，柏生子。光绪丁丑生。

良冶，字□，幼欣子。光绪壬午生。

呈验读书，前来相应，验明执照，移付分堂读书等因，到厅。查荫生言尚森系江苏昭文县人，已故生员言翔霄之嗣子。本监于光绪十年十月十五日拨入率性堂读书，相因知照吏部查照可也。光绪十一年六月二十一日。

奖札—左宗棠谥文襄，—刘铭传 钦差大臣、太子太保、东阁大学士、督办新疆军务、陕甘总督、部堂二等恪靖侯、加一等轻车都尉左为恭录行知事。照得本阁爵大臣督部堂于光绪六年三月十九日在甘肃肃州行营恭折具奏，遵保克复新疆金台、鲁乌木齐、古牧地、穆家地沟、连木沁、辟展、盐池、哈拉和卓等处在事转战文武员弁，以及后路防堵、转运、筹饷、采办绅团，遵旨查明各案在事出力文武员弁，恳恩奖叙一折。兹于光绪六年八月初二日准兵部火票递回原折，内开：军机大臣奉旨：另有旨。钦此。同日奉到光绪六年五月十八日内阁奉上谕：恩荫县主簿言尚森赏加六品衔并赏戴蓝翎等因。钦此。合就恭录行知。札到该员即便钦遵此札。光绪六年十月初十日。监印官甘肃尽先即补知县张汝学。

钦差大臣、督办台防、福建巡抚、部院一等男刘为恭录行知事。照得本大臣于光绪十年十一月初三日恭折具奏，遵保复夺鸡笼在事尤为出力文武员弁暨后路制造、采办、转运、水陆防练各军员弁兵勇，遵旨查明奖励。兹于光绪十一年四月二十四日准兵部火票递回原折，内开：军机大臣奉旨另有旨。钦此。同日奉到光绪十一年二月初一日内阁奉上谕：六品蓝翎尽先即选县主簿言尚森赏加五品衔并赏换花翎等因。钦此。合就恭录行知为此札，仰该员即便钦遵。此札。光绪十一年五月初十日。监印官前建宁典史陈启明。

咨呈

为酌请展限核详事。切奉钧开奉衍圣公府札，查应袭翰林院五经博士言家柱未经领咨考袭，城陷死节。今家柱子敦道年将弱冠，文理粗通，例应照案承袭。饬令迅速来京请咨，赴部考试，题袭，等因。伏查前袭翰林院五经博士言良爱于咸丰四年病故，良爱子家柱未及承袭。咸丰十年城陷殉难，遗缺久悬。今家柱子敦道例应承袭，自应遵照请咨题袭，以奉祀事而绵世职。惟查敦道现年十六岁，在籍读书，资质尚属可造。缘幼罹兵燹，流离失学。克复后始经敦道嫡叔祖良琛收养教训，延师课读。现在四书五经诸书将次读竣，文理已通晓，惟于应试诗文尚未娴习。溯查雍正二年十一月奉衍圣公府札开，雍正二年九月十八日奉上谕：先贤子孙，世袭翰林院五经博士有奉守祖庙之职，若不事诗书，不识礼仪，滥膺世袭，有玷先贤，殊负国家崇儒重道之意，应令衍圣公交现在博士各将子弟加训导。应行袭职之人年十五岁以上，衍圣公保送礼部考试，果能文理通晓，注册在案。俟承袭之时，令衍圣公查案具题，准其袭职；如有不及，再行肄业三年，方准注册，钦此。等因。钦遵在案。仰见我国家敦崇实学至意，承袭世职何敢不争濯磨，以期无玷先贤。今敦道年将长成，颇知自奋，但穷因学力有限，经书虽毕，于应试诗文未能精当，若遽行请咨考试，恐其学识未充，难免贻误。可否恳请照例展限，俾得日就月将，讲贯习熟，一面严督敦道加紧用功，专心肄业，庶几渐能造就文理清通，不至有玷世职。缘奉钧饬，因会同族众商议，酌请展限，为此合词环扣叩，伏乞公祖大人电赐核转详请，照例展限，以期学问有成，再行呈送请咨考袭。实沾德便。上禀。

常昭合志采访稿

裔孙尚森谨摘录藏

义行明

言福，先贤六十九世孙，诸生。父愚，字心里，齿德兼高，令杨熙奖给冠带。福型仁讲义，教人不倦，及门多显。壮年丧偶，不再娶，御史路振飞旌为义夫。魏珰矫旨，毁书院，百方拮据，买复旧址。弟禧，亦诸生，与兄抗颜为人师。著《诗经解》《天文说》，邑令耿橘器重之。俱见郡志。

文苑国朝

言易文，字刚中，常熟廪生。幼孤力学，事母以孝闻。家贫，教授及门如云，多所成立。性端方正直，而和易可亲，乐道人善。李学使因培按试训诸生，以易文品行为第一。子春荣，字向之，恩贡生。孙廷镛，字洪传，号鞠蹊，举人，山阳训导。《虞山人文续钞》小传，参家述。

言登浚，字虞堂，常熟诸生。家贫，洁身砺学，见称于时，及门者甚众。性至孝，尝赴浙游，以心动亟归，母果病笃。翁文端视学江右，延致幕中，并令文勤兄弟从学焉。以病归，卒于家，年四十四。著有《瓿余集》《弦歌楼诗钞》及杂文若干卷。家述。

忠节

言翔霄，字云林，祖廷镛，见"文苑"。翔霄补昭文诸生，勤学能文，著有《弦歌楼集》。咸丰十年七月，粤寇警迫，翔霄偕友徐莘卿越境侦探贼营，久之不返。无何，翔霄从孙杏村被掠到句容，见河内遗骸三具，翔霄与莘卿赫然在焉。其一怒目直视，断舌割臂，状尤惨烈，惜莫知姓氏。殆与翔霄同被执，不屈死。或有知其事者云，翔霄以计入贼营，为所觉，诱降，不从，胁以刃，翔霄厉声骂，莘卿同起，奋击贼，不中，投水死。事闻，赠盐运司知事。子尚森，荫授主簿。曾吉章撰传。

孝友

言景松，字云岑，祖廷镛，见"文苑"。景松累试不得志，晚始补常熟诸生。事节母徐孝谨。咸丰十年，邑城陷，奉母避寇居东乡。警益迫，扶母至归城墅。贼麋集，母投水，景松急掖起。窥贼稍退，负母远避董浜镇。母旋感疾没，拮据收敛。事平，即营窀穸。性严正，有匪人冒族、顶名应试者，禀太守治其事，士论重之。先是，景松兄翔霄死难，景松复以孝闻，翁侍郎同龢方里居，每称之曰："兄死尽忠，弟生尽孝，如言氏，可谓二难矣。"曾吉章撰传。

领等情合具领结是实

光绪六年二月□日具领结荫生言尚森押庙户徐禄、庙丁周福等，今具领状到本县正堂大老爷案下，实领得光绪六年分先贤言子庙户、墓丁工食银陆两正。中无捏饰冒领等情，所具结状是实。光绪六年二月□日具领状。庙户徐禄押、墓丁周福押。

恩荫生即选县主簿言尚森咨呈常熟县知县给示禁约文稿

为禁呈请禁约事。切职称台治，西南头图之书院弄向有虞山书院，系始祖先贤言子祠，弄以书院得名也。兵燹之后，仅存一殿，职已修复，正殿建复官厅，尚未恢复祀典，因集资整理地界，重建墙垣。今当择日兴工。窃恐有无知凶棍借端滋扰，并偷窃砖石瓦料等件，为此具呈，伏乞公祖电核恩准，给示谕禁，并严饬该保以崇文教而靖刁风。沾仁上禀。计粘图单。光绪□年□月□日。